魅力汉字

编著 ◇ 郑春兰

四川辞书出版社

图书在版编目(CIP)数据

魅力汉字/郑春兰编著. —成都：四川辞书出版社，
2018.1

ISBN 978-7-5579-0248-3

Ⅰ.①魅…　Ⅱ.①郑…　Ⅲ.①汉字—通俗读物　Ⅳ.
①H12-49

中国版本图书馆 CIP 数据核字(2017)第 276396 号

魅力汉字
Meili　Hanzi

郑春兰　编著

策　　划	雷汉卿
责任编辑	杨正波
复　　审	杨宗义
终　　审	帅初阳
封面设计	陈靖文
版式设计	王　跃
责任印制	肖　鹏
出版发行	四川辞书出版社
地　　址	成都市槐树街 2 号
邮政编码	610031
印　　刷	成都翔川印务有限责任公司
版　　次	2018 年 1 月第 1 版
印　　次	2018 年 1 月第 1 次印刷
开　　本	700 mm×1000 mm　1/16
印　　张	23.5
书　　号	ISBN 978-7-5579-0248-3
定　　价	65.00 元

序 言

　　生活中有很多有趣的现象，可以通过各种方式被保留下来，而汉字就是最为重要的媒介工具，她承载着历史和文化，记录了社会的变迁，是历史文化的"活化石"。汉字是世界三大古老文字之一，是这三大古老文字中唯一"活着"的文字。值得骄傲的是，她就生存于文明始源地之一的中国。

　　要撩开古文明神秘的面纱，我们可以借助各种方式，选择各种途径，但其中的一条捷径就是借助汉字本身。我们可以引以为豪的汉字比起现今称霸世界的字母文字而言，她的魅力就在于她的"内涵"的"可读性"。"人"何以为"人"，它所记录的就是一个站立的人形，仿佛我们的祖先早就懂得了绘画中的"速写"。我们不得不赞叹我们祖先的造字天分，至少在这一点上，我们可以很直接地感受到祖先们所想所思，实现和远古的人、事、物的直接"对话"。许慎在《说文解字·叙》中说："近取诸身，远取诸物。"我们的汉字就是这么产生的。对于大千世界，我们的祖先用了最为聪明的记录方式，"象形、指事、会意、形声、假借、转注"，贯穿了汉字的整个发展长河。

　　汉字经历了不同形体的演变，这种演变具有一脉相承性，让我们能借助甲骨文、金文、小篆的形体推知我们今天的简化汉字的由来和发展，能步入中华文化几千年的历史长廊，去穿越历史、去体味其中的无穷奥妙。点滴的时间获得点滴的知识，点滴的知识会变成广博的文化积累。践行吧！

目　录

倉頡像

　　倉頡，传说中双瞳四目的异人，黄帝的史官，汉字的创造者，被后人尊为中华文字始祖。事实上，他更可能是一个原始文字的整理者。

甲骨文 金文 小篆 隶书

在汉字中,有一些偏旁的字是一个大的系列,例如从女的汉字,这些汉字实际上可以反映出女性在这个社会发展不同阶段的状况。甲骨文中有"安"字,这个字是一个会意字,字的外部构件表示一个房屋,内部构件像一个跪坐的女子,表示女子在家,取意安稳居住。金文的形体结构与甲骨文基本一致,字的外部为房屋的象形,内部为一跪坐女子的象形。小篆基于甲骨文、金文形体结构,部件没有变化,只是笔画有所规整。隶书的"安"字,上面为"宀",表示房屋,下面为"女"。

"安"的本义是安稳居住,这是因为女子安分在家可操持家务,维护家庭的平安稳定;也有说人类从穴居进入房屋,免除了恶劣的自然环境以及凶猛野兽的侵袭,于是就可以安居下来了。从许慎《说文解字》的说解来看:"安,静也。从女在宀下。""安"的意思是安静。《诗·小雅·常棣》中说:"丧乱既平,既安且宁。""安"与"宁"同时出现,表示安宁、安定。"安"强调的是一种稳定,杜甫的"风雨不动安如山"实际上就取安稳的意思。安稳又进一步引申表示一种安适的生活态度,正如《论语·学而》中所说的那样:"君子食无求饱,居无求安。"这里的"安"已经高于一般的安静、安定,而是一种对生活方式的追求。而"安能摧眉折腰事权贵"中的"安"是做副词使用,表示"怎么"的意思。

我们给人祝福常常会说"安康",安是平安、安好、健康的意思。而安稳除了物质的满足使得生活安稳之外,还可以用于形容人的内心的状态,即不慌乱、遇事沉着的态度,例如"居安思危"。当然我们平时也会说"安置""安放""安装"等,这时"安"做动词使用,把一件东西安稳地放置在某个位置称为"安",意义也是来自安稳。

成 语

安邦定国　安贫乐道　安步当车
安居乐业　安之若素　安家落户

歇后语

☺ 矮子过河——安(淹)心
☺ 黄鼠狼给鸡拜年——没安好心
☺ 门角安电扇——背地里转

谚 语

☺ 安不可忘危,治不可忘乱。
☺ 若要小儿安,常带三分饥。
☺ 好胜逞强是祸胎,谦和谨慎一身安。

bā

成　语

八面玲珑　八面埋伏　才高八斗
半斤八两　横七竖八　乱七八糟

歇后语

☺ 八十老太学吹打——上气不接下气
☺ 八哥啄柿子——拣软的欺
☺ 八月十五吃粽子——不是时候

谚　语

☺ 七坐八爬，半岁生牙。
☺ 八月半，种早蒜，八月中，种大葱。

中国人对于数字很敏感，自古至今已经形成了对数字的传统认识。通常情况中国人喜欢双数，即偶数，因为这意味着吉祥、吉利，而"八"是中国人最喜欢的数字之一。甲骨文中已经有完整的数字记录，"八"字的甲骨文像一个物体分开成两部分，背向而对。金文的形体和甲骨文的形体基本一致，小篆也如此，隶书、楷书都能看出"八"的雏形。

　　"八"的本义大致和分开有关系，把一个事物分成两半、掰开，这个字和"半""扒""掰"等字有着同源关系，今天人们会用大拇指和食指分开成"八"的样子来表示数字"八"。《说文解字》对"八"的解释是："别也。象分别相背之形。""八"是分开的意思，像分开背对的样子。"八"的这个意义在文献中很少见到使用，但在今天的一些方言中还有保留，例如辽宁锦州话说"八刀"，表示离婚的意思。"八"更多是用作数词，表示七和九之间的那个整数，例如辛弃疾的《西江月》中所写的："七八个星天外，两三点雨山前。"中国传统的"八卦"是八种卦象；"八旗"是清代满族的军队和户口编制，以旗为号，分正黄、正白、正红、正蓝、镶黄、镶白、镶红、镶蓝八旗；"八路军"指中国共产党领导的抗日武装第八路军；还有"八仙桌"，等等。"八"除了作为具体的数词外，还被用来泛指各个方面、多的意思，例如"八面玲珑""八面威风""八面来风""一方有难，八方支援""八竿子打不着"等，其中的"八面""八方"中的"八"已经不再局限于具体的数字"八"了，而是泛指各个方面、各方，而"八竿子"中的"八"是泛指多。

　　由于"八"与"发"读音相近，"发"寓意"发达""发家"等，故"八"备受青睐，电话号、车牌号，甚至东西的价格人们认为都要有"八"才吉利。

bái

甲骨文
金文
小篆
隶书

"白"在我们今天的语言中表示颜色的一种。甲骨文的"白"的形体的解析说法不一，有的解释像火盏，有的解释像人头，有的解释像太阳初升，光闪白亮。金文的形体和甲骨文相似，只是字的上面部分笔画有如火光的样子。小篆的形体结构基本同金文，只是金文上部在小篆形体上变为了一短竖。隶书的"白"又将此一竖变作一斜撇。

"白"的本义大致和光亮有关，我们常见的意义是白色。《说文解字》的说解是："白，西方色也。阴用事，物色白。从入合二。二，阴数。"此说注重阴阳说，不可取。"白"在古文献中最为常见的意义是表示色彩，即与黑色相对的白色，例如《荀子·荣辱》中所说的："目辨白黑美恶。""白"与"黑"同时出现，表示白色，是说眼睛能分辨黑白美丑。对"白"这个颜色的认识，中西方存在一定差异，通常我们的古人将丧事所穿戴的颜色固定为白色、黑色，代表庄严肃穆。也代表失败，例如在战场上举白旗，表示投降的意思。而西方人却将白色视为神圣而纯洁的代表，因此婚礼的礼服多为白色。对于古人来说，不同的颜色代表的征兆、事物是不同的，"青为虫，白为丧，赤为兵荒，黑为水，黄为丰"（郑司农）。白色的特征是纯洁、光亮，因此我们有"纯白""洁白无瑕""白天""白净""雪白"等说法。"白"是纯色的，无杂物，因此引申表示清楚、干净，于是就有了"明白"的说法，而"告白""独白"是清楚地说出来。因为"白"代表无色，因此又引申表示"没有"的意思，例如"白辛苦""白费口舌"等都是这个用法。"白"在古汉语中还通"伯"，即"伯仲叔季"的伯，这个时候读作bó。

"白"在方言中还有很多意思，无味也可以说成"白味"，"专心吃饭，不要做白的"的"白"是"玩耍"的意思。

成 语

阳春白雪　平白无故　明明白白

死乞白赖　青天白日　青红皂白

歇后语

☺ 小葱拌豆腐——一清二白

☺ 坐车不买票——白搭

谚 语

☺ 一白遮三丑。

☺ 冬不穿白，夏不穿黑。

☺ 笑一笑，十年少；愁一愁，白了头。

bǎi

甲骨文	金文	小篆	隶书

成　语

百战百胜　百发百中　百步穿杨

千方百计　千奇百怪　一了百了

歇后语

☺ 百尺竿头挂剪刀——高才（裁）

☺ 百家姓不念第一个字——开口就是钱

谚　语

☺ 三百六十行，行行出状元。

☺ 百闻不如一见，百见不如一干。

☺ 水停百日生臭，人停百日生疮。

前面说到的"白"和数词"百"有关系，字形上来看，甲骨文的"百"比甲骨文的"白"在字体里面多了"∧"符号，这个符号被认为是为了区别"白"而添加的一个指事符号。甲骨文的"百"还有在上端增加一横线的字体。金文的形体结构和甲骨文基本一致，只是笔画更加粗犷。小篆的形体和金文基本一致，字体因为笔画的规整而更加匀称美观。隶书则在小篆的基础上将曲笔变直、变折，将"∧"变为了一撇和一横。

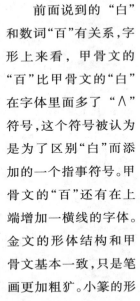

"百"的本义是表示数字一百，正如《说文解字》里面所说的一样："百，十十也。从一、白。数，十百为一贯。相章也。""百"就是十个十。例如《庄子·盗跖》中记载有："人上寿百岁，中寿八十，下寿六十。"是说人活到百岁算长寿，这里的"百"就是数词"一百"的意思。同样的，在《孟子·梁惠王上》中所记载的一个典故"五十步笑百步"，其中的"百"也是数词"一百"的意思。"百"的这个意义从古至今没有发生变化，既是本义，也是我们今天的常用意义。但在古代，数词往往都具有泛指、概指的含义，"百"也不例外，例如《孙子·谋攻》中所说的："知己知彼，百战不殆。"这里的"百战"是泛指很多次战争，而不是具体的一百次。此外还有"百闻不如一见"，这个"百"也是泛指次数多。"百"还可以表示"百倍"，这大概来自于它是十个十，即十的十倍的引申，例如《礼记·中庸》中就说："人一能之，己百之；人十能之，己千之。"是说别人花一倍的工夫能学到的，自己要花百倍的工夫才能学到。

"百"还有其他用法，"二百五"不是指数词，而是用来形容人傻。四川话中的"扑克牌"叫做"百分儿"。

bǎo

甲骨文　金文　小篆　隶书

甲骨文的"宝"字是一个会意字,字的外面部件表示房屋,里面部件有贝(上面)和玉(下面),整个字会意家里有财产。金文的"宝"在构件上和甲骨文相比更加繁复,房子里面除了有玉、贝之外,还增加了类似舂米用的杵臼,写作"缶",整个字表示家里有各种财物。小篆的形体结构直接来自金文,结构变得更加齐整,屋里的财物具体写作为"玉、缶、贝"。隶书的"宝"字基本同小篆,只是笔画曲直有所变化。

"宝"的本义是珍宝、珍贵的东西,从上面的字形上就可以看出这一点。古人以玉、贝为宝物,因此造字之初选择了这些在当时被视作珍宝的物品。根据《说文解字》的说解来看:"宝,珍也。从宀,从王,从贝,缶声。""宝"即是珍宝的意思。在货币通行之前,贝壳曾经在商品交换活动中充当过货币,因此拥有"贝"是财富的象征,"贝"自然就是珍宝了。而"玉"在古人心中也是吉祥的东西,有的价值连城,因此也自然进入了价值昂贵的行列,视为珍宝。例如《国语·鲁语上》所记载的:"莒太子仆弑纪公,以其宝来奔。"韦昭注说:"宝,玉也。"是说莒国的太子仆杀了纪公,带着玉来投奔鲁国。可见古人心中的宝指向明确,是当时的价值昂贵的东西。在古汉语中,"宝"单独使用表示宝贝、珍贵的东西,还常常可以和其他词搭配使用,例如"宝珠""宝座""元宝",等等。

我们今天也常用这个字,在一些方言中也会使用到这个字,但意思有所变化,例如表示不合时宜、爱出风头、爱显示自己才能的人,四川话中有"宝气"一说。

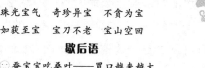

成 语

珠光宝气　奇珍异宝　不贪为宝

如获至宝　宝刀不老　宝山空回

歇后语

☺蚕宝宝吃桑叶——胃口越来越大

☺稻草盖珍珠——内中有宝

☺金刚石上镶宝石——好上加好

谚 语

☺大蒜是个宝,常吃身体好。

☺勤劳是个宝,人生离不了。

☺人勤地出宝,人懒地长草。

bǎo

甲骨文	金 文	小 篆	隶 书

成　语

朝不保夕　自身难保　保家卫国

明哲保身　晚节不保　丢卒保车

歇后语

☺ 武大郎坐天下——无人敢保

☺ 冷天戴手套——保守（手）

☺ 三岔口的地保——管得宽

谚　语

☺ 保土必先保水，治土必先治山。

☺ 父母难保子孙贤。

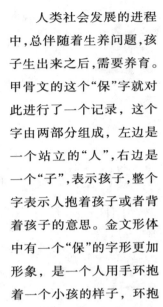

　　人类社会发展的进程中，总伴随着生养问题，孩子生出来之后，需要养育。甲骨文的这个"保"字就对此进行了一个记录，这个字由两部分组成，左边是一个站立的"人"，右边是一个"子"，表示孩子，整个字表示人抱着孩子或者背着孩子的意思。金文形体中有一个"保"的字形更加形象，是一个人用手环抱着一个小孩的样子，环抱的手臂后来就变成了上面所列金文多出的一个小撇，又像背小孩的布袋。金文的形体与甲骨文大体一致，像以手扶住背上小孩的样子。小篆的形体在甲骨文、金文的基础上进行了增改，变成了左边从"人"，右边从"呆"。隶书和楷书同小篆的形体基本一致。

　　"保"的本义从字形分析上不难看出表示背负小孩、婴孩。我们今天有"保姆"一说，其中的"保"字就有本义的痕迹。《说文解字》的解释是："保，养也。"也就是抚养、养育，这个意义已经是本义的引申用法，"保姆"的保也作这个引申意义理解。再如《国语·周语中》中所说的："夫义所以生利也，祥所以事神也，仁所以保民也。"其中的"保民"即抚养、养育百姓的意思。被养育的对象实际上是处于一种被保护的安全状态中，因此"保"又可引申表示保护、保卫的意思，例如《尚书·召诰》中所记载的："今相有殷，天迪格保。"是说现在来看殷代，上天降临来保佑他们。其中的"保"即保护的意思。今天说的"保胎"的"保"也是保护的意思。保护是为了占有、维护，因此又有"保卫"的说法，再作引申就有保持的意思，例如"保湿面膜"。对占有、维护的事物具有一定的责任，因此又引申出"保证""担保人""保证人"的说法。

　　此外，旧时的户籍制度中有一种叫"保甲"的，是指的五家或者十家（各时代不一样）为一保，长官称作"保长"。

běi

北

甲骨文 ⺊⺊

金文 ⺊⺊

小篆 ⺊⺊

隶书 北

"北"的甲骨文像两个站立的人背对背，这是一个会意字，表示相背对的意思。金文的形体结构基本与甲骨文相同。小篆完整地保留了甲骨文、金文的构形。隶书的"北"丧失了形体意义的直接解读功能。

从甲骨文、金文的形体结构分析我们不难解析出"北"的本义所在，"北"的本义应当是"相背对"的意思。许慎《说文解字》认为"北""从二人相背"。许慎的意思即"北"为相背的意思，他对字形的分析——"二人相背"是准确的。《战国策·齐策六》中记载有："食人炊骨，士无反北之心，是孙膑、吴起之兵也。"这里的"北"即"背""相背"的意思，即脊背相对。这个意义引申可以表示"脊背"，即与"前胸"相对的"后背"。"背"的初文即"北"，后来在"北"的下面加了一个肉旁，表示脊背。由这个含义可以引申出背面、违背、背弃等含义。而我们常常听到"败

成 语

走南闯北　南辕北辙　南征北战
南腔北调　南来北往　泰山北斗

歇后语

☺ 北极的另一端——难（南）极
☺ 有北屋，有南墙——不成东西

谚 语

☺ 南闪火开门，北闪有雨临。
☺ 早禾怕北风，晚禾怕雷公。
☺ 正月北风和，三四北风早，五
　 六北风祸，七八北风毒过蛇。
☺ 南风多雾露，北风多寒霜。

北"的说法，表示失败的意思，因为作战逃跑的时候是背对敌人，因此由"脊背"才引申出"逃跑、败退"的含义。

作为和"南"相对的方位词，"北"是一种假借用法。中国古代的方位有"坐北朝南"的说法，意思是脊背相对的方位为尊位，于是就借"北"表示了"北方"。而在尊称当中，我们都很熟悉在称对方的母亲的时候要说"令堂"，这里的"堂"是指的房屋的"北堂"。

bèi

| 甲骨文 | 金文 | 小篆 | 隶书 |

成　语

齿若编贝　珠宫贝阙　贝锦萋菲
齿如含贝

"贝"是一个象形字，就是海贝外形的直接描摹，像扣合的两块海贝，贝壳上有贝纹。通过甲骨文和金文，我们可以很直观地看到古人眼中的海贝的形状，也可以知道当时的人造这个字的用意。金文和小篆除了线条的平展圆滑有别之外，其中比较关键的变化是金文"贝"字下部朝内的两个小撇后来变成了朝外。

"贝"字被记录下来，是和上古时代的货币经济密切相关的。

如今我们很多与钱财相关的字，都和贝相关联，这一点，罗常培先生曾经在他的《语言和文化》一书中提及。这实际上是记录了一段时间，中国曾经通行过贝币。这一点，我们通过许慎的《说文解字》可以更加清楚："贝，海介虫也。居陆名猋，在水名蜬。象形。古者货贝而宝龟，周而有泉，至秦废贝行钱。""贝"是一种有外壳的水生动物（例如水中蚌蛤之类）。因为这类动物最大的特点是有硬壳，因此"贝"又指"贝壳"。古人曾以贝壳、龟甲作为货币，一直到周朝的时候仍然可以见到用"贝"作为货币，这样的贝币制度直到秦朝的时候才废除而通行钱币。上古中国远离大海，于是把水生的，尤其是海生的贝类视为珍宝，因此，"贝"作为货币或者赏赐之物是可以理解的。

后来从贝的汉字，大多与钱财有关，比如"買、賣"（买卖东西需要货币参与，因此这个行为动作也从贝）、"贿、赂"（贿赂一般是以钱财进行，礼品也是钱财的表现）、"赏、赐、赠"（"贝"本身就可以充当赏、赐、赠的东西，即便是后来用其他物品作为赏赐对象，但实际上也是钱财的另类表现，我们现在很多成功人士，也常以募捐做慈善的方式进行捐赠奖赏）。

金文　小篆　隶书

"本"字最早出现在金文中，是一个指事字，字的主体部分是"木"，字的下面部分表示树木的根部，并以黑点指示出树木的根部。小篆的形体结构来自金文，与金文基本相似，但将根部的指事符号延长成一横笔，结构上更加对称，笔画也更加圆滑。小篆的古文形体写作"㟭"，字体下面倒△形更加明确地指事出树木的根部所在。隶书在小篆的基础上进行了笔画的调整。

从上面的分析，我们可以推断出"本"的本义是指树根、植物的根部。根据《说文解字》的解释来看："本，木下曰本。从木，一在其下。""本"是指树木的根部。例如《诗·大雅·荡》："枝叶未有害，本实先拨。"这里的"本"即指草木的根。是说枝叶不见有损，其实根已经断绝。古人把树木的主干也称为"本"，这是来自"根"的引申，例如《庄子·逍遥游》所说的："吾有大树，人谓之樗，其大本拥肿而不中绳墨。"其中的"大本"即指的大树的主干。"本"是树根，引申表示事物的根基，例如《论语·学而》中就有："君子务本，本立而道生。"这里的"本"是指的基础的工作。中国古代，农业是整个社会的根本和基础，因此古人称"农业"为"本"，例如《荀子·天论》中所说的："强本而节用，则天不能贫。"是说要加强农业节俭开支，这里的"本"就是指的农业生产。

"树根"一义还引申出"根源""来源"的含义，例如"亡国之本"即亡国的根源。我们今天的语言中还有"本质""本色""本意"等说法，表示原本、原来的意思，这是来自"根源、来源"的引申。而"一本""两本"中的"本"是作量词，相当于"册"。作为"树根"这个本义使用的"本"在现代汉语中比较少见，而通行的是它的引申意义，除了上述列举的外，还有"本钱""本事""版本"等说法。

成 语
本末倒置　舍本逐末　正本清源
变本加厉　一本正经　拔本塞源

歇后语
☺ 吃米不记种田人——忘本
☺ 耗子啃书本——咬文嚼字
☺ 口吞账本——心中有数
☺ 挑担子卖豆腐——本钱小，架子大

谚 语
☺ 家家有本难念的经。

bí

甲骨文　金文　小篆　隶书

甲骨文的"鼻"是鼻子的象形，像人的鼻子的正面形状。金文的形体结构和甲骨文大体相同。到小篆的时候，鼻字变成了形声字，上面部分为形符"自"，表示意义，下面部分为声符"畀"，表示读音。隶书同小篆结构相同，只是笔画更加规整。

从甲骨文、金文的形体，我们不难看出，鼻子的

成　语

嗤之以鼻　鼻息如雷　鼻青眼肿　仰人鼻息

歇后语

☺ 鼻窟窿看天——有眼无珠

☺ 猪鼻子里插葱——装象

谚　语

☺ 横挑鼻子竖挑眼。

☺ 眼斜心不正，鼻歪意不端。

☺ 牵牛要牵牛鼻子。

"鼻"，最开始就是鼻子的象形，取意为鼻子，这也是"鼻"的本义。鼻的初文写作"自"，"自"在我们汉语中表示"自己"的意思，为何和"鼻子"有关联呢？从语源的角度来解释，是因为人们常常会指着自己的鼻子来指称自己。许慎《说文解字》这样解释"鼻"："引气自畀也。从自、畀。"这是从器官的功能的角度给予的解释，《说文解字》中又对"自"有所解释，书中说道："自，鼻也。象鼻形。"从许慎的说解我们不难看出，"鼻"和"自"是具有同源关系的字，许慎对"自"的说解也是正确的。"自"后来用作第一人称代词，表示自己，例如"自知之明"，而"不自为政"中的"自"则是进一步引申的用法，表示亲自的意思。古文献中记载了"鼻"用作鼻子的用法，例如《易·噬嗑》所记载的："噬肤灭鼻。"是说贪吃肥肉（比喻过分贪婪），被割掉鼻子。鼻是有孔的器官，在面部是凸起的部分，因此，我们也会将生活中某些物体有孔的部分或凸起的部分称为"鼻"，例如"针鼻""门鼻"，等等。在扬雄的《方言》一书中记载着："鼻，始也。兽之初生谓之鼻，人之初生谓之首。梁益之间谓鼻为初，或谓之祖。"可见，"鼻"从本义引申有开始、初始的意思，因此我们常常会说"鼻祖"，也就是创始人的意思。

甲骨文 金文 小篆 隶书

"匕"这个字早在殷墟甲骨刻辞中就已经出现了,但常常被用来表示对女性的称谓。这个字是一个象形字,从形体上看和甲骨文的侧立的"人"有相似性,但这个字根据文献以及研究者的研究结果来看,认为是古人吃饭喝汤用的"勺子",字的上面是勺柄,左边是一个挂耳,下面是勺身。金文的形体更加直接形象。小篆基于甲骨文、金文的形体结构,将右下笔画延长了。隶书的"匕"字在形体解构的识读上更加难了。

"匕"这个字在殷商时代就被比较广泛地使用了,但是我们看到的刻辞中所使用的都不是勺子意义,而是被借用作"妣"。许慎《说文解字》说:"匕,相与比叙也。从反人。匕,亦所以用比取饭,一名栖。"在这个解释中,许慎提到了"匕"是用来盛饭的勺子,又称为"栖",也是一种祭祀所用的器具。例如《诗·小雅·大东》中所记载的"棘匕",朱熹后来注解说:"以棘为匕,所以载鼎肉而升之于俎也。"而殷商考古出土的"匕"的形状像后来的剑头,因此引申来表示"匕首",是剑属兵器。例如《战国策·燕策三》中所记载的:"太子预求天下之利匕首。"指的就是利剑。

作为勺子意义的"匕"和后来的"汤匙"的匙,二者具有一定的关联性,《说文解字》收录了"匙"字,按照许慎的说解来看:"匙,匕也。从匕,是声。"是以"匕"来解释"匙",匙就是匕,它实际上是源自"匕"。段玉裁解释说,"匙"即调羹、汤匙,我们今天用来指喝汤的食具就沿用了"匙"这个字。而今天表示舀东西的器具的字词中,从古代一直沿用下来的还有"勺"字、"瓢"字。"勺"本来是指的盛酒用的器具,而"瓢"是指用来舀水等液体的器具,因此我们今天有的方言中称舀水用的器具为"瓜瓢",而喝汤用的器具称为"汤匙""调羹""瓢儿",等等。

成 语

图穷匕见

歇后语

☺豆腐做匕首——软刀子

☺荆轲刺秦王——图穷匕首见

bǐ

甲骨文	金 文	小 篆	隶 书

比

"比"的甲骨文像两个朝右的人紧密地站在一起的样子，金文的形体与甲骨文形体结构完全一致，小篆的形体基于甲骨文、金文形体进行了笔画的规整，隶书、楷书比照小篆进行了笔画的改变。

从字形的分析来看，"比"的本义应该是两个人紧密在一起的意思。《说文解字》的解释是："比，密也。二人为从，反从为比。"

"比"是密切并列的意思，可用在一般事物身上，例如《尚书·牧誓》中所说的："称尔戈，比尔干，立尔矛，予其誓。"其中的"比尔干"即并列你们的盾牌。由本义引申为亲密、亲近的意思，例如《论语·里仁》中所说的："君子之于天下也，无适也，无莫也，义之与比。"其中的"比"即亲近、亲密的意思。整句话说：君子对于天下，没规定非得怎样，也没规定不能怎样，总是紧靠着"义"。用在一般事物身上就有"密集"的意思，例如《诗·周颂·良耜》中所记载的："其崇如墉，其比如栉。""其比如栉"是说像梳齿一样密集，因此古时"比"又指篦子。再引申就有邻近、接近的意思，例如我们所熟知的王勃的诗句："海内存知己，天涯若比邻。"这里的"比邻"就是近邻的意思。而人和人在一起过于密切就会形成不同的人际关系，于是"比"又引申表示勾结的意思，例如《论语·为政》中所记载的："君子周而不比，小人比而不周。"这里的"比"就是结党营私、勾结，是说小人在一起就会互相勾结。

因为两个人或者两种事物并列在一起，所以就会形成对比，因此就有了我们今天最为常见的用法，即"比"表示比较、对比的意思。由此还有了比作、比喻的意思。而"比比皆是"中的"比比"是表示"到处"的意思，这也是由"密集"引申而来的意义。

bǐ

笔

甲骨文
金文
小篆
隶书

从殷墟出土的龟甲兽骨片上已经发现了用毛笔书写的文字，这一点足以说明在殷商时代人们就已经使用毛笔进行书写了。左边的甲骨文被释作"聿"字，是"笔"的初文，这个字的甲骨文从形体的角度看，上面表示一只手，下面表示一支笔，以手握笔表示书写。金文的形体和甲骨文一致，部件和甲骨文完全相同。小篆的形体在甲骨文、金文的基础上进行了改进，在笔的末端多加一横笔，同时增加了"竹"头部件，以表示笔的材质。隶书的形体结构直接来自小篆，只是将下面笔头部分平直化，从而失去了字形的象形性特征。

"聿"在《说文解字》中被解释为："所以书也。"即用来书写的工具，而"笔"的说解是："秦谓之笔。从聿，从竹。"这是说秦地称书写的工具为笔。相传是秦国的蒙恬造了毛笔。"笔"在人类发展史上有重要的作用，中国发明了毛笔这样的书写工具，从古代一直保留到今天。毛笔是用竹子和动物的毛制成的，因此称为"毛笔"，是"文房四宝"之一。我们今天的"笔"的概念扩大了，除了"毛笔"之外，还有"钢笔""铅笔""粉笔""自动笔""原子笔""彩色笔"等等均能书写的工具，种类繁多。"笔"因为是书写的工具，自然就引申出了"书写、写"这个含义，作动词用，例如《史记·孔子世家》中所记载的："至于为《春秋》，笔则笔，削则削，子夏之徒不能赞一辞。"其中的"笔则笔"是说该写的就写。此外还有"笔记""笔试""笔者""代笔"，等等说法。在这个意义上又引申出写作特色的含义，于是就有了"笔触""文笔"等说法。而汉字的组成称为"笔画""笔顺"。

汉字的书写要一笔一画，人们记账的时候也需要画上一笔，因此就有了"一笔账""一笔钱""一笔生意"的说法，这是作为量词使用。

成 语

秉笔直书　笔饱墨酣　笔下生花
笔走龙蛇　投笔从戎　一笔勾销

歇后语

☺ 笔杆子吹火——小气
☺ 毛笔掉了头——光棍一条

谚 语

☺ 笔勤能使手快，多练能使手巧。
☺ 言不能乱发，笔不能妄动。
☺ 多看思路广，多写笔生花。

bīng

甲骨文	金 文	小 篆	隶 书

成 语

纸上谈兵　先礼后兵　厉兵秣马
穷兵黩武　兵临城下　草木皆兵

歇后语

☺ 韩信点兵——多多益善
☺ 秀才遇见兵——有理说不清

谚 语

☺ 不想当将军的士兵不是好士兵。
☺ 赔了夫人又折兵。

今天我们对"兵"这个字的理解,应该首先是"士兵",这是军队编制中的一类人。但事实上这个字最开始并不是表示这类人,而是像甲骨文所展示的那样,一双手持一把斧子,称之为"兵",用这个形象来表示兵器。当中的斧子在古文中称之为"斤",是一种作战和农事两用的器具。到了金文中我们可以看到基本的形体结构没有发生变化,只是当中的斧子的刀刃部分变长了。到小篆的时候又与甲骨文形体相似了。隶书、楷书形体笔画更加简化,字的上面写成了"斤",后来又与一横相连,变成了"丘",下面的双手则变成了左右两撇。

"兵"的本义就是一种兵器,《说文解字》认为:"兵,械也。从廾持斤,并力之兒(貌)。""械"即指兵器。作为兵器讲的"兵"在古文中是常见的,例如"甲兵""短兵相接"等说法。至于我们今天熟悉的"士兵",是来自于使用兵器的人,把使用兵器的人称为"兵",这是一种引申用法。由"士兵"所组成的一个庞大的编制我们可以称之为"军队",这是进一步的引申,例如曹操《置屯田令》中所说的:"夫定国之术,在于强兵足食。"这里的"强兵"就是强大的军队、军事力量。

我们曾听到"丘八"一说,实际上就是将"兵"字拆分为上下两部分,旧时戏称当兵的人为"丘八"(含贬义)。因为士兵在军队中是最基层的单位,也是最底层的组成人员,于是其意又有变化,又被延伸到指社会各界最为底层、基层的人员,例如银行的收银员可以戏称自己只是银行的一个"丘八"。

bó

帛

甲骨文

金文

小篆

隶书

布匹衣物的产生是人类文明进步的一个标志，古代的织物根据使用的材质的不同有不同的称谓。"帛"是丝织品的一种，甲骨文中的"帛"字是由两部分组成的，上面是"白"，下面是"巾"，这是一个形声字，"白"表示读音，"巾"表示事物的类属。金文的形体结构和甲骨文完全一致。小篆也一样，只是笔画规整一些。隶书依循了小篆的形体结构。

　　"帛"的本义应该是指白色的丝织品，是丝绸中品质较好的一种，《说文解字》说道："帛，缯也。从巾，白声。""帛"通常是有钱的人才能使用，平民百姓都只能使用麻织品，即所谓的"布"。"帛"在具体语言环境中，往往被用来泛指丝织品，例如《左传·庄公十年》中所记载的："牺牲玉帛，弗敢加也，必以信。"这里的"玉帛"即玉器和丝织品的意思。"帛"在古代不仅是活着的人使用的东西，也用作死去的人的祭祀用品。帛作为一种比较高档的织物，是财产的一种标志，因此在古代常常被用来作为赏赐、礼品，也是下属进贡的物品。例如《论语·阳货》中有这样的说法："礼云礼云，玉帛云乎哉？乐云乐云，钟鼓云乎哉？"这里的"玉帛"是礼物、礼品的意思。"帛"在古代还用作一种书写的载体，但通常只有有钱的人才能用，因此有"帛书""简帛文字"的说法。

成　语

子女玉帛　束发封帛

名　句

☺ 玉帛朝回望帝乡，乌孙归去不称王。
（唐·常建）

☺ 烦君尺帛书，寸心从此殚。
（南北朝·吴迈远）

谜　语

☺ 能使妖魔胆尽催，身如束帛气如雷。
一声震得人方恐，回首相看已化灰。
（打一玩物）

——爆竹

bǔ

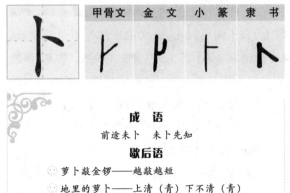

| 甲骨文 | 金文 | 小篆 | 隶书 |

殷商时代是一个笃信占卜的时代，商王无论大事小事都会占卜贞问，涉及天气、生育、田猎、农作物收成、战争等等社会的各个方面，这个"卜"字就是来自于这样的时代背景。商代占卜使用龟甲兽骨，尤其是龟甲。一般会在已经治理好的龟甲背面进行钻凿，先钻出一个圆的凹形，再在其旁边凿一个椭圆的凹形。占卜的时候，会将一头烧红的木棒放在圆的凹形中进行灼烧，这时候龟甲遇热会发出"卟"的声响，同时在龟甲的正面会呈现出像甲骨文"卜"字形的裂纹，再根据这个进行吉凶判断，甲骨文的这个"卜"字就是这样来的。"卜"的语音来自灼烧时龟甲兽骨爆裂的声音，而字形来自灼烧之后在龟甲正面形成的卜纹。金文以及后来的小篆和隶书，甚至今天的简化字，字形几乎没有变化，通过古今文字都可以看到这个字的原形，"卜"是一个字形保存极好的汉字。

从上面描述，我们不难发现卜的本义所指，它的本义就是占卜。《说文解字》说道："卜，灼剥龟也。象灸龟之形。一曰象龟兆之从横也。"这是对卜的本义的说解。占卜的风气到西周仍然持续，但到后来就不局限于用龟甲兽骨占卜了，也可借助其他的事物进行占卜，例如《史记·龟策列传》中所记载的："蛮夷氐羌，虽无君臣之序，亦有决疑之卜。或以金石，或以草木，国不同俗。"占卜的用意在于预测未来事件，因此由本义又可进一步引申出预测、猜测的含义，例如"未卜先知""前途未卜"等。

占卜的风气，在民间一直都流传着，"筮"也是一种占卜方式，用具是蓍草。筮是与卜有关的字，据《说文解字》的解释，这是表示易卦占卜所用的草，也表示占卜的含义。值得注意的是，我们今天的"萝卜"的"卜"，简化字形体与"卜"一样，但读作"bo"。

bù

甲骨文

金文

小篆

隶书

"步"的甲骨文形体像由上下两只脚组成,上像右脚,下像左脚,脚趾都朝上,表示向前行走。金文的形体与甲骨文相似,只是脚掌形象更加逼真。在小篆中,甲骨文的两个"脚掌"演变为两个"止"。隶书与小篆基本一致,只是笔画变得平直、点化。

"步"的本义表示行走。从《说文解字》的说解来看:"步,行也。从止少相背。""步"即行走的意思。中国自古讲究礼仪,行走也讲究不同的样子,各有不同的字来记录。"步"实际上是"徐行",慢慢走的意思,这一点在《尔雅·释宫》中就有说明:"堂下谓之步。"即在堂下行走不能快,应慢慢行进,因此古汉语中有"安步当车"的说法。

前脚跨出,与后脚中间形成的距离,称之为"跬";两脚各跨出一次,又称为"步"。《荀子·劝学》中说道:"不积跬步无以至千里,不积小流无以成江海。"这里的"跬"和"步"同时出现,表示脚所跨出的最小的距离。于是就有"五十步笑百步"这样的典故,这里的"步"既表示泛指意义上的脚步,同时又指距离。正因为有"距离"的含义,才被用来做了古代的长度单位。但各个朝代不同,例如《礼记·王制》中记载的是:"古者以周尺八尺为步,今以周尺六尺四寸为步。"意思是说以前八尺为一步,而当下是六尺四寸为一步。

我们今天在使用"步"的时候,更多的是使用它的引申意义,即步伐、脚步意义,而行走这个本义已经不再使用了。表示行走这个动作,现在用"走"字,但在古文中"走"却表示"跑"。"行走"是为了到达某个地点,因此"步"引申为"境地""田地""下场""地步"的意思,例如:"早知道股市这么险恶,当初就不该买股票的,不然也不会落到今天这步。"

成 语
步履蹒跚　寸步难行　望而却步
邯郸学步　故步自封　移形换步

歇后语
☺ 走上步看下步——瞻前顾后
☺ 一步一回首——走着瞧

谚 语
☺ 有理走遍天下,无理寸步难行。
☺ 一口吃不成胖子,一步跨不到天边。

cǎi

| 甲骨文 | 金 文 | 小 篆 | 隶 书 |

成　语

神采奕奕　兴高采烈　没精打采
博采众长　采薪之忧　采兰赠芍

歇后语

☺上山采竹笋——拔尖
☺苍蝇采花——装疯（蜂）

谚　语

☺日有雨不采，晴有云不采。
☺清明发芽，谷雨采茶。

很多汉字的产生都和人们的生产生活有密切的关联，尤其是一些表示动作的汉字，记录着当时的人们的社会生活。甲骨文的"采"字由上下两部分组成，上面像一只爪（实际表示手），下面像一株植物，植物的枝丫上有果实或叶片，这个字会意用手采摘植株上的果实或者叶片。金文的形体结构和甲骨文基本一致，上面表示一只手，下面表示一个植株，只是植株上缺少了果实或叶片。小篆的形体基于金文进行了笔画的整改，但上下部件的形体结构没有变化。隶书和楷书的结构也同前面的形体一致，只是笔画的平曲、点线有所变化。

　　"采"的本义应当作采摘讲。《说文解字》认为："采，捋取也。从木，从爪。""采"即指的摘取。例如《诗·周南·关雎》中所说的："参差荇菜，左右采之。"其中的"采"就是"采摘、摘取"的意思。采摘的结果是摘的东西汇聚到一起，因此"采"引申表示收集的意思。古代有专门到民间收集诗歌的习俗，称为"采诗"，由此还专门设置了采诗的官员，因此《汉书·艺文志》上说："古有采诗之官，王者所以观风俗、知得失、自考正也。"收集起来的东西会进行选择甄别，于是就引申出选择、选取的意思，例如"采纳""采取""博采众长"等中的"采"就是这个意思。古代表示动作的这个"采"后来变成了"採"，但我们今天仍用"采"。表示颜色的"彩"曾经也借用"采"字，例如《荀子·正论》中所记载的："衣被则服五采。""采"指彩色、颜色，而我们今天一律用"彩"不用"采"表示颜色。但由颜色这个含义，却引申出了我们今天所谓的"文采"，用以形容文章的辞藻风格等。而人的表情的变化也和颜色一样具有多样性，因此就有了"神采奕奕"的说法。

cán

甲骨文

小篆

隶书

蚕的养殖在中国有着悠久的历史，相传养蚕的始祖即黄帝之妃嫘祖，甲骨文中有"丝"的记载，这说明养蚕业在当时的社会已经存在了。甲骨文中有些虫豸的形体，其中有一个写作"🐛"，与蚕的形体相似。从一些考古出土的文物上的刻符来看，早在河姆渡时期就已经对蚕有所记录，其形体与左列甲骨文的这个字颇为相像。小篆的"蚕"字是一个形声字，上面部件为声符"朁"，下面部件为形符"虫"。隶书的形体结构同小篆，简化后的蚕字，只取其中的某些部件构成。

"蚕"是先民最早饲养的一种虫豸，是一种能吐丝结茧的昆虫。蚕茧经过人工处理之后可以提取丝线用于丝绸的纺织。从《说文解字》的说解来看："蚕，任丝也。从虫虫，朁声。"认为"蚕"是一种能产丝的虫子。《诗·魏风·硕鼠序》中记载有："国人刺其君重敛蚕食于民。"其中的"蚕"就是桑蚕的意思。蚕食桑叶，它吃的动作很细微，但是速度很快，在短时间内就可以将一片桑叶吃完，因此古人有"蚕食"之说，即像蚕一样吞食。例如《汉书·异姓诸侯王表》中所记录的："稍蚕食六国。"其中的"蚕食"即逐渐消灭、吞食的意思。我们今天在书面语中依然还在使用这个词，表示吞食、侵蚀的意思。

古人有"蚕室"的说法，养蚕需要适当的温度，需放置炭火并闭门，因此被借用表示刑所，在汉代是一种宫刑、腐刑名，也是施行这类刑罚的地方。"蚕"吐丝做蚕茧的特性既被世人称颂，也被世人贬斥。例如有诗这样写道："春蚕到死丝方尽，蜡炬成灰泪始干。"诗中所说的是一种思念的情绪，我们现在多以此颂扬奉献精神。而"作茧自缚"是比喻做事自陷困境。我们今天生活中，对"蚕"的认识和使用也基本上是用它的本义，因此有"蚕茧""蚕宝宝""桑蚕丝""蚕蛹"等说法。

成 语
蚕食鲸吞　蚕丛鸟道

歇后语
☺ 蚕豆开花——黑了心
☺ 土蚕钻进花生壳里
——假充好人（仁）

名 句
☺ 春蚕到死丝方尽，蜡炬成灰泪始干。
（唐·李商隐）

谜 语
☺ 蚕。（打一成语）
——作茧自缚

cè

| 甲骨文 | 金文 | 小篆 | 隶书 |

谜语

☺ 二月肚里空，草绳系腰中。（打一字）

——册

在没有发明纸以前，我们的先民使用了各种各样的记录工具。丝帛是其中一种，但造价太高。竹简也是一种，竹简的造价就比较低，可以直接利用天然的竹子加工制作。"册"字所反映的历史事实就是古人对于竹简的利用。甲骨文的"册"字像中间有四支竹简，并用绳索等将它们串联了起来，样子就像后来出土的竹简。人们可以在竹简上书写记录。金文的"册"字和甲骨文的形体基本一致。小篆的形体在甲骨文、金文的基础上进行了整合，字形变得更加完美，当中的竹简也变成了五支，样子更像出土的竹简文书。隶书对小篆进行了横竖折的简化归并。

从字形的分析来看，"册"的本义就是指的竹简，是古人用于书写的一种材质。根据《说文解字》的解释来看："册，符命也。诸侯进受于王也。象其札一长一短，中有二编之形。"这个解说是本义的引申，作为符命讲，是古代君王写在竹简上授给诸侯的诏书。因此"册"又引申表示"册封""赐予"的意思，例如"册……为妃（为太子）"，这里的"册"即册立、册封的意思。因为"册"相当于我们今天说的一本书，因此又引申指书籍、簿子，是书籍形象的代表，例如"典册""册书""相册""画册"等。进一步抽象化，即成为量词，表示书籍数量，例如"十二册""两百册"。

cháng

甲骨文

金文

小篆

隶书

长

《孝经》曾讲:"身体发肤受之父母,不敢毁伤,孝之始也。"我国古人除了孩童时代要剪发外,其余的时间无论男女都蓄发。关于毛发的记录,在甲骨文中已经出现了,就是这个"长"字。甲骨文的"长"字,形体是一个侧立的人,头上是长长的头发,是整个字形最为凸显的部件。左列另一个甲骨文形体,长发人还拄着拐杖。金文的形体与甲骨文差不多,也是一个有长发的侧立的人形。金文演变到小篆,经历了"止"变为"匕"的过程。金文第二、三个形体中像拐杖的部件后来演变为了"止",小篆的形体正是基于此而误作为"匕"形。隶书的形体变化较大,但下面部件也是基于"止"的变形。

"长"的本义是指长发,引申表示生长,读作"zhǎng"。《说文解字》说:"长,久远也。从兀,从匕。兀者,高远意也。久则变化。匕声。厂者,倒匕也。"认为"长"是长远、长久的意思,这是本义的引申。例如《诗·鲁颂·泮水》中说:"顺彼长道。""长"即远、遥远的意思。而"长"作为与"短"相对的"长cháng",才是我们今天的常用意义。例如《论语·乡党》中说:"必有寝衣,长一身有半。"除了实际的物体的长短之外,还用来表示不可见的时间的长短,以及引申表示人的能力、优点。例如《孙子·虚实》中说:"日有短长,月有死生。"这里的短长就是指的时间。而"长处""擅长"的"长"是指的优点、能力。

"长"还引申指年龄的长幼、辈分的大小。甲骨文字形就有长发持杖者,表示长者、老者,这时读为"zhǎng"。例如《礼记·祭义》中所记载的:"立教自长始,教民顺也。"其中的"长"即长辈、长者父兄的意思。

成 语

纸短情长　一技之长　源远流长
山高水长　三长两短　天长地久

歇后语

☺ 风里点灯——不久长;难长久
☺ 二万五千里长征——任重道远
☺ 二尺长的吹火筒
　　　　　　——只有一个心眼
☺ 脊梁长疮,胸口贴膏药
　　　　　　——不顾后患

chē

甲骨文	金文	小篆	隶书

甲骨文"车"是象形字，展示的是车的俯视象形图，有车轮、车辕、车轴，以及驾马的衡。有的甲骨文还显示了车厢的构形，如""。而金文的形体和甲骨文是基本一致的，所显示的车的部件也相似。金文中的车的形体有繁复的也有简略的，最繁复的形体是"𤱿"，展示的不仅是车体本身，还包括车厢以及驾车的马匹，而最简略的形体和小

成 语

安步当车　宝马香车　闭门造车
杯水车薪　车水马龙　车载斗量

歇后语

☺ 不倒翁坐车——东倒西歪
☺ 车道沟里的泥鳅——翻不了大浪
☺ 车后拴小牛——歹毒（带犊）

谚 语

☺ 车有车道，马有马路。
☺ 车到山前必有路，船到桥头自然直。

篆几乎一样，写作"車"，是个独体象形字，实际上是对甲骨文、金文的省略，以一个车轮来代表车。隶书也如此，但要从简化的车字读出"车"的形象那就很难了。

"车"的本义顾名思义，指的就是陆地上有轮子的交通工具，在古代尤其指战车。《说文解字》认为："车，舆轮之总名，夏后时奚仲所造。"古文献的记载表明，车在古代社会是很重要的交通工具，行路和战事都不可或缺。例如《诗·秦风·车邻》所记载的："有车邻邻，有马白颠。"其中的"车"是日常生活用的车。而《左传·隐公元年》中记录的："命子封帅车二百乘以伐京。"这里的"车"显然是战事所用的兵车。古人还把牙床称作车，因此有"辅车相依，唇亡齿寒"的说法。车主要靠马拉动车轮滚动前进，因此车轮所具有的滚动特性被引申用来指可以转动的工具，例如我们有"车床""纺车""车间""机车"等说法。而转动的这个动作，我们在方言中也常常见到用"车"来表示。例如成都话里面的"车身就走"即转身就走，"把螺丝车紧点"中的车也是转的意思。象棋中也有"车"，但是读作jū。

chén

甲骨文

金文

小篆

隶书

古代的等级制度十分鲜明，从文字上就可以看出这一点。"臣"在我们今天的观念中应该是指君臣之臣，但它的甲骨文形体却写作一只眼睛的样子。这只眼睛不是平常那样横着放的，而是竖立着的，而且眼珠子炯炯有神。这个形体在殷商卜辞中被考证是"臣"字，表示的是奴隶这个概念，只有奴隶在接受主人的命令的时候才只能低头，但眼睛要睁大了向上斜看着主人。金文的形体和甲骨文基本一致，也表示一只竖立的眼睛，中间的眼珠子尤其圆大、有神。到小篆的时候对甲骨文、金文的形体进行了一定的改造，弧线变竖线，眼珠子中间的瞳孔被取消了。隶书和楷书依据小篆进行了笔画的规整。

"臣"的本义作奴隶讲，例如《尚书·费誓》中所说的："马牛其风，臣妾逋逃。"这里的"臣"是男奴的意思，"妾"是女奴的意思。整句话说的是牛马走失了，奴隶逃跑了。古代的奴隶有很大部分是来自战俘，因此在古文中"臣"又指战俘，例如《礼记·少仪》中所记载的："牛则执纼，马则执靮，皆右之；臣则左之。"意思是：送牛的牵着牛绳，送马的牵着马缰，都用右手；如果是送俘虏，就得用左手。由于"臣"作为奴隶、战俘是受管制的对象，要服务于主人，因此扩展引申就把国君所统治的民众百姓都称为臣，如《诗·小雅·北山》中所说："率土之滨，莫非王臣。"而统治者和被统治者是相对而言的，"臣"又作为管制奴隶、百姓的一种职务，成为了一种官职名称，例如我们经常听到的"钦差大臣""权臣"等当中的"臣"都作这个意思讲。有这种官名的人逐渐又将其演变为一种自己对君主、对长者，甚至对别人的自称、谦称，例如诸葛亮在《出师表》中所写的"臣本布衣"。

成 语
割地称臣　骨鲠之臣　位极人臣
乱臣贼子　北面称臣　钦差大臣

歇后语
⊙ 弹棉花的戴乌纱帽
　　　　——有功（弓）之臣
⊙ 潘仁美挂帅——奸臣当道

谚 语
⊙ 一朝天子一朝臣，这朝不用那朝人。
⊙ 谗言败坏君子，冷箭射死忠臣。

chén

甲骨文	金 文	小 篆	隶 书

成 语

石沉大海　沉鱼落雁　沉默寡言
沉心静气　沉冤莫白　破釜沉舟

歇后语

☺ 沉香木当柴烧——用材不当
☺ 木头人过河——不成（沉）
☺ 绣花针沉海底——无影无踪
☺ 竹筒沉水——自满自足

谚 语

☺ 在沙滩上沉思，永远得不到珍珠。
☺ 漏缸一条缝，沉船一个洞。

中国古代社会盛行祭祀行为，殷商时代尤其突出，除了占卜问事之外，还要向天地祖先祈祷以求庇护。汉字中的"沉"字最开始写作"沈"，这个字在甲骨文中就有了。甲骨文的这个字是由水和牛组成，整个字表示将牛当做祭品下沉到河中进行祭祀。金文的形体与甲骨文相比有所变化，左边是"水"，右边像一个脖子上被束缚起来的人，这是将人沉入河水

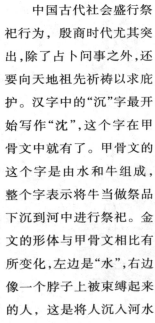

中进行祭祀。小篆的形体结构基于金文又有变化，左边写作"水"，右边写作"冘"，是一个形声字，这个字俗字写作"沉"。

　　"沈"从上面的形体分析不难看出，本义是一种祭祀，一种将牛、羊、人等下沉到河里进行祭祀的行为。因此这个字可以表示"下沉、沉没"的意思，例如《诗·小雅·菁菁者莪》中所说的："泛泛杨舟，载沈载浮。"其中的"沈"与"浮"是相对的概念，表示下沉的意思。能沉没比较大的东西的河水往往不会很浅，因此引申出"深、深沉、幽僻"的意思，例如杜甫诗句："沈思欢会处，恐作穷独叟。"我们现在有"沉迷"的说法，是这个意义的引申用法，例如"沉迷于网络世界""沉迷于毒品"等等，其中的"沉"表示"迷恋""痴迷""堕落"的意思。《墨子·非命中》中记载："外之驱骋田猎毕弋，内沈于酒乐，而不顾其国家百姓之政。""沈于酒乐"即指沉迷、堕落于酒色当中。而《说文解字》说："沈，陵上滴水也。"说"沈"是山陵上凹陷的地方所积的水，这是本义的引申用法。这个字俗字写作"沉"，我们今天一律用"沉"字表示上述意思，而不再用"沈"，"沈"只用来表示特定的地名、水名或者姓氏。

chéng

成

甲骨文 金文 小篆 隶书

"成"的甲骨文是由两个部件组成,右边像一把长柄的斧头,斧头的左下方表示一个即将被劈斩的物体,整个字表示斩物,古代有斩物为盟的传统,这个字也就表达了这个意思。金文的形体和甲骨文的形体结构基本一致,右边像一把斧子,斧子的刃口下方表示一个被劈斩的物体,只是笔画较甲骨文更为繁复一点。小篆的形体在金文的基础上进行了改造,笔画有所规整,但比照甲骨文、金文大致还能追寻到演变的路线。隶书以及楷书就小篆的形体进行了整改,已经很难分析出这个字的最初含义了。

《说文解字》告诉我们:"成,就也。从戊,丁声。"即"完成"的意思,可以表示事情结束了。例如《诗·大雅·灵台》中所记载的:"庶民攻之,不日成之。"其中的"成"就是"完成""实现"的意思。我们今天可以说"这事成了",这里的"成"就指完成、实现,进一步引申可以作"成功"的意思讲。"完成"之后就会使事情或者事物达到某种状态或者以另外一种状态存在,因此有"成品""成型""成见"等说法。还可以作为"变成"讲,例如"人死成灰""玉不琢不成器""滴水成冰",这里的"成"指状态的转变、变化。由"完成"这个意思引申还可以表示事物的成熟,例如《吕氏春秋·明理》中所记载的:"五谷萎败不成。"这里的"成"即熟、成熟。我们今天有"收成""年成"的说法,实际上是指农作物成熟之后的收获,又如"成年人"或者"成人"当中的"成"也是作成熟理解。"成熟"有"满""全"的含义在其中,引申可以表示"成全",例如我们所熟悉的《论语·颜渊》中的一句话:"君子成人之美,不成人之恶。""成"即"成全"。

成 语
众志成城　积劳成疾　望子成龙
坐观成败　水到渠成　聚沙成塔

歇后语
☺ 白骨精骗唐僧——一计不成又生一计
☺ 半个铜钱——不成方圆
☺ 笔杆子吞进肚——胸有成竹

谚 语
☺ 成事不足,败事有余。
☺ 麦收九成熟,不收十成落。
☺ 久病成良医。

chǐ

| 甲骨文 | 金文 | 小篆 | 隶书 |

齿

成 语

唇亡齿寒　唇红齿白　齿颊生香
齿若编贝　咬牙切齿　没齿不忘

歇后语

☺ 毒蛇牙齿马蜂针——毒极了
☺ 咬人的狗不露齿——暗中伤人

谚 语

☺ 清晨叩齿三十多，到老牙齿不会脱。
☺ 立冬食蔗，不会齿痛。
☺ 行不露趾，笑不露齿。
☺ 甘言夺志，糖多坏齿。

甲骨文的"齿"是口中有牙齿的象形，这个字凸显的是口中的牙齿。口的上部是两颗牙齿，这个字表示的就是牙齿。甲骨文中还有写作"■"的形体，更加凸显了上下唇齿。金文、小篆的"齿"都是形声字，字的上部是声符，下部是形符。隶书和楷书与小篆一致，只是笔画的平曲有所改变。

"齿"在殷商时代还是一个泛指概念，也就是泛指我们今天所说的"牙"，许慎在《说文解字》中这样解释道："口断骨也。象口齿之形，止声。""齿"是指口中的断骨即牙齿。例如《左传·哀公六年》中所记载的："女（汝）忘君之为孺子牛而折其齿乎？"其中的"齿"是指牙齿的意思。据说齐景公为了逗乐自己的孩子，用牙齿咬住绳子扮演牛，结果磕断了牙齿。古人在实际的使用中，更多地用"齿"来指门牙，用"牙"来指大牙、臼齿，因此有"唇齿相依"这样的说法，这里的"齿"侧重于门牙，和唇相贴的牙齿。

日常生产生活中，和齿相似的物件，我们也常常会以"齿"来表示，例如"梳齿""锯齿""齿轮"等等。牲畜当中，例如牛马，往往通过牙齿的数目来反映它们的年龄，因此"齿"在本义的基础上就引申出了"年龄"的意思，《广雅·释诂》中就明确解释道："齿，年也。"而"不足挂齿""启齿"等说法中的"齿"则是引申表示提及、说到的意思。

chì

甲骨文

金文

小篆

隶书

古人对红色尤为热衷，考古发现在殷商时代墓葬中有赤红的粉末，同时龟甲上也有抹有朱砂的甲骨文。"赤"的甲骨文是由上下两个部件构成的，上面是一个"大"，表示人，下面像熊熊烈火，表示一个人在烈火之上，只取"烈火"的颜色，表示"红"的意义。金文的这个字与甲骨文形体结构基本一致，上面是"大"（人），下面是"火"。小篆的形体基于甲骨文、金文进行了改造，上面仍写作"大"，下面写作今天的"火"。隶书、楷书对"火"作了改变，同时"大"变成了"土"。

"赤"的本义是正红色，《说文解字》这样解释说："赤，南方色也。从大，从火。"是说"赤"代表着南方的颜色，南方太阳比北方更强烈，火辣辣的太阳就像火一样，这是古人对于东南西北的一种认知，而"火"代表赤，即古人观念中的五行之一。"赤"在红色中还并非朱红色，是比朱红更淡一些的正红色，例如《礼记·月令》中所说的："乘朱路，驾赤骝。"这里的"赤"和"朱"就是有区别的颜色，是正红色。因此又引申表示纯正、忠诚的意思，于是就有了"赤诚之心""赤子"等说法。古代"赤子"本用来指婴孩（刚出生的孩子还没有经过社会的洗礼，还是一尘不染的，很纯洁），后又比喻老百姓，即含有忠诚、良好的意思。"赤"字本身包含着大火燃烧的意象，燃烧的结果是空、无，因此又引申表示什么都没有了，因此我们可以说"赤贫""赤字""赤脚""赤身""赤裸"等等。而在近现代出现的革命当中，有"赤卫队"这样的说法，这里的"赤"也是由正红色而来的，"赤卫队""红色革命""烈士的鲜血"这些都是为了争取革命的胜利而产生的。

成 语

面红耳赤　赤身裸体　赤胆忠心
赤手空拳　赤膊上阵　赤子之心

歇后语

☺ 赤脚拜观音——诚心实意
☺ 穿皮袄打赤脚——凉了半截
☺ 赤脚的和尚——两头光

谚 语

☺ 近朱者赤，近墨者黑。
☺ 人无完人，金无足赤。

chòu

甲骨文	小 篆	隶 书

臭

成 语

臭名昭著　臭名远扬　乳臭未干

臭味相投　遗臭万年

谚 语

☺ 流水不臭，臭水不流。

☺ 水不流，会发臭；人不学，会落后。

名 句

☺ 朱门酒肉臭，路有冻死骨。（唐·杜甫）

"臭"的甲骨文是一个会意字，由上下两个部件构成。上面部件为鼻子的象形，下面部件表示一只犬，将鼻子放于犬的头上，以凸显鼻子，表示嗅味道。小篆的形体结构来自甲骨文，将上面转写为"自"，下面转写为"犬"。隶书的"臭"字与小篆形体结构近似，只有笔画的平直点的变化。

　　"臭"的本义是"嗅"，即嗅味道。《说文解字》说："臭，禽走，臭而知其迹者，犬也。从犬，从自。"是说禽兽逃跑之后，能凭借嗅觉来判断其踪迹的是狗。这个解释主要从功能上对"臭"给予了说明，并强调了这是狗的优势功能。这个意义上的"臭"读作"xiù"，与后来的"嗅"字相同。

　　由狗的嗅觉又引申到人及其他动物的嗅觉上，例如《荀子·荣辱》中说："彼臭之而无嗛于鼻，尝之而甘于口，食之而安于体。"这个"臭"是对人的描述，是说人嗅着彼（好肉和细粮）觉得好闻。臭的对象是气味，因此"臭"又引申有气味的含义。开始的时候气味不辨好坏，都称为"臭"，读作"xiù"。例如《诗·大雅·文王》说："上天之载，无声无臭。"这个"臭"泛指各种气味。又如《易·系辞上》说："同心之言，其臭如兰。"这里的"臭"指的就是香味。而《礼记·大学》中记载的"如恶恶臭"，专门用"恶"来形容"臭"，则表示不好的气味。人们对于气味的认识逐渐细化，于是"臭"的含义开始缩小，偏指不好的气味。例如《左传·僖公四年》所记录的："一薰一莸，十年尚犹有臭。"是说薰莸在一起，臭味掩盖了香味，因此长年都是臭味。这种词义的缩小现象一直持续到今天。今天把不好的气味都称为"臭"，读作"chòu"，所以有"臭气熏天""遗臭万年""臭烘烘"等说法。而要表达好的气味则说"香"。

chū

甲骨文 金文 小篆 隶书

"出"的甲、金、篆形体差别不大,看得出明显的渊源关系。下面的"凵"像一个坑穴,上面部件表示一只脚。三个脚趾头朝向坑穴外面,表示从坑穴走出去。到隶书的时候,"出"字因为笔画发生了横、竖、折的变化,就不容易看出表意所在了。

"出"的本义应当是指的与"入"相对的概念,表示脚从某个地点、由内而外迈出的一个动作。例如"出来""出去""出门",用的都是本义。《诗·郑风·出其东门》说:"出其东门,有女如云。"这里的"出其东门"就是从东门出来、走出东门的意思。"出去"也就意味着离开某个地方,因此"出"可以表示"离开"。我们今天说的"出轨",是"(火车等)离开轨道"的意思,也引申指婚姻关系中的一方离开、背离、逾越、超越了家庭的道德原则。"离开"有主动的,也有被动的,被动离开即驱逐,因此"出"可以表示"驱逐"。《左传·文公十八年》中说:"遂出武穆之族。"即驱逐武穆两个家族。"出妻"即驱逐妻子。"出去"还意味着最后要到达某地,因此"出"又引申表示"到、临"。例如我们今天常常说的"出席",即到席,"出庭作证",即到法庭作证。

《说文解字》中对"出"的说解是:"出,进也。象艸(草)木益滋,上出达也。"这个解释是以植物破土而出的状态来解释"出"的含义,即长出、破土而出的意思。这也是本义的引申。例如"莲出淤泥而不染",这里的"出"即指从淤泥中长出来、破土而出的意思。这个意义再作引申可以表示"产生",例如"江南出才子""出汗""出生""出版"等。此外还有"出售"的"出",表示"拿出来"的意思,是由"出"字所具有的从内到外的这个动作引申而来的。

成 语

出其不意　出人意料　出人头地
足不出户　喜出望外　出生入死

歇后语

☺ 挨打的狗去咬鸡——拿别人出气
☺ 半个月绣不出一朵花——真(针)差
☺ 才出窝的麻雀——翅膀不硬
☺ 长颈鹿进羊群——高出一大截

谚 语

☺ 豆腐里挑不出骨头
☺ 天才出于勤奋。

chuān

甲骨文	金 文	小 篆	隶 书

成　语

川流不息　一马平川　虎落平川

百川归海　名山大川

歇后语

☺ 北极的冰川——顽固不化

☺ 四川的担担面——又麻又辣

谚　语

☺ 黄河归来不看川，黛眉归来不看山。

☺ 人随川上逝，书向壁中留。

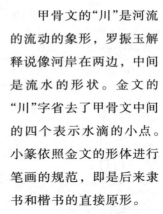

甲骨文的"川"是河流的流动的象形，罗振玉解释说像河岸在两边，中间是流水的形状。金文的"川"字省去了甲骨文中间的四个表示水滴的小点。小篆依照金文的形体进行笔画的规范，即是后来隶书和楷书的直接原形。

"川"在《说文解字》中解释为："贯穿通流水也。"并且《尔雅·释水》中又说道："水流而分交错相穿，故曰川也。"意思是说"川"是指的河流，这是它的本义。《左传·宣公十二年》记载："川壅为泽"，其中的"川"即河流、水流的意思。我们常见的"川流不息""山川大河""百川归海"等等都是河流的意思。但是我们还能听到"一马平川"这样的说法，这里的"川"难道还作河流讲吗？显然如果解释为"河流"就很难理解了，这里的"川"实际上是"河流"意义基础上的引申用法，表示平坦的陆地，这大概和河流的宽阔的水面平坦广大有相似性。我们日常所说的"八百里秦川"也就是描绘的广袤平坦的大地面貌。这样的用法在我们今天的一些方言中仍然保留着，例如中原北方话中把山地间或者高原中低而平坦的田地称为"川地"。

四川的简称是"川"，这个"川"的来历说法不一，有说和四河流有关，有说和宋代四路分治有关。无论如何，"川菜""川剧""川妹子""川味儿"已经成为人们耳熟能详的词语了。

chuāng

小篆

隶书

甲骨文有"囱"字,写作"",字形像古代的窗牖,即窗户,《说文解字》的说解是:"窗牖丽廔闿明。象形。凡囱之属皆从囱。读若犷。贾侍中说:'读与明同。'"说的是窗户的格子交错明亮的意思。在甲骨文中没有和"窗"字对应的字形,金文中也没有见到。《说文解字》收录了三个形体,上面所列的第一个是字头正篆,后面两个一个是古文,一个是或体。字头正篆和古文形体都像古代窗户的样子,或体增加了"穴"部件,表示是房屋的窗户。隶书的形体采纳了小篆或体的形体,并对其进行了笔画的调整,将"穴"部件下的"囱"写成了"囱"。

根据《说文解字》的说解来看,古人认为:"囱,在墙曰牖,在屋曰囱。象形。"囱,即窗,是指的屋顶的透光窗户,而牖是指的墙上的窗户。例如《论衡·别通》上所记载的:"凿窗启牖,以助户明也。"窗即窗户,是说窗户是帮助房屋获得光线的洞口,即房屋采光的地方。我们今天平房的瓦屋顶,通常都有一个天窗,是用一片透明的玻璃做的瓦,是为了让屋子采集到室外的光线,这个窗实际上就是古人所说的"在屋曰囱"的"囱"。

在古汉语中表示墙上的窗户一般用"向"或者"牖",而表示屋顶的窗户一般用"窗",但随着语言使用的频繁,"窗"逐渐取代了"向"和"牖"而成为"窗户"的代名词。凡是用来透光的洞口,无论在墙上还是在屋顶,都可以用"窗"来表示了,而这种语言使用的习惯一直延续到我们今天,在我们的日常语言中就只剩下"窗"这个概念了,而"向"和"牖"则成为了历史字词。

成 语

东窗事发 十年寒窗 窗明几净
剪烛西窗

歇后语

☺玻璃窗里看戏——一眼看透
☺纸糊的窗子——一点就破

谚 语

☺打开天窗说亮话。
☺两耳不闻窗外事,一心只读圣贤书。
☺常开窗,透阳光,精神爽,身体壮。

chuáng

甲骨文	小　篆	隶　书

"床"在古代写作"牀"。甲骨文的"床"字是一个象形字，像一张竖着放的床，左边的一长竖表示床面，右边的两个倒"T"表示床腿。小篆的"床"在甲骨文基础上，添加了一个"木"，表示床的材质，构成了一个形声字。左边的"爿"是古代床的象形，与甲骨文相似，又兼作声符。隶书的形体结构与小篆一致，笔画上有曲折的变化。

　　从功用上来看，古人的床和今天的床存在一定差异。古人的床既是坐具，也是睡觉的地方，但开始时主要是用来坐。现在我国北方一些地区例如山西、河北等地，所使用的"土炕"大致也继承了这些特点，既可以睡觉也可以坐在上面吃饭。但今天大部分地方的床仅仅用来睡觉。"床"的本义是一种坐卧的工具，《说文解字》说："床，安身之坐者。从木，爿声。"《诗·小雅·斯干》说："乃生男子，载寝之床。"这里的"床"指睡卧的工具，是说生了男孩就让他睡在床上。而《礼记·内则》中说："长者奉席请何趾，少者执床与坐。"这里的"床"就指用来坐的工具。整句话是说年长和年少的后辈把床收拾好，并问明父母舅姑的意愿，侍候其坐下。可见古人心目中的床和今天是有差别的。古人还没有板凳椅子的时候，只能席地而坐，成跪坐姿势。因此古人的床很矮，就是为了便于跪坐。

　　我们今天还常常说"病榻之前"，这里的"榻"是指的"床"，因此在古汉语中表示"床"这个概念的字还有"榻"。这是个形声字，《说文解字》说："榻，床也。从木，昜声。""榻"是床的一种，显得更狭长、更矮小，也可以供坐卧之用。

　　床的形状和现实生活中的某些事物在特征上具有相似性，因此会用"床"来表示这些事物，例如"河床""车床"等等。

chuī

甲骨文 金文 小篆 隶书

甲骨文的"吹"字是一个会意字,字的左边是一个口表示嘴巴,右边像一个跪坐的人张大嘴的样子,整个字形像人张开嘴巴,口中的气被呼出来、说话的样子。金文的形体与甲骨文相似,左边为"口",右边为张着大嘴的一个人形。小篆的形体结构来自甲骨文、金文,左边依然从口,右边的上半部分由人头变成了三撇,三撇像人呼出的气体的样子,这三撇正好是将小篆的"气"字从左到右旋转了180度。隶书基于小篆的形体,将右边部件写作为"欠"。

"吹"的本义从上面的形体分析,不难看出是用口吹气的意思。许慎《说文解字》也是这样解释的:"吹,嘘也。从口,从欠。"即撮口吐气为"吹"。古人认为"出气急曰吹,缓曰嘘",短暂而急速出气称为"吹"。例如北方农村烧火做饭时,都会用竹管对着灶台里面的火吐气,这样急速的呼出气体即是古人所谓的"吹"。而当人累了的时候,或者心情不好的时候,就会叹气,这是舒缓地呼出气体,《庄子·齐物论》说"仰天而嘘",正是此意。"吹"既可以指人口呼出的气体,同时又转用到自然事物上面。例如风的流动,我们称之为"吹风",白居易《赋得古原草送别》诗中的名句就是这样写的:"野火烧不尽,春风吹又生。"古人喜好管乐,他们用竹子制作了各种乐器,例如"笙箫""笛子"等,用陶土、骨头做成"埙",都是靠人嘴向乐器上的孔吹气才能发声,因此《诗·小雅·何人斯》上就记载说:"伯氏吹埙,仲氏吹篪。""篪"也是一种带孔的竹制乐器,因此都冠以"吹"这个动词。而"吹毛求疵"这个习用语,是吹开毛找里面的瑕疵,比喻故意挑剔、挑刺。"吹"由本义还可以引申为我们今天所熟悉的"吹牛",即说大话、夸大其词。例如说"吹嘘""吹捧"等等。

成 语

吹毛求疵　大吹大擂　风吹雨打
风吹浪打　风吹草动　吹气如兰

歇后语

☺ 吹灯捉虱子——瞎摸
☺ 风吹蒲公英——轻飘飘
☺ 飞机上吹喇叭——空想(响)

谚 语

☺ 南风吹到底,北风来还礼。
☺ 蜜蜂迟归,雨来风吹。

chūn

甲骨文	金 文	小 篆	隶 书

成 语

春暖花开　枯木逢春　春花秋月

春风化雨　春风得意　阳春白雪

歇后语

☺ 春天的杨柳——分外亲（青）

☺ 三月里扇扇子——满面春风

谚 语

☺ 春到三分暖。

☺ 春雨贵如油。

☺ 肥不过春雨，苦不过秋霜。

☺ 一年之计在于春。

对于季节的认识，早在甲骨文中就有所记录了。甲骨文的"春"字是一个会意兼形声字，字的左边部件的上下为草，中间为日，字的右边部件为植物刚萌芽的样子，即"屯"字。整个字表示太阳照耀着大地，草木萌生，取意春天。上列甲骨文的第二、三个形体，从木或从林，也显示出春天草木萌生、欣欣向荣的样子。金文的形体基于甲骨文，字的上面为"草"，中间表示萌生的嫩芽，下面为"日"，字的取意与甲骨文相同。小篆的形体结构直接来自金文，将金文的"嫩芽"转写为"屯"字，同时表示读音。隶书的春字写作"萅"，直接来自小篆的构造，只有笔画平直的变化。楷书的"萅"字写成了"春"，形体部件进行了简化，难以解读出字所表达的含义了。

"春"的本义就是草木萌生的春天。《说文解字》说："春，推也。从艸（草），从日。艸春时生也。屯声。"即万物萌发为"春"。我们今天分一年为四季，第一季就是春天，例如《尚书·泰誓上》所记载的："惟十有三年，春，大会于孟津。""春"即春季。而《公羊传·隐公元年》中这样说："春者何？岁之始也。"说的就是春季是一年的开始。古人认为"春"为太阳普照大地的时候，因此阳气开始上升，万物开始复苏，于是就以"春"为阳，又以"东""东方"为春。东，动也，万物萌动。曹植《杂诗》中说："自期三年归，今已历九春。"这里是以"春"代表年、岁，"九春"即九年。古人认为春天是花草萌发，万物生长的时候，于是又以"春"代表春色，引申又指男女的情欲，例如"怀春"。

在我们今天的语言中，古代的"春"的含义基本被沿用，但常用的仍然是季节这个含义，例如"春天""春华秋实""春节""春晚"等等。

cóng

甲骨文 金文 小篆 隶书

"从"的甲骨文和金文形体像前后相随的两个站立的人，会意相随跟从。小篆形体一脉相承，完全能看出这个字的雏形。隶书和楷书与小篆相比，只是笔画有所变化，但形体结构所表达的含义也基本能看出来。

"从"的本义是跟随的意思，在《说文解字》中记录了两个形体，一个写作"从"，另一个写作"從"，意思都是表示跟随。但前者是后者的初文，后者是对前者的繁化，增加了表示行走的部件"辵"。我们通常所说的"从师""跟从"就是本义的用法，表示相随、跟随的意思，又如《史记·项羽本纪》中所记载的："张良是时从沛公。"这里的"从"即"從"，意思是跟随，是说张良这个时候跟随了沛公。在古代的婚俗习惯中，有一种叫做"媵"，指出嫁的时候有人陪嫁、随嫁，因此古汉语中，"从"还引申表示陪嫁、从嫁。无论是主动的还是被动的跟随别人，都得听从别人的指挥、接受别人的思想意旨，因此由本义引申还可以用来表示依从、顺从的意思，于是就有了"听从""遵从""服从"等说法。由"跟从、随从"这个本义，我们不难从语源学的角度推导出我们今天所说的"从属""主从"中的"从"的来历，很显然，这里的"从"是表示处于下一级、更次要的位置的人或事，这一点和两人相随，后者跟随前者，是有意义上的关联性的。

成 语

从一而终　从天而降　三从四德
从长计议　从容不迫　从善如流

歇后语

☺ 从石头里挤水——办不到
☺ 黄连锅里煮人参——从苦水中熬过来的

谚 语

☺ 病从口入，祸从口出。
☺ 病从口进，寒从脚起。
☺ 甜从苦中来，福从祸中生。
☺ 宝剑锋从磨砺出，梅花香自苦寒来。

谜 语

☺ 不讲方言，从我做起。（打一成语）

——自圆其说

cùn

小 篆	隶 书
	寸

成 语

寸步难行　寸阴尺璧　鼠目寸光

手无寸铁　得寸进尺　寸土寸金

歇后语

☺ 给了九寸想十寸——得寸进尺

☺ 阴沟里荡舟船——寸步难行

☺ 耗子戴眼镜——鼠目寸光

谚 语

☺ 一寸光阴一寸金，寸金难买寸光阴。

☺ 打蛇打七寸，擒贼先擒王。

☺ 尺麦怕寸水，寸麦不怕尺水。

"寸"是一个指事字，上面表示一只手，即"又"字，在手指下方有一短横，指示出手的寸口处。隶书之后的"寸"字，由于笔画的曲折点竖变化，使得寸所展示的"手"的形体构造丧失了其指事功能，字的取意所在很难解读出来了。

"寸"的本义是计量长度的单位。根据《说文解字》的说解来看："寸，十分也。人手却一寸，动脉，谓之寸口。从又，从一。"按照古人的计算，十分为一寸，具体来说，它所指的长短相当于人手的动脉处，即称为"寸口"的地方距离人手掌根的长度。"寸"在古代汉语中以作为度量单位而存在，例如《公羊传·僖公三十一年》中所记载的："触石而出，肤寸而合。"其中的"寸"即长度单位，一个指头的宽度，也就是中医把脉的寸口大小。此处的"肤"也指长度单位，一肤等于四寸。整句话说泰山之中云气触石峰而出，结合紧密。古代的度量单位除了寸之外，还有尺、丈等，在这些单位中"寸"是较小的单位，因此常常被用来表示"很短、很小"的概念，例如我们今天常常用来形容时间的一句话"一寸光阴一寸金"。而古诗词中也保留了相关的记载，在孟郊的《游子吟》诗中就这样说道："谁言寸草心，报得三春晖。""寸草"即"小草"，也是使用的"小"这个引申意义。

在我们今天的书面语言中，"寸"作为长度单位已经很少出现，而常常使用的是厘米、毫米、分米、米这样的度量单位，但在老百姓的日常生活中，还会听到用"寸"来度量衣服、腰围、布匹等等。"得寸进尺"这个成语在语言使用中比较常见，是用"寸"和"尺"形成比较，表示贪婪的心理。

37

从 / 寸

dá

甲骨文的"达"字，左边是"行"的一半，表示道路，右边是一个"大"，表示人在路上行走。也有甲骨文在"大"的下面增加了一个"止"，表示人的脚。金文的形体结构来自甲骨文，增加了"羊"这个部件。小篆的形体基于金文进行了改造，左边写作"辵"，右边为"大"和"羊"。隶书以后的文字的"辵"部写作"辶"。

从字形结构的分析来看，"达"的本义应和行走相关，《说文解字》解释说："达，行不相遇也。"说的是行走的人不相遇，想必是道路太宽大了，所以人来人往时彼此才没有碰见。在古文中"达"多用来表示"通畅无阻"这个意思，例如《晋书·慕容德载记》中所记载的："滑台四通八达，非帝王之居。""达"即畅通的意思，是说滑台畅通无阻。"畅通无阻"便可以顺利到达，因此引申出"到达"的意思，例如我们今天说的"直达""抵达""达到"等中的"达"都是"到达"的意思。古文中有"达（于）+地点"的说法，也是这个意思。除了具体的行为之外，还可以表示思想、言语的传送、表达，例如"传达精神""转达谢意""词不达意"，等等。"传达"的目的是为了让人理解和接受，因此进一步引申就有了"理解、了解、明白"的意思，例如《论语·乡党》中所说的："丘未达，不敢尝。"是说孔子对药性不了解，因此不敢尝。我们今天会说"他是一个通情达理的人"、"他很知书达理"，其中的"达"都作这个意思理解。而"达官贵人"的"达"是"显赫"的意思，这是由"达"的"周全、遍"这个含义引申而来的，"周全、遍"又是来自"畅通无阻""到达"意义的引申。

我们今天常用的是表示"到达""表达""传达"这些含义的"达"。

成 语

四通八达　通情达理　达官贵人
飞黄腾达　通权达变　知书达理

歇后语

☺ 抢吃弄破碗——欲速则不达

谚 语

☺ 没有理想，就达不到目的；没有勇气，就得不到东西。（苏联）
☺ 除了通过黑夜的道路，人们不会到达黎明。（黎巴嫩）

dà

成 语

大大咧咧　胸怀大志　大悲大喜

大同小异　真相大白　夜郎自大

歇后语

☺ 矮子骑大马——上下为难

☺ 白菜叶子炒大葱——亲（青）上加亲（青）

☺ 菜子里的黄豆——数它大

谚 语

☺ 瘦死的骆驼比马大。

☺ 衣不大寸，鞋不大分。

"大"的甲骨文实际上像一个正面站立的人，手脚都大大地张开着，表示"大"这个概念。金文、小篆、隶书也大体如此，变化不大。

"大"一直使用的意义是与"小"相对的概念，这是古今一致的，是在某个方面超过常规的状态，表示"大"。《说文解字》的解释是："大，天大，地大，人亦大。故大象人形。"在古人的观念中，天地是最大的，其次就是人自身了，因此以人的形象来表示"大"这个概念。"大"可以用在很多方面，我们可以说"大苹果""大西瓜""大杯"等，《诗经》里面的"大兕"就是大犀牛的意思，这是从体积、重量、容量上来说的；我们也可以说"大山""大河""大楼""大块土地"等，这是从高度和长度以及面积上来说的；我们还可以说"大风""大雨""大浪""大难"等，这是从强度上来说的；当我们把"大"用到人身上的时候，例如"大人""大哥""大嫂""大爷""大妈"等，这是偏向于年龄的长幼，年长的人我们通常会加一个"大"字。而作为称呼的"大妈、大爷"，往往还含有尊敬的意思在里面，再比如"大师""大作"等，尊敬的意味就更明显。因此我们在问别人姓名的时候，往往会说"请问您尊姓大名？"这就是一种敬辞。

"大"可以引申表示"很""极"的意思，例如"大吃一惊""大失所望"，等等。而"大约""大概"中的"大"表示"笼统"的意思，北京话等方言中有"大大咧咧"的说法，是指人做事漫不经心。

dàn

甲骨文 金文 小篆 隶书

日出而作，日入而息，这是古人的生活作息习惯，因此太阳的升起和下落对于先民有着重要的指示作用。甲骨文的"旦"字就是太阳刚刚跳出地面的一个形象的刻画，字形的上面部件表示太阳，下面部件表示地面。金文的形体与甲骨文相似，而表示地面的部件变成实心圆，并且还与太阳的下弦有所粘接，正好巧妙地表现出了太阳初升的瞬间，尚未完全脱离人眼中的地平线。小篆的形体基于甲骨文、金文进行了调整，将甲骨文、金文字体的下面部件变作一短横。隶书的形体与小篆是基本一致的。

"旦"的本义是太阳刚刚升起的时候，即早晨。按照《说文解字》的说解来看："旦，明也。从日见一上。一，地也。""旦"代表的是光明，是太阳升起的时候光芒四射的景象。例如《尚书·太甲上》所说的："先王昧爽丕显，坐以待旦。""待旦"，即等待天亮、等待太阳升起，"旦"表示早晨。因此有"旦夕"（早晚）、"旦日"（天亮）等说法，而"旦日"在古汉语中还可以表示明天、第二天的意思，这个意思与"旦朝"相同，例如《战国策·齐策》中说道："旦日客从外来，与坐谈。"说的就是第二天客从外面到来。因为"早晨"是一天的开始，因此又引申指一天，表示"天"或"日"，例如我们今天最为熟悉的"元旦"，即指新年开始的第一天。而"旦"所表示的光明的意思，引申可以表示诚恳坦白，例如《诗经》中的名句"信誓旦旦"，是盟誓诚恳的表现。而京剧中的"生旦净末丑"，其中的"旦"是指的女子的角色，和旦的本义没有关系了，只是一种借用现象。

成 语

坐以待旦　危在旦夕　通宵达旦
毁于一旦　枕戈待旦　昧旦晨兴

歇后语

☺ 花旦唱戏——有板有眼
☺ 刀马旦不会刀枪——徒有虚名

谚 语

☺ 天有不测风云，人有旦夕祸福。

dāo

甲骨文	小 篆	隶 书

成 语

刀山火海　刀枪不入　笑里藏刀
心如刀绞　一刀两断　两面三刀

歇后语

☺ 菜刀切藕——片片有眼
☺ 钝刀切肉——不快
☺ 杀鸡用牛刀——小题大做

谚 语

☺ 口含蜜糖，肚藏尖刀。
☺ 不怕虎狼当面坐，只怕人前两面刀。
☺ 刀不磨要生锈，人不学要落后。

　　甲骨文的"刀"是象形字，字像刀的形状，上面是刀柄，下面是刀背和刀刃。小篆的形体基于甲骨文作了调整，笔画更加弯曲，但结构没有变化。隶书之后的"刀"字，将表示刀柄的部位变成了短横，形象性极大地降低了。

　　"刀"的本义顾名思义，就是指用于切割宰杀的器具。许慎《说文解字》中这样解释道："刀，兵也。象形。""刀"是指的一种兵器。从刀的用途来看，作为兵器使用的"刀"应该晚于作为生活用的刀，生活中的"刀"就是一般的生产生活工具，可以用来切割宰杀的一种器具。例如《庄子·养生主》说："良庖岁更刀，割也。"是说好点的厨师用刀割肉，刀一年换一次。这里的刀，是生活用具。而《汉书·刑法志》中说："中刑用刀锯。"这里的刀就是一种刑具。《诗·大雅·公刘》中所记载的："何以舟之？维玉及瑶，鞞琫容刀。"毛传解释为："容刀，言有武事也。"也就是说这里的"刀"是一种兵器。整句话是说佩带着美玉宝石和刀鞘有玉饰的佩刀。"刀"用来指兵器的情况，汉代之后就更多了，正如《说文解字》所解释的一样，"刀"就是一种有关战事的武器类名。

　　在古代"刀"还作为一种钱币名，因为它的样子像刀，主要通行于战国时期的齐、赵和燕三个国家，即所谓的"刀币"，分为齐莒刀、尖首刀、明刀、钝首刀等种类。《荀子·富国》中所提到的"厚刀布之敛以夺之财"中的"刀布"，就是钱币的意思，其中的"布"是一种铲形的钱币。

　　生活中和"刀"相似的事物，我们往往也会加上"刀"这个字，例如滑冰所用的鞋底嵌着的锋利的金属片，被称为"冰刀"。我们形容人说话厉害，像刀一样快、狠，会说"刀子嘴"。在说一个人为人不忠诚、不实在，会说"这人两面三刀"。

dào

金文

小篆

隶书

道

甲骨文中表示道路的字是"行",但这种用法只限于上古,另外还有"道",出现在金文中。金文的左右部件是甲骨文的"彳",即行,像十字路口的样子,表示道路。中间的部件上面是首,代表人,首之下为"止",代表人的脚步。整个字表示人在道路上行走,有先导、引导的含义在内。金文还有一种形体,"首"之下是一只手,表示牵引,"导向"的意思更明显。因此"道"也是导(繁体写作"導")的初文。小篆的形体基于金文,部件有所变化,将原有的"行""止"写作"辵",右边部件为"首"。古隶左边仍然作辵,后来才写成"辶"。

"道"的本义表示道路,但含有引导、导向的意义。《说文解字》说:"道,所行道也。从辵,从首。一达谓之道。"行走的道路称为"道",例如《诗·小雅·大东》说:"周道如砥,其直如矢。"道原本指陆上的路,后来逐渐泛化,也可指"水道""隧道""管道"等。古汉语中表示行走的路还有"路""途"等,但"道"的使用更为宽泛。"道"因为有引导、指引的意思,因此引申表示知识方法、手段、道理、规律等。例如《商君书·更法》中说:"治世不一道,便国不必法古。""道"即指治理天下、政事的方法手段。《道德经》中说:"道可道非常道。"最后一个"道"即指宇宙的本原、发展的规律。而古人所谓"师者,传道授业解惑也",其中的"道"即知识、方法技能。

"道"既然有指引的意思,因此就引申出引述、述说的意思。《诗·鄘风·墙有茨》说:"中冓之言,不可道也。""道"即说、讲的意思。我们今天表示通道,说"路、街道、道路",而不单说"道",表示说话的动词,用"说"而不用"道"。但也还保留着一些传统习惯,例如"说三道四"等。

成 语

志同道合　一语道破　道听途说
道骨仙风　道貌岸然　津津乐道

谚 语

☺ 明修栈道,暗度陈仓。
☺ 道高一尺,魔高一丈。
☺ 道不同不相为谋。
☺ 劈柴看纹理,说话凭道理。

dào

金文	小篆	隶书
稻	稻	稻

关于甲骨文中的"稻"字，目前还没有定论，有人将""释作"稻"，也有人将"𥞤"释作"秜"。根据《说文解字》对"秜"的说解："稻今秊（年）落，来秊自生，谓之秜。从禾，尼声。"今年落地来年自己生长的稻称为"秜"，于省吾先生认为这是一种野生稻，而这种稻在殷商的时候就已经成为人工栽培的对象了。我们可依据的"稻"的可靠的字形应该是金文中的"稻"。这个字从禾，右上部为一只手握住舂棒"杵"的样子，下面部件是一个臼，表示舂米的器皿。而实际上这也是一个形声字，从"禾"表示这个字的意义类别，是表示同禾谷相关的一类植物，右边的"舀"实际是标示字的读音的符号，字右上部的"爪"实际是手的误写。到小篆和隶书这种变化就更加明显了。

《说文解字》中收录了"稻"这个字，解释为："稌也。从禾，舀声。"而《说文解字》又解释"稌"为稻也，即稻谷的意思。根据朱骏声《说文通训定声》的说解，认为古人通常称有黏性的稻谷为"稌""稻"，而没有黏性的稻谷称为"秔"。稻去除糠之后就是我们今天所熟知的大米。这种作物生长周期通常为一年，一般有水稻、旱稻的分别，也有早稻、中稻和晚稻的分别。例如《诗·豳风·七月》记载："十月获稻，为此春酒，以介眉寿。"这里的"稻"即稻谷，是说在十月用稻谷酿酒，来年饮用可以长寿，可见"稻"在古代也是酿酒的一种原料。

可以看到，作为一个基本词，"稻"的意义从古至今并没有发生变化，而"稻"是中国人最早栽培的粮食作物之一，在整个历史发展过程中有重要的作用，是南方人的主要粮食。

dé

甲骨文

金文

小篆

隶书

得

"得"字的甲骨文是一个会意字,这个字的左上部件是一个贝壳的形状,右下部件像一只手,表示手持贝。贝在上古社会曾一度被用作货币,是一种财富的象征。整个字表示"得到、获取"的意思。后来左边多了个"彳",表示道路、行走,可以理解为在路上获取、得到贵重物品。金文变化不大。小篆还是这些基本部件,但表示手的"又"写成了"寸",也是手的意思。左边所列小篆的第二个形体是古文,形体类似左边列举的第一个甲骨文。隶书的"得"字右边部件,上面误作为"且",已经不能解析出文字所表示的含义了。

上面分析可以明确"得"的本义是获得、获取、得到的意思。《说文解字》说:"得,行有所得也。从彳,㝵声。"行走中有所获得称为"得",例如《诗·周南·关雎》说:"求之不得,寤寐思服。"凡与收获、获取有关的意义都可以用"得"表示,引申还可以表示取信、投合。例如《左传·桓公六年》说:"少师得其君。"就是说少师取信于君而得宠。"取信、投合"就意味着适合了别人的要求,因此引申表示"适合"的意思,例如我们说的"得当",就是这个意思。由"获得"进一步引申可以表示理解明白,例如韩愈《送陈秀才彤序》中说:"吾目其貌,耳其言,因以得其为人。""得"是理解、知晓的意思,是说我通过看他的外貌,听他说话而知晓他的为人。

我们今天对"得"的使用更多的是它的本义,即"得到、获得",例如我们通常说的"得失""得到""得分",等等,一些引申义也常用,例如表示满意、能够、允许意义的说法"得意"、"不得随地吐痰"等。作为助词,它可以用在动词和形容词后面,连接表示结果和程度的补语,例如"跑得快""笑得欢""走得急",等等。

成语

得天独厚　得心应手　罪有应得
心安理得　如鱼得水　得陇望蜀

歇后语

☺ 做一天和尚撞一天钟——得过且过
☺ 诸葛亮用空城计——不得已

谚语

☺ 得朋友难,失朋友易。
☺ 留得青山在,不怕没柴烧。
☺ 舍不得孩子套不住狼。

dēng

| 甲骨文 | 金 文 | 小 篆 | 隶 书 |

成 语
一步登天　登堂入室　登山临水
粉墨登场　登高一呼　登峰造极

歇后语
☺ 登着软梯子上飞机——扶摇直上
☺ 叫花子登榜——人不可貌相
☺ 三年没人登门槛——孤家寡人

谚 语
☺ 无事不登三宝殿。
☺ 不登高山，不显平地。
☺ 不登高山，不知天高；不入深谷，不知地厚。

在我们今天的语言中"登"的常用意义是表示上升到一个高处，但这并不是它的原始意义。甲骨文的"登"字是一个会意字，这个字主要由三个部件构成，上面像一双脚，中间像装食物的豆器，下面像一双手，表示双手将食器捧起，上前进献东西。金文的形体部件与甲骨文保持了一致，同样表示上前进献的含义。小篆继承了甲骨文、金文的形体，删减去甲骨文、金文字体下方的双手，保留了下面的"豆"部件和"双脚"。隶书的形体结构与小篆一致，上面写作"癶"，是"双脚"的转写，下面为"豆"。

"登"的本义从上面的分析不难看出，是进献的意思。从许慎《说文解字》的解说来看："登，上车也。从癶、豆。象登车形。"许慎认为登为上车的意思，而"豆"像登车的乘石。这个意义是登的常用意义。而作为进献讲，在甲骨卜辞中有记载，《礼记·月令》中也说道："是月也，农乃登谷，天子尝新。""登谷"即向天子进献谷物，因此"登"还引申指谷物成熟丰收、收成，例如"五谷丰登"。鲍照《伤逝赋》中写到："晨登南山，望彼中阿。"这里的"登"是作为常用义"登高、升高"讲，"登南山"，即登上南山。此外，我们今天还有"登门拜访""登高望远""登台表演""登上""攀登""登天""登船"等说法。"登"有踩上去的含义，因此引申表示记录，例如"登记""登报""登载"等等。我们也说"踩自行车"为"蹬车"，这个"蹬"从足旁，专门指脚踏、脚踩的意思。

dì

帝

甲骨文 　帝
金文 　帝
小篆 　帝
隶书 　帝

"帝"字的甲骨文形体有多种,对它的形体的解释看法也有多种,最多的是认为像花蒂的样子,其次有人认为像捆绑柴木燃烧祭天,还有人认为是和人类生育有关,表示小孩与母体连接的脐带。这个字的金文形体基本和甲骨文保持了一致,上面是倒三角形,下面是三分叉的"木"字形,中间为一横线两头有短竖线。小篆基于甲骨文金文的形体进行了笔画的规整,但保持了甲骨文、金文的结构。隶书依照小篆作了笔画的转化。

三皇五帝、黄帝、炎帝、汉武帝,要说到"帝"字,多半是出现在这类称呼中。"帝"的本义应该与先民的祭祀崇拜有关,《说文解字》认为:"帝,谛也。王天下之号也。"作为王的称号,这是本义的引申了,王才能称帝。古人尊崇天地之神,天神就是最具权威的神灵,被尊为上帝,是万物之首,而人世间的大小王侯等都是上帝派遣到人间管理众生的官员。例如《尚书·洪范》中所记载的:"帝乃震怒,不畀洪范九畴。"说的是鲧治水时,堵塞大水,把五行搅乱了,于是上帝大怒,不把九类大法授给他。"帝"即指天帝、天神。后引申指人间的掌管、控制部落、国家等大权的人,他们也称为"帝",例如我们所熟悉的"尧、舜、禹",还有后来的秦始皇称"始皇帝",《史记·秦始皇本纪》中记载:"秦故王国,始皇君天下,故称帝。"

近现代还有用"帝"指"帝国主义"的说法,指的是掌握一定军事力量的、占统治地位的、有野心好侵略的资本主义。

歇后语

☺ 阿斗当皇帝——软弱无能
☺ 唱戏的穿龙袍——成不了皇帝
☺ 皇帝的女儿——不愁嫁
☺ 骂了皇帝骂祖先——不忠不孝
☺ 做了皇帝想成仙——欲无止境
☺ 玉皇大帝做媒——天作之合

谚语

☺ 舍得一身剐,敢把皇帝拉下马。
☺ 天高皇帝远,有冤无处申。

甲骨文	金 文	小 篆	隶 书

典

成　语

三坟五典　数典忘祖　引经据典

谚　语

☺千经万典，孝顺为先。

"典"字的甲骨文形体由两部分组成，即左右两只"手"和中间一个"册"，表示双手捧着简册，意味着重要的文案。金文的形体有所变化，"双手"简化为一横下面一个"八"，这个形体可以看做是放置简册的几案，用专门的几案放置的简册一定具有特殊性和重要性。小篆的形体以金文的形体为基础进行了改造，结构笔画更加协调。隶书将简册部分进行了整合。

从字形的分析来看，"典"的本义应该与重要的简册有关，《说文解字》认为："典，五帝之书也。从册在丌上，尊阁之也。"即认为"典"是指的黄帝等上古五位帝王的书册，这些书册是尊放在书阁上的，表示是很重要的书册、大册。"典"在古人的眼中是很重要的文献经籍，具有广泛的、重要的参考性，例如《永乐大典》。今天我们也把具有参考性、可供检索的书籍称为"典"，如字典（如《新华字典》）、词典、法典、医典等。引申又可以表示法律制度，例如《周礼·天官·大宰》所记载的："掌建邦之六典，以佐王治邦国。"典籍、制度具有既定性、程序性，因此又引申表示礼仪，例如国庆大典、开国大典。礼仪通常是高雅不俗的，"典雅"中的"典"即不俗的意思。"典"还有典故的意思，也是从重要的参考性这层含义引申而来的。而"典当"中的"典"是抵押的意思，重要的东西才可以作为抵押物，才能进行抵押，因此"当铺"在古代又称为"典"。

diàn

甲骨文 金文 小篆 隶书

电

左列甲骨文形体实际上是我们今天的"申"字,这个字是"电"的初文,字形像电闪的样子,是一个象形字。由于"申"字很早就被假借用来表示地支第九位,于是就加个雨字头,另造"電"字表示闪电的含义。金文即在甲骨文的基础上增加了"雨"字头部件,变成了会意兼形声字,以"雨"表示相关的意义,以"电"表示读音,会意在下雨的时候所产生的电闪现象。小篆基于金文形体构造,将上下部件进行规整,下面的部件变得对称了。

"电"的本义就是闪电。从《说文解字》的说解来看:"电,阴阳激燿(耀)也。从雨,从申。""电"是天空中阴气和阳气相撞击之后发出的光电。古人所谓的"电"实际上就相当于我们今天的"闪",例如《诗·小雅·十月之交》所记载的:"烨烨震电,不宁不令。"这里的"电"就是电闪的意思,民间俗称"霍闪"。闪电伴随雷鸣,威力巨大,古人震慑于此,以为有神力。神话传说中即有电母,也叫闪电娘娘,和雷公一道,专管雷电,很受民间崇奉。

我们今天对"电"的认识不同于古人,今天的"电"是一种能源,存在于一定物质当中的,并能因电荷的变化而产生变化的一种物质。"电"是一种粒子运动迅速的物质,因此我们看到的电闪都是一瞬间。"电"在我们生活中是不可或缺的物质,相关的表达有"电池""电灯泡""电压""电灯""电视机""电流""电报""电车",等等。"电"的特性是快,引申有迅速的意思,因此有"风驰电掣"的说法。

"电"也可以用作动词,表示触电,例如"他被电了一下","电死了一只老鼠"。在一些方言中,俗称"摩托车"为"电毛驴""电驴子"。

成 语

电闪雷鸣　风驰电掣　电光石火
雷电交加　追风逐电　电光朝露

歇后语

☺ 白天照电筒——多此一举
☺ 电梯失灵——上下两难
☺ 电线杆当筷子——没法下嘴
☺ 电线杆子挂暖壶——水平(瓶)高
☺ 飞机上挂电灯——高明

谚 语

☺ 电光西南,明日炎炎;电光西北,下雨涟涟。

diàn

奠

甲骨文	金文	小篆	隶书

谜 语

☺ 西方乱,到关中。(打一字)

——奠

这个字在我们今天的生活中,在两个场合最常见到,一是奠基仪式中,奠基的碑上会有这个字,其次在丧葬仪式中会见到这个字,后一种仪式和这个字的来源关系更加密切。甲骨文的这个字的形体像一个装酒的器物,放在一个几案上。这个字也有写作上列甲骨文第二个形体的,可见金文的形体结构直接承袭了甲骨文。金文的结构中,在几案下面添加了两条短横,使得几案更加形象。小篆的形体在金文的基础上进行了改造,在酒器之上添加了两笔。隶书依据小篆进行了笔画的调整。

"奠"的本义是放置酒在几案上作为祭品祭祀神灵。《说文解字》这样说:"奠,置祭也。从酋,酋,酒也。下其丌也。《礼》有奠祭者。"说的就是奠所表达的含义,即放置酒来进行祭祀。例如《楚辞·九歌·东皇太一》中所写的:"蕙肴蒸兮兰藉,奠桂酒兮椒浆。""奠桂酒兮椒浆"即把桂酒、椒浆放在几案上来祭祀。今天对亡者进行悼念,也用"奠"字,就是来自于祭祀。安放、放置祭酒都是双手捧上,于是又引申出"进献、奉上"的意思,例如《仪礼·士昏礼》中所说的:"宾升北面奠雁,再拜稽首。"这里的"奠雁"就是进献、奉上雁的意思。我们今天所熟悉的"奠基""奠定"的"奠"是建立、确立、树立的意思,这是由"奠"所包含的安置、放置意义引申而来的。例如《尚书·禹贡》中有记载说:"禹敷土,随山刊木,奠高山大川。"是说禹分治九州大地,随山势斩木开路,确立高山大河等级秩序以行祭祀。当中的"奠"作建立、确立讲,是由"奠"的"安置、放置"意义引申而来的。

diào

甲骨文 金文 小篆 隶书

这个字的甲骨文形体被解释为人被箭绕射的样子，也有人认为是人被蛇缠咬。金文的形体和甲骨文的形体基本一致。小篆以甲骨文、金文为基础进行了改造，原来的"矢"写作"弓"形。隶书据此也作了相应的笔画整合。

这个字在文献中常用的含义是追悼慰问，是对亡者进行祭奠、对亡者家属进行安慰。《说文解字》的解释是："吊，问终也。古之葬者，厚衣之以薪。从人持弓，会驱禽。""吊"是追悼死者及慰问家属的意思，《说文》认为这个字是一个人手持弓箭的样子。上古人死之后抛尸野外，只用柴薪盖着，为了不让鸟兽啄食，就需要人在旁边守护驱赶鸟兽。例如《庄子·至乐》中所说的："庄子妻死，惠子吊之。"其中的"吊"就是追悼慰问的意思。因为"吊"所涉及的人事是伤感的事情，同时人们会对亡者生前的善行善举进行回忆，因此引申表示伤感、凭吊、追思，例如《诗·桧风·匪风》中所写的："顾瞻周道，中心吊兮。""吊"即伤感的意思，是说望见大道，令我心中伤感无限。我们今天会说"凭吊""吊唁"，其中的"吊"即指的追怀追忆的意思。凭吊会勾起人的回忆，由此"吊"又引申表示悬挂、钓起的意思，例如《论衡·自纪》中所记载的："不鬻智以干禄，不辞爵以吊名。"其中的"吊"即指钓取的意思，"沽名吊誉"中的"吊"（今作"钓"）也是这个意思。而"上吊""吊死"等中的"吊"作"悬挂"讲，这个意义也是普通话中常见的意义。四川方言中会说"吊一下"，指用大杆秤称重物，而形容一个人不正经会说"吊儿郎当"。

成 语

形影相吊　提心吊胆　吊死问疾
吊古寻幽　吊民伐罪　攀今吊古

歇后语

☺ 大树上吊个口袋——装疯（风）
☺ 吊着头发打秋千——不要命
☺ 眉毛吊磨盘——有眼力
☺ 木匠吊线——睁只眼闭只眼

谚 语

☺ 人心吊吊高于天，越是钱多越爱钱。
☺ 物价三级跳，穷人要上吊。

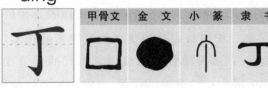

dīng

甲骨文	金文	小篆	隶书

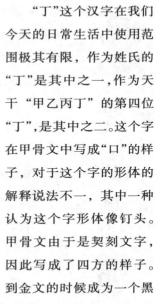

"丁"这个汉字在我们今天的日常生活中使用范围极其有限，作为姓氏的"丁"是其中之一，作为天干"甲乙丙丁"的第四位"丁"，是其中之二。这个字在甲骨文中写成"口"的样子，对于这个字的形体的解释说法不一，其中一种认为这个字形体像钉头。甲骨文由于是契刻文字，因此写成了四方的样子。到金文的时候成为一个黑色的点，就像从钉头俯视下去的样子。小篆的形体与甲骨文、金文形体结构差异较大，像钉子的侧面样子，上面是钉帽、钉头，下面是钉身。隶书则直接改造为简单的两笔。

唐兰先生认为"丁"是"钉"的本字，这样这个字就有"钉"的特征"坚硬"，于是就引申出强壮的意思，例如《史记·律书》中所说的："丁者，言万物之丁壮也。""丁"作强壮讲，而成年人身体强壮，可以劳作、当兵，因此又引申表示从事劳作、赋役的成年人。古时有"抓壮丁"一说，这里的壮丁就是能服兵役、做劳动的成年男子。而"庖丁解牛"中的"庖丁"，"丁"也是指的成年男子，但这里又引申表示专门从事某个职业的人，再比如我们今天有"园丁"之说，其中的"丁"即应这样理解。由于"丁"代表成年人，也就成为计算人口的一个标准，因此引申表示"人口"，因此有"人丁"、"人丁兴旺"等说法，也作为计算人数的单位，例如"三千丁"。

"丁"还有一个引申义是表示遭遇，例如"丁忧"，表示遭遇父母丧事而三年内不做官、结婚等。"遭遇"义可能和钉子损毁被钉的物体有关。"丁"的甲骨文、金文形体所描绘的钉头是颗粒状，钉子本身也很小，因此引申表示小颗粒、小块儿，例如"宫保鸡丁""水果丁""布丁"，等等。

dǐng

甲骨文

金文

小篆

隶书

古人对铜的认识和利用，在很大程度上可以通过当时的青铜彝器来了解，中国自古就有优良的青铜铸造技术，迄今为止发现的世界最大的青铜器属殷商时代的司母戊鼎。鼎在古人的生活中有着重要的作用，日常烧煮要用鼎，祭祀烧煮也要用鼎。从甲骨文的形体来看，"鼎"字是一个象形字，上面为鼎的主体，是盛放物品的地方，主体上沿两个凸起的三角形是鼎耳，下面是鼎的支撑脚。金文的形体基于甲骨文，形体结构与甲骨文差不多。小篆以甲骨文、金文形体为基础，部件没有发生根本的变化，只有笔画的规整延伸，上面的表示鼎腹的部件写成了"目"。隶书的"鼎"字构造同小篆，笔画变得方折。

"鼎"的本义是古代的一种炊器，三足为主，两耳，圆腹，多无盖，方腹则四足。从许慎《说文解字》的说解来看："鼎，三足两耳，和五味之宝器也。昔禹收九牧之金，铸鼎荆山之下，入山林川泽，螭魅蝄蜽，莫能逢之，以协承天休。《易》卦：巽木于下者为鼎，象析木以炊也。""鼎"是调和五味的容器。从许慎的说解中还可以看出在夏禹时代，夏禹收九州而铸造了九鼎，以九鼎稳压了政权。于是"九鼎"就成为王权的象征，《左传·宣公三年》记载有："楚子问鼎之大小轻重焉。"这里的"鼎"即九鼎，暗喻周天子所操持的君权大政。殷商以来，鼎器非常为王室所重视，西周的列鼎制度就有九鼎、七鼎、五鼎、三鼎的使用区别，分别对应天子、诸侯、卿大夫和士，是地位等级的标志。鼎有三足，于是比喻三方势力，因此有"三足鼎立"之说。"鼎"的特征是大，因此引申出"盛大"的意思，例如"鼎力相助""鼎鼎有名""人声鼎沸"等说法。

成 语

三足鼎立　一言九鼎　春秋鼎盛
大名鼎鼎　人声鼎沸　钟鸣鼎食

歇后语

☺ 小鼎锅想炖大牛头——好大的胃口
☺ 牛鼎烹鸡——大材小用
☺ 鼎锅做帽子——难顶难撑

谚 语

☺ 大鼎未滚，鼎仔先呛。
☺ 一粒老鼠屎害了一鼎糜。

dōng

甲骨文	金 文	小 篆	隶 书
			東

我们今天对这个字的认识主要是在两个方面，一是作为方位的"东"，一是作为物品概念"东西"的"东"。"东"的甲骨文形体像一个上下两头捆扎起来的布囊包裹，金文的形体结构和甲骨文完全一致，小篆和甲骨文、金文的形体结构也基本一致，只有上下笔画的分离，隶书将上面写为一横，下面写为一撇一捺。

"东"的本义可能和布囊有关联，但被借作表示方位，是指太阳升起的位置。例如《尚书·禹贡》中所记载的："南至于华阴，东至于厎（砥）柱。"这里的"东"就是与"西"相对而言的方位词。我们所熟悉的革命歌曲唱道："东方红太阳升，中国出了个毛泽东。"其中的"东"即太阳升起的地方。古人对于方位的理解比我们今天的人更为丰富，"东""西"往往成为界定对立物的一个标准，无论是山河还是人事都会涉及。例如"山东""山西"，其中的"山"在不同的朝代有不同的界限，华山、太行山等都曾作为界限，还有"江东""江西"等。在居住上，主人住在正房东边的屋子，客人住在正房西边的屋子，因此就把"主人"称为"东"，客人称为"西"，因此就有了"东家""房东""东道主""股东"等说法。在古文中，"东"字往往还被用来表示"（使）向东""（使）东行"，例如《左传·僖公三十二年》所记载的："秦师遂东。"是说秦国的军队向东行进。

古代物品来自四面八方，四方又常简称为"东西"，因此用"东西"来指各种具体的、抽象的、有生命的、无生命的事物。例如"妈妈出去买东西了"，这里的"东西"是具体的事物，可能是吃的、用的；"他是一个出生之后就被遗弃的小东西"，这里的"东西"是指他这个人。

dōng

冬

甲骨文

金文

小篆

隶书

冬

四季的记录,在文字上都有所反映,甲骨文的"冬"字形体尚待考证,有的研究者认为像绳的终端所打的结,因此表示终结、终端,而冬季是一年的最后一段时间,因此引申表示冬季。金文的"冬"字左列第二个形体与甲骨文形体非常相近,但第一个形体和甲骨文形体相差较大,这个形体像一个封闭的房屋,屋内是一个太阳,大致表示太阳不出来,即天空无太阳照耀,用来表示冬天。《说文解字》收录的字头正篆的形体基于金文的形体进行了改造,金文形体中的"日"消失了,形体下面换作表示冰的部件。但"冬"字头下的古文形体,即左边所列的小篆第二个形体,与金文的第一个形体是基本一致的。隶书的"冬"字从"夂"和两点。

从《说文解字》的说解来看:"冬,四时尽也。从仌,从夂。夂,古文终字。""冬"是指四季的最后一个季节。作为季节名词,在文献中常被使用和记载,例如《尚书·洪范》:"日月之行,则有冬有夏。"冬、夏同时列举,表示冬季。古汉语中"冬"与"终"还可以见到通用的情况。我们今天的语言中,"冬"常被用来表示时令,与冬季相关的事物也都可以冠以"冬"来描述,例如"冬雨""冬雪""冬麦""冬月""冬至""冬眠",等等。

成 语

秋收冬藏　寒冬腊月　秋去冬来

歇后语

☺ 白水煮冬瓜——没啥滋味
☺ 穿心的烂冬瓜——坏透
☺ 冬瓜上霜——两头光
☺ 冬天吃葡萄——寒酸

谚 语

☺ 冬至不过不寒,夏至不过不热。
☺ 大雪交冬月,冬至数九天。

dǒu

甲骨文	金文	小篆	隶书

成 语

车载斗量　气冲牛斗　泰山北斗

才高八斗　斗酒百篇　星移斗转

歇后语

☺ 打油的漏斗——没底儿

谚 语

☺ 食人一口，报人一斗。

☺ 宁给穷人一斗，不给富人一口。

"多收了三五斗"中的斗是一种量器，但这个量器是量米用的，而"斗"最开始却是取酒用的器具。甲骨文和金文的"斗"都是象形字，形状像古时的"斗"器，上面部件表示斗勺，下面部件表示斗柄。小篆形体作了文饰而有点变化，斗勺部分化作三笔，斗柄从中间穿过。隶书基于小篆形体进行了笔画改造，更将斗勺部分化作两点，已经丧失了斗器的象形性。

　　古人的生活用具中，液体、固体的取用器具是不同的，"斗"是一种取酒的器具。许慎《说文解字》说："斗，十升也。象形，有柄。"许慎的解释认为斗的容积是十升。例如《诗·大雅·行苇》说："酌以大斗，以祈黄耇。"这里的"斗"就是酒器，是说用大斗来斟酒，向长寿的人祝酒。斗后来又指取粮食（例如谷子）用的器具，同时又成为量米的单位。所以"多收了三五斗"说的就是三五斗米，而"斗"是具体的单位。"斗"的功用发生变化之后，就加了个"木"旁来专指取酒用的器具，即"枓"，于是《说文解字》这样解释："枓，勺也。"

　　古人度量单位除了"斗"之外，还有斛、勺等。"斗"的度量大小居于"斛"和"勺"之间，小于斛而大于勺。在星宿学中，有七斗星之说，是天上有名的二十八星宿之一。这个星宿的得名就是来自它的形状和斗的形状相似，反观这个星体，我们大致能反推出古代的斗的形状。生活中形状和斗相似的事物都可称之为斗，例如"烟斗""熨斗"等等。

　　现行的简化字中，"斗"是一个多音字。一个读音作名词使用，即读dǒu；另一个读音作动词用，即读dòu。但两个字古代却不一样，作为动词用的"斗"，本写作"鬥"，而不是"斗"，这一点需要注意。

dòu

甲骨文

金文

小篆

隶书

今天我们将一些植物的果实称为"豆",和甲骨文"豆"是一个字,但此"豆"却非彼"豆"。甲骨文"豆"是一个象形字,指一种装食物的器皿。字的下面表示器皿的高脚;中间的圆方形部件表示器皿的主体,是盛放东西的地方;上面有一短横,像盖子,有的形体没有这一短横。金文与甲骨文基本相同,左列金文第二个形体与后来的小篆有直接的承袭关系。隶书的"豆"字变得更加方正,但还留有几分象形特征。

"豆"的本义是食器。古人吃饭、祭祀所用的器皿种类杂多,其中一种重要的器皿就是"豆",它既可以用作日常生活的食器,装肉、果类等,也可以用作祭祀的礼器。《说文解字》说:"豆,古食肉器也。从口,象形。""豆"专指装肉的食器。《诗·大雅·生民》说:"卬盛于豆,于豆于登。"其中的"豆"和"登"都是装食物的器皿,木质的称为"豆",瓦质的又称"登",而"豆,以荐菹醢也"(朱熹注),是说"豆"是装肉的器皿。事实上,古代的豆除了瓦质的、木质的,还有金属质地的以及竹编的。竹编的豆称为"笾",是用来盛放干果等的器皿,而陶质、金属质地、木质的"豆"则常用来盛放带汁的肉或肉酱等。《孟子·告子上》说:"一箪食,一豆羹,得知则生,弗得则死。"这里的"豆"就是盛放羹类的器皿。

今天我们所熟知的"豆"的常用意义是指豆类植物,这是假借的用法,也早有来历。例如《战国策·韩策一》说:"韩地险恶山居,五谷所生,非麦而豆,民之所食,大抵豆饭藿羹。"是说韩所处地理位置险恶,农作物以麦和豆为主,老百姓大都以豆饭或豆叶汤为主食。

成 语

煮豆燃萁 豆剖瓜分
目光如豆 豆蔻年华

歇后语

☺ 豆腐堆里一块铁——算他(它)最硬
☺ 瓜藤绕到豆棚上——纠缠不清

谚 语

☺ 清明前后,栽瓜种豆。
☺ 玉米地里带豆,十年九不漏,丢了玉米还有豆。
☺ 种瓜得瓜,种豆得豆。

duì

甲骨文	金 文	小 篆	隶 书

成 语
对牛弹琴　对簿公堂　临风对月
对症下药　对答如流　门当户对

歇后语
☺ 抱着琵琶进磨坊——对牛弹琴
☺ 吃了对门谢隔壁——晕头转向

谚 语
☺ 牛头不对马嘴。
☺ 棋逢对手，先礼后兵。

"对错"的"对"字，在殷商甲骨文中就有原型了，这个字的形体解释有人认为像手持标记封边疆边界，有人认为是右手持一个绕丝线的器具在收丝线。金文的形体在甲骨文的基础上对左边部件的笔画有所增加。小篆在金文的基础上进行了修整，左边是"羊""口"，右边是"寸"。隶书的形体是根据小篆的从"土"或体，即上列小篆的第二个形体进行改造的。

　　按照《说文解字》的解释来看："对，应无方也。"是说回答随便，不讲方式方法。因此"对"的本义是指的应答，但这个意义是针对从"口"的这个"对"字，如果是从"土"的这个"对"字，它的本义应该是治理的意思，这个意义才是甲骨文、金文所展示的这个文字的本义所在，例如甲骨卜辞中有"于夫西对"，也就是到西边去治理。正是因为"乱"才会去治理、管理，因此引申出敌手、对手，例如《三国志·吴志·陆逊传》中所记载的："今在境界，此强对也。"而敌对是双方形式，又引申出匹配、配偶的意思，例如《后汉书·逸民传·梁鸿》所写的："择对不嫁，至年三十。"这个意义再作延伸，就有了"校对、核对"的意思，校对、核对需要原件和校对件两个相比照。校对就有正确和错误的区别，于是就有了我们今天的与"错"相对这个含义，例如"答对了"。

　　而小篆从"口"这个字应该是专门为"应答、回答"这个含义而造的，例如《诗·大雅·桑柔》中所说的："听言则对，诵言如醉。""对"即指回答。因为古人回答问题是要面向问话人而答，因此可以引申出朝向、面对的意思，例如《仪礼·士昏礼》中所记载的："设对酱于东。"以及我们今天所说的"对面""对岸""相对而站"等中的"对"都作这个意思理解。四川方言中表示回应别人会说"对头"，意思是"是的"。

duō

甲骨文 金文 小篆 隶书

　　"多"字的甲骨文是由上下两块"肉"会意数量多，金文的形体结构几乎与甲骨文相同，小篆只是将笔画延伸并规整，形体结构基本没发生变化，隶书以小篆为基础对笔画进行了折、撇、点的规整。

　　"多"顾名思义，即表示数量上的多，与"少"相对。根据《说文解字》的解释来看："多，重也。从重夕。夕者，相绎也，故为多。重夕为多，重日为叠。""多"即重叠、重复的意思。例如《诗·邶风·柏舟》所记载的："觏闵既多，受侮不少。"这里的"多"与"不少"前后呼应，表示数量不少，是说遭遇不幸已经很多了，受到凌辱也是不少。"多"由本义引申表示胜过、超出，例如《楚辞·天问》中所说的："东西南北，其修孰多？"是说大地纵横宽广，东西南北的长度哪个又更长呢？又如说"他身高一米七多点"。这里的"多"则是表示整数之后的余数或者零头，但可以理解为"超出、超过"的意思，即"他身高超出一米七"。又如"这件衣服两百多"，即这件衣服超过两百元。超出、超过必然会有多余的部分存在，因此又可以引申表示多出、剩余，例如我们平时所说的"多余"、"我多给了他两毛钱"，都是这个意义的使用。除此之外，"多"因为表示数量大，所以还可以引申表示程度，这个时候是作副词使用，例如"你多晚才回来？""你看你多懒啊，衣服都不洗！"作为副词，它还可以表示大概、大约的意思，例如"我大多在家里吃饭，很少在外面吃饭"。

　　在我们今天的语言中，"多"的常用意义是表示数量的多少，与"少"相对，它所涉及的对象比较宽泛，没有严格的限制，人、事、物均可。正是由于它具有这个特点，它的引申用法也相比其他同义词更多。

成　语

夜长梦多　见多识广　积少成多
诡计多端　多愁善感　多多益善

歇后语

☺ 大树林里一片叶子
　　——有你不多，没你不少
☺ 瞎姑娘戴眼镜
　　——多一层比一层好

谚　语

☺ 多吃咸盐，少活十年。
☺ 睡多容易病，少睡亦伤身。
☺ 多一事不如少一事。

ér

甲骨文	金文	小篆	隶书

成 语

儿女情长　儿女私情　非同儿戏
卖儿鬻女

歇后语

☺ 马儿伸腿——出题（蹄）

☺ 骑毛驴吃豆包儿——乐颠了

谚 语

☺ 儿孙自有儿孙福。

☺ 儿不嫌娘丑，狗不嫌家贫。

☺ 娘痛儿，路样长；儿痛娘，线样长。

☺ 娘想儿，长江水；儿想娘，扁担长。

☺ 儿大分家，树大分杈。

甲骨文的"儿"字，上面部件表示人头，据有的学者的研究认为，这是小孩脑门心尚未愈合的状态，下面部件表示人的身体，整个字形像小孩子。金文的字形和甲骨文基本相同。小篆在金文的基础上对文字笔画进行了调整，上面增加了纹饰。隶书的结构和小篆保持了一致。但简化字的"儿"字的象形性已经完全消失了。

"儿"的本义我们随《说文解字》的说法，许慎解释为："儿，孺子也。"即小孩的意思。《释名·释长幼》中记录有："人始生曰婴儿，或曰婴婗。"可见，"儿"是指出生不久的婴儿，也就是小孩。例如《老子》中所说的"如婴儿之未孩"，以及《楚辞·卜居》中记载的"喔咿儒儿"，其中的"儿"都指婴儿的意思。但"儿"在古代也专指男孩，人们有"男曰儿，女曰婴"的说法，所以《广雅·释亲》中解释道："儿，子也。"又用在了性别的分别上，称雄性为"儿"，因此"儿猫"即公猫。《清史稿·兵志十二》中记录有："凡马牡曰儿，牝曰骒。"这里的"马牡"即公马，被称为"儿"。

作为一种称呼，又突破了性别的界限，子女在父母面前都可称自己为"儿"，我们常常能在书信中见到这样的落款。"儿"在我们今天的语言中，尤其是一些方言中，常常作为后缀，这种现象称之为"儿化"，例如四川话中的"坎坎儿""刀刀儿""棒棒儿""开门儿""篮篮儿"。这种现象实际是一种小称，含有怜爱、可爱之意。"儿"在这里有"小"、"量不多"的意思，也是来自对本义表示婴幼儿的引申。

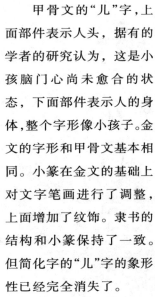

ér

甲骨文 金文 小篆 隶书

"而"是一个象形字,这个字像人的下巴、面颊上的胡须,字的上面的弧线表示人脸的下沿,下面是胡须下垂的样子。金文的形体结构来自甲骨文,但下垂的胡须从中间的一条短竖线生出来,上面表示下巴面颊的弧线变成了一横,胡须的样子更像唱京剧的人所戴的长胡须。小篆的形体依据金文进行了笔画长短、分合的调整,隶书又将四条胡须连在了一起。

从"而"的字形分析来看,这个字的本义是指胡须、面颊上的毛。例如《周礼·考工记·梓人》上所记载的:"凡攫扟援噬之类必深其爪,出其目,作其鳞之而。"是说凡是雕刻猛兽怪物,需要突出表现它们的眼睛、鳞甲和须毛。"而"即指下垂的胡须。《说文解字》也是这么解释的:"而,颊毛也。象毛之形。"但"而"在古文中常常被借作代词,例如《左传·昭公二十年》中所说的:"余知而无罪也。"是说我知道你没有罪,这里的"而"相当于"尔",表示你、你们的意思。"而"也用作"好像、如"讲,例如《诗·小雅·都人士》中所说的:"彼都人士,垂带而厉;彼君子女,卷发如虿。"是说那个城市中的人下垂的衣带就像飘带一样,"而"可理解为"像"。但更多的时候"而"是被作为虚词(例如连词、介词、助词等)使用,本义的使用却不常见到,例如《论语·学而》上所说的:"学而时习之,不亦说乎?"其中的"而"作连词,表示"然后",是说学习知识然后经常温习。又如我们今天所说的"她美丽而大方","而"是表并列,可理解为"并且"的意思。

成语

三十而立　言而无信　望而却步
周而复始　迎刃而解　应运而生

歇后语

☺ 白水煮豆腐——淡而无味
☺ 鲤鱼跳船上——不劳(捞)而获
☺ 瞎子看戏——视而不见

谚语

☺ 鱼见食而不见钩,人见利而不见害。
☺ 损友敬而远,益友敬而亲。
☺ 静而少动,眼花耳聋;有静有动,无病无痛。

ěr

甲骨文	金文	小篆	隶书

耳

"耳"是一个象形字，甲骨文的这个字就是展示的人耳的形状，还有清晰的"耳郭"。金文的"耳"字对甲骨文形体进行了繁化，"耳郭"内部的情况比较清晰地展示出来了，更加形象化。而小篆形体的笔画变得简练以便于书写，但还是能看出耳朵的样子。到隶书之后这样的形象性就完全丧失了。如果要通过现在的楷体字来推断这个字的最初的含义，几乎是不可能的了。

耳，顾名思义，就是指人的耳朵。人体部位是人类最为熟悉的，也是人类对自身的最早的认识，表现在字词上面就是这些字词在意义和读音上具有相对的稳定性。"耳"在许慎《说文解字》中被说解为："主听也。象形。"许慎在对人体器官意义的说解上，有部分是通过说明器官的功能进行的，这里也同样如此。耳朵的功能就是听觉，从古到今"耳"的意义基本没有改变过，用作本义讲的"耳朵"在古代文献中最为常见，例如《诗·大雅·抑》中所记载的："匪面命之，言提其耳。"这里的"耳"即"耳朵"，是本义的用法。古汉语中有名词用作动词的情况，因此我们能看到诸如这样的用法——"君其耳而未之目耶？"（《韩非子·外储说左上》）这里的"耳"作"听见、听说"讲。生活中有和"耳"相似的物件，也被命名作耳，例如我们常常在餐桌上吃到的"木耳""黑木耳"，四川话中俗称"耳子"，再比如中药材"银耳"，又是保健品。甚至包括器具两旁用于提取的部件，如古代的鼎器旁的环状物也可称之为耳。进一步引申还有"耳门"这样的说法，是位置在两旁的门。在古文中，我们还常常见到"耳"用作虚词，例如表示语气的词，用在句尾表示而已、罢了等。

èr

甲骨文

金文

小篆

隶书

"二"的甲骨文即两短横,这是一个指事字。金文、小篆和隶书以及楷书的形体结构都与甲骨文形体相同,是以两个"一"叠加在一起,指事数字"二"。人类初始的时候,数字是最早发明创造的文字,在世界上最古老的文字中都有数字的最初的记录。

"二"的本义是一个表示偶数的数词,《说文解字》如此解释:"地之数也,从偶一。"古人认为天为一,地为二,显然这不是本义。《易·系辞上》所谓的:"分而为二以象两。"其中的"二"就是用的本义,表示数量"二"。和其他数词一样,"二"可以用作序数词,表示第二,例如"二嫂""二弟""二年级"。在这些表述中,"二"和"一"相对,在一些语境中含有"次"和"好"的差别,用"一"表示好,用"二"表示次,例如"二等品"即次等品。"二"从本义来看有"两样"的意思,于是在本义的基础上引申出"两样、别样、不专一"等含义,例如"二心""一心二用""口不二价"等等。这个意义引申就有了东北等方言中所说的"二",常常形容一个人傻、笨、说话直等,例如"他很二",是说他很傻。

我们今天有大写的二,即"贰",是古人在记录中,为了防止在"一"上人为地做手脚,加一横或两横而变成"二"或"三"。汉唐时期已经有大写的壹、贰等数字,一直沿用到今天,尤其是金融业以及我们日常生活中与金钱有关的交易中,大写数字是必不可少的。

成 语

说一不二 一清二楚 接二连三
一穷二白 三心二意 一干二净

歇后语

☺ 东北的二人转——一唱一和
☺ 二十七文钱分三份——久闻(九文)

谚 语

☺ 一等二靠三落空,一想二干三成功。
☺ 天无二日,人无二理。
☺ 一人计短,二人计长,三人胜过诸葛亮。
☺ 八成熟,十成收;十成熟,二成丢。

fá

伐

成语

党同伐异　口诛笔伐　不矜不伐　吊民伐罪

中国古代社会的发展进程中，总伴随着战争的发生，这是古代王朝更替的一种方式。甲骨文的"伐"字是一个会意字，左边像一个站立的人，右边像一只手拿着兵器"戈"，戈头插入了人的脖子，会意手持戈砍掉人的脑袋。金文的形体和甲骨文基本一致，也是一只手持戈砍头的样子。小篆基于金文的形体进行了规整，"人"和"戈"分立为左右两个部件。隶书又进一步调整，已经很难会意出这个字的初始含义了。

"伐"的本义是表示砍头。上古社会在战场上往往有砍头、割耳记功的习俗，因此有"积功曰伐"的说法，是以"伐"为计功的一种标准。这里的"伐"已经引申表示一种功劳了，再作引申就可以表示夸耀的意思，例如"矜功自伐"，是说有功劳而骄傲、自己夸耀自己。《说文解字》这样解释："伐，击也。从人持戈。"是说"伐"是击刺、击杀、砍杀的意思。例如《诗·大雅·皇矣》中所记载的："是伐是肆，是绝是忽。"是说又是刺杀又是袭击，敌人绝的绝，灭的灭。其中的"伐"被解释为"击刺"的意思。与战争有关的表述则是这个意义的进一步引申，例如"征伐""讨伐"，当中的"伐"引申为进攻的意思。由砍人头引申到砍伐其他的事物，于是就有了《诗·魏风·伐檀》中所说的："坎坎伐檀兮。"这里的"伐"即"砍伐"的意思，砍伐檀木。砍杀即意味着毁坏、损伤，于是又可引申为精神层面的损毁，例如"伐德"，即损毁德行。

fāng

甲骨文 金文 小篆 隶书

"方"字的甲骨文有人认为像古代一种叫"耒"的农具,金文、小篆笔画逐渐平直,隶书将小篆的上方转写为一点,棱角更加分明。

"方"的本义同农具有关联。《说文解字》说:"方,并船也。象两舟省,总头形。"说"方"是表示两条船并列,此非本义。这个意义如何来的还值得探讨。有人认为这和古人的耦耕有关,两个人并排耕作,因此就有了并列的意思。古汉语中"方"确实有"并列"这个含义,例如《仪礼·乡射礼》说:"左足履物,不方足。"是说用左脚踏着物,右脚不与左脚并立。"方"即并的意思。又引申表示等同、如同的意思,例如《礼记·檀弓上》说:"服勤至死,方丧三年。""方"做好比、如同、比拟讲。两个物体并列就有了对比,于是又引申表示对比的意思,例如《世说新语·言语》说:"方于将军,少为太早,比之甘罗,已为太老。""方"即相比、对比的意思。

"方"字像"耒",是一种脚踩的翻土的工具,因此和土地有关联,引申表示地方、地域,如《论语·学而》说:"有朋自远方来,不亦乐乎。"又可以引申指大地,如《淮南子·本经训》说:"戴圆履方,抱表怀绳。"这里的"圆"和"方"相对,前者是指的天,后者是指的地。而古人的观念认为"天圆地方",于是就有了与"圆"相对而言的"方"这个概念,是四角成90度的四边形。"四边形"有"边"、有"面",因此也就有了"边、面"这层方位含义,例如《诗·秦风·蒹葭》的吟诵:"所谓伊人,在水一方。"四方形所具有的特性是正、直,于是就引申出准则、规定、方法等含义,因此有"方法""方剂""方术""药方"等说法。

成 语

贻笑大方　四面八方　千方百计
方便之门　方正不阿　方兴未艾

歇后语

☺ 大海里捕鱼,深山里打猎
　　　　　　　——各吃一方
☺ 叫花子请客——穷大方

谚 语

☺ 一方水土养一方人。
☺ 书到用时方恨少。

fáng

小　篆	隶　书
	房

成　语

房谋杜断　洞房花烛　文房四宝

歇后语

☺ 拆房子放风筝——只顾风流不顾家

☺ 大师傅下伙房——来了内行

☺ 房梁上挂暖壶——高水平（瓶）

谚　语

☺ 房宽地宽，不如心宽。

☺ 狗急跳墙，鸡急上房。

☺ 蟾蟀上房叫，庄稼挨水泡。

☺ 有钱不住东南房，冬不暖来夏不凉。

"房"是我们今天最为熟悉的事物之一，也是常用字词，我们现在对居处之地的建筑，通常都以"房"来称呼。"房"这个字在甲骨文、金文中没有记录，《说文解字》中字头小篆有"房"这个汉字。这个字是一个形声字，字的外围是形符"户"，内部是声符"方"，隶书、楷书的形体和小篆保持了一致性。

《说文解字》对于"房"字的解释很简单："房，室在旁也。"也就是说，"房"是指的堂屋后面的居处地，这个居处地位于正室的两旁，即所谓的左右房，或者说东房、西房。先秦文献中对这些都有记载，例如《尚书·顾命》所说的："胤之舞衣、大贝、鼖鼓在西房；兑之戈、和之弓、垂之竹矢在东房。"这里的东房、西房就是我们所说的正室左右的房。古人对于"房"的认识，还会用它的格局方式来表示妻室，换句话说，就是所谓的"正房"即正妻，"偏房"即妾、小老婆。

我们在使用这个字的时候，往往会用到它的泛指意义，也就是泛指房屋、居所，例如我们通常会说"房子""房价""房屋""楼房"，等等，这些都是意义泛化的使用。但也可以引申表示某个特定的单间，例如"病房""库房""牢房""厨房""书房"，等等，甚至包括一些外形像房子的事物，例如，蜜蜂储放采集到的花蜜的地方称为"蜂房"。我们今天所使用的"房"这个概念和古人的概念已经相去甚远了。

fēi

甲骨文

金文

小篆

隶书

甲骨文的"非"字从形体结构来看,和"北"字相似。甲骨文的"北"写作" ",是两个人背对而站立的样子,而"非"字正好是为了区别于"北"字,在"北"字的上面添加了两个短横。这个字表示相反、相悖的意思。金文的"非"字,形体结构和甲骨文基本一致,因为字是浇铸在器物上的原因,笔画显得更加粗犷。小篆的形体在金文的基础上进行了笔画的增加和延长,使得字体变得更加匀称美观。隶书将小篆的曲笔变成了直笔。

"非"的本义正如上面的形体分析所得出的结论一样,表示相悖、相反、违背的意思。《说文解字》的说解是:"非,违也。"《论语·颜渊》中说:"非礼勿视,非礼勿听,非礼勿言,非礼勿动。"是说违背"礼"的事情就不要去看、去听、去说和去做。违背的相对面即是错误,因此引申表示不对的、错误的,例如《易·系辞下》中记载:"杂物撰德,辨是与非。"是指错杂交画以定卦德,辨别是非。"是"与"非"相对列出,表示错误的、不对的。我们平常还会听到"非难""非议",这里的"非"是作责难、责怪讲。因为有责难所以就可能心怀不满,就会产生怨恨、仇恨甚至讥讽,因此"非"含有"怨恨、仇恨、讥讽"的意思,例如《国语·晋语八》中说:"今既无事矣,而非和,于是加宠,将何治为?"句意是:"当今太平无事,你却怨恨和大夫,那么君王加宠于你,你又将如何治国?"

违背事物的一面即是否定其中一面,"非"字自然包含着否定的含义,因此用来表示否定的"不、没",甚至成为了否定副词。例如"人非圣人,孰能无过?""非同寻常""非此即彼",等等。

成 语
似是而非　想入非非　文过饰非
惹是生非　为非作歹

歇后语
☺ 秤砣下河——非沉不可
☺ 长颈鹿进羊群——非常突出

谚 语
☺ 过后才知事前错,老来方觉少时非。
☺ 人前若爱争长短,人后必然说是非。
☺ 人嘴两层皮,言是又言非。

fēn

甲骨文	金文	小篆	隶书

甲骨文的"分"像一把"刀"放在"八"中间，会意将一个物体劈为两半，即分开的意思。这个字从古到今，形体变化都不大。

"分"的本义就是分开、分割，《说文解字》也这么认为："分，别也。从八，从刀，刀以分别物也。""分"是分别、分开的意思，引申出了"分出、分派"的意思，例如《韩非子·显学》中说："儒分为八，墨离为三。"是说孔子之后儒家分出八派。"分出"的结果会形成新的部分、支系，这些部分被叫做"分"（读音为fèn），又写作"份"，支系叫做"分支"，是组成整体的必要元素。例如我们今天所说的"药物成分""股份""份额"，等等。这些分出的部分又可以给不同的人拥有，例如股份制公司中的股份是分配给不同的股东持有的，因此在这个意义上又引申出"分配、给予"的意思。例如我们所说的"分红"的"分"以及"这是分下来的任务"中的"分"。东西合在一起的时候往往会产生混淆，如果分开了会更加清楚，因此"分"的本义又可以引申出分解、分辨、区别的意思，例如我们今天说的"分析"的"分"就是分别、区别的意思。

"分"在我们今天的语言中比较常见的有节气词"春分、秋分"。春天、秋天的一半叫"春分、秋分"，这个"分"也是"分割"的意思，是将春秋季节分割为两段。此外还有人民币的单位"分"，以及数学运算单位"分母、分子"、"百分之"等，是来自"部分"的引申。

fén

甲骨文
金文
小篆
隶书

甲骨文的"焚"字从林从火,上面是双木为林,下面部件是火字。金文可见到的"焚"字为多友鼎所铸,从林从火,从甲骨文演变而来,和小篆的形体十分接近,下面的部件已经写作"火"字,而并非甲骨文的"火"的象形。这是一个会意字,根据构字部件可以拆分并解读出"焚"字所要表达的含义。

"焚"的本义应当解释为火烧林木,《说文解字》(《说文》所录的"燓"字据段玉裁等考订,是"焚"的误变,因此这个字就是"焚")的说解是:"烧田也。"从上古居民生活的情况来看,古人有焚田的习俗。上古野兽侵害农田,于是需要焚烧农田的植物以驱逐野兽,焚烧之后的灰土同时也能肥沃田地,有利于耕作。焚田的习俗直到我们今天的农村都仍然有残留。"焚"在"烧田"的基础上泛化出"烧"的意思,古文中有记载:"旅焚其次,丧其童仆。"(《易·旅》)意思是旅行烧了客店,丧失了童仆。还有秦始皇所施行的"焚书坑儒"的措施,其中的"焚"是作"烧"理解。而我们今天也把"焚"作烧理解,这样的例子很多,例如"焚香""焚烧""焚毁""焚化",等等。

在今天,用"烧"比用"焚"更多,"焚"更多具有文言色彩,在一些比较常用的搭配上才用到,一般两者也可以互换,例如我们也可以说"烧香""烧毁""烧书""烧化",等等。在古代有一种刑罚叫做"焚",是一种将人活活烧死的死刑,例如《周礼·秋官·掌戮》就记载有:"凡杀其亲者焚之。"而这样的历史词汇,已经不大在我们日常生活中出现了,更多是在历史文献当中有所记录和使用。

成语

焚书坑儒　玩火自焚　焚琴煮鹤
焚香顶礼　心急如焚　玉石俱焚

歇后语

☺ 拉石灰车遇到倾盆雨——心急如焚
☺ 诸葛亮焚香操琴——故弄玄虚

谚语

☺ 千丈之堤,以蝼蚁之穴溃;百尺之室,以突隙之烟焚。

fèn

甲骨文	小　篆	隶　书
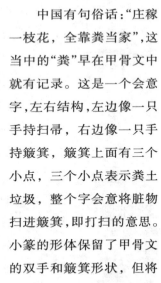

成　语

朽木粪土　佛头着粪

歇后语

☺屎壳郎滚粪蛋——倒退

☺牛粪裹马粪——里外都是屎

谚　语

☺粪是田的爹，水是地的娘，无爹无娘命不长。

☺深耕加一寸，顶上一茬粪。

中国有句俗话："庄稼一枝花，全靠粪当家"，这当中的"粪"早在甲骨文中就有记录。这是一个会意字，左右结构，左边像一只手持扫帚，右边像一只手持簸箕，簸箕上面有三个小点，三个小点表示粪土垃圾，整个字会意将脏物扫进簸箕，即打扫的意思。小篆的形体保留了甲骨文的双手和簸箕形状，但将其中的几个小点误变成了"米"字。甲骨文的"米"字（可参见"米"字条目）也是写作几个小点，和这里的形体有点相似。隶书又将其中的簸箕变成了"田"，将双手变成了"共"，是后来简化的"粪"字的繁体字。

　　"粪"的本义就是扫除、打扫的意思。根据《说文解字》的说解："粪，弃除也。从廾推𢍌弃采也。"意思是扫除、打扫。用簸箕来去除污秽称之为"粪"。例如《荀子·强国》中所记录的："堂上不粪，则郊草不芸。""粪"就是作扫除、去除讲。在古汉语中可以见到"粪除"这样的搭配，例如《国语·晋语六》中所说："人之有冠，犹宫室之有墙屋也，粪除而已，又何加焉。"是说人戴上帽子，就如宫室有了墙屋，只是去除污秽、保持清洁罢了，其他没什么可增益的了。"粪"即"除"，"除"即"粪"，同义互指。

　　因为扫除、打扫的对象是污秽，于是"粪"又引申表示污秽、粪便本身，正如《论语·公冶长》所说："粪土之墙不可杇也。""粪"即粪便。今天普通话中的"粪"多用作名词，并且词义缩小了，不再指广义的污秽，而特指粪便。但在一些方言中仍然可以看到粪作为污秽讲的痕迹，例如山西临汾话中有"粪土"的说法，但指的却是地上的灰尘。四川农村用"粪"来泛指给庄稼施用的肥料。当然古人也的确有把"粪"作为庄稼肥料讲的记录，例如《礼记·月令》中记载："可以粪田畴，可以美土疆。"这里的"粪"作为动词使用，表示施肥。

fēng

甲骨文
金
文
小
篆
隶
书

"丰"字的甲骨文上面部件表示玉串,下面部件表示器皿"豆",整个字表示的意思是器皿装满物品,表示丰满。金文和甲骨文相似,但"玉串"变作"谷物"。小篆基于金文进行了文饰,结构更加匀称,笔画流畅,变得更加形象。隶书完全来自小篆,有会意字的特征,能够解读出这个字的表意所在。

"丰"的本义是丰满、充足的意思。根据《说文解字》的说解来看:"丰,豆之丰满者也。从豆,象形。一曰《乡饮酒》有丰侯者。""丰"是指的豆器中盛物丰满充足。例如《尚书·高宗肜日》中所记载的:"典祀无丰于昵。"指的就是器皿中物品丰足。这句话是说对于父庙的经常性祭祀不要太丰盛。此外《诗·周颂·丰年》中有:"丰年多黍稌。"这里的"丰"是本义的引申,表示丰足、丰收,这个含义在文献中更为常见。而"丰满、充足"又意味着"多",因此引申作"茂盛"讲,例如《诗·小雅·湛露》中说:"湛湛露斯,在彼丰草。"朱熹的注解就说这个"丰"作茂盛讲。

实际上,我们对"丰"的引申意义给予一个总结,就会发现,它们的共性都在于两个特性:大、多。因此我们在语言使用中会说"丰功伟绩""丰盈""丰腴""丰满""丰厚""丰盛",等等。

但在《说文解字》中除了收录这个"丰(豐)"外,还收录了一个"丰",这个字古也写作"半",被解释为:"丰,艸(草)盛丰丰也。从生,上下达也。"草木丰盛的样子称为"丰"。殷商时代表示草木茂盛的"丰"和表示器皿中物品丰富的"豐"都已经存在了,而甲骨文的"丰"被借用作"封",表示疆界、封土,"豐"对应于后来的"丰"。在表示丰盛、茂盛、丰足等意义上,"丰"和"豐"是具有同源性的。

成 语

人寿年丰　丰功伟绩　丰衣足食
五谷丰登　羽毛未丰　不丰不杀

歇后语

☺ 丰收年景的粮囤子——冒尖
☺ 丰都城里唱大戏——鬼听

谚 语

☺ 一雪蝗自空,二雪年大丰。
☺ 义以生利,利以丰民。

fèng

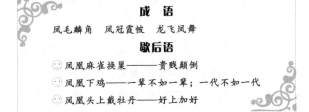

| 甲骨文 | 小 篆 | 隶 书 |

成　语

凤毛麟角　凤冠霞帔　龙飞凤舞

歇后语

☺ 凤凰麻雀换巢——贵贱颠倒

☺ 凤凰下鸡——一辈不如一辈；一代不如一代

☺ 凤凰头上戴牡丹——好上加好

甲骨文的凤像一只头顶有"辛"字饰物的鸟，有鸟头鸟嘴，鸟身有长长的羽毛。有的甲骨文还增加了声符"凡"，见左列第二个甲骨文形体。小篆在前面文字的基础上进行了整合，上下变化都较大，但下面还能看出鸟的形状。隶书的"凤"字就更加脱离了鸟的原形，简化字"凤"来自俗字，将其中的鸟及其上面的一横整体变成了"又"字，更加不易理解了。

"凤"是中国人心目中的吉祥鸟，远古的人们就以凤鸟为吉祥之物。许慎《说文解字》解释道："凤，神鸟也。天老曰：'凤之象也，鸿前麐后，蛇颈鱼尾，鹳颡鸳思，龙文虎背，燕颔鸡喙，五色备举。出于东方君子之国，翱翔四海之外，过崑崙，饮砥柱，濯羽弱水，莫宿风穴。见则天下大安宁（宁）。'从鸟，凡声。"许慎的说解当中，认为"凤"是一种神鸟，并且身上具备了众多动物的特点，是一种吉祥聚于一身的鸟。这种鸟是东夷国度的产物，是一种图腾。"凤"因为吉祥，所以备受皇室喜爱，借用来表示帝王、皇帝，例如"凤子龙孙"，说的即帝王皇宫贵族的子孙后代。《论语》中有："凤兮凤兮，何德之衰也。"是将孔子比喻为凤，即圣德、圣贤的别称。我们今天常常以"凤""凰"连用，即"凤凰"，而从古人的说解当中，我们可以看到，古人认为"凤"为雄鸟，而"凰"为雌鸟。但在先秦时代"凤凰"总是连同使用，最开始还写作"凤皇"，后来才有人分开说"凤"，说"凰"，例如《诗·大雅·卷阿》所记载的："凤皇于飞，翙翙其羽。"是说"凤"和"凰"翙翙齐飞。

凤是吉祥的象征，也是人们取名常用的字，例如《红楼梦》中的王熙凤，此外像"龙凤呈祥"之类的说法，都是"凤"为人们喜爱的标志。

甲骨文

金文

小篆

隶书

古人有成年礼，即男子、女子在成年的时候都要举行一定的仪式，男子戴冠以表示成年，女子戴笄以表示成年。甲骨文的"夫"字像一个人正面站立的样子，在人的头部有一短横，表示束发的簪子，束发之后才可以戴冠，这是男子成年的标志。金文、小篆字形差不多。隶书笔画更加简便，易于书写。

"夫"的本义是成年男子。《说文解字》说："夫，丈夫也。从大，一以象簪也。周制以八寸为尺，十尺为丈。人长八尺，故曰丈夫。"丈夫称为夫，是成年男子的称呼。例如《诗·秦风·黄鸟》中说的："维此奄息，百夫之特。""夫"即成年男子，是说奄息是成年男子中的杰出人才。男子成年之后才能从事很多事情，比如体力劳动、服役作战、结婚等等，因此在古代对于从事这些活动的男性，常常以"夫"来称呼，例如"农夫""船夫""大夫""渔夫"等。《左传·哀公元年》说："夫屯昼夜九日。"这是指的军中驻扎屯居的男子，即服兵役的成年男子。而《易·小畜》中记载的："舆说辐，夫妻反目。"是说车脱了轴，夫妻失和。其中的"夫"与"妻"同时列出来了，表示妻子的配偶，即丈夫，是结婚的成年男子。但"孔夫子""孟夫子"等中的"子"是学生对老师的尊称，"夫子"是背面称呼老师时的一种敬称。今天我们还说"大丈夫"，这里的"丈夫"不是配偶意义，而是对成年男子的美称。"夫"在古代既可以作为不同身份的成年男子的称呼，也可以作为成年男子的泛称，这个泛称的用法没有保留下来。

"夫"在古汉语中常常作为第三人称代词或者近指代词、远指代词、助词等使用，这个时候读作"fú"。

成 语

千夫所指　匹夫之勇　万夫不当
夫唱妇随　旷夫怨女　结发夫妻

歇后语

☺ 拜堂的夫妻——谢天谢地
☺ 夫妻推磨——尽绕圈子

谚 语

☺ 吃药不忌嘴，跑断大夫腿。
☺ 梳头不好一日过，嫁夫不好一生错。

fú

甲骨文	金　文	小　篆	隶　书

成　语

心悦诚服　心服口服　白龙鱼服
以德服人　骥服盐车　水土不服

歇后语

☺ 棒槌缝衣服——当真（针）

☺ 飞机上晒衣服——高高挂起

☺ 狗熊穿衣服——装人样

☺ 六月里吃生姜——服啦（伏辣）

☺ 借票子做衣服——满身是债

谚　语

☺ 东西要吃暖，衣服要穿宽。

☺ 身体锻炼好，八十不服老。

我们身上穿的叫"衣服"，心里接受叫"服了""服从"，网络上把"我服了你"戏称为"IFU"。这个"服"字在甲骨文中就有了，甲骨文的这个字由三个部件构成，中间像一个跪坐的人，右边像一只手正抓住这个人，最左边像一个类似刑具一样的东西戴在这个人的手上。整个字会意把人按住，将人制伏。这个字到金文中左边部件写作"舟"，右边两个部件没有发生变化。小篆依据金文的形体进行了改造，左边为"舟"，右边的"人"和"手"合并为了"殳"。隶书在小篆的基础上进行了调整改变，左边的"舟"写作为"月"。

　　"服"的本义通过上面的字形分析不难看出表示制伏。例如《韩非子·二柄》中所说的："夫虎所以能服狗者，爪牙也。""服"即制伏的意思。《说文解字》认为是"用也"，使用的意思，这个意义应该是本义的引申。制伏人是为了让这个人能听从指挥命令，为其服务、做事，换个角度说就是实施制伏的人可以让这个受制伏的人做事情。因此"服"的基本意义是做事、从事的意思，例如《论语·为政》中说道："有事，弟子服其劳。""服"即从事的意思。而孔子又说："举直错诸枉，则民服；举枉错诸直，则民不服。"这里的"服"作服从讲。由这个意义引申可以表示含有褒义色彩的信服、佩服，以及含有贬义色彩的畏服、慑服。

　　"服"在汉语中有一个重要的含义就是表示衣服、服饰，例如《楚辞·九章·涉江》中所记载的："余幼好此奇服兮。"在古代还特指丧服、服丧期。此外，古代一车四马，中间的两匹马称为"服"，而吃药我们会说"服药"、"内服外用"等。

fǔ

甫

甲骨文

金文

小篆

隶书

晨雨多秋澜午风　捧秧
槐夏溟溟与溪　北芟神新秧拋
撷不停乎左右无　乱行我教秧秧马
代替民莫忘

　　"甫"的甲骨文是一个象形字，这个字上面像苗状物，下面像农田，字像田里长有麦苗的样子。金文的形体基于甲骨文，只是上面表示麦苗的笔画变得有些弯曲，下面的部件仍然表示田地。小篆和金文几乎一样。隶书的"甫"字丧失了原有的具象性特征，笔画变得平直，并且在字的右上角平添了一点。

　　"甫"的本义应该同田间禾苗、幼苗有关，因此不难看出这个字是后来的"田圃"的"圃"的初文。例如《诗·小雅·车攻》中所记载的："东有甫草。"这里的"甫草"即"甫田之草"，"甫"即"圃"。而由禾苗、幼苗的生长可以引申出古汉语中的一个常见意义"始也"，即开始的意思，例如《周礼·春官·小宗伯》中所说的："卜葬兆，甫竁，亦如之。"这里的"甫"即作开始讲，"甫竁"指开始挖墓穴。我们今天还能听见"年甫二十"这样的说法，即刚刚二十、二十刚开始。但从许慎《说文解字》的说解来看："甫，男子美称也。从用、父，父亦声。"许慎的解释认为"甫"是一种男子的美称。之所以在《说文解字》中将"甫"解释成"男子的美称"，是因为"父"在语言的发展中逐渐变为了男性长者的一种通称，而"甫"字在古汉语中读音与"父"字相近，因此就借用"甫"来表示"男子的美称"。可见，"甫"表示男子的美称是源自"父"字，所以我们能看到诸如"仲尼甫"或"尼甫"的说法，这里"甫"放在孔子名字的后面，即表示一种美称。

成　语

惊魂甫定　章甫荐履

歇后语

☺叛徒甫志高——不打自招

谚　语

☺吃着甫里鸭羹汤，打耳光也不肯放。

fù

甲骨文	金 文	小 篆	隶 书

成　语

父慈子孝　夸父逐日　再生父母

歇后语

☺ 黄豆煮豆腐——父子相会

☺ 上帝的父亲——天知道是谁

谚　语

☺ 父亲之情高于山，母亲之情深于海。

☺ 一日为师，终身为父。

☺ 亲不过父母，近不过夫妻。

"父"是一个象形字。甲骨文的字形像是一只右手持一把斧子的样子。金文的"斧子"的笔画更加粗犷，右边也像一只手，持斧的样子。小篆将"斧子"和"右手手指"连笔，字体更加简化。隶书的"父"字，将原本的笔画进行了分解，如果不依据前面已有的古文字，我们很难判断出这个字的表意所在。

从字形上分解，"父"是后来的"斧"的初文，郭沫若先生认为："石器时代，男子持石斧以事操作，故孳乳为父母的父。"许慎在《说文解字》中这样解释道："父，矩也。家长率教者。从又举杖。"这个解释就是直接对为人父母的"父"的说解，是一家之长，执行家规家矩、教导子女的人。许慎将手持物解释为木杖。从本义来解释，我们认为解释为斧头比较合适，而作为"父亲"的"父"是假借用法。《诗·卫风·竹竿》中写道："女子有行，远父母兄弟。""父""母""兄""弟"同时列举，属于亲属称谓，"父"即父亲。古人很重视尊卑长幼，尤其体现在称谓上，而"父"可以作为对男性长辈的一种通称。我们今天称呼自己父亲的兄弟为"伯父""叔父"，此外还有"祖父""岳父""姨父"等等称谓，都是"父亲"这个意义的引申用法。值得一提的是古汉语中"父"同"甫"一样，都是一种对男性的美称，例如"尼父"。

"父"同"爸"在语音上具有同源关系，我们今天在正式场合才称自己的父亲为"父亲"，或者在书面用语中常常称"父亲"或"家父"表示尊敬，而在日常生活中通常称"爸爸"，在四川方言中还可以叫自己的父亲为"老汉儿"。

fù

甲骨文

金文

小篆

隶书

妇

粖

婁

婦

婦

"妇"的甲骨文是一个会意字,这个字的左边部件为"帚",表示扫帚,右边部件为"女",表示女子跪坐,整个字表示妇女持帚洒扫。另有解释认为左边部件表示禾苗,右边部件表示妇女,整个字表示妇女从事插秧的农田活动。金文的形体基于甲骨文,左边部件为妇女的样子,右边部件为妇女手中所持的扫帚样子。小篆基于甲骨文、金文形体,对文字进行了文饰和拆解,左边部件为"女",右上部件为手形,右下部件为帚形。隶书的"妇"字,将小篆形体进行了横、撇、折的改造。

"妇"的本义应该是指从事劳作的女性。根据《说文解字》的说解来看:"妇,服也。从女持帚洒扫也。""妇"即从事家务事的人。妇的常用意义是指女人、妇女,这是由本义而来的一个泛指概念,与"女"相同,例如《左传·僖公二十四年》中所记载的:"女德无极,妇怨无终。"其中的"女"和"妇"同时出现,泛指妇女、女性。但在古汉语中,古人心中对有关女性的称谓切分和使用很细,这也正好体现出了古代的宗法体制。"妇"在古汉语中还用来特指已婚女性,出嫁的女子称为"妇",她的丈夫家中的长辈称她作"妇",好比我们今天的"媳妇""儿媳"。作为这个意义的"妇"一般与"夫"是相对的概念,例如《陌上桑》中所吟诵的:"使君自有妇,罗敷自有夫。"这里的"妇"就是妻子的意思,和"丈夫"相对。而我们今天的语言中,"夫"和"妻"是一对相对的概念,"妻"是丈夫对自己的配偶的称呼,而"妇"是夫家长辈对自己儿子的配偶的称呼,这也是两者的重要区别。

我们今天在使用"妇"这个概念的时候,通常是指已婚的女性,例如"妇女""孕妇""妇人"等等,而年龄偏小的年轻女性一般多用"女""女孩"等。

成 语

贞夫烈妇　妇人之仁

妇孺皆知　夫唱妇随

歇后语

☺ 十四为君妇——不大适合

☺ 小媳妇坐轿——靠众人抬举

☺ 怀胎妇过独木桥——艇(挺)而走险

谚 语

☺ 巧妇难为无米之炊。

☺ 丑妇家中宝。

☺ 乱丝难理,泼妇难治。

fù

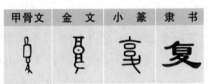

| 甲骨文 | 金文 | 小篆 | 隶书 |

"复"的甲骨文由上下两个部分组成，上面的部件表示居处之地，下方表示一只脚，整个字表示往返于居处之地。金文的形体大致相同，只是上面表示居处之地的部件笔画更加复杂，下面表示脚的笔画更加简单。小篆基于金文进行了整改，上面写作"亠""吕"，下面写作"夊"。隶书又将小篆中间的"吕"转写为"日"。

这个字的本义表示往返、返回，正如《说文解字》所说："复，行故道也。"表示行走于老路或者说熟悉的道路上，即返回、还的意思。"复"字对应于古汉语中的"復""複"两个繁体字，它们的简化字都采用了"复"字。从偏旁部首可以看出这两个字意义的指向，"復"从"彳"，与行走有关；而"複"从"衤"，与衣服有关，是一种有里子的衣服，"复"的复杂、重复的意义就是从这里引申而来的。

表示"返回、还"意义的"复"字在古文中写作"復"，例如《楚辞·九章·哀郢》中所写："至今九年而不復。"引申可以表示听话人"回应"说话人的问话，即回复、答复的意思，例如我们今天说的"复信""批复"等。而这种往返的行为，又可以引申用来指回到原点、回到原来的状态，于是就有了"恢复"的意思，例如我们今天说的"康复""复原"等。《史记·孟尝君列传》中说："王召孟尝君而復其相位。""復"即恢复的意思。这种来回、重复的行为如果反复进行，就有了"实践""实施"的意思，例如《论语·学而》说："信近于义，言可復也。"是说言出必行的意思。还可以引申表示"报复"，字面理解就是"以牙还牙"、"出乎尔者必反乎尔者"的意思；再将这种来回、重复的行为抽象化便可以作为虚词用，就有了"再、又、还"的意思，例如"不复存在"，即不再存在。

fù

甲骨文 金文 小篆 隶书

"食不果腹"的"腹"说的是肚子,甚至可以理解成胃。甲骨文的"腹"由上下两个部件构成,上面像一个俯身的人,这个人凸显着肥厚的肚子,下面是"复"字,这是一个形声字,"复"字表示读音。金文的"腹"字和甲骨文形体结构基本一致,上面也像一个俯身的人,下面是"复"。小篆基于甲骨文、金文形体进行了结构和笔画的调整,左边写作"肉",即我们今天的"月",右边写作"复"。隶书的改造基于小篆,笔画有所变化,但结构没变。

从上面的形体分析不难看出,"腹"的本义是指的人肚子上的肥厚的肉。《说文解字》也是这么认为的:"腹,厚也。从肉,复声。""腹"是厚肉的意思。既然是肚子上的肥肉,那么"腹"可以用来指"肚子",这也是我们使用得最多的"腹"的基本意义,例如"腹肌",《老子》第三章中所说的:"虚其心,实其腹,弱其志,强其骨。"其中的"腹"即"肚子"。而"肚子"像一个容器一样,里面有人体的脏器,因此"腹"有包含、容纳、怀抱的意思,例如《诗·小雅·蓼莪》所说的:"顾我复我,出入腹我。"是说出入都怀抱着我。我们常说"腹稿",字面理解是肚子里面的稿子,实际上这里是用"腹"来比喻在肚子或者内心中酝酿稿子。既然"腹"是肚子上的肥肉,自然也就有了"厚"的意思,例如《礼记·月令》中所说的:"冰方盛,水泽腹坚,命取冰。"是说水深的地方结的冰很厚。"腹"位于人体的中心部位,因此就引申出中心部位、重要部位、内部的意思,例如我们可以说"成都位于西部腹地",是说成都位于西部的中心位置。而"心"和"腹"是人体的重要器官,因此用"心腹"来比喻亲信,用"腹背"来表示前后。

成 语

口蜜腹剑　满腹经纶　大腹便便
腹背受敌　推心置腹　坦腹东床

歇后语

☺ 山间竹笋——嘴尖皮厚腹中空
☺ 胸口放磨盘——推心置腹
☺ 茶壶里煮元宵——满腹心事(食)

谚 语

☺ 莲子心中苦,梨儿腹内酸。

gāo

甲骨文	金文	小篆	隶书
高	高	高	高

成　语

高高在上　高瞻远瞩　远走高飞

趾高气扬　至高无上　高山仰止

歇后语

☺ 矮子爬坡——步步高升

☺ 百尺竿头挂剪刀——高才（裁）

☺ 半天云里点灯——高招（照）

☺ 半夜爬山——不知高矮

谜　语

☺ 欲穷千里目，更上一层楼。（打一成语）

——高瞻远瞩

☺ 海阔凭鱼跃，天高任鸟飞。（打一成语）

——各得其所

"高"字在我们今天的语言中是一个与"矮"相对的概念，但是从古文字来看，这个字最开始并没有这种含义。甲骨文的"高"字是一个象形字，像古代的楼台建筑。楼台是初民从穴居转入楼阁居住的一个反映，字形的上面部分为房屋的屋顶及居室，下面部分为高于地面的支撑体，这样的建筑现在还在我国南方一些少数民族地区保留着。金文的形体与甲骨文基本相同。小篆的形体直接来自金文，在笔画上有所调整，结构作了对称处理。而隶书的"高"字，笔画更加平折，但还遗留了一些楼台的象形特征。

"高"的本义是高台居室建筑。从许慎《说文解字》的说解来看："高，崇也。象台观高之形。从冂、口。与仓、舍同意。"许慎认为"高"是崇高、高耸的意思，像观望台那样高高的样子。这个说法是由本义引申而来的，高台居室本身位置就很高，引申自然就有了"崇高、高耸"的意思。与"矮"相对的"高"这个意义是"高"的常用意义，在古文献中以及我们今天的语言中被广泛使用。例如《尚书·太甲下》中说："若升高，必自下；若涉遐，必自迩。"这里的"高"和"下"同时列出，可以理解为高处。我们常说的"登高望远"的"高"也是这个意思。而我们说"他身高两米"，这个"高"是作长度、高度讲，是一个计量单位。"高"用在人的性情、品性上有"崇高""高尚""清高""高风亮节"等说法，《韩非子·五蠹》中说："轻辞天子，非高也，势薄也"，"高"表示超出一般水平和标准。"高校""高等""高级"等也是这个意义。"高"还可引申表示年岁大，资历辈分高，例如"德高望重""高龄""高寿"等。

gāo

甲骨文　金文　小篆　隶书

　　左边甲骨文的这个形体，有的研究者解释为"羔"，上面为"羊"，下面为"火"。金文与甲骨文相近，在"羊"字上多加了一横，并且字的下面所从的"火"变为了实体部件。小篆的形体结构基于金文，上面部件为"羊"，下面部件写作"火"。隶书的"羔"字，除了笔画的平直变化之外，将"火"演变为"灬"。

　　"羔"的本义是小羊。从《说文解字》的说解来看："羔，羊子也。从羊，照省声。"是说羔即是羊崽儿、小羊。先民在牲畜的养殖中比较偏爱羊，因此，对于小羊也专门造一个字给予记录。《诗·召南·羔羊》中记录的："羔羊之皮，素丝五纪；退食自公，委蛇委蛇。"这里把"羔"和"羊"同时列举出来，足见当时的人们对羊的重视。古人认为"小曰羔，大曰羊"，羊小的时候称为"羔"，长大了称为"羊"。《尚书·舜典》上记载说："修五礼，五玉、三帛、二生、一死、贽。"是说古人初次见面需要带些礼物，其中的"二生"即指的"羔雁"，这里的"羔"就是小羊，由此可见"羔"在古代可是上等的赠品，甚至可以作为婚聘的礼物。由于羔是小羊的意思，引申可表示弱小的生物，例如有"鹿羔"之说，现在的胶辽方言中有"羔羔"的称法，即指老虎或者熊的幼仔。

　　"羔"的意义从古至今没有发生太大的变化，义项也很少，我们基本上还是使用它的本义——小羊、羊羔。

歇后语

☺ 饿狼吃羊羔——生吞活剥

☺ 两个羊羔打架——对头

谚　语

☺ 好铁打好刀，肥羊不肥羔。

☺ 鸦有反哺之义，羔知跪乳之恩。

gōng

甲骨文	金 文	小 篆	隶 书

"弓"是古代重要的器物，无论是用于田猎还是战事，都一直为人们所钟爱。甲骨文中所记录的"弓"就是弓的象形，这和我们今天所见到的弓相差不大，由此也可以看到这个器物的演变情况。这个字展示出了当时的"弓"的主体结构，左边部件是手持部分——弓背，右边部件是弓弦。金文形体沿袭甲骨文。小篆的形体是在上列

成 语

杯弓蛇影 左右开弓 鸟尽弓藏
惊弓之鸟 藏弓烹狗

歇后语

☺ 背后拉弓——暗箭伤人
☺ 戴着乌纱弹棉花——有功（弓）之人
☺ 毛毛虫弓腰——以屈求伸

谚 语

☺ 天下的弓都是弯的，世上的理都是直的。
☺ 箭是直的，弓是弯的。

金文的第二个形体基础上进行规整的结果，以弓背代表整个弓体，而省去了弓弦。隶书只是在小篆的基础上，将线条进行了竖折变化。

"弓"的本义就是弓箭，用于田猎战事的兵器。许慎《说文解字》这样解释："弓，以近穷远。象形。古者挥作弓。《周礼》六弓：王弓、弧弓以射甲革甚质；夹弓、庾弓以射干侯鸟兽；唐弓、大弓以授学射者。"许慎的说解很细致，弓是一种远射的兵器，并且解释了《周礼》上的六弓。《诗·小雅·吉日》说："既张我弓，既挟我矢。"这里的"张"和"弓"连用，是说张开我的弓。"弓"在古代的作用就不用细数了，各朝各代都有记载和使用，应该算是古代先民最早使用的工具之一。在我国北方等少数民族地区，射箭运动仍然是一种传统习俗，而且还进入了体育赛事之中。弓的形状，在兵器中是独具一格的，因此生活中和其形体相似的也可以称之为"弓"，例如"弓形""弓背""弓腰"，等等。同时，"弓"在古代还作为一种丈量田地的工具，即所谓的步弓，而弓与量度单位，例如尺、里、亩等的对应关系也因各代形制不同而有差异，一弓可以是八尺，也可以是五尺、六尺等。

gōng

公

甲骨文 金文 小篆 隶书

现代人对于"公"字的认识，首先是称呼上，例如"公公""外公"，其次就是"公司""公共""公关"这样一些常见的词语中会使用到这个字。甲骨文的"公"字是上面一个"八"，下面一个"口"，会意平分的意思。金文的形体与甲骨文一致。小篆的形体基于甲骨文、金文，上面的"八"没变，下面的"口"写作为"厶"。隶书与小篆形体基本一致。

"公"的本义是平分的意思。《说文解字》说："公，平分也。从八，从厶。八犹背也。韩非曰：背厶为公。"即说"公"指平分的意思。这个"厶"表示的是"私"，韩非说：私的相反面是"公"。这是出自《韩非子·五蠹》的话："自环者谓之私，背私谓之公。"这里的"公"即引申指公平、公正的意思。

"公"既然与"私"相对，因此就有了"公共、共有"的意思，例如《礼记·礼运》中所记载的："大道之行也，天下为公。"这里的"天下为公"即指天下为大家所共有。我们今天常说的"公家"的"公"就是公共、共有的意思。一个单位企业的事情被称为"公事"，这是相对于员工个人的私事而言，因此有"因公殉职"这一说法。此外，"公"在古代是五等爵位之一，《礼记·王制》记载说："王者之制禄爵，公、侯、伯、子、男，凡五等。"也作为一种官位的通称，即"三公"（太师、太傅、太保）。同时"公"在古文中还用于男性长者的称呼，这在甲骨文中就已经有记载了，我们今天称男性长者也会用"某公"，是一种尊称。

成 语

叶公好龙　大公无私　开诚布公
周公吐哺　克己奉公　假公济私

歇后语

☺ 生公说法——顽石点头
☺ 寿星公唱曲子——老调
☺ 姜太公钓鱼——愿者上钩

谚 语

☺ 公说公有理，婆说婆有理。
☺ 丑媳妇总得见公婆。

gōng

甲骨文	金文	小篆	隶书

宫殿的"宫"在甲骨文中就已经有了，这个字根据罗振玉的解释，像房子有很多间房间的样子，字的外围部件表示房屋，里面的两个"口"表示房间。金文的"宫"基本同甲骨文形体结构。小篆也如此，只是外围部件规整为"宀"。隶书与小篆形体基本一致。

"宫"字的构形和上古人们居住的环境有关，这是穴居生活向地面板块建筑居住过渡的一种体现，"宫"字内部的"口"形状像地基、房屋的板块构形。根据考古发现，殷商时期的城池构造就是板块形状，地基上有很多纵横交错的方形。根据《说文解字》的说解来看："宫，室也。从宀，躳省声。""宫"即宫室。在古人心目中，"宫""室"实际有细微差别。一般而言，宫、室相提并论的时候，宫是指房屋的外围，而室是指房屋里面的小间。"宫"在先秦以后就专门用来指皇帝办公起居的地方，于是就有了《史记·秦始皇本纪》中所记载的："作宫阿房，故天下谓之阿房宫。"而生活中与这种建筑相似的也会以"宫"来称呼，例如神话传说中的"月宫""龙王宫"，等等，我们今天有一些场所也叫"宫"，例如"少年宫""文化宫"。"宫"除了用来表示建筑之外，还是古代五音之一，即"宫、商、角、徵、羽"，清代的毛奇龄在《竟山乐录·五声不并列》中对五音进行了说解，认为："人声层次虽多，然只五声而止。如宫是第一声，商是第二声，从下而上，从浊而清，从低而高，从重而轻，宫是最下之一声。"此外，古代还有"五刑"，而"宫刑"就是其中一刑。宫刑是一种阉割男性生殖器的酷刑，之所以如此命名，大概是因为受刑后人必须待在密室静养很久。

gòng

共

甲骨文

金文

小篆

隶书

　　"共"字的甲骨文是一双手捧持着一个物品的样子，表示供奉的意思。金文的形体结构和甲骨文的基本一致，也是双手持物并举起。小篆的形体依据左列金文的第二个形体进行了笔画调整，字的上面是"廿"，下面是"廾"。到隶书的时候，小篆表示手的部件，手指部分的曲线逐渐变得平直，左右两边曲线最后连成了一条长直线，而"廿"下面一短横也同这条长直线合在了一起，最后演变成为上面所列的"共"字。

　　这个字的本义就是表示供奉，将手里的东西供奉、奉献出去。例如《周礼·夏官·羊人》中所说的："共其羊牲。"即供奉羊牲作为祭品。《说文解字》说："共，同也。""共"表示共同，这是本义的引申了，东西供奉、奉献出去就不是一个人所私有的了。例如《论语·公冶长》中所说的："愿车马，衣轻裘，与朋友共，敝之而无憾。"是说与朋友共同分享马、衣等。"共同、一起"这个意义更多的是作为副词使用，例如"共用一个屋子"、"共处"、"共享"等，而"秋水共长天一色"中的"共"表示"同""和"的意思，是双手并列供奉的引申，用作介词。

　　由"共"的"共同、一起"的意义引申可以表示"总共、合计"的意思，例如"所有的东西加起来共一百块钱"、"参加比赛的共两百个国家"。"共"在古文中往往和"拱""供"等字通假，例如《荀子·赋篇》中所记载的："圣人共手。"这里的"共"即"拱"。上面提到的"共其羊牲"，"共"即"供"。此外，"国共"中的"共"是指的中国共产党。

成　语
休戚与共　和衷共济　不共戴天
有目共睹　同甘共苦

歇后语
☺ 一条船上的难友——同舟共济
☺ 冰糖煮黄连——同甘共苦
☺ 六月的荷花——众人共赏

谚　语
☺ 认得八角莲，可与蛇共眠。
☺ 身近帝王边，如同共虎眠。

gŭ

甲骨文　金文　小篆　隶书

甲骨文的"谷"是山谷的象形，字的上面部件是水流形状，下面部件是山谷出口形状，表示水从山谷的出口流出。金文的形体结构和甲骨文基本相同。小篆基于甲金文，形体结构没变，只是笔画变得圆曲顺直。隶书又在小篆的基础上将笔画进行了连接，但基本结构没变。

成　语

五谷丰登　五谷不分　山栖谷饮
山鸣谷应　虚怀若谷　进退维谷

歇后语

☺ 吃米饭拣谷子——挑剔
☺ 看见麦苗叫韭菜——五谷不分
☺ 牛耕田，马吃谷——一个受累一个享福
☺ 麻雀吃不下二两谷——肚量小

谚　语

☺ 清明谷雨，寒死虎母。
☺ 人多出正理，谷多出好米。
☺ 白露风兼雨，有谷堆满路。
☺ 天上鱼鳞斑，晒谷不用翻。

谷物的"谷"，本作"穀"，简化之后也写作"谷"，但此"谷"非彼"谷"。作为山体的"谷"的本义是山谷的细水。《说文解字》的说解是："谷，泉出通川为谷。从水半见，出于口。""谷"是指源头流出、最后汇入川的水。因此本义应该是指山体之间的细流，后来词义扩大了，"谷"就变成了两山之间的位置，例如文献所记载的"山居而谷汲者，膢腊而相遗以水"（《韩非子·五蠹》）。膢、腊都是祭名。"谷"即指山谷，水流而出的两山之间的位置。我们今天常常说到的"山谷""峡谷""溪谷""河谷"，等等，都是这个意义的使用。

"谷"是两山之间的狭隘地方，这个地方比较险峻，因此要进去和出来都比较困难，由这个特征，就有了我们今天常说的一个成语"进退维谷"，这里的"谷"就是形容困难的意思。

gǔ

甲骨文

小篆

隶书

甲骨文的"骨"字是一个象形字，像骨节相连的样子，也有的像牛肩胛骨的样子，李孝定先生认为这和《说文解字》冎字大致相符，而这个字又是"骨"的古文形体。小篆基于左列甲骨文的第二个形体，上面写作冎，下面写作肉。隶书的形体结构与小篆相似，笔画趋于平折化。

"骨"的本义是骨头，是支撑人和动物的身体的重要组织。从《说文解字》的解释来看："骨，肉之核也。从冎有肉。""骨"是肉所依附的核。例如《楚辞·招魂》中所说的："雕题黑齿，得人肉以祀，以其骨为醢些。"骨即人骨头。整句话是描写当时南方一些原始民族，额头刺花纹，牙齿黑森森，以人肉祭祖，把人骨头捣碎成粉。杜甫诗曰："朱门酒肉臭，路有冻死骨。"这里的"骨"是指的人死后的遗骨，我们还有"白骨""骨灰""尸骨未寒"这样的说法，都是指的人死后的遗骨。从"骨"的特征，又引申出一些意义。"骨"具有坚硬的特性，因此常常用来形容人的品性刚硬，例如我们可以说"骨气""风骨""傲骨""侠骨"，等等。在书法中，用毛笔书写出来的字，也如同人一样，血、肉、筋骨俱全，可以说这幅字写得"多骨"，即用笔有力度，使得笔画如骨一样刚劲有力。我们有"骨干分子"的说法，这里的"骨"是重要的意思，形容能撑起某个工作的大局的人物，这同骨头对于人和动物的支撑性功能特征是相似的。

"骨"和"肉"是相辅相成，互相依附的，因此有"骨肉"之说，可以指两个人之间的关系密切，例如"亲如骨肉"，而"亲生骨肉"中的"骨肉"又是指一个人的亲生孩子。

成 语

挫骨扬灰　冰肌玉骨　毛骨悚然
骨瘦如柴　骨鲠在喉　尸骨未寒

歇后语

☺ 关云长刮骨下棋——若无其事
☺ 啃着鱼骨聊天——话中带刺
☺ 见狗扔骨头——投其所好

谚 语

☺ 伤筋动骨一百天。
☺ 众口铄金，积毁销骨。
☺ 画龙画虎难画骨，知人知面不知心。

gǔ

甲骨文	金 文	小 篆	隶 书

成 语

一鼓作气　欢欣鼓舞　布鼓雷门　晨钟暮鼓
扯鼓夺旗　大张旗鼓　摇唇鼓舌　紧锣密鼓

歇后语

☺ 叼着喇叭敲鼓——自吹自擂
☺ 鸡毛打鼓——不声不响
☺ 南天门敲鼓——远近闻名（鸣）

谚 语

☺ 鼓不敲不响，理不辨不明。
☺ 鼓空则声高，人狂则话大。
☺ 鼓要打在点子上，笛要吹到眼子上。

在人类文明的足迹中，鼓在世界很多民族都存在着。甲骨文的"鼓"字由左右两个部分组成，左边像一个立着的鼓的样子，中间的方形部分像鼓的主体，右边像一只手，手上握着一个鼓槌，正在击打鼓面。金文的形体结构和甲骨文的基本一致，左边像鼓，右边像手持鼓槌击鼓的样子。小篆依据金文进行了笔画的完善，但形体结构和金文基本一致。隶书只对笔画进行了平直曲折改变。

从上面的字形分析不难发现这个字的本义是指的击鼓，《说文解字》也这么解释说："鼓，击鼓也。"鼓在古代社会不同的场合都能出现，无论是战场还是丧葬、演奏、礼仪都离不开鼓。例如《左传·庄公十年》中就记录了战场击鼓的情形："战于长勺，公将鼓之。""鼓"自然也作为名词指被击的对象"鼓"，它在古代是一种重要的击打乐器，例如《诗·小雅·彤弓》中所记载的："钟鼓既设，一朝享之。""鼓"又用来泛指乐器，例如《诗·商颂·那》中记录的："奏鼓简简，衎我烈祖。"是说乐声奏得和乐而大，以使我们的烈祖愉悦。这里的"奏鼓"即"奏乐"的意思。敲鼓的时候，鼓面会产生振动，因此"鼓"引申出"振动"的意思，例如"鼓风机""鼓浪屿"等；而抽象事物也可以用"鼓"，例如"鼓舞人心""鼓足勇气""鼓励"中的"鼓"表示"激起、激发、带动"，是由"振动"引申而来的。也正是因为击打鼓面会振动，鼓面会凸起，因此才会有"肚子胀鼓鼓的"、"荷包鼓鼓"这样的说法。现实生活中和"鼓"有相似特征的事物也往往会冠以"鼓"字，例如"鼓膜""鼓翼"等。

guān

甲骨文 金文 小篆 隶书

在甲骨卜辞中,我们可以看到用"藋"来表示"观",这个字是一只猫头鹰的象形,凸显的是猫头鹰头上的两只大眼睛,取意察看、观看。金文的形体和甲骨文基本相同。到小篆的时候,变成了形声字,"藋"为声符,"见"为形符,更加明确了这个字的意义所在,表示看见、观看。隶书的形体结构基本同小篆,只是消除了小篆的圆曲笔画。

"观"是一个多音字,有两个读音,一个读guān,作动词用,另一个读guàn,作名词用。作为动词用的"观"在《说文解字》中被说解为:"谛视也。从见,藋声。"即审视、细察的意思。例如《诗·小雅·庭燎》中所说的:"君子至止,言观其旗。"说的是天还没亮,百官已来上朝,旌旗透过晨曦依稀可见。这里的"观"就是本义的使用。我们常说的"察言观色"中的"观"也是仔细看的意思。《易·系辞下》中说:"仰则观象于天,俯则观法于地。"这里的"观"则是大致观察的意思,而不是指审视。类似的用法还有"观赏""观望""观摩",等等。观察的对象很多,但"观景"是其中最为常见的行为,于是就有了"景观""美观"这样的引申用法。我们日常生活中常说的"观点""人生观""价值观""世界观"等等,实际上是由本义的审视、细看引申而来的表达,具体而言是人们经过观察、审视某个事物而形成的一种看法、认识。

作为名词使用的"观",实际在古代是一种建筑形式,是朝廷宫门外高台上修筑的一种观望台,也可以在上面悬挂旗帜告示之类,又称为"阙",宫门左右两边各一个。这种建筑最开始是具有军事防御作用的,后来逐渐泛化,类似的仿建筑也产生了,意思也就发生了扩大,泛指高大、华美的建筑,例如"楼观"。对于道教的庙宇也称之为"观",例如"长春观",实际都是指的建筑物。

成　语
坐井观天　洋洋大观　叹为观止
坐观成败　袖手旁观　隔岸观火

歇后语
☺ 大观园里哭贾母——各有各的伤心处
☺ 聋子听戏瞎子观灯——一无所获
☺ 望远镜观天——一孔之见

谚　语
☺ 眼观六路,耳听八方。
☺ 当局者迷,旁观者清。

guān

小　篆	隶　书

成　语

张冠李戴　沐猴而冠　勇冠三军
冠冕堂皇　弹冠相庆　衣冠楚楚

歇后语

☺ 孔雀戴凤冠——官（冠）上加官（冠）
☺ 赛马场上的冠军——一马当先
☺ 鸡穿大褂狗戴帽——衣冠禽兽

谚　语

☺ 瓜田不纳履，李下不整冠。
☺ 纨绔不饿死，儒冠多误事。

中国自古就是一个礼仪之邦，行为举止、衣着打扮都体现了对礼仪的重视。比如关于戴帽子的讲究，就非常多。"冠"即帽，这个字的记录最早出现在小篆当中，是一个会意字。字的外部是"冖"，像覆盖物，字的内部左边部件是"元"，即人头，右边部件是"寸"，即手，整个字会意人手持帽在头顶，即戴帽子的意思。隶书的形体结构同小篆，笔画趋向折化。

"冠"的本义就是帽子，《说文解字》这样说解道："冠，絭也。所以絭发，弁冕之总名也。从冖，从元，元亦声。冠有法制，从寸。"即"冠"是一种可以把头发梳理起来的东西，是帽子的总称。古代的人不像我们今天的人，男人都是短发，女人可以留长发，在古代，男女都是蓄长发的。因此，在男子、女子未成年之时，头发都是披发或束于耳侧。到成年的那一天，男子二十岁行成人礼而戴冠，女子十五岁行成人礼而束笄。这样的冠礼在上古社会是常见的，但通行于贵族阶层，贫民老百姓是束巾、扎头巾、没有冠可戴。"冠"既然是成人之礼，那么"冠"自然也就成了男子成年的代称，例如《汉书·叙传下》中所记载的："贾生矫矫，弱冠登朝。"当"帽子"讲的"冠"在我们今天的语言中已经退居到文言文当中，或者只存在于某些特殊的语言环境中，我们今天称古人的"冠"为帽或帽子，古人的帽子除了冠之外，还有"冕""弁"等。

冠是戴于头顶的饰物，因此位居高处，于是就有了"冠军"、"……之冠"这样的说法，表示居于首位、领先的意思。而形似冠、位于头顶的东西也被称之为冠，例如"鸡冠""树冠""桂冠"，等等。

guāng

甲骨文

金文

小篆

隶书

　　"光"是人们接触最多的一种自然物质,这种物质最早被记录应该是来自人们对火光的认识。甲骨文的"光"字,像一个跪坐的人的头上有火的样子,火放在人的头上,以凸显火光能照亮帮助人们看东西。金文的形体和甲骨文相似,也像一个人,人的头上有一把火,火上还有两点表示燃烧产生的火星。小篆基于甲骨文、金文,形体结构大体一致,上面为"火",下面为"人"。隶书的"光"字在小篆的基础上进行了省略改造,上面的火误作为"⺌"加一横,下面的人写成了"儿"。

　　"光"的本义是光明的意思。从《说文解字》的说解来看:"光,明也。从火在人上,光明意也。""光"即光明的意思。古人对于光的认识除了火光之外,就是来自日月星辰的光,因此《诗·齐风·鸡鸣》上说:"匪东方则明,月出之光。"这里的光就是月光。《楚辞·九章·悲回风》中说:"折若木以蔽光兮。"这里的光是指日光。有了发光体自然就有了光亮、光明,于是屈原说:"吾与天地兮比寿,与日月兮齐光。"这里的光是"光明"的意思。"光"总给人耀眼、闪目的印象,因此由本义引申出抽象意义的光芒即荣誉,例如我们可以说"光荣""光彩""为……争光"等。"光"由原来的比较单一的指火光、日月星辰光,逐渐泛指所有的能发光的物体发出的光,例如"刀光""荧光""灯光""激光",等等,甚至还引申为裸露,例如"光屁股""光头""光脚丫子",等等。

　　我们今天常说的"光景","光"即景,本义指阳光,引申表示时光,光阴岁月,因此有"好光景不长了""光景不留人"等说法。而"风光"原指草反射的光在风起的时候所呈现的状态,引申表示风景,用在人和事物身上,表示体面光彩。

成　语

光彩夺目　光怪陆离　光芒万丈
光天化日　凿壁偷光　光阴似箭

歇后语

 穿绸子吃粗糠——表面光
 光光头上的虱子——明摆着

谚　语

☺ 山上树木光,山下走泥浆。
☺ 有雨四方亮,无雨头上光。

guī

甲骨文	金 文	小 篆	隶 书

成 语

归心似箭　视死如归　归根结蒂

宾至如归　满载而归　拂袖而归

歇后语

☺ 草船借箭——满载而归

☺ 放虎归山——必有后患

谚 语

☺ 树高千丈，叶落归根。

☺ 五岳归来不看山，黄山归来不看岳。

"归"字的繁体写作"歸"，甲骨文由两个部分构成，左边是"自"，表示读音，右边是一只"扫帚"，表示这个字与女性有关。金文的形体结构保留了甲骨文的这两个主要的部件，除了增加一些文饰笔画之外，还在字的下方添加了一个"辵"部件，表示与行走有关。小篆依据金文进行整改，将"辵"移到了"自"的下方，写作"止"，也表示行走，右边写作"帚"。隶书和小篆基本一致。

这个字的本义从上面的分析来看，是与女子行走有关。《说文解字》认为："归，女嫁也。从止，从妇省，自声。"意思是说"归"表示女子出嫁。这个意思来自于古代女子出嫁之后会回到娘家去探望，于是就用"归"来表示出嫁，而表示出嫁的"嫁"是后来才产生的。如《诗·周南·桃夭》中所记载的："之子于归，宜其室家。"就是说的女子出嫁。由女子出嫁再引申表示回来、归来，这个含义古今都通用，例如陶渊明的《归去来兮辞》就是写的辞官归田，"归"即回来、返回的意思。我们也说"归家""海归""归心似箭"等，都是这个意思。著名的成语典故"完璧归赵"，这个"归"是指的还、归还，是物主的东西丢失之后，再回到原来的物主手中，是"回来、返回"意义的引申用法。归还某物给物主，某物对物主来说具有归属性，于是就有了"属于、由"的意思，例如"这栋楼归甲方""这事归他管"等。女子回到娘家，娘家是她的成长和依附之地，受了委屈可以到娘家诉苦，因此"归"引申出"依附、归附"的意思，例如《孟子·梁惠王上》中所写的："诚如是也，民归之，由水之就下，沛然谁能御之？"说的是民心所向、民心的归附，又如"众望所归"。

明刻《紫钗记·荣归燕喜》

guī

甲骨文	金 文	小 篆	隶 书

成 语

龟毛兔角　龟年鹤寿

歇后语

☺ 一个窝里的王八——龟子龟孙

☺ 拿乌龟当锅盖——捱不住

中国传统四灵之一的龟，在古人眼中地位不同一般。殷商时代笃信占卜，占卜刻写的材料大部分就是龟甲，而乌龟为何会成为殷商时代占卜的材料呢？这和龟本身所具有的特性是关联的。乌龟的一个特性是长命，而长命百岁向来是人们的理想，乌龟就能给人们这样的寄托。于是乌龟被当做天地通灵的动物之一，被选作了占卜的材料。甲骨文的"龟"字，很像一只侧面站立的乌龟，头朝上，背着龟壳，还有两只脚。甲骨文中也有俯视的乌龟形象，金文的"龟"字就是龟的俯视形状，可以很清楚地看到龟的四肢以及尾巴。小篆的取形实际是根据甲骨文和金文综合演变而来，但仍然很象形，比照甲骨文的"龟"字仍可以清楚地看到乌龟的形状。但到了隶书由于笔画的简化和撇折化，"龟"的象形性就消失了。

许慎《说文解字》说解"龟"为："旧也。外骨内肉者也。从它（蛇），龟头与它头同。天地之性，广肩无雄；龟鳖之类，以它为雄。象足甲尾之形。"许慎认为龟是一种寿命很长的动物。"旧也"即以"故旧、久旧"来说明龟长寿。龟甲除了作为占卜之用，还用作货币。许慎对于"贝"的说解很明确地指出了"古者货贝而宝龟"，认为龟甲也是一种货币。因此《易·损》中有记载："或益之十朋之龟弗克违，元吉。"龟的形状和古时的印纽相似，因此古时龟还作为印章的代称。

我们今天有"海龟（归）"之称，是指出国留学回来就业的一类人，称为"海归派"，常常写作"海龟派"。海龟是生活在海里的动物，这和海外学子在海外求学的特征具有相似性，因此多以"海龟"来称呼他们。

guǐ

甲骨文

金文

小篆

隶书

东西方社会都有鬼节,西方社会是每年10月31日的"万圣节",而中国也有鬼节,民间把农历七月十五这一天作为鬼节,或称为"盂兰盆会""中元节"。"鬼"这个概念在东西方人的观念中都存在。甲骨文中的"鬼"字是一个象形字,像一个头上戴着鬼面具的人跪坐的样子。金文的"鬼"字与甲骨文相似,只是"人"是站立的样子。小篆的形体对甲骨文金文进行了笔画的增饰,在站立的"人"的右下增加了一个"厶",用来表示鬼在阴间,阴私重。隶书依据小篆的形体在笔画上进行了规整划一。

古人认为人死之后还有鬼魂存在,因此"鬼"的本义是指鬼魂的意思。《说文解字》的说解是:"鬼,人所归为鬼。从人,象鬼头。鬼阴气贼害,从厶(私)。"这是说人死后会成为鬼,鬼的阴气很重而且有害,所以从"厶"。例如《礼记·祭义》中说:"众生必死,死必归土,此谓之鬼。"这里很明确地指出了"鬼"来自哪里。"鬼"既然是人死后的灵魂,又生活在阴间黑暗的世界中,因此从"鬼"引申出一种神秘的、不光明的含义,于是就有了"鬼怪""鬼鬼祟祟""神出鬼没""心怀鬼胎",等等。"鬼"是看不见的、邪恶的,由此进一步引申表示错误、胡乱,例如"鬼话"。"鬼"既然是人身后的一种魂魄,那就有一种无形的力量,因此和天上的神灵一样,也被认为是神灵,只是是一种具有邪恶色彩、恐惧色彩、阴暗的神灵。因此我们会用"鬼"来形容一个人,尤其是小孩子机灵、狡猾,于是就有了 "鬼灵精怪""小鬼"等说法。抗日战争时期我们蔑称日本军为"日本鬼子",这是因为日本军队的邪恶、阴暗的心理和他们龌龊的行为,这和"鬼阴气贼害"的性质是一样的。

成 语

鬼哭狼嚎 装神弄鬼 牛鬼蛇神

鬼使神差 神出鬼没 鬼斧神工

歇后语

☺阎王爷写文章——鬼话连篇

☺香炉里的纸钱——鬼用

谚 语

☺见人讲人话,见鬼讲鬼话。

明刻《牡丹亭·冥判》

鬼

guō

甲骨文

金文

小篆

隶书

甲骨文"郭"字是一个象形字,像古时的两个城楼相对,中间是城邑。古时的城入口处都设有城楼,用来看守观望。甲骨文中还有四个楼亭相对的形体,取意城邑、城郭。金文也是两个楼亭相对。《说文解字》中收录了两个小篆字形。左列第一个形体结构与甲骨文、金文相似,尤其与左列金文的第二个形体相似,上下为相对的楼亭,中间是城市。第二个形体结构右边增加了一个"邑",表示城市。后来第一个字形废止,第二个通行。隶书的"郭"字变化较大,左边写作"享",右边写作"阝",失去了文字的解读性。

"郭"的本义是城墙。古时的城邑有外墙和内墙,外墙在内墙的外面,起保护内城的作用。外墙所围的范围称为外城,内墙所围的范围称为内城,于是外城叫郭,内城叫城。《礼记·礼运》说:"城郭沟池以为固。"这里的"郭"与"城、池"并举,表示的是外城城墙。《孟子·公孙丑下》说:"三里之城,七里之郭。""郭"与"城"相提并论,七里是指外城墙郭的边长大小。"东郭"这个姓氏的来源,是来自城市的居处位置。

但"郭"在《说文解字》中被说解为:"齐之郭氏虚。"说的是在齐国境内的亡国了的郭国。这与本义没有关系,只是一种借用。因此我们可以采用《说文解字》对"章"的说解:"度也,民所度居也。从回,象城章之重,两亭相对也。或但从口。"章,是人们居住生活的地方,即城市。这是由本义城墙引申而指代城墙所围的内部生活区。

歇后语

☺ 东郭先生救狼——自讨苦吃

☺ 狼吃东郭先生——恩将仇报

☺ 南郭先生吹竽——不懂装懂

谜 语

☺ 高爷爷的头,李爷爷的脚,郑爷爷的耳朵。 (打一字)

——郭

guǒ

| 甲骨文 | 金 文 | 小 篆 | 隶 书 |

"果"的甲骨文是树木上长有果实的样子,树杈上的三个圆形即表示植物所结的果实,是个象形字。金文的"果"将"果实"部分夸张扩大,"果壳"上有斑点,下面的部件仍然基于甲骨文,从木。小篆在金文的基础上进行了省略改进,将"果壳"上的斑点去除,形体更加规范对称,有了一定的美感。隶书在小篆的基础上,笔画进一步方折化。

成 语

果不其然　自食其果　掷果盈车
前因后果　食不果腹　兰因絮果

歇后语

☺ 芭蕉结果——紧连心
☺ 苹果掉在箩筐里——乐(落)在其中
☺ 碟子里的豆芽菜——开不了花,结不了果

谚 语

☺ 言必信,行必果。
☺ 汗水浇开幸福花,勤劳种出甜蜜果。
☺ 人讲礼义为先,树讲花果为原。
☺ 伐木取果,杀鸡取蛋。

"果"的本义顾名思义,就是果实。这个字在人们的日常生活中出现频率很高,随着人们的生活水平的日渐提高,普通家庭都会购买水果,因此,对"果"的认识比起其他一些汉字来说,应该更加容易。《说文解字》对"果"的说解是:"木实也。从木,象果形在木之上。"本义是树木的果实。古人认为"木实为果,草实为蓏。""果"是植物的周期性生长标志,算是一个小的生长终点,于是有"结果"的说法,表示植物所结的果实。由这个意义就引申出指事情的"结果""结局",例如"后果""效果""苦果",等等。果实是饱满而充实的,由这个特征就可以将"果"用在"食不果腹"之类的词语当中,表示饱、吃饱的含义。当然,我们现在经常可以见到的"果然""如果""果真"等中的"果",是将"果"借作虚词用,这在古文献中就已经有了,例如《礼记·中庸》记载有:"果能此道矣,虽愚必明,虽柔必强。"这里的"果"就用作果真、果然讲。此外,作副词讲的"果"还有"终究""终于"的含义,这个含义是从"果"的结果含义的基础上引申而来的,例如《左传·僖公二十八年》有记载:"晋侯在外十九年矣,而果得晋国。"其中的"果"即作终于、最终讲。

háng

甲骨文
金文
小篆
隶书

"行"的甲骨文是一个象形字,这是四通八达的道路的样子,像十字路口,上下左右延伸的是道路。金文的形体与甲骨文一致,和我们今天的路口样子几乎一致。小篆的形体基于甲骨文、金文,字体的构件没变化,也是十字路口的样子。隶书的"行",笔画分解,变得简单,但失去了象形性特征。

"行"有两个读音,一个读为xíng,另一个读为háng。它的本义是道路,读háng。动词意义的"行xíng走"是我们今天的常用意义。从《说文解字》的说解来看:"行,人之步趋也。从彳,从亍。""行"是指的行走、步行的意思,但在文献中我们仍然能看到"行"作为道路这个本义的用法,例如《诗·豳风·七月》中所说的:"女执懿筐,遵彼微行。""行"作路讲,"微行"即小路。由于道路的特征是直的,因此引申为行列,例如《诗·大雅·常武》中所记载的:"左右陈行,戒我师旅。"其中的"行"就是列的意思,"陈行"即排成行列。我们今天有"排行"之说,实际上就是从这个行列的意义来的,我们说"他在家中排行老三",即指的抽象的行列、序列。而"银行"、"三十六行,行行出状元"这当中的"行"是指的行业、职业,是在"行列"这个意义上又引申出分类、类别这个含义。我们今天可以在市场看到,商贩卖东西都是按类别排成行,古代也如此。"行家"就是这个类别中的专家。

作为动词意义的"行"是我们今天的常用意义,即走的意思,读音为xíng。因此,我们可以说"行走"、"行进"、"行动"、"读万卷书,行万里路",而"身体力行"中的"行"引申为"做"。

成　语

言行一致　择善而行　言清行浊
行将就木　我行我素　三思而行

歇后语

☺ 风浪中行船——摇摆不定

☺ 大路上螃蟹——横行霸道

☺ 大街上的行人——有来有往

hǎo

甲骨文	金文	小篆	隶书

成　语

好事多磨　好好先生　百年好合

游手好闲　言归于好　投其所好

歇后语

☺ 董卓进京——不怀好意

☺ 狗咬吕洞宾——不识好人心

谚　语

☺ 牛马年，好种田。

☺ 好鼓一打就响，好灯一拨就亮。

在甲骨文中有相当数量的字是从"女"字旁的，这些字体现的是一种社会历史，也就是母系氏族社会的历史。甲骨文的"好"字，左边像一个小孩即"子"，右边像一个跪坐的女子"女"，会意女子抱着小孩子。金文笔画更为粗犷，"女""子"位置互换，说明部件位置尚未定型。小篆直接来自金文，结构也从此定型，即左边从"女"，右边从"子"。隶书来自小篆，只有笔画的曲直变化。

"好"的本义正如字形所展示的一样，应该同妇女生育有关。在母系氏族社会，妇女的地位是受到人们尊崇的，其中一个重要原因就是生育繁衍能力。我们今天更多的是用"好"字的常用意义，即"美好"。这个意义的来源也应当和女子生育养育孩子有关系。古人视女子生养孩子为一种美德，由此而引申出"美好"的意义。因此《说文解字》说："好，美也。从女，从子。""好"即美好的意思。由此就有了漂亮、美丽的含义，例如《战国策·赵策三》记载："鬼侯有子而好，故入之于纣。"是说鬼侯有个女儿很漂亮，献给了纣王。而"善良"也是一种美，因此"好"又引申出"善、友好、友爱"的意思，例如我们常说的"好心好报""好朋友"等。

好，自古至今，尽管意义不断引申，但一般都是指好的事物、状况。例如我们说"好事多磨"、"好人"、"病好了"、"蛋糕做好了"、"好的，我们同意你的意见"。其中第三、四个"好"字表示完成、终了的意思，这是由"好"的本义引申来的，病愈和蛋糕做成了都含有圆满的意思，圆满即是一种美好。"好"也用作副词，表示程度，例如"这人真好笑"、"真好吃"，等等。作为多音字，"好"还读作"hào"，意思是喜欢，例如："他没什么爱好，就好这一口。"第二个"好"就表示喜欢，意思是就喜欢这些。

hé

禾

甲骨文 金文 小篆 隶书

　　"禾"是一个象形字,甲骨文的禾字就是禾苗的象形,上面像穗,中间像禾秆和叶片,下面像根。金文凸显了禾穗,显得更加形象。小篆还基本保持了甲骨文、金文的象形,而隶书需要参照甲骨文、金文和小篆的字形才能推断出这个字像什么。

　　禾的本义,我们取许慎《说文解字》的说解,即谷子:"嘉谷也。二月始生,八月而孰(熟),得时之中,故谓之禾。禾,木也。木王而生,金王而死。从木,从巫省。巫象其穗。"许慎解释为好的谷子,并对这个植物的生长周期给予描述,即二月发芽,八月成熟。"禾"后来用来泛指谷类作物,如《诗·豳风·七月》记载:"十月纳禾稼,黍稷重穋,禾麻菽麦。"这里的禾即谷类作物。而"锄禾日当午,汗滴禾下土"诗句中的"禾"可以理解为泛指一切农作物、庄稼。

　　汉字中从禾的字很多,这部分字都和农作物或者庄稼有关联,从这里也可以看出"禾"的意义的泛化。例如"黍""稻""稷""秔"等。禾是古人重要的粮食作物,是人工栽培出来的农作物。

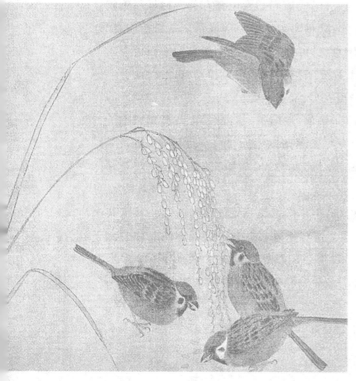

歇后语
☺ 天干禾苗黄——奄奄一息
☺ 禾草里头藏龙身——农家出英才

谚 语
☺ 敬老得老,敬禾得宝。
☺ 人怕老来穷,禾怕寒露风。

hé

甲骨文	金文	小篆	隶书

成　语

何去何从　何足挂齿　谈何容易
何乐不为　何足为奇　何患无辞

歇后语

☺ 船老大带徒弟——从何（河）说起
☺ 捧着金碗讨饭——何必求人
☺ 天要下雨，娘要嫁人——无可奈何

谚　语

☺ 长江一去无回浪，人老何曾再少年。
☺ 奈冬瓜不何，拿瓠子来磨。

"何"这个字在今天使用得比较有限，作为姓氏是最常见的，其次是作为代词、副词等使用。这个字的甲骨文像一个侧面站立的人，肩膀上扛着一把戈，这个人用一只手扶着戈的柄部，表示扛东西。金文的这个字像一个张着大嘴，嘴巴朝向右边，肩上扛着戈的人，大嘴表示喘气，是因为肩上负荷沉重。小篆的形体结构从金文逐渐演变而来，左边像站立的人，到隶书写作"亻"，右边是"可"，表示读音。

这个字是一个形声字，字的本义从字形分析可以看出表示负荷、扛、担挑的意思。《说文解字》这样说："何，儋也。从人，可声。""何"表示担负、负荷的意思。这时是一个动词，读音为hè。例如《仪礼·乡饮酒礼》中说："相者二人，皆左何瑟。""何"即负荷、肩负的意思。这句话是说辅助者两人，都把瑟扛在左肩。表示动词的这个意义后来专门用"荷"字来表示，于是我们今天说"荷"而不说"何"，但古文中这两个字是通假字。之所以会有专门的字取代"何"，是因为"何"被借作代词、副词等进行使用了，在这个时候"何"读作hé。

我们常常说"何必呢？""何"是作为副词使用，表示反问，不必的意思。"天涯何处无芳草"，这里的"何"表示哪、什么的意思，是疑问代词，"何处"即哪里、什么地方。"何"作为疑问代词在古汉语中是最为常见的，例如"君将何求？""何"表示什么。

hēi

汉|字

甲骨文

金文

小篆

隶书

黑字的甲骨文像一个正面站立的人，头部罩有遮盖物而不见光明，以表示黑暗。金文的形体基于甲骨文，形体构造相近，只是头部和人的样子上多出几个点。小篆的形体以甲骨文、金文为基础，下面写作"炎"，上面写作"囱"，有研究者认为这是古代的窗牖，而古人生火做饭时，烟会从窗户窜出来，于是将窗户熏黑了。隶书的"黑"字下面由小篆的"炎"变成了"土"和"灬"。

黑的本义是黑色。从许慎《说文解字》的说解来看："黑，火所熏之色也。从炎，上出囱。囱，古窗(窗)字。"许慎认为黑是火熏所形成的颜色。作为古代五色"青、赤、白、黑、黄"之一的黑色，在古人眼中是"北方谓之黑，天谓之玄"，玄来自黑，是带点红色的黑。古人的生活中利用黑色的很多，尤其是丧葬，湖北出土的曾侯乙墓葬，其中的漆器主要采用了两个大色，即黑和赤。《庄子·天运》中所说的："夫鹄不日浴而白，乌不日黔而黑。"黑即黑色，是说乌鸦没有成天晒太阳但羽毛却是黑色的。由本义引申出光线不足、昏暗的意思，例如"黑灯瞎火""黑压压""黑黢黢""昏黑"，等等。黑色和白色相对还可以表示邪和正、非和是，例如"他是一个黑白分明的人"，意思是他能辨别是非、正邪。由本义还引申表示坏、邪恶，例如"黑心肠""手黑"，四川方言中说某人被骗、被坑也用黑，例如"他被黑了"。"黑"具有隐蔽性，因此还可引申为隐秘，例如"黑手"、"黑手党"、"黑客"(hacker音译兼意译的网络用语，表示隐秘侵犯别人电脑获取数据，并破坏正常的网络、电脑系统的人)、"黑钱"，等等。

黑与墨实际同源，墨是后起字，是在黑的基础上新造的字，因此有"近朱者赤，近墨者黑"的说法，墨、黑同时列举，意义相同。

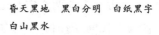

成　语

昏天黑地　黑白分明　白纸黑字
白山黑水

歇后语

☺ 闭着眼睛下围棋——黑白不分
☺ 黑灯笼里点蜡烛——有火发不出来

谚　语

☺ 天下乌鸦一般黑，世上财主一样狠。
☺ 早怕东南黑，晚怕北云推。

谜　语

☺ 一只黑狗，不叫不吼。(猜一个字)

——默

hóng

甲骨文	小篆	隶书
		虹

成　语

气贯长虹　气吐虹霓　白虹贯日

歇后语

☺ 天上的彩虹，地下的幻影
　　　　——看得见，摸不着

☺ 海市蜃楼，天涯彩虹
　　　　——虚的虚，空的空

谚　语

☺ 朝虹雨，夕虹晴。

☺ 东虹日头，西虹雨。

☺ 雨下虹垂，晴明可见。

☺ 西虹跨过天，有雨在眼前。

古人对于自然现象的关注在文字中有所记录，其中一个重要的记录就是"虹"。甲骨文的"虹"字是一个象形字，这个字描绘的是初民对于彩虹这种现象的认识。它像彩虹的样子，两头像是两只张开的大嘴。殷商时代的人这样描述这种现象："出虹自北饮于河。"（《甲骨文合集10406反片》）是说虹出现在北，并且吸取河中的水。可见，当时的人们认为

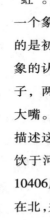

"虹"是一种天上的动物，它会在河里饮水。这条卜辞的记录者应该是在有河的地方看到彩虹的出现的，而这种自然现象也常出现在有水雾的地方。小篆的"虹"字变成了一个形声字，左边为"虫"，右边为"工"，表声。隶书的"虹"字形结构与小篆基本一致，笔画有所变化。

　　"虹"的本义就是彩虹，是一种太阳光和水汽分子相互作用的自然现象，呈半圆弧形状，有红、橙、黄、绿、蓝、靛、紫七种颜色，因此又俗称"七色彩虹"。从《说文解字》的说解来看："虹，螮蝀也。状似虫。从虫，工声。《明堂月令》曰：'虹始见。'"认为虹即"螮蝀"，这是虹的古称，样子像条虫。例如《诗·鄘风·蝃蝀》中所记载的："蝃蝀在东，莫之敢指。"其中的"蝃蝀"即"螮蝀""虹"。此外还如《礼记·月令》中所说的："虹始见，萍始生。"虹即彩虹。"虹"的形状像桥，因此在古文中又可以代指桥，例如"断虹"即"断桥"。

　　虹常常会同时呈现出两个半弧形，其中一个外半弧颜色深即红色，内半弧颜色浅即紫色，古人称其为"虹"，反之则称其为"蜺"，例如《尔雅·释天·虹疏》中就这样描写到："虹双出，色鲜盛者为雄，雄曰虹；暗者为雌，雌曰蜺。""蜺"字后来写作"霓"，因此，我们今天有"霓虹""霓虹灯"之说，霓虹即彩虹，霓虹灯即是五彩的灯，来自虹的七彩特点。

hóu

甲骨文 金文 小篆 隶书

先民从渔猎生活中，创造了很多生产工具，弓箭是其中的一种。田猎在上古既是谋生的一种方式，也是贵族享乐的一种方式，射箭作为田猎的重要手段，发展成为一种运动，因此，甲骨文中有"侯"这个字。这个字由两个部件构成，外围部件表示射箭所张挂的一张布，即射箭的靶子，中间是一只矢的象形，即箭。整个字表示箭射到箭靶上，以箭凸显靶子，取意箭靶子。金文的"侯"字与甲骨文形体相似，部件没有省简。小篆基于甲骨文、金文形体，文字进行了文饰，字体上面添加了"人"，下面部件与甲骨文、金文一致。隶书基于小篆写成了"侯"，形体结构变化较大。

我们今天称箭靶，古人则称为"侯"，这也是"侯"字的本义所在。《说文解字》中对这个字的解释颇为详尽，书中说道："矦，春飨所躲（射）矦也。从人，从厂，象张布，矢在其下。天子躲熊虎豹，服猛也；诸矦躲熊豕虎；大夫射麋，麋，惑也；士射鹿豕，为田除害也。其祝曰：'毋若不宁矦，不朝于王所，故伉而躲汝也。'"小篆的矦，即今通行的侯，表示古人春季举行乡饮酒礼之后所进行的射箭活动所张的布。也有皮革做的。根据身份等级的不同，侯用不同的动物皮毛来装饰，天子的是熊虎豹的皮，诸侯的是熊猪虎的皮，大夫的是麋皮，士是鹿和猪的皮。《诗·齐风·猗嗟》中记载有："终日射侯，不出正兮。"侯即射布、靶子，是说每天都射侯布、靶子，每射必中靶心。

男子能射中"侯"，说明有本事，"侯"因此可引申指"有本事的人"。又由此引申指爵位。周朝的时候天子分封诸侯，设立五等爵位，即"公、侯、伯、子、男"，对所在区域内的行政事务等进行监守管制，因此"侯"也可以是君王的代称。它与"候"是同字异形，古汉语中有时可以通用。

成语

侯门如海　王侯将相　谈笑封侯

歇后语

☺ 骑着驴子思骏马，官居宰相望王侯
——贪得无厌

☺ 侯门的小姐，王府的少年
——四体不勤，五谷不分

hú

| 甲骨文 | 金文 | 小篆 | 隶书 |

成　语

壶浆塞道　壶里乾坤　壶天日月
冰壶秋月　箪食壶浆　一壶千金

歇后语

☺ 茶壶打掉把儿——只剩一张嘴了
☺ 茶壶里煮挂面——难捞
☺ 喝酒不拿盅子——胡（壶）来

谚　语

☺ 哪壶不开提哪壶。
☺ 壶小易沸，量小易怒。

中国古文明和其他国家相比有很多个性化特征，其中一个是青铜器。上古的人们对于铜的运用早就非常熟练了，从各种各样精密的青铜器就可以窥见一斑。早期的壶除了陶制的，绝大部分是青铜制作的，是一种用来装液体或者食物的器皿。甲骨文的壶字就非常形象地再现了当时的人们所使用的"壶"的造型：壶身的最上面是壶口和壶盖，三角形表示壶盖，壶颈处有两个壶耳，便于手持，也是一种装饰，中间是壶身，下面有壶座。金文的形体结构除了壶盖形状有所变化之外，和甲骨文基本一致。小篆依据金文的形体进行了笔画的修饰，将壶身形状变成向外凸起的曲线，就像壶装东西的腹部一样。隶书的改造也是基于小篆进行的，字体变得更加简练。

　　"壶"的本义就是一种容器，古人用它来装液体或者固体物质，例如酒、粮食等。和我们今天的壶相比来说，古人的"壶"功用更多一些，但从材质来看，今天的壶则更丰富一些。今天的壶的材质除了金属、陶瓷做的之外，还有塑料做的，例如小孩子用的"水壶"。《说文解字》这样解释说："壶，昆吾圜（圆）器也。象形。从大，象其盖也。"是说"壶"是一种圆形的器皿，称之为"昆吾"。例如《左传·昭公十三年》中记载的："司铎射怀锦，奉壶饮冰，以蒲伏焉。"这里就是说的用壶来装饮用的液体。整句话说：司铎（官名）射（人名）怀藏锦，捧着盛冰水的壶，偷偷爬过去。壶在古代用途不仅局限于装吃喝的东西，还有一种叫鼻烟壶的，是一种装鼻烟的小瓶子。还可以用来装投射的箭，壶口就如同箭靶一样，看谁投进的箭多，是一种娱乐活动用具。此外还可以装水进行漏滴，成为一种时间的计量器，这种计时器也称之为"壶"。

hǔ

甲骨文
金文
小篆
隶书

虎是动物界的猛兽，上古时候人们对虎的认识可以通过甲骨文的记载得以反映。甲骨文的虎是虎的象形，头、身、足、尾一并齐全，尤其凸显了虎口的大和虎身的纹路。到金文省减了身体及纹路而放大了虎头。小篆对虎头的变换更加明显，几乎难辨虎的形状。隶书已将虎变成从虍从几，完全看不出和虎的形象有关联。

许慎《说文解字》解释虎为"山兽之君"，即群兽之首。《诗·小雅·巷伯》中说道："投畀豺虎，豺虎不食。"这里的虎即食肉类动物老虎。虎在中国人心目中是一种威猛的动物，因此在语言中有"虎将""虎啸""虎威""如虎添翼""虎视眈眈"等说法。老虎小的时候是很可爱的动物，因此，人们还用"虎头虎脑"来形容身体健壮、形象可爱而憨厚的人，尤其指小孩子。而"纸老虎"这样的说法，是取其反义，形容一个人有虎威但没虎胆。

成　语
狐假虎威　虎踞龙盘　虎口拔牙
虎头虎脑　虎穴龙潭　虎背熊腰

歇后语
☺ 与虎共眠——好大的胆子
☺ 羊闯虎口——有进无出
☺ 巴儿狗蹲墙头——硬装坐地虎

谚　语
☺ 擒龙要下海，打虎要上山。
☺ 人到四十五，正是出山虎。
☺ 山中无老虎，猴子称大王。

殷商时代，捕获虎是一种功绩，因此有镶嵌了绿松石的虎骨，并记刻了相关的甲骨文字。虎后来又被称作"大虫"，虫在这里是古人对动物的一种泛称。虎在印度佛教里面是一种受到尊崇的动物，常常被认为是通灵的动物，因此我们可以看到佛教经典中常常会出现以虎为坐骑。

hù

| 甲骨文 | 小篆 | 隶书 |

成 语

足不出户　门当户对　家喻户晓

户枢不朽　门户之见　蓬户瓮牖

歇后语

☺ 窗户上的纸——一捅就穿

☺ 窗户眼儿吹喇叭——名（鸣）声在外

☺ 铁将军把门——关门闭户

☺ 庄户人家的孩子——土生土长

谚 语

☺ 一只脚难走路，一个人难成户。

☺ 隔重门户隔重山，隔层楼板隔层天。

☺ 不穷千家，不富一户。

古代的门和我们现在的门有相似之处，但把单独一扇门称之为"户"，正如甲骨文所展示的字形一样，两扇"户"称之为"门"。小篆的形体和甲骨文的形体基本一致，只是笔画有所延长。隶书与小篆形体保持了一致性。

《说文解字》说："户，护也。半门曰户。象形。"单扇的门称之为"户"。另外，在古代，相对而言房子外面的大门称之为"门"，而房子里面的小屋的门才称之为"户"。"户"既然和房子有着必然的联系，房子又对应于住家、家庭、家族，因此"户"可以用来表示人家，例如《易·讼》中所记载的："其邑人三百户。"这里的"户"就是人家、家庭的意思。我们今天依然用"户"来作为计量家庭的单位，例如我们国家用来登记家庭人口的簿子叫"户口本"。还有"门当户对"也是指的家庭，引申说是门第。因为"户"对应于一个房子，不同行业的人做生意通常都有铺子，铺子就是房子，是有门面的，因此可以用"户"来指称一定职业的人，例如商户、农户、猎户、养猪专业户等。我们到银行去办理存钱手续，首先要有个"户头"，也就是以我们个人的名字、身份去开的一个"账户"，这个行为称为"开户"。就好像一个家庭要成为一户人，他们必须要有一个可供人进出休息的房子一样，而银行的这个"账户"就如同房子一样可以进出存取钱。

huá

金文

小篆

隶书

华

"华"最早见于金文,像一朵花的形状。《说文解字》收录了左边所列的两个小篆形体,音义相同。"华"字来自第二个小篆,是在第一个形体的基础上增加了"艸"部件。而第一个形体和金文则更加接近,显示出两者的渊源关系。隶书的"华"字以小篆为基础,将原来的曲笔改为直笔,艸部件也作了简化。

"华"的本义是植物的花蕾、花朵。正如《说文解字》所说:"华,荣也。从艸,从𠌶。"意思是花朵。《易·大过》说:"枯杨生华。"即枯杨重新开花。由"花朵"自然又引申表示"开花",例如《诗·小雅·出车》中说:"黍稷方华。"是说黍稷正抽穗开花。花朵繁多的样子会让人产生不清晰的感觉,于是引申表示"昏花",例如《五灯会元》中说:"莫眼华。""眼华"即眼昏花。花朵开满枝头的时候通常给人光彩夺目、绚丽、繁盛、华丽、华美的感觉,由此引申出"光彩、彩色的、繁盛显耀、华美、美丽"等意思。如《史记·商君列传》说:"有功者荣,无功者虽富无所芬华。"这里的"华"即指"显耀、荣耀"。我们今天还说"华服""华而不实""华光"等。花开是植物结果的前奏,因此对于植物来说意义重大,这和一个人的青年时代恰有相似之处,因此"华"又用来指年轻、年少,例如李商隐的名句:"锦瑟无端五十弦,一弦一柱思华年。"

值得一提的是,我们现在表示花朵的"花"字实际上是"华"的俗体字,"花"字的出现要晚于"华"字,大约在南北朝的时候才产生。我们的语言中现在也保存了这方面的痕迹,例如"春华秋实",这里的"华"就是"花",是说春天开花,秋天结果。

成 语

华而不实　荣华富贵　风华正茂
含英咀华　春华秋实　豆蔻年华

歇后语

☺ 嘻嘻哈哈,年过十八——虚度年华
☺ 曹操败走华容道——不出所料
☺ 华佗的医术——手到病除

huà

甲骨文	金 文	小 篆	隶 书

成 语

千变万化　食古不化　化险为夷
光天化日　逢凶化吉　出神入化

歇后语

☺ 悬崖上勒马——化险为夷

☺ 化成对的蝴蝶——比翼双飞

☺ 白骨精化美女——人面鬼心

甲骨文的"化"字是一个会意字，这个字是由左右两部分组成，右边像一个站立的人，而左边像一个倒立的人，会意人正反倒立，形成变化。金文的形体与甲骨文形似，只是正立的人在字的左边，倒立的人在字的右边。小篆形体基于甲骨文、金文形体，笔画变得圆润流畅。隶书与小篆形体基本一致。

"化"的本义应该是变化。《说文解字》的说解是："化，教行也。从匕，从人，匕亦声。"这个解释说"化"是教化的意思，这个意义是对本义的引申使用。《易·观·象传》中记载："下观而化也。"这里的"化"即变化的意思。整句话是说在下的百姓看到一切，受到教益，发生变化。"化"是由一种状态转为另一种状态，是一种本质的改变，例如《庄子·逍遥游》中所记录的那只"鲲"后来"化而为鸟，其名为鹏"。"化"即变化，是由"鲲"变化了为"鹏"。这种本质状态的改变包括通过精神层面的作用来促成变化，于是才有了"教化""感化""春风化雨"的说法，"化"的对象自然就是人本身了。"教化"之后会形成一定的"风气""风教"，于是就有了"风化"。佛教中僧侣向人乞讨募捐称为"化缘"，这里的"化"即教化，教化因缘、与人结缘的意思。生活中我们常常会听到"造化"的说法，这个词最开始是表示大自然创造万物，后来用在人的身上，表示"福分"，也就是上天赐给这个人的福分、运气。"化"的结果既然是一种质变，那么从生到死也是"化"的一种结果，于是就由此引申表示"死"这个概念，因此就有了"坐化"，这是佛教徒圆寂的一种方式，端坐着安详地死去。

我们生活中常常会听到"科学化""现代化""网络化"等，这里的"化"是一种词缀，加在名词之后使名词变成动词。

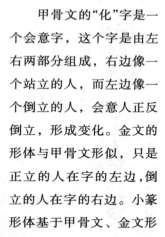

huáng

甲骨文的"黄"字，根据徐中舒先生的解释，像人佩玉环的样子，字体中间的部件像玉环形状。金文的形体来自甲骨文，左边所列甲骨文的第二个形体与金文的第二个形体几乎完全一致，而金文的第一个形体是将人头部分给予凸显，增加了一个近似倒"A"的符号。小篆的形体结构基于金文的第一个形体，构件并没有发生变化，只是笔画有所规整、延伸。隶书的"黄"字和小篆一致，构件未变，笔画平直化了。

黄色是"黄"的假借意义，"黄"的本义应该和玉佩相关。从许慎《说文解字》的说解来看："黄，地之色也。从田，从芡，芡亦声。芡，古文光。"许慎认为"黄"即土地的颜色。古人讲究"五色"，"东方谓之青，南方谓之赤，西方谓之白，北方谓之黑，天谓之玄，地谓之黄，玄出于黑，故六者有黄无玄为五也"。即青、赤、白、黑、黄，而其中的"黄"居中为中正之色，因此《易·坤》中记载说："天玄而地黄。"黄色是秋天的颜色，果实成熟、树叶变黄，因此既可以代表枯萎，又可以代表成熟。例如《诗·小雅·何草不黄》中说的："何草不黄，何日不行。"即指草衰萎。而"这瓜黄透了"的"黄"表示成熟的意思。

在古人的眼中"眉寿""黄发"都是指老人，人老了头发由黑转白，但我们也说"黄毛丫头""黄毛"，这是指的小孩子，是小孩子头发在变黑之前的状态。在四川方言中"黄"还可以表示生疏、外行、音调不准等，例如"他开车撞人，是个黄师傅"（生手、外行人），"他生意黄了"（生意做砸了），"他唱歌是黄的"（五音不全，走调）。

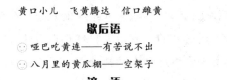

成 语

黄卷青灯　黄粱一梦　青黄不接
黄口小儿　飞黄腾达　信口雌黄

歇后语

☺ 哑巴吃黄连——有苦说不出
☺ 八月里的黄瓜棚——空架子

谚 语

☺ 不见棺材不落泪，不到黄河心不死。
☺ 跳进黄河洗不清。

名 句

☺ 黄河远上白云间，一片孤城万仞山。

(唐·王之涣)

hūn

甲骨文	小 篆	隶 书

甲骨文的"昏"字是一个会意字，字的上面部件像山崖形状，下面部件是日，会意太阳落到山崖之下，即黄昏时间。小篆的形体结构基于甲骨文，上面的部件写作"氏"，下面部件仍为"日"。隶书的形体构件与小篆一致，只是笔画有所变化。

"昏"的本义当为日落之时，即黄昏傍晚时分。依据《说文解字》的说法来看："昏，日冥也。从日，氏省。氏者，下也。一曰民声。"昏是指太阳落下的时候，天渐暗之时。例如《诗·陈风·东门之杨》中所说的："昏以为期，明星煌煌。"其中的"昏"即黄昏之时，是说约定黄昏见面。古汉语中"昏"与"昭"相对应，"明"与"暗"相对应，例如《孟子·尽心下》中所说的："贤者以其昭昭使人昭昭，今以其昏昏使人昭昭。"这里的"昭"与"昏"同时列举，是由本义引申指人的思维头脑不清晰、浑浊。古汉语中又称那些执政无能的君主为"昏君"。我们今天还说"头昏脑涨"，也是使用的这个意义。这时的"昏"等同于"晕"。此外还有"昏迷""昏厥""昏死"等说法。

《说文解字》中说："娶妇以昏时。"这是上古社会的婚俗习惯，在黄昏时分进行迎娶新娘的活动，来源于抢婚习俗，因此"昏"是"婚"的初文，后来才加"女"旁成为"婚姻"的专属字。"昏"有不清晰的含义，进而引申出混乱的意思，四川方言中有"昏吃昏喝""昏浊浊"的说法，就是形容人的行为举止混乱无章，神志不清的样子。

huǒ

甲骨文

小篆

隶书

"火"是一个象形字,从甲骨文可以明显看出这个字所表示的是火苗的临摹。这个字因为缺失金文"火"字,因此它从金文到小篆的演化痕迹比较模糊,但从金文中带火偏旁的字来看,与甲骨文相似,只是有空心与实体的区别。到小篆及其之后,就已经失去了它的象形特征,尤其是中间线条化作了"人"字形,很难看出这是火苗的样子。

火字从古至今一直都在使用,而且本义没变。《说文解字》对"火"的说解侧重五行的角度,不可取。"火"的本义就是火苗,是燃烧的物质所发出的光和焰。诸如"火光""火焰""火山""火炉"等等,都是本义的用法。"火"又可用作动词,表示焚烧,烧毁,如《左传·宣公十六年》所记载的:"夏,成周宣榭火,人火之也。"我们现在有"火爆""火速""红火""火脾气""火急"等说法,都是在本义的基础上,由火可以蔓延、来势猛烈、速度极快等特性引申而来。由于火的颜色是红色,因此,火也常常用来表示颜色修饰其他名词,比如"火鸡""火烈鸟""火龙果"等。

远古人类就会使用火——钻木取火,这从考古发现已经得以证实。而汉字的"燧"实际就是钻木取火的工具。例如《论语·阳货》说:"旧谷既没,新谷既升,钻燧改火,期可已矣。"又《韩非子·五蠹》中也有记载:"钻燧取火以化腥臊。"这都是古人用火的确凿记录。

成 语

火冒三丈　刀耕火种　风风火火
玩火自焚　十万火急　水深火热

歇后语

 大师傅蒸馍——不到火候不开锅
 大厅里放盆火——满堂红

谚 语

☺ 真金不怕火炼,真理不怕谰言。
☺ 紧火煮粥,慢火煮肉。
☺ 星星之火,可以燎原。
☺ 纸包不住火。

huò

甲骨文　金文　小篆　隶书

成　语

不劳而获　如获至宝　先难后获

"获"字的甲骨文由上下两个部件构成，上面是"隹"，表示鸟，下面像一只手，会意捕获的意思。金文的形体和甲骨文相似，也是上面一只鸟"隹"，下面一只"手"，只是笔画稍微繁复。小篆的形体在左边增加了"犬"部件，右边的隹写作"萑"，指一种猫头鹰。隶书之后"犬"写作"犭"，其余部件则规整划一，和甲骨文金文相比较，小篆之后的形体变得更加繁复。

从甲骨文、金文的形体我们可以了解到"获（獲）"的本义表示捕获、获取、获得，多用于猎物的获取。《说文解字》这样解释："获（獲），猎所获也。"可见这个字最初的意义是表示猎获禽兽。这个用法被用到社会生活、战争等环境中，就有了

俘获（敌人、逃兵等）、抓获（犯人等）、缴获（战利品等）等等意义。由本义进一步引申使用，可以表示精神等非物质层面的获取，例如获得信任、获取荣耀，等等。在古汉语中，要表示植物例如庄稼的收获，又另外造了一个"穫"字，专用于表示收割、收获庄稼。但在古文中"獲"可以通"穫"，例如《荀子·富国》中所说的："今是土之生五谷也，人善治之，则亩数盆，一岁而再獲之。"这里的"獲"实际上是"穫"字，表示收割收获的意思。但无论是"獲"还是"穫"，对应的简化字都是"获"字。

jī

甲骨文

小篆

隶书

这是一个形声字，从甲骨文"鸡"的字形分解可以看到，左上部为爪，其下像一个脖子被拴住的人，合起来即"奚"字，像一个人被拴着拉拽的样子。"奚"一方面表示读音，一方面似乎也说明：鸡刚被驯化的时候，是拴着饲养的，否则就可能飞走。右边是一只鸟的象形，表示意义，说明这是一种鸟。小篆在甲骨文的基础上形体变得更加清晰，右边写作佳。隶书形体与小篆基本一致。而简化字左边写作又，右边写作鸟，右边反而和甲骨文右边部件相同了。

鸡在我们日常生活中是重要的家禽，它是相对于野鸡"雉"来说的，从古至今这种家禽都没有缺少过。许慎《说文解字》认为："鸡，知时畜也。从佳，奚声。"许慎的说解侧重鸡的打鸣报时功能，古人曰"闻鸡起舞"，就是因鸡鸣报晓而知时辰。例如《诗·齐风·鸡鸣》中说的："鸡既鸣矣，朝即盈矣。"指的就是鸡报晓的时候就是天亮的时候了。《尚书·牧誓》也有记载说："牝鸡无晨。"牝鸡即我们今天所谓的母鸡，母鸡是不打鸣的，因此说"牝鸡无晨"。

鸡和犬常常相提并论，我们可以听到"鸡犬不宁""鸡犬相闻""鸡犬桑麻"等说法。有鸡和犬的地方一般都是生活安宁、人口稠密的地方，因此这些词语实际上就是对社会生活状态的一种写照。我们现在有些方言称鸡为"鸡子"，例如重庆奉节、河南安阳等，但有些方言中的"鸡子"却是指的鸡蛋，例如北京话、江苏常州话。而"鸡公"表示"公鸡"，在四川成都话中就保留着。

成　语

闻鸡起舞　鸡犬不宁

鸡犬不留　鸡毛蒜皮

歇后语

☺鸡给黄鼠狼拜年——自投罗网

☺鸡毛炒韭菜——乱七八糟

☺鸡爪子炒菜——往外扒

jī

甲骨文	金文	小篆	隶书

成语

箕风毕雨　克绍箕裘　南箕北斗

箕山之志

歇后语

☺ 簸箕里的蚂蚁——条条是道

谚语

☺ 若要田里有，簸箕不离手。

簸箕的"箕"最开始是写成"其"字，只是后来"其"字被用作代词等，才专门造了"箕"来表示"簸箕"这个含义。"其"的甲骨文是一个象形字，像今天农村还在用的簸扬谷物的簸箕，字的两边是簸箕的提手，中间是竹条交错的样子，是用来装东西的地方。金文的"其"字下面多了一个像几案的东西，是用来搁置簸箕的。小篆的第一个形体是古文，和甲骨文差不多，中间一个是籀文，和金文差不多，最后一个是在"金文""籀文"的基础上添加了"竹"部件。隶书将"竹"头之下的部分写为"其"，完全看不到簸箕的原型了。

"箕"的本义就是"簸箕"，《说文解字》也说："箕，簸也。从竹，甘象形，下其丌也。""箕"的主要用途是簸扬糠壳，汉代李尤在《箕铭》中就说了："箕主簸扬，糠秕及陈。"簸箕的用途除了簸扬之外，还可以装东西。因为它的形状像个倒置的鸭舌帽，前低而平，后面高，很适合装运、铲运东西，所以还是装垃圾用的器具。今天的撮箕的雏形实际上就是古代的簸箕。《礼记·曲礼上》说："凡为长者粪之礼，必加帚于箕上，以袂拘而退，其尘不及长者，以箕自乡（向）而扱之。"是说给尊者扫地，需要把扫帚放在撮箕上，用衣服的前摆遮着扫。《列子·汤问》中说："箕畚运于北海之尾。"是说用箕畚将土石运到北海末端。和"箕"形状相似的事物也可以用"箕"来表示，例如古人有"箕踞"的说法，是因为这种坐姿是臀部坐地而两腿向前岔开，姿势和簸箕的样子相似，因此命名为"箕踞"。这是一种很不尊重人的坐姿。此外还有星宿名，因为样子似簸箕，所以也称为"箕"。《诗·大雅·大东》说："维南有箕，不可以簸扬。"是说南部的箕星不能用来簸扬谷物。

jí

即

甲骨文

金文

小篆

隶书

"即"的甲骨文是一个会意字,这个字是由两个部分组成的,左边像一个装有食物的器皿,右边像一个跪坐的人,这个人面向食物,表示正在吃东西、就餐。金文的形体结构和甲骨文的基本一致,左边也像一个食器,右边像一个人,这个人的姿势并非跪坐,但人面向食物,也是在就餐。小篆的形体基于甲骨文和金文进行了调整改造,左边的器皿下方变成了"匕",上面变成了"白"。隶书和小篆基本一致,只是笔画有所变化而已。

从形体的分析很容易看出"即"的本义是指的就餐、就食。《说文解字》的看法是:"即,即食也。"也就是吃饭的意思。例如《易·鼎》说的:"鼎有实,我仇有疾,不我能即。"其中的"不我能即"是说我不能吃器皿中的东西。现在的家庭多半是父母做饭,饭做好之后,父母会召唤正在玩耍或者学习的孩子吃饭了,孩子就会跑到饭桌前就餐,因此"即"这个字包含着"到位"的意思,引申表示"就、靠近、接近、到"。例如《礼记·曲礼上》中说:"将即席。""即"便是"就""到"的意思,这个意义也是"即"的基本意义所在。此外,在古文中这个意义还可引申表示"迎合、符合",例如《韩非子·孤愤》中所说的:"若夫即主心同乎好恶,固其所自进也。""即主心"说的就是迎合主人的心,但这种用法我们今天不使用了。

在今天,"即"被用得较多的是表示"即日","即"是指的今天的意思,其次就是被用来表示判断、强调等,例如"非此即彼",而"即兴发挥"的"即"可以理解为临时的、就着眼前的情形发挥。"即"更多出现在副词、连词等中,例如"即刻""即时""即是""即使"等。

成 语

即景生情　即鹿无虞　不即不离
稍纵即逝　一拍即合　一触即发

歇后语

☺ 大海里的水雷——一触即发
☺ 镜中花,水中月——可望而不可即
☺ 太岁当头坐——非灾即祸

谚 语

☺ 即脱即着,胜过服药。

jí

甲骨文	金 文	小 篆	隶 书

成 语

大声疾呼　讳疾忌医　疾首蹙额
疾恶如仇　眼疾手快　痛心疾首
疾言厉色　积劳成疾　疾风劲草

我们今天所说的"疾病"的"疾"字，早在甲骨文中就已经有了。甲骨文的这个字是由两部分组成，像一个站立的人，这个人的手臂下方有一支箭，会意这个人中箭受伤了。毛公鼎的"疾"字写作上面第二个金文形体，和甲骨文形体基本一致，也像一个人手臂下方中箭受伤。上面所列的第一个金文形体来自《侯马盟书》，这个字形中的箭位于字的中间，而中箭的人变成了床榻的样子，大致表示受伤的人应该躺在床上。这个形体直接被小篆吸纳了，于是就有了小篆的形体，左边为床榻的样子，写作"疒"，右边是"矢"字，因为部件的演变更换，这个字由此成为一个形声字。隶书更加明确了这个变化。

从上面的形体分析中不难看出"疾"的本义是指的病，《说文解字》的解释也是如此："疾，病也。从疒，矢声。"但古代的"疾"和"病"还是有些区别的，通常说"疾"的时候是指的小病，例如《国语·晋语九》中所说的："吾不幸有疾。"由身体上的疾病可以引申指心理上的疾病，例如《孟子·梁惠王下》中所记载的："寡人有疾，寡人好勇。""寡人有疾，寡人好货。""寡人有疾，寡人好色。"其中的"疾"应该理解为一种心理上的毛病、缺点。疾病不仅给生病的人带来痛苦，而且也会给病人的亲属带来精神、物质上的压力，因此没有人喜欢生病，大家都讨厌疾病，在这个意义上引申出痛恨、仇视、嫉妒的意思，例如"痛心疾首""疾恶如仇"。小病往往来得很快，就像甲骨文所展示的那样，中箭是在瞬息之间的，很快，因此"疾"有迅速、快捷的意思，例如"疾跑""疾奔""疾呼""疾驶"，等等。

jí

甲骨文　金文　小篆　隶书

甲骨文的"集"字由鸟、木构成，会意鸟在木（树）之上停息，表示聚集。金文的形体基于甲骨文，其中只有一例写作左边第二个形体，是三只隹（鸟）在树上的样子，其余都是一只鸟停在树上，这和甲骨文形体基本一致。在《说文解字》中，左边列举的小篆的第二个形体是字头正篆的或体，与甲骨文、金文的第一个形体一致，上面写作隹，下面写作木；而字头正篆形体写作三只隹在木上，即小篆的第一个形体，这一形体延续了金文的第二个形体的写法，表示很多鸟集聚在树上。隶书的"集"字与甲骨文、金文第一个形体以及小篆或体形体基本一致，上面从隹，下面从木。

"集"的本义从文字的分析结果来看应该是群鸟聚集在树上，表示聚集的意思。从《说文解字》的说解来看："集，群鸟在木上也。"群鸟在树上停息称为"集"。例如《诗·唐风·鸨羽》中所说的："肃肃鸨羽，集于苞栩。""集"即止、停息的意思，是说鸨鸟成群地停在栩树上。由鸟的聚集扩大指一般事物的聚集、汇合，例如"集会""集中""集训"等，例如《诗·小雅·颊弁》中说的："如彼雨雪，先集维霰。"这里的"集"是指的雪的聚集。书籍成套、作品汇编成册也称为"集"，例如 "影集""画集""散文集""诸子集成"，等等，我国古代图书分类法"经、史、子、集"之一也是"集"。"集"是群鸟聚集，引申为人多的地方即闹市、集市，例如"赶集"，即到集市去。

成 语

集苑集枯　集思广益　百感交集

歇后语

☺ 叫花子赶集——场场不缺

☺ 两口子赶集——志同道合

☺ 集市上买东西——挑挑拣拣

谚 语

☺ 起大早，赶晚集。

☺ 蚁集腥膻，鼠甘腐物。

☺ 鹰单飞，羊群集。

jì

| 甲骨文 | 金 文 | 小 篆 | 隶 书 |

我们通常说的"季节"的"季"在甲骨文中的形体结构由上下两部分组成，上面是禾苗的象形，下面是小孩子即"子"的象形，两个部件合在一起表示小的禾苗，即幼小禾苗。金文的形体结构和甲骨文基本一致，只是笔画更粗。小篆的形体基于金文进行了调整，但字的构形没有发生大的变化。隶书与小篆也保持了结构的一致性，只对笔画作了调整改动。

成 语

季常之惧　季布一诺

歇后语

☺ 山上的松柏——四季如春

☺ 四季豆开二道花——老来俏

谚 语

☺ 富人四季穿衣，穷人衣穿四季。

☺ 打铁看火色，种田抢季节。

☺ 养得一季蚕，可抵半年粮。

"季"的本义就是表示幼小禾苗。《说文解字》认为："季，少偁（称）也。"这是引申用法，表示年少的人的称呼，也就是幼小的人，例如《诗·召南·采蘋》中所记载的："谁其尸之，有齐季女。"这里的"季女"就是幼小的女子，意译就是少女。诗句是说一位端庄的少女主持祭祀。古人对于家庭人员的大小讲究排行，同辈之间所谓的"伯、仲、叔、季"就是排行的标志，其中的"季"是最小的，例如《左传·文公十八年》中所记录的："高辛氏有才子八人，伯奋、仲堪、叔献、季仲，伯虎、仲熊、叔豹、季狸。""季"又被用到时令季节上，表示一个节气的最后一个月，例如"季春、季夏、季秋、季冬"，《逸周书·周月》上说："岁有春夏秋冬，各有孟仲季，以名十有二月。"因此就有了"季月"的说法，季月是节气变化的过渡阶段，古人将其引申用来表示四季，也就有了我们今天所熟悉的"春季、夏季、秋季、冬季"。而夏天往往是多雨的时候，于是就延伸表示时段，就有了"雨季"的说法。农作物的生长成熟正好和季节有关联，例如春天播种，秋天收获，因此庄稼的一个生长周期就被称为"一季"，例如我们可以说"这一季西瓜熟透了"。

jì

既

甲骨文　金文　小篆　隶书

甲骨文的"既"是一个会意字，字的左边像一个食器，右边像一个跪坐的人，人张开大嘴背向食器，表示吃完了东西。金文的形体结构与甲骨文基本一致，左边像食器，右边像人形。小篆的形体基于甲骨文、金文，部件有所改变，尤其是右边的部件，"人"张开的"大嘴"变成了三条曲线，像是人嘴吐出的气体。隶书的形体结构与小篆相似，笔画更加平整简单。

"既"的本义从字形的分析来看，表示吃完的意思。从许慎《说文解字》的说解来看："既，小食也。从皀，旡声。《论语》曰：'不使胜食既。'"许慎认为是小的食物，解释不准确，应该是吃完，引申表示动作的完成。例如《春秋·桓公三年》中说："秋七月壬辰朔，日有食之，既。"这里是记录的日食现象，"既"表示日食完成，即我们现在所说的"食既"。"既"由本义引申表示已经的意思，是作为副词使用，例如《尚书·尧典》上记载的："克明俊德，以亲九族，九族既睦，平章百姓。"既在这里表示已经、已然的意思，是说九族已经和睦了。在我们今天的语言中，"既"被用作虚词比较常见。作为连词，"既"表示并列关系，例如"这件衣服既好看，又便宜"。同时还表示既然的意思，例如《论语·季氏》中所说的："既来之，则安之。"（远方的人）既然来了，那么就得使他们安心。

成　语
一如既往　既往不咎　既成事实

谚　语
☺岁月既往，一去不回。
☺为学趁年轻，既学须学好。

jì

金文	小篆	隶书
神	禝	稷

稷的金文、小篆和隶书均从禾旁，是个形声字，右边部件为声符，表示读音。《说文解字》解释道："稷，齋也。五谷之长。"而"齋"《说文解字》解释作"稷也"，即粟米。《尔雅正义》指出，北方称"稷"为谷子，它所产的米称为小米。

王念孙《广雅疏证·释草》中解释道："稷，今人谓之高粱。"段玉裁《说文解字注》中引用程瑶田《九谷考》的说法："稷……北方谓之高粱，或谓之红粱。"由此，我们可以判断，"稷"实际上是指的北方的高粱作物。

我国农业始祖后稷即是以"稷"命名的。在古人看来，对于天地神灵的祭祀有着重要的意义，因此也有专门的对五谷之神"后稷"的祭祀，称为"祭稷"，后来被视为对土神和谷神的祭祀。例如《孟子·尽心下》记载有："民为贵，社稷次之，君为轻。"这里的社稷连用就是指的祭祀礼仪。因为稷是一种粮食庄稼，因此可以被借用表示农作物，"稷黍"实际上就是泛指五谷，例如《诗·唐风·鸨羽》记载有："王事靡盬，不能蓺稷黍。"是说君王差事没个完，不能回家种庄稼。而我们常常能见到以社稷来代指国家，例如《礼记·檀弓下》记载："能执干戈以卫社稷。"

jiā

甲骨文

金文

小篆

隶书

家

猪是人类最早驯养的动物之一，对于人类生产生活都具有重要作用。"家"的甲骨文就是采用了"猪"作为重要部件，字是用屋内一只猪来会意。左列金文的第一、第二个形体所展示的"猪"非常形象，与后面三个形体的区别在于屋内的"豕"的形体，最后两个形体已经和后来的小篆很相似了，"猪"写作"豕"。小篆以此为基础进行了调整，由"宀"和"豕"构成。隶书和小篆的结构一致，笔画有所变化。由于是个会意字，通过两个部件的意义的相加，大致可以理解"家"字意义的来源。

"家"的本义如同《说文解字》所说："居也，从宀，豭省声。"这个说解侧重在表明家的功用，"家"是用来居住的地方。和其他的牲畜相比较而言，猪是一种可以在家圈养的动物，不像牛羊需要放养，因此相对而言更能体现家的本质用途。《玉篇》明确指出："家，人所居通曰家。"居住地通常住的是有亲缘关系的人，因此又引申表示家庭。这是今天使用得最为普遍的意义，例如"家和万事兴""家人""家书""家政""家教"等说法，都是家庭意义。通常具有相同志向的人会聚集在一起，就如同一家人一样，因此"家"在古代又用来指称学术流派。如"道家""墨家""法家""儒家""名家"，等等。而"专家""科学家""语言学家""物理学家"等等，这当中的"家"则是在流派的基础上进一步引申而来的用法，是指某个领域或者行业的能手，有的甚至成为这个领域或者行业的代称，例如说"资本家""商家""店家"等。作为和"野生"相对的"家养"动物，这是在本义的基础上有所引申而来的，例如"家畜""家禽"等等。

成 语

家学渊源　家徒四壁　家喻户晓
大方之家　毁家纾难　如数家珍

歇后语

☺百里草原安家——孤孤单单
☺玻璃铺的家当——不堪一击

谚 语

☺家家有本难念的经。
☺兄弟同心金不换，妯娌齐心家不散。

jià

小篆	隶书
嫁	嫁

成语

嫁祸于人　男婚女嫁

谚语

☺ 嫁鸡随鸡，嫁狗随狗。

☺ 好男不争财和产，好女不争嫁时衣。

☺ 男大当婚，女大当嫁。

　　婚嫁现象伴随着人类文明的出现一直延续到今天，其中的这个"嫁"字最早出现在小篆当中。这是一个典型的会意兼形声字，字的左边是"女"，表示跟女子有关，即女子出嫁，右边是"家"，表示这个字的读音。这个字到隶书楷书形体结构没有发生变化，只有笔画的规整划一。

　　《说文解字》说："嫁，女适人也。从女，家声。""嫁"的意思是女子到男子家里去，成为男子家中的一员。"嫁"字所包含的信息，反映中国古代社会的一种体系，即父系社会，在父系社会才会有女子入住男子家里并成为男子的妻子的现象，而在母系社会这种现象是正好相反的，是男子入住到女子家中。《诗·大雅·大明》中记载："来嫁于周。""嫁"即结婚、出嫁的意思。在古人的观念里，认为男子即"夫"是一家之长，家里所有的财产都是他的，甚至包括自己的妻子也在其中，因此在古代有"卖妻"之说。例如《韩非子·六反》中说："相怜以衣食，相惠以佚乐，天饥岁荒，嫁妻卖子者，必是家也。"其中的"嫁妻卖子"，就是卖妻卖子的意思。"嫁"是从娘家到婆家去，有离开的意思，旧时民间俗语有"嫁出去的女儿，泼出去的水"，也就是女人出嫁之后就离开了娘家，和娘家没有什么关系了，因此引申可以表示转移、转嫁，例如"嫁祸于人""嫁怨"，其中的"嫁"是将祸、怨转移、转嫁给他人的意思。而将一株植物的枝丫、芽取下接到另一株植物的枝丫上，称之为"嫁接"，这也是使用的"嫁"的转移意义。

jiān

监

甲骨文
金文
小篆
隶书

　　我们今天的镜子是玻璃制作的,用来梳妆打扮,而古人是用什么来观照自己的形象的呢?甲骨文的"监"字实际上就提供了这方面的信息。这个字的左下为"皿",右部像一个跪坐的人,凸显其大眼睛,这个人跪坐在盛有水的器皿前照面,观看自己的形象,因此这个字会意照镜。唐兰先生《释监》中解释为:"监字本从皿从见"。金文的变化在于右边是站立的人形,人的头部垂直直视器皿的水面,照镜子的样子更加形象了。小篆就是依托这个形体进行了改造,将直目写作"臣",又将人的人体和它分离开来,下面仍然是皿字。隶书和楷书因为笔画的改变已经看不出这个字的取意所在了。但无论如何,我们可以明确一点的是,古人在铜镜发明之前,是用水作为镜子,即"监"。

　　"监"这个字从上面的分析,我们可以明确它的本义应该是照面、照影。《说文解字》说:"监,临下也。"即居高临下之义,这是本义的引申了。我们在古文中常常可以看到"监"通"鉴"的用法,"鉴"即镜子。从本义引申出"督察""察看",例如《国语·齐语》中所记录的:"监其乡之资。"这里的监就作"视"讲。因此《尔雅·释诂下》解释的"监"即为"视也"。我们今天所熟知的"监狱""监牢",这其中的"监"就是由这个意义引申而来的,表示监视。而"借鉴"的鉴是镜子,也就是参照,这和监的本义是有关联的,因此,"监"有借鉴的意思,例如《尚书·召诰》中所说的:"我不可不监于有夏,亦不可不监于有殷。"其中的"监"就是借鉴、仿效的意思。而我们古代所谓的"中书监""秘书监""国子监""监生""太监"等中的"监"是官署名或者官名。

成 语

监守自盗　监门之养

歇后语

 朝廷的太监——后继无人

 太监娶媳妇——痴心妄想

 孙大圣管蟠桃园——监守自盗

jiàn

见

| 甲骨文 | 金文 | 小篆 | 隶书 |

成 语

明心见性　一己之见　见多识广

显而易见　见异思迁　见利忘义

歇后语

☺ 岸上看人溺水——见死不救

☺ 不见棺材不落泪——死心眼儿

☺ 丑媳妇见公婆——迟早的事

谚 语

☺ 路遥知马力，日久见人心。

☺ 久雨见天星，明朝雨更猛。

"见"的甲骨文是一个会意字，字的上面部件是"目"即一只眼睛，下面部件像一个侧立的人形，整个字凸显人头上的眼睛，表示看见。金文形体相似。小篆上面变为"目"字，下面变为"儿"字，古汉语"人""儿"相通。隶书和小篆基本相同，笔画更加平整。

从见的字形分析，我们不难看出这个字的本义表示看见。《说文解字》说："见，视也。从儿，从目。"见就是看见的意思。《礼记·大学》说："心不在焉，视而不见，听而不闻。"这里的"见"和"视"同时出现，视就是看的意思，见即看见，表示视的结果。从这里也大致可以看到"视"和"见"是一对近义词，但也存在一定区别："视"这个动作是由人这个主体主动发出，而"见"更强调看见的客观事物。"见"是看见的意思，看见了才会清楚和明白，于是引申就有了"知道、了解、掌握"的意思，因此就有了"预见"的说法。"见"还有主意的意思，例如"主见""意见"等。

这个字在古汉语中常常用于表被动，例如"吾常见笑于大方之家"（《庄子·秋水》）。而在古诗《敕勒歌》中："天苍苍，野茫茫，风吹草低见牛羊。"这个"见"读为xiàn，表示出现、显现、展现的意思。今天这个读音和意义多用"现"来表示，例如我们说"出现"，而不说"出见"。

明刻《南柯记·偶见》

jiàn

甲骨文　金文　小篆　隶书

成　语

建功立业　高屋建瓴

歇后语

☺ 建昌鸭子——嘴硬

谚　语

☺ 空话建不成大桥。

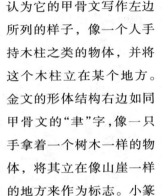

建设的"建"字，有人认为它的甲骨文写作左边所列的样子，像一个人手持木柱之类的物体，并将这个木柱立在某个地方。金文的形体结构右边如同甲骨文的"聿"字，像一只手拿着一个树木一样的物体，将其立在像山崖一样的地方来作为标志。小篆的形体结构来自金文，写作"聿"和"廴"。隶书沿袭了这个构造，笔画有平、直、折的改变。

"建"字的本义大致同树立有关，例如《诗·小雅·出车》中所记载的："我出我车，于彼郊矣。设此旐矣，建彼旄矣。"是说出车郊外，树起旐与旄（都指旗帜。旐有龟蛇图案，旄饰牦牛尾）《说文解字》是这么解释的："建，立朝律也。"是说建立、设立朝廷的朝纲法律法令。这是对"树立"的引申使用，表示设置、设立。例如我们可以说"建都""建党""建国""建功立业"等。甚至还引申表示册封的意思，例如《诗·鲁颂·閟宫》："建尔元子，俾侯于鲁，大启尔宇，为周室辅。"这是周成王对周公说："册封你的大儿子，使他为鲁国的君侯，大大开拓你的疆域，为周室作辅。""建"在古代还有"建议"的意思，我们今天说"建议"而不说"建"，是由"册封"的公布、告白意义引申出来的。

"建"可以表示"建筑"，也是由"设立、建立"引申而来的，我们今天说的"建筑"既可以表示名词，例如大楼、房屋之类，也可以表示动词，表示修建、建立的意思，例如"他们把大楼建筑在山巅上"、"不要把自己的欢乐建筑在别人的痛苦之上"。

jiāng

甲骨文

金文

小篆

隶书

汉字中的"畕""畺"和"疆"是异体字关系,左边甲骨文的第一个形体,即后来的"畕"字,与金文的第一个形体一致,像两块田并列的样子,有田界的含义在里面。后来的金文又在田之间增加了短横,即左列金文的第二个形体,短横更加明确地标示了田界。甲骨文的第二个形体,即后来的"疆"字。这个字形左边部件为弓,有的认为古代用弓来丈量田地,表示田地的边界;有的认为古代在边界处需要设防守卫,弓象征武器,右边是两田相并列,表示防守的边界地。金文的第三个形体基于甲骨文,与甲骨文第二个形体相似,但在两个田之间又增加短横以表示边界,又如金文第四个形体。小篆的形体基于甲骨文、金文,并在弓的下方增加"土"部件,表明与土地相关。隶书的形体与小篆一致,从弓、从土、从畺。

"疆"的本义是边界的意思。《说文解字》说:"畺,界也。从畕;三,其界画也。"畺的或体写作疆。畺即疆,表示边界。例如《尚书·泰誓中》中说:"今朕必往,我武惟扬,侵于之疆。"周武王自谓必须亲自前往,举兵入侵商的边界。《诗·小雅·信南山》中所说的:"疆埸翼翼,黍稷彧彧。"这里的"疆"就是指的田界。"疆"是土地的边界,是这块土地和那块土地的分界线,是这块土地的尽头,因此引申出"止境、极限"的意思,例如"万寿无疆""寿考无疆"等。

古汉语中表示边界、界限的还有"界""封""畔"等,其中的"界"是我们今天的语言中所常用的,表示界限、界线,但"疆"被固定用来指边疆,表示国与国的分界线,或者边境地带的土地。

成 语

万寿无疆

歇后语

☺新疆的哈密瓜——甜甜蜜蜜

☺扛着鸟枪上疆场——抵挡一阵

jiàng

| 甲骨文 | 金 文 | 小 篆 | 隶 书 |

成 语

从天而降　降格以求　伏虎降龙

祸从天降　降贵纡尊　降志辱身

歇后语

☺ 兵来将挡，水来土掩——一物降一物

☺ 过了霜降收玉米——晚了

☺ 久旱得雨——喜从天降

谚 语

☺ 无风起横浪，三天台风降。

☺ 敢伏虎者上高山，能降龙者下大海。

☺ 天上扫帚云，三天雨降临。

☺ 福无双降，祸不单行。

"降"字的甲骨文是左边从"阜"表示山体，右边像两只并行的脚，脚趾头是朝下的，这表明是在下山、朝山下走。金文的形体结构和甲骨文基本一致。小篆的形体是在甲骨文和金文的基础上进行了规整，还能看出下山的痕迹。隶书之后的形体基本丧失了这种特征，左边写作"阝"，右边写作"夅"。

古文中常看到"陟"字，表示"登山"，"降"是和它相对的概念，表示"下山"。这种相对性从文献中就可以看到，例如《诗·大雅·公刘》中所记录的："陟则在巘，复降在原。"我们从《说文解字》的说解来看，"降"被解释成："下也"，这实际上就是"降"的本义。由下降这个本义或者从高到低的这个降落过程又引申出"降落""落下"这样的意思，例如我们常用的"降雨"又称为"下雨"，在四川方言中又有"落雨"的说法。而"降"在这个引申义的基础上，又可以表示"降临""诞生"的意思，例如"不拘一格降人才"中的"降"就可以理解为这个意思。此外，和"陟"一样，"陟"可以表示提升、晋升，相对的"降"也可以表示相对的含义，即"降低""贬低"，例如"降级""降职""降为庶人"等等。而"天将降大任于斯人也"中的"降"是赐予给予的意思，也是本义的引申义，"降罪""降福"也作这个意思理解。

"降"是一个多音字，当我们说"投降""降服"的时候，我们读xiáng，这是顺服、归附的意思。

甲骨文 金文 小篆 隶书

"交"的甲骨文是一个象形字,这个字像一个正面站立的人,双脚交错放置的样子。金文的形体结构与甲骨文基本一致。小篆的形体结构基于甲骨文、金文进行了笔画的调整,但却很好地保存了这个字的最初形态。隶书对小篆进行了笔画的分解改造。

"交"字的形体就已经完整地传达出了这个字的本义,表示双脚交错,《说文解字》的解释也很正确:"交,交胫也。从大,象交形。""交"是小腿交错。这个具体的交错动作可以引申表示一般意义上的交错、交叉,例如《孟子·滕文公上》记载有:"兽蹄鸟迹之道交于中国。"是说鸟兽的痕迹杂乱交错,遍布中原。古汉语有"交通"一说,指的是"交错相通",不同于今天的"交通",今天的"交通"是指的各种运输手段的总称。交错的事物必然会相遇,因此"交"有接触、相遇的意思,因此我们可以说"交战""交头接耳""结交""交往""交配"等。孔子的弟子曾子说过:"吾日三省吾身,为人谋而不忠乎?与朋友交而不信乎?传不习乎?"(《论语·学而》)劝导人们结交朋友一定要讲诚信、信用。因此"交"就有了友谊、朋友的意思,像我们平常所熟悉的"患难之交""刎颈之交"都是这个意思。上级分派任务的时候,常常需要和下属"相遇、碰头",要把钱给对方的时候也需要双方"相遇、碰头",于是就有了"交税""交付""交代""交易""交差"等说法,其中的"交"做"付给""托付"讲。

国家之间的来往相遇也以"交"来称呼,例如"中俄邦交""中法邦交",这里的"交"是指外交关系,《孙子兵法》上也有这样的记载:"故上兵伐谋,其次伐交,其次伐兵,其次攻城。"是说用兵策略首要考虑谋略,其次才是考虑外交、战争。

成 语

失之交臂　患难之交　交相辉映
刎颈之交　水乳交融　远交近攻

歇后语

☺ 半夜做买卖——暗中交易
☺ 泥鳅黄鳝交朋友——滑头对滑头

谚 语

☺ 君子之交淡如水。
☺ 浇树浇根,交友交心。
☺ 交个朋友,千言万语;绝个朋友,三言两语。

jiǎo

成　语

凤毛麟角　总角之交　拐弯抹角
崭露头角　天涯海角　钩心斗角

歇后语

☺ 癞蛤蟆垫桌子角——死撑活挨
☺ 乌龟垫床角——硬撑
☺ 牛角抹油——又奸（尖）又猾（滑）
☺ 门角里藏着诸葛亮——暗中盘算

谚　语

☺ 齐心的蚂蚁吃角鹿，合心的喜鹊捉老虎。
☺ 人穷志不穷，牛瘦角不瘦。

"角"的甲骨文是一个象形字，是兽角的象形，角骨上还有骨纹，形象逼真。金文的形体来自甲骨文，只是角是横着放的，角尖朝向右上方，角身也有骨纹。小篆的形体来自甲骨文、金文，只是在甲骨文、金文的形体基础上添加了"勹"部件。隶书则将小篆的笔画进行了平直化，丧失了原来的象形特征。

"角"的本义是兽角。从《说文解字》的释义来看："角，兽角也。象形，角与刀、鱼相似。"角是指的动物的犄角。《论衡·物势》中说："鹿之角，足以触犬。猕猴之手，足以搏鼠。然而鹿制于犬，猕猴服于鼠，角爪不利也。"角对于动物来说是具有防御和攻击功能的器官，如《易·大壮》中记载："羝羊触藩，羸其角。"是说公羊冲撞藩篱，折了角。动物长角的位置大致相当于人头的两侧，因此我们称头的两侧为"额角"。上古时代，孩童在额角两边所扎的发髻也称为"角"，《诗·卫风·氓》中就有记载说："总角之宴，言笑晏晏。"说的就是结发为总角。生活中和角相似的事物也会称为角。古人饮酒的酒器有一种称为"角"，而在古汉语中记录了从"角"的一些汉字，大多和酒器相关，这可能和初民以兽角作为盛酒的器物有关联。兽角的功用在今天的游牧民族或者一些少数民族中依然可以见到，可以作为号角，也可以作为杯子盛水或酒，因此有"号角"的说法。生活中的墙角、三角，实际上都和角的形状有相似性，都是两条相交线形成一个角。"钩心斗角""角斗"等也源自兽角本身的功用，是引申用法。需要注意的是，"角"古读"jué"，今天讲"角色""角斗"等，以及作为酒器讲时，都还读古音。作为五声音阶之一，也读jué。

jiě

解

甲骨文"解"是一个会意字，上面左右部分表示一双手，中间表示一只牛，凸显牛角。整个字会意双手抓牛，表示解剖、宰杀牛。金文形体与甲骨文形体一致，左列第二个金文形体出自中山王鼎。小篆基于甲骨文、金文形体，由角、刀、牛三个部件组成，形体结构更加简洁明了。隶书形体结构与小篆一致，笔画有所规整。

"解"的本义是杀牛、分解牛。从《说文解字》的说解来看："解，判也。从刀判牛角。一曰解廌，兽也。""解"作分解、解剖讲，是用刀来剖解牛。《庄子·养生主》上说："庖丁为文惠君解牛。"庖丁用刀解剖牛身体的各个部位，即著名的"庖丁解牛"。从牛的解剖，再扩大到人及其他事物，例如《楚辞·离骚》说："虽体解吾犹未变兮，岂余心之可惩。"是说即使我的身体被肢解了也不会改变我的意志。进一步引申表示分割、分裂的意思，例如"苏联解体"，"解"即分裂。《国语·鲁语上》说："晋文公解曹地以分诸侯。"解作"分割"讲。凡事物联结聚集在一起，将其分开，都可用"解"，甚至包括抽象事物。例如"传道授业解惑"，这里的"解"是本义的引申，表示解决，将疑惑消除；又如"解鞋带"，是解开、打开结扎在一起的鞋带；"解冻"是将冻结在一起的水分子或者其他事物融化；"调解纠纷"是解决矛盾、争议。疑惑解开之后就理解明白了，因此"解"又引申表示"知道、获悉"，例如我们常说的"理解""了解"等。而为了让人们更加明白和知晓，就需要给一些词语、文章作说明，于是就有了"注解""说解"等。

作为动词"押送"讲，读作"jiè"，例如"解犯人"，而作为姓氏读作"xiè"。

成 语

迷惑不解　庖丁解牛　解囊相助
迎刃而解　百思不解　自我解嘲

歇后语

☺ 八匹马拉不开——难分难解
☺ 乌龟变黄鳝——解甲归田
☺ 站在高山看大海——远水解不了近渴
☺ 对牛弹琴——不解风情

谚 语

☺ 心病还须心药治，解铃还须系铃人。
☺ 冤家宜解不宜结。

jīn

甲骨文	金 文	小 篆	隶 书

巾

成 语

巾帼英雄　羽扇纶巾

歇后语

☺ 孔夫子的手巾——包输（书）

☺ 热面孔碰到冷毛巾——无情

谚 语

☺ 纱巾掀过来，添丁大发财，纱巾遮头前，
　子孙代代出人前。

☺ 山角寨戴包巾，无雨三天阴。

甲骨文的"巾"字是个象形字，形状像布巾下垂的样子，金文的形体和甲骨文几乎相同，小篆基于甲骨文和金文形体结构几乎没有变化，隶书、楷书也保存了原始的字形结构。

"巾"在《说文解字》中被说解为："巾，佩巾也。从冂，丨象系也。""巾"即佩巾。巾的本义是用于擦洗或包裹覆盖用的织物。例如《仪礼·士丧礼》中所说的："沐巾一，浴巾二。"这里的"巾"即擦拭用的布帛。"巾"在古代有多种用途，其中一种就是作为包头布，也就是"头衣"。"巾"相对于"冠"，在秦汉以前都是一种身份地位的象征。贫民老百姓所佩戴的是"巾"，颜色以黑色等深色为主，而贵族阶层佩戴的是"冠"。但秦汉之后这种现象有所改变，"巾"的使用范围开始不受阶级成分的限制，最典型的就是"羽扇纶巾"的丞相诸葛亮。由此可见，社会的发展，对于事物的性质的改变，也在语言当中得到了反映。从"巾"的汉字大都与"布帛"有关联，例如"帻"字，古汉语的意思是"发有巾曰帻"，即包头发的一种布帛。巾、帻作为佩巾，在古人生活中是常见的饰品。值得一提的是，"巾"的使用者和"帻"的使用者往往下层社会更多。"巾"从大小上来看是有一定的幅面的织物，在汉字的构造中也有所体现，例如我们最熟悉的"幕"字，是演戏场地前的一块大布，又如"常"是指的古人下身所穿的裙子，此外还有"带""幔""帷""帐"，等等。

jīn

斤

甲骨文

金文

小篆

隶书

我们熟悉的"斤"字,也许不会有人把它同一种刀具联系在一起,因为这个字在我们的生活中只是一个重量单位。但是它最早却指一种斧刀。甲骨文"斤"字是一个象形字,字的左边表示横着的刀刃,右边表示长长的刀柄。斤在古代是用来砍树的,样子有点像今天的锄头,但比锄头更小。金文简化成了两笔。小篆以金文为依托,将笔画作了规整。隶书将小篆右下方的曲笔变成了一横一竖,而左上方的曲笔变成了两撇。

"斤"的本义从上面的分析不难看出表示一种横刃的锛斧。《说文解字》认为:"斤,斫木也。象形。""斤"是一种砍削木头的工具。例如《孟子·梁惠王上》说:"斧斤以时入山林,材木不可胜用也。"很显然这里的"斧"和"斤"都是用来砍伐树木的一种工具。"斤"和"斧"相比个头要小一些,而且刀刃是横着的,并且在功用上还可以用来锄地。"斤"在古代可以用来砍杀,因此也被列入兵器类,例如《左传·哀公二十五年》中记录一场暴动,暴动者"皆执利兵,无者执斤"。"斤"和"斧"一样,从它们的功用上自然具有动词含义,可以表示"砍削",甚至引申表示"修改",例如"斤正"即"斧正"的意思。

"斤"更多是被借作表示重量的单位,这也早已有之。例如《墨子·号令》中有:"赐酒日二升,肉二斤。"这里的"斤"就是计量单位。古代"斤"的实际重量历朝历代都有不同,今天的一斤等于五百克。"斤斤计较"中的"斤"含义来自于重量单位的引申,重量单位中"斤"算比较小的,把"斤斤"连用加强了"小"的含义,表示过分计较无关紧要的小事。

成 语

斤斤计较　半斤八两　运斤成风
郢匠挥斤　掂斤播两　称斤注两

歇后语

☺百斤担子加铁砣——重任在肩
☺吃过三斤老蒜头——好大的口气
☺七两放在半斤上——只差一点
☺一百斤米做稀饭——难熬

谚 语

☺船载千斤,掌舵一人。
☺烂麻搓成绳,也能拉千斤。

jīn

甲骨文	金文	小篆	隶书

成语

今非昔比　谈古论今　是古非今
借古讽今　不今不古　攀今吊古

歇后语

☺ 去年的棉衣今年穿——老一套
☺ 千年铁树开了花——今古奇观

谚语

☺ 若要来年害虫少，今年铲尽田边草。
☺ 无古不成今。

每个民族都有表示时间的词，汉语也同样表现出这样的特征。甲骨文的"今"字有人认为像一个铃铛，下面的短横表示敲打铃铛的挂舌，也有认为是闭口不说话的样子。金文的形体结构和甲骨文基本一致，只是下面的短横有所弯曲。小篆依据金文的形体进行了改造，将下面的曲笔延长了。隶书依据小篆进行了笔画的改造。

"今"的本义是铃铛，它振动时发出"今、今、今"的声音，因此很早就被借用表示"今天"的"今，即现在、当下的意思，《说文解字》写道："今，是时也。从亼，从フ。フ，古文及。""今"是指的这个时候，也就是当下、现在的意思。这个字作为时间概念的含义古今变化不大，《诗·鲁颂·有駜》中说："自今以始，岁其有。"即从今天开始，希望岁岁是丰年。这个含义在现在也是常用意义，例如"今天""今日""今年"，等等。这个意义引申可以表示在当下、即刻、将要，例如《左传·成公十五年》中所记录的："若不我纳，今将驰矣。""今"作即刻、立刻、马上讲。整句话说如果不接纳我们，我们马上就疾驰而去。"今"既然有当下的意思，因此引申可以表示现代、当代的意思，例如韩愈《原道》中所说的："古之为民者四，今之为民者六。"这里的"今"是和"古"相对出现的，表示"现代、当代"，与"古代"相对而言。

我们在生活中会听到"今生今世"的说法，这里的"今"实际上可以理解为"这"，这是"今"表示当下、现在意义的延伸用法，"今生"也就是指的当下所活着的时间一直到死去这段时间，因此"今生今世"就是指的"这生这世"。

jìn

甲骨文 金文 小篆 隶书

甲骨文的"进"由上下两部分组成,上面是表示一只鸟的"隹",下面是表示一只脚的"止",脚趾朝上。我们知道鸟是不能后退走路的,只能往前面走或者蹦跳前进,或者向上攀爬树木,因此这个字表示前进的意思。金文在甲骨文基础上,左边增加了一个表示道路的部件"彳",文字所传达的含义与甲骨文相同。小篆在金文的基础上进行了调整,左边为"辵",右边为"隹"。隶书将"辵"写成了"辶"。

"进"的本义表示前进,《说文解字》说:"进,登也。""进"表示前进攀登的意思。《仪礼·士冠礼》中说:"进受命于主人。""进"是上前、前进的意思。古代臣属会到上级面前汇报工作情况,到皇帝面前提出某些个人的想法、献贡品等,因此有"进言""进谏""进贡"等说法,这里的"进"都是上前、靠近的意思。进言、进谏如果涉及人事,就有了"推荐、举荐"的意思,例如《周礼·夏官·大司马》中所说:"进贤兴功,以作邦国。"也就是推荐贤能的意思。而"进"本身具有攀登这个含义,引申就有了晋升、提拔的意思,例如《尚书·君陈》中记载:"进厥良,以率其或不良。"是说提拔晋升贤良的人以率领后进。

"进"和"出"、"进"和"退"是相对存在的概念,因此,有"进去""出来","前进""后退"这样的说法,其中的"进去"的"进"是到里面去的意思,这是前进意义的引申。如《孟子·公孙丑上》中说:"治则进,乱则退。"这里的"进、退"相对,"进"即到官场里面去做官、从政。今天我们所熟悉的"招财进宝"中的"进"作收入、纳入讲,而"长足进步"中的"进"是前进、提高的意思。

成 语

招财进宝　知难而进　突飞猛进
拒虎进狼　进退存亡　得寸进尺
加官进爵　齐头并进　进退维谷

歇后语

☺八十岁老人进幼儿园——返老还童
☺冰块掉进醋缸里——寒酸
☺出了厨房进冰窖——忽冷忽热
☺呆子进迷宫——摸不清东南西北

jīng

京

甲骨文	金文	小篆	隶书
		京	京

成　语

五日京兆　莫之与京　大莫与京

歇后语

☺南京路上的霓虹灯——五光十色

☺广东人说北京话——南腔北调

☺京戏走台步——慢慢蹭

☺董卓进京——来者不善

"京"字的甲骨文是一个象形字，这个字是一个亭台楼阁的样子，像古时的一种建筑，下面像高高的架子，上面像屋顶，中间像楼阁，可以作为眺望、守护的观望台。金文的形体结构和甲骨文基本一致，整个字代表的就是在高处搭建的楼阁。小篆的形体以甲骨文、金文为依托进行了修饰变化，笔画变得更加简练。隶书根据小篆做了笔画的调整。

　　这个字的本义就是表示建在高处的屋子。《说文解字》的说解是："京，人所为绝高丘也。"是说的人工修筑的最高的丘。例如《诗·小雅·甫田》中说："曾孙之庾，如坻如京。"是说曾孙的粮囤如小丘如山冈。引申就有了"大、高"的意思，因此"京"在古代还用来指代大谷仓。城边设置有高大楼阁的地方，往往是国王的领地，因此"京"又用来指称京都、国都。例如《诗·大雅·文王》这样说："殷士肤敏，裸将于京。"这句话是说：殷朝的故臣美伟而敏捷，来周的都城助祭。"京"即指的京都。今天的"北京"也称为"京城"，就是国都的意思。春秋战国时期为了区别诸侯领地，称国都为"京师"，如《诗·大雅·公刘》所说"京师之野"。这个称呼后来一直沿用。在今天的普通话中"京"的使用和意义绝大多数都是指"北京"，例如"京剧""京腔""京味儿"，等等。

jiǒng

甲骨文

金文

小篆

隶书

如今是网络信息化的时代，互联网上不断涌现出新词新语，"古为今用"的现象也时有发生，"囧"这个字就是现在网络用语中使用频率较高的一个字。这个字的甲骨文实际是一个象形字，字的含义并非现在网络上所表示的"伤心、沮丧、难堪"等意义。网络的含义的使用是纯粹以字形来取意的，楷书字形像一个人的脸面，其中的一撇一捺像人的两撇眉毛，向下耷拉着，下面的小方形像人的嘴唇向下弯着，类似☹这样的表情符号。实际上甲骨文的这个字是窗户的样子，圆形的窗户中间的三撇是镂空的装饰。金文的形体结构和甲骨文基本一致，只是中间装饰笔画有变化。小篆的形体基于甲骨文和金文进行了整改，形状更加像网络文字的解读———一张沮丧、哭丧的脸。隶书对小篆的笔画进行了横竖撇捺的改进。

"囧"在甲骨卜辞中只是借用来表示地名，但这个字所表示的窗户以及窗户所延伸出的明亮含义可以通过"朙""煚（炯）"等字反映出来。这个字在古文中又写作"冏"，例如"炅"，含义是火光明亮、光明的意思，这里就是取了"囧"意义以及读音。我们熟悉的有"炯炯有神"。而《说文解字》对"囧"这个字解释为："囧，窗牖丽廔阖明。"是说的窗户明亮。由窗户的明亮延伸到表示一般事物的明亮、透亮，《晋书·卢循传》中记载有："双眸囧彻，瞳子四转，善草隶、弈棋之艺。"其中的"双眸囧彻"是说两只眼睛明亮透彻。又如"囧囧秋月明"，是说月亮非常明亮。这个字在古文中偶尔被使用，甚至作为动词使用，表示照射，但在今天除了网络语言之外，很少再使用了。

jiǔ

甲骨文	金 文	小 篆	隶 书

成 语

回肠九转　九死一生　一言九鼎
九牛一毛　九世之仇　九五之尊

歇后语

☺ 老九的弟弟——老实（十）

☺ 九月的柿子——软不拉耷

☺ 三九天扇扇子——心里有火

☺ 九牛失一毛——无足轻重

每个民族都有数字，也都有1—9的计数，也有十位、百位等计数，但1—9是基数，到9就是一个分界，9以后的10是十位数字，而9仅仅是个位数，因此"9"这个数字处于过渡地段，其意义也就非同一般了。中国人对数字9情有独钟，例如"九九重阳节"。汉字的"9"写作"九"。关于甲骨文的"九"字解说不一，有人认为像臂肘弯曲的样子，借"肘"的读音表示数字"九"，有人认为"九"是指事字，还有人认为像一根弯曲的绳子，绳子的一头有一短横隔断，等等。金文的这个字形体结构和甲骨文基本一致。小篆基于甲骨文和金文进行了调整，笔画变长变直。隶书形体和小篆基本一致。

"九"是表示位于八和十之间的这个整数。《说文解字》中说："九，阳之变也。象其屈曲究尽之形。"认为"九"字像弯曲到终点的样子，因为在个位数中，"九"是最后一个数字，是个位数的终点。无论是古代汉语中还是现代汉语中，作为数词都是"九"的基本意义、常用意义，例如《尚书·尧典》中记载的："九载绩用弗成。"还有我们小时候学数学所背诵的"九九乘法表"，其中的"九"就是作数词用。因为"九"是进位前的最后一个数字，所以被用来表示"多"这个概念，例如《楚辞·离骚》中所说的："虽九死其犹未悔。"这里的"九死"就是泛指多次死，而不是真正地死了九次。此外还有"九死一生""九曲回肠""一日九迁"，等等，其中的"九"都是泛指"多"。而我们平常会听到"数九寒天"这个说法，是指从冬至开始，往后每九天称之为一个"九"。

jiǔ

甲骨文　金文　小篆　隶书

中国自古就有酿酒的传统，也有悠久的酒文化历史，从开始的米酒一直到后来的酒精浓度比较高的烧酒，一直到现在的各种各样的酒：白酒、红酒、黄酒等等，绵延不绝。甲骨文的酒字由两个部件构成，左边的部件表示水，右边的部件是一个"酉"字，"酉"表示古人装酒的一种容器。金文的形体与甲骨文相比少了旁边表示水、液体的部件，单单以表示器皿的"酉"来表示酒。小篆基于甲骨文形体，左边从水，右边从酉，成了一个会意兼形声的字。隶书的形体结构基于小篆，只有笔画的改变。

"酒"的本义就是一种液体，主要用粮食谷物发酵而成的一种饮料。《易·困》中记载："困于酒食。""酒""食"同时列举，表示饮料、米酒。古人宴席一定有酒，《诗·小雅·宾之初筵》中就记录有："凡此饮酒，或醉或否。既立之监，或佐之史。"在酒宴上有人喝酒喝醉了，于是古人就设立了酒席上的监管人员，称之为"酒监"或者"酒令"，是管理酒席上喝酒、行酒令的人。"酒"用作动词，表示饮酒、喝酒的意思，《韩非子·说林上》中所说的："常酒者，天子失天下，匹夫失其身。"其中的"酒"作饮酒讲。

古人关于酒的记载还有很多，从文字来看，以"酉"为偏旁部首的汉字，大多与酒相关，例如造酒酿酒叫"酝""酿"，甜酒叫"醴"，不掺水的纯酒叫"醇"，喝酒尽兴叫"酣"，喝酒过头叫"醉"，酒醉后恢复正常状态叫"醒"，等等。

成 语

诗朋酒友　恋酒贪杯　斗酒百篇
酒囊饭袋　对酒当歌　杯酒戈矛

歇后语

☺ 酒杯掉在酒坛里
　　——罪（醉）上加罪（醉）
☺ 酒醉靠门帘——靠不住

谚 语

☺ 敬酒不吃吃罚酒。
☺ 酒多伤身，气大伤人。
☺ 酒在口头，事在心头。
☺ 酒逢知己千杯少。

jiù

甲骨文	金 文	小 篆	隶 书

旧

今天写作新旧的"旧"（繁体）这个字，和它的甲骨文是一致的。甲骨文的这个字由上下两部分构成，上面像一只鸟，这只鸟有大大的眼睛，像猫头鹰，下面像个鸟巢的样子，好像一只猫头鹰站在鸟巢里面，和俗话所说的"鸠占鹊巢"有几分相似。金文的形体结构和甲骨文基本一致。小篆在此基础上进行了笔画调整，上面写作"萑"，下面写作"臼"，是一个形声字，"萑"是义符，"臼"是声符。隶书和甲骨文、金文比较起来文字的直接可读性彻底消失了。

"旧"的本义大致应该和猫头鹰占据鸟巢有关联，《说文解字》就说："旧，雎旧，旧留也。从萑，臼声。"说"旧"本指一种鸟，即雎旧，又叫旧留鸟，是猫头鹰的一种。但文献中常借用为与"新"相对的"旧"。例如《诗·大雅·文王》中所说的："周虽旧邦，其命维新。""旧邦"即古老的、陈旧的邦国，而非新兴的邦国。由古老陈旧引申表示长久，例如《尚书·无逸》中记录有："时旧劳于外。"是说长久、长期在外劳作。时间很长可以用"旧"表示，因此自然就引申出年久、曾经、过去的、从前的意思，例如"旧时堂前王谢燕"、"旧书"、"旧社会"，等等，其中的"旧"都作这个意思理解。但《诗·大雅·抑》中所说的："告尔旧止"，是说告诉你旧典章，这里的"旧"特指"旧典"。"旧"含有长时间、已经过去的意思，用在人情关系上可以表示旧交、老朋友、老交道。例如《左传·文公六年》中说："结旧则安。"是说和老朋友结交就会心安。我们今天还有"旧交""旧故""旧友"等等说法。

jù
具

甲骨文

金文

小篆

隶书

"具"的甲骨文是一个会意字,上面表示一个鼎,下面表示一双手,这双手捧起鼎,会意供奉安置。金文中上面的"鼎"变作了"目"。从演变历程来看,金文的这个形体在变作"目"之前,还曾写为"贝(贝)",由"贝"才到"目"。小篆继承了金文的形体构造,只对笔画进行了修饰。隶书变得更加简单直接,短横变长横,双手变撇捺,已经看不出这个字所表示的含义了。

这个字从形体分析来看,是表示供奉安置的意思,因此《说文解字》认为:"具,共置也。""鼎"是装食物的器具,因此"具"最开始是指的供奉安置、筹备食物、筹办宴席。例如《汉书·灌夫传》中说:"请语魏其具,将军旦日蚤临。"魏其,即魏其侯窦婴。整句话意思是说将军早上就要来,请魏其侯准备好酒食。"具"本身还可以作为酒食讲,这时是名词性质。筹备筹办的事情不仅仅局限在宴席上,还延伸到其他的事物上,例如《孙子·谋攻》中有这么一句:"具器械。"这里是筹备、准备军事设备。筹备完之后,做事就有了比较充分的资源,因此就有了"具备""完备"的含义,于是就有了《大戴礼记·本命》上所说的:"人生而不具者五:目无见、不能食、不能行、不能言、不能化。"是说人刚生下来的时候有五种行为是不具备、不完备的。这个意义又使得"具"有了副词的功用,表示全、完、都,可以修饰动词,例如"具告之"即全部、完完整整地告诉他,我们现在的普通话是以"详细地""完整地"来代替"具"。"具"表示有充分、完整的准备,因此可以引申表示才能、才具,这些都是可备使用的资源,例如我们所说的"工具"就是工作劳动所需要的才具资源。

成　语

独具匠心　具体而微　别具一格

歇后语

☺戴着面具进棺材——死不要脸

☺木匠做家具——心中有数

☺米筛子当玩具——耍心眼

☺猴子戴面具——人面兽心

jué

甲骨文	金 文	小 篆	隶 书

成 语

高官显爵　加官进爵　卖官鬻爵

名 言

☺ 百金买骏马，千金买美人，万金买高
爵，何处买青春？　　　　（清·屈复）

☺ 官罔及私昵，惟其能；爵罔及恶德，
惟其贤。　　　　　（《伪古文尚书》）

"爵"是古代
的一种酒器，正如
甲骨文所展示的
一样，下面像高高
的杯脚，中间像盛酒的地
方，小方块像手提的杯
耳，又叫"鋬"，上面的箭
头符号表示"柱"，左边的
开口表示人嘴饮酒的
"流"。实际上"爵"通常有
三支杯脚。金文的"爵"更
加形象，就是"爵"的实物
描摹，右下方像一只手，表示持爵饮酒。小篆的形体结构依据上边金文的第
二个形体进行了改造，字形变得更加繁复。隶书又将小篆的形体进行部分简
化，将一些笔画进行了合并和改写，字的上面表示"柱"和"流"的部分分别变
成了"⺈""罒"。

　　"爵"的本义就是酒器，《说文解字》具体解释道："爵，礼器也。象爵之形，
中有鬯酒，又持之也，所以饮。"爵是一种装酒的礼器，这个字像器中有酒，用
手端着饮酒的样子。例如《诗·大雅·行苇》中记录："或献或酢，洗爵奠斝。"是
说主人敬酒，客人回敬，主人洗杯再敬，客人受之暂停。"爵"既然是装酒的器
皿，那么自然可以用来代指"酒""饮酒"，因此《易·中孚》中说："我有好爵，吾
与尔靡之。"是说我有好酒，与你共享。而《诗·小雅·宾之初筵》记载："发彼有
的，以祈尔爵。"是说发箭中了目标，要罚对手饮一爵。"爵"即指"饮一爵"。在
古代使用"爵"这种酒器的人通常地位比较高，因此"爵"被借作爵位，《礼记·
王制》中就有记载："王者之制禄爵，公、侯、伯、子、男凡五等。"古代往往会因
功赐爵，《韩非子·五蠹》中就说："以其有功也爵之。"这里的"爵"用作动词，表
示授予爵位。"爵"这个字在今天很少用到了，英译词有"公爵"一说，是贵族的
最高称号，"爵士"是最低的爵位；还有一种起源于非洲的民歌音乐形式译为
"爵士乐"。

jūn

君

甲骨文

金文

小篆

隶书

在今天中国社会中,"君主"这个名词已经消失了,因为这个名词所对应的人或者说具有这种身份的人已经不存在了,我们偶尔会说到"君子""君",但这已经成为了一种尊称、敬辞。"君"的甲骨文是由上下两个主要部件组成的,上面像一只手握着一只棍子,这个棍子是拐杖,这实际上是"尹"字,表示治理统治、掌握大权的人的意思,下面是一个"口",整个字会意掌握大权的统治者发号施令。金文的"君"字形体结构和甲骨文基本一致,上面是"尹",下面是"口"。小篆在甲骨文金文的基础上进行了调整,为了美观对称,将原来左边的长竖延长与右边的曲笔形成对应。隶书在小篆的基础上又将右边的曲笔改写为一长横。

"君"的本义就和上面的分析一样,表示具有很高地位的有统治权力的人,《说文解字》解释为:"君,尊也。从尹,发号,故从口。"君,表示尊贵。而最高统治者往往具有尊贵的地位和身份。在古代拥有土地的、士大夫以上的统治者都统称为"君",例如帝王天子、诸侯、卿大夫都以"君"来称呼。《尚书·大禹谟》中说:"皇天眷命,奄有四海,为天下君。"这里的"君"是指的帝王天子。而《礼记·曲礼下》中所记载的:"君无故玉不去身",这个"君"是说的诸侯。《管子·大匡》里有:"桓公使鲍叔识君臣之有善者",其中的"君"指卿大夫。

"君"在古代是位置和权力的代表,后来随着社会的发展其意义逐渐泛化,成为一种对人的尊称、敬称,几乎在每个阶层的人中都能使用。例如皇帝称臣民可以是"君",下属称上级也可以是"君",而有才德的人我们称为"君子",甚至同辈之间也可以称"君"。

成 语

梁上君子　正人君子　请君入瓮

谦谦君子

歇后语

☺ 司马遇文君——一见钟情

☺ 佘太君百岁挂帅——朝中无人了

谚 语

☺ 君子之交淡如水,小人之交甘若醴。

☺ 谗言败坏君子,冷箭射死忠臣。

☺ 观棋不语真君子,举手无悔大丈夫。

kāng

| 甲骨文 | 金文 | 小篆 | 隶书 |

成 语

民康物阜　康庄大道　康哉之歌
福寿康宁

歇后语

☺康尔泰打拳——当众出丑

谚 语

☺白菜萝卜汤，益寿保健康。
☺要想健康快活，学会自己找乐。

关于"康"的甲骨文，根据学者研究的结果，有两种看法：第一是认为其是钟的象形，里面的几点凸显钟内部的空，或者理解为钟摆动的影子；第二是认为其是筛子和米的象形，上面像筛米的米筛子，下面像由筛子筛下的糠壳碎末。金文和甲骨文形体相似，到小篆将"钟"内的四点一竖或糠壳碎末形象整合成"米"字，而到隶书和楷书又将上部变作"广"字头，下部变作"水"，丧失了原来的象形特征。

"康"是"糠"的本字，加"米"或加"禾"的糠、穅是后起的字。《说文解字》认为："穅，谷皮也。从禾，从米，庚声。康，穅或省。"是说"穅"是指的谷皮，这也是"康"的本义。而"康"就是"穅"的一种简写形式。谷物去除中间的核之后剩下的部分即是"谷皮"，而这个壳是空空的，因此"康"引申表示"空、虚"，例如《诗·小雅·宾之初筵》中记录有："酌彼康爵，以奏尔时。""康爵"即空酒杯。"空"再引申又可以指"欠收成、荒年"，例如《淮南子·天文训》中记录："故三岁而一饥，六岁而一衰，十二岁一康。"这里"饥、衰、康"同时列举，"康"表示荒歉。

"康"很早又有和乐、安定的意思，如《诗·唐风·蟋蟀》记载："无已大康，职思其居。"是说不可太安乐，得把工作想。早在商周时期，帝王就以"康"为名号，如周有康王，是全盛时期的有为之主。这个意义和"谷皮""空虚"几乎没有关联，因此郭沫若认为，其实"康"的本义应为"和乐"，"穅"只是后起的形声字。这个意义从古到今都很常用，今有"康乐""康泰""康宁"等词，即是这个意义。生活的安乐常和生活的富足密切联系，因此"康"又兼有了"丰满收获、富足"的含义，例如我们今天所说的"小康生活""国富民康"就是这个意思。生活安定而富足人才能享受生活，于是就有了"健康"的意思，例如"安康""康复"等等。

kǒu

甲骨文

金文

小篆

隶书

"口"的甲骨文是个象形字,是一个张开的嘴的形状,有上下嘴唇以及嘴角。金文和甲骨文形体一致。小篆将"口"表示嘴角的部分延长了。隶书和楷书为了书写的便利,则在此基础上将其方正化,使"口"成了一个方形。

顾名思义,"口"即嘴。《说文解字》解释道:"口,人所以言食也。象形。"口是人说话和吃饭的工具。《尚书·秦誓》记载:"人之彦圣,其心好之,不啻如自其口出,是能容之。"是说别人贤明,他是真心喜好,不止如口中说出那样,而是真能容纳。口是进食的入口,由此引申指可以通行的地方,例如"出口""山口""河口""巷口""港口"等等。口是说话的器官,因此可以指说话、语言,例如"口才""口吃""口授",等等。人是靠嘴吃饭,一张嘴就代表一个人,因此,"口"又可以用来指代"人口",例如《孟子·梁惠王上》:"百亩之田,勿夺其时,数口之家可以无饥矣。"其中的口即人口的意思。

我们时常能听到"一口钟""一口猪""一口锅""两口子"这样的说法,这里的"口"已经被用作量词。"口"作为最基本的汉字,它的基本意义自古至今没有变化,只是在意义上随着社会的发展而有所引申拓展。汉字中从"口"的字很多,大多与说话、进食有关,例如"咏""吟""吹""唱""叹""吃""嗳"等等。而"甘"也是和"口"相关的一个字,这个字的甲骨文是在"口"中增加一短横,表示味道甘甜。在汉语当中有相当数量的和"口"相关的成语,例如"口蜜腹剑""口是心非""血口喷人""信口开河"等。

成 语

口是心非　口诛笔伐　口若悬河
口口声声　赞不绝口　异口同声

歇后语

⊙ 窗户口吹喇叭——名(鸣)声在外
⊙ 口水流到肚脐上——垂涎三尺
⊙ 口渴打井——来不及了

谚 语

⊙ 常说口里顺,常做手不笨。
⊙ 病从口入,寒从脚起。
⊙ 病从口入,祸从口出。

lái

| 甲骨文 | 金文 | 小篆 | 隶书 |

成　语

来日方长　来龙去脉　新来乍到
紫气东来　心血来潮　古往今来

歇后语

☺ 关羽卖肉——没人敢来
☺ 搬竹竿进胡同——直来直去
☺ 江边洗萝卜——一个个来

谚　语

☺ 乱云天顶绞，风雨来不小。
☺ 泥鳅跳，雨来到。

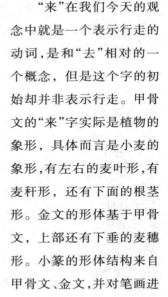

"来"在我们今天的观念中就是一个表示行走的动词，是和"去"相对的一个概念，但是这个字的初始却并非表示行走。甲骨文的"来"字实际是植物的象形，具体而言是小麦的象形，有左右的麦叶形，有麦秆形，还有下面的根茎形。金文的形体基于甲骨文，上部还有下垂的麦穗形。小篆的形体结构来自甲骨文、金文，并对笔画进行了对称处理，金文的麦穗形变成了"来"字上面的一横线。隶书的"来"字形体和小篆颇为相似，只在笔画上有平直变化。

　　从上面的分析，不可否认"来"的本义就是小麦。这个字为何又变成了我们今天的行走"来"呢？许慎《说文解字》有这样的说解："来，周所受瑞麦来麰。一来二缝，象芒朿（刺）之形。天所来也，故为行来之来。《诗》曰：'诒我来麰。'"许慎的解释说来是周所接受的上天恩赐的麦子，既然来自上天，因此就用"来"表示行来的来了。实际上，来是麦子，许慎所举的例"诒我来麰"中的"来"就是小麦的意思。而表示行走意义的"来"本该是"麥"字，是在"来"的下面多了一个表示行走意义的部件。人们长期以来用"麥"表示麦子，用"来"表示行走，是一种错用。于是我们后来就习惯了"来"不指麦子，而指行来；而"麥"不是行来，却指麦子。

　　"来"表示行来意义，与"往""去"相对，例如《论语·学而》中所说的："有朋自远方来，不亦乐乎？"这里的"来"就是到来的意思。"来"的这个意义又可作引申，表示时间，例如"来年""从来""来生"，等等。我们今天的语言中，来还常常用在动词的后面，表示趋向，例如"起来""进来"等。

汉字

láo

甲骨文
金文
小篆
隶书

"牢"的甲骨文是一个会意字,这个字的外面表示圈养牲畜的栅栏,里面表示一头牛,甲骨文刻辞记录的字形中里面还有羊、马等。这个字的取意所在很明显,表示圈养牲畜的圈,例如牛圈、马圈、羊圈,等等。金文的形体结构基本同甲骨文,外面表示牲畜圈,里面表示一头牛。小篆的形体在表示牲畜圈的出口处增加了一横,里面也表示一头牛。隶书的"牢"字就更加明确,从"宀"和"牛","宀"表意很清楚,整个字的意思也很明显。

"牢"这个字在甲骨文中就出现了,说明上古居民已经开始了畜牧业的工作,开始圈养野生动物,驯化为家畜。当然"牢笼"所关的对象不仅仅是牛,还有其他一些动物,但文字在竞逐的过程中,最终选择了从"牛"的牢字,这和人们对圈养认知有关,牛的使用和数量或许超过了其他动物。《说文解字》中对"牢"的解释是:"牢,闲,养牛马圈也。从牛,冬省。取其四周匝也。""牢"即是圈养牛马牲畜的栅栏圈。我们最熟悉的典故是"亡羊补牢",这其中的"牢"就是圈养羊的栅栏圈。又如《诗·大雅·公刘》所记载的:"执豕于牢。"是说在猪圈里捉猪。古人祭祀所用的祭品中,牛羊猪最常见,三种祭品同时使用称为"太牢",而只用羊和猪作为祭品,则称之为"少牢",牛、羊、猪分别称为一牢。

牢的形状是将牲畜关在一个圈内,禁止其逃跑,这和关押犯人的房子有相似之处,于是由本义引申出监狱的意思,就有了"牢房""监牢""牢狱"等说法。牢房以及牲畜牢都有一定的防备性,其构架是坚固的,牲畜以及囚犯才不会逃跑,由此又引申出"牢靠""牢固"等说法。

成 语
亡羊补牢　牢不可破　满腹牢骚
画地为牢

歇后语
☺冰面上盖房子——不牢靠
☺牢房里赌博——一错再错
☺土地爷坐班房——劳(牢)神
☺杨乃武坐牢——屈打成招

谚 语
☺地里缺苗,饭碗不牢。
☺人靠心好,树靠根牢。

148

lǎo

	甲骨文				金 文	小 篆	隶 书
							老

"老"的甲骨文像一个手拄拐杖的老人的样子，背弯曲着，眼睛上的眉毛很长，已经垂到了肩膀附近，整个形象表明人很老了。金文的"老"字是由上面所列几个甲骨文形体逐渐演变而来的，字的上面部分是由表示毛发的部分演变而来，而下面的部分变化不大，只是所持的"拐杖"由向下变成了向上。小篆的形体基于金文，只是进行了笔画的规整，但形体构造和金文完全一致。隶书字形改变比较大，已经看不出"老"字最初的原型了。

　　从字形的分析来看，"老"的本义即指老人。《说文解字》说："老，考也。七十曰老。从人、毛、匕。言须发变白也。"古文中"考"即老的意思，七十岁称之为老人，胡须、头发都变白了。例如《礼记·大学》中说："上老老而民兴孝。"第一个"老"指以对待老人应有的方式对待老人，第二个"老"指老人。"老人"通常年纪比较长，古时认为五十岁为老，也认为七十岁为老，这个意义延伸可泛指年长的人、长辈，如《孟子·梁惠王上》中所记载的："老吾老以及人之老，幼吾幼以及人之幼。"其中的第二个"老"就是指老人，但包含着长者、长辈这层含义。老年人或者长辈们都比较有生活社会工作经验，因此这种资历可以以"老"形容，例如可以说"姜还是老的辣"、"老于世故"、"老练"等，经验、知识、阅历丰富的人被尊称为"老师"。生活中还会听到"老李""李老"这样的称呼，也是一种敬称，同时还有亲切的感觉。"老"因为年纪大又引申指时间长、程度深，于是就有了"老建筑"、"老房子"、"他老是迟到"、"老羞成怒"等说法。此外，"老"还引申表示死亡，例如"老了"，这是对"死亡"的一种避讳的说法。

léi

甲骨文

金文

小篆

隶书

天象地理是古人善于观察的对象,风雨雷电都有记录,甲骨文的"雷"是个象形字,中间弯曲的线条表示闪电,上下两个小圆像雷声隆隆的样子。左列金文的第一个形体是"雷"的初文形体,以四个车轮形表示雷声滚滚,古代车轮轰轰声与雷声有相似性,而所列的第二个金文形体又增加了"雨"部件。小篆的形体基于第二个金文形体,进行了省略改造,去除了原金文中表示闪电的部件,保留了三个"田"部件。隶书省去两个"田"部件,只保留了一个。

"雷"的本义是下雨时云层放电升温使得周围的水汽膨胀而发出的爆炸轰鸣声。《说文解字》解释说:"靁(雷),阴阳薄动雷雨,生物者也。从雨,晶象回转形。"阴气阳气相撞击时产生雷雨,能滋生万物。《淮南子·原道训》上说:"电以为鞭策,雷以为车轮。"闪电像鞭策,雷声如车轮滚滚。又《诗·小雅·采芑》中也说道:"戎车啴啴,啴啴焞焞,如霆如雷。"是说戎车滚动的声音如同雷霆。古代的"霆"也是雷声的意思,许慎解释为"雷余声也铃铃"。霆是雷的一种表现形式,是与闪电同步、短促而来势凶猛的雷,极具爆发力,这种雷我们今天称为霹雳,正如《淮南子·兵略训》中所说的:"疾雷不及掩耳,疾霆不暇掩目。""雷"的特性是声音大,来势猛,生活中与此相似的事物也称之为"雷",例如地雷、手雷;而瀑布水飞溅到潭底,发出"雷鸣"声,是比喻声如雷响,再如"雷鸣般的掌声"。"他大发雷霆",是形容他发大脾气,有如打雷一样,同样用于人的还可以说"雷脾气"。在今天的网络语言中出现了"雷人"的说法,这个说法大致取自雷电时刻容易击倒树木、行人的现象,是表达一种出乎意料而感到惊叹,又含有无奈、尴尬的情绪。

成 语

雷打不动　如雷贯耳　布鼓雷门
暴跳如雷　雷厉风行　雷霆万钧

歇后语

☺ 东方打雷西方雨——声东击西
☺ 寒冬腊月打雷——成不了气候

谚 语

☺ 小暑一声雷,倒转做黄梅。
☺ 雷公先唱歌,有雨也不多。
☺ 立冬雷隆隆,立春雨蒙蒙。

谜 语

☺ 需要一半,留下一半。
（打一字）　　　——雷

甲骨文	金 文	小 篆	隶 书

成　语

群策群力　力争上游　齐心协力
势均力敌　声嘶力竭　力所能及

歇后语

☺ 猪八戒背媳妇——吃力不讨好
☺ 小毛驴套大车——力不从心
☺ 十个指头做事——同心协力

谚　语

☺ 路遥知马力，日久见人心。
☺ 少壮不努力，老大徒伤悲。

甲骨文中的"力"字像一种用脚踩蹬翻土的农业劳作工具，其中的短横表示人脚踩蹬的地方，而短横以下的部分表示工具入土的一头，短横以上的部分表示人手相扶的一头，类似耒的样子。金文的形体与甲骨文相似，也是一个象形字，是耒一样的工具的象形。小篆的形体基于甲骨文、金文，对文字结构进行了调整。隶书则在小篆的基础上将字形变得更加简单明了。

　　"力"的本义应该是一种类似耒一样的农业劳作工具，而作为"力量"这个含义的"力"是一种假借，大致因为耕作需要用力量，因此就以这种劳作工具代指力量这个抽象的概念。从许慎《说文解字》的说解来看："力，筋也。象人筋之形。"力即是筋，而许慎认为"筋"是肉之力也。因此，力即指肌肉的力量。例如《诗·邶风·简兮》中所说的："有力如虎。"即力量如老虎。对项羽的描述有这样一句话："力拔山兮气盖世"，这里的"力"就是指的力气、力量。由这个意义可以引申表示权威、势力，因此《孟子·公孙丑上》上说："以力服人者，非心服也。"这里的"力"就是威力、权力的意思，是一种能镇服人的威信。进一步引申就有了人体器官所具有的某种能力，例如"眼力""脑力""听力""免疫力"，等等，甚至还可以由人体扩展到一般事物，例如"火力""电力""水力""风力""浮力""引力"，等等。

　　我们现在常说的"努力""尽力"，这里的"力"是能力的意思，整个词语是发挥最大的能力的意思。

甲骨文

金文

小篆

隶书

　　"立"字的甲骨文像一个人正面站立在平地上的样子,人脚下的"一"表示地面。金文的形体和甲骨文完全一致,也像一个人正面站立的样子。小篆基于甲骨文和金文的形体进行了笔画的规整,但形体结构和甲骨文金文是一致的。隶书则将站立的人的形状进行了笔画改造,因此形象性特征大大降低了。

　　我们在说"立"的时候,最常联想到的意义就是站立,而这个意义也正巧是这个字的本义所在。根据《说文解字》的说解来看:"立,住也。从大立一之上。""立"是站立住的意思。例如《礼记·曲礼上》中所记载的:"立必正方,不倾听。"其中的"立"即是站立、直立的意思,是说站立必须方正。站立、直立的不仅仅是人,还有其他的事物,因此可引申用到其他事物身上,就有了"立竿见影""立旗帜""立碑"等说法,这其中的"立"就是树立、伫立、直立、建立的意思;不仅如此,还表现在抽象事物的树立、建立上,例如可以说"立功""立志""立言""立约""立论",等等。一个

人或者一个物体树立在那里,就形成了一定的姿势,可以保持一定的时间,并且占有一定的位置,于是就有了"独立"的说法;"独立"之后可以有一番作为,于是就有了孔子所说的那句话:"三十而立,四十而不惑,五十而知天命。"这里的"立"还含有有所成就的意思。而"势不两立"的"立"是由本义引申表示存在的意思。

成　语

立国安邦　亭亭玉立　程门立雪
著书立说　当机立断　誓不两立

歇后语

☺ 立秋的石榴——点子多

☺ 刀尖上立正——站不住脚

谚　语

☺ 口说无凭,立字为据。

☺ 立了秋,把扇丢。

☺ 放下屠刀,立地成佛。

甲骨文	小 篆	隶 书
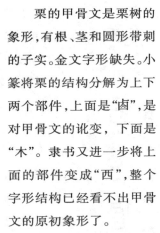		栗

成 语

栗栗危惧　火中取栗　不寒而栗

歇后语

☺ 六月天身发抖——不寒而栗

☺ 花棵上结板栗——就数它硬

☺ 栗子树下打死人——厉（栗）害

☺ 霉烂的栗子——黑心

谚 语

☺ 涝栗旱枣，吃了叫好。

栗的甲骨文是栗树的象形，有根、茎和圆形带刺的子实。金文字形缺失。小篆将栗的结构分解为上下两个部件，上面是"卤"，是对甲骨文的讹变，下面是"木"。隶书又进一步将上面的部件变成"西"，整个字形结构已经看不出甲骨文的原初象形了。

栗不是"粟"，粟是一种谷子，因此下面是"米"，而"栗"是一种落叶乔木，因此下面是"木"。这种植株称为"栗树"，它的果实是一种坚果，壳的外面有刺包裹，果实成圆形，即我们俗称的"板栗"。《说文解字》解释说："栗，木也。从木，其实下垂。故从卤。"文献记载如《诗·鄘风·定之方中》："树之榛栗，椅桐梓漆，爰伐琴瑟。"栗即栗树，榛树的果实小，而栗的果实大。诗句说栽下榛、栗、椅、桐、梓、漆等树，将来好伐做琴瑟。由于栗的果壳坚硬，因此，栗又用来表示坚实的意思，例如《荀子·法行》中说道："栗而理。"即说坚实而有纹理。由坚实而产生谨慎、小心、威严的含义，于是又进一步引申出战栗的意思，例如《尚书·舜典》中记载道："宽而栗。"孔颖达疏证为："栗者，谨敬也。"又陆德明《经典释文》解释为："战栗也。"后来战栗的"栗"加上了"忄"旁作"慄"，表示内心在外面所表现出来的一种状态，因为害怕或寒冷而发抖。例如我们今天所熟悉的"不寒而栗"，这里的"栗"实际上就通"慄"，害怕、惧怕的意思。

栗的本义一直没有改变，从汉字的发展来看，凡是属于基本生活生产的事物，它们的本义一般一直被保留着，这也体现了人类社会发展进程中在认知上的相对不变特征。

liáng

良

甲骨文

金文

小篆

隶书

"良"字的甲骨文到底表示什么,说法多种,尚无定论。金文和甲骨文一致,只是文字中间添加了小短横。小篆基于金文又有所变化。隶书的改变就更加明显了,笔画更加精简。

《说文解字》说:"良,善也。""良"在古汉语中的基本意义是表示善良、好,和今天的基本意义大致相同。例如《诗·小雅·角弓》说:"民之无良,相怨一方。""良"作善良讲。而《楚辞·九歌·东皇太一》中说:"吉日兮良辰,穆将愉兮上皇。"是说吉利日子好时光,恭敬地祭祀上帝使其快乐。"良"作美好讲。"良"核心意义是"好""善",因此引申出更多相关意义。例如对兵器、人的描述可以使用"良":"良才""良器""良民""良家妇女"等,分别指优秀能干的人、精良的兵器、安分守己的老百姓和从清白人家或者家教好的家庭出来的女性。此外,"良"在古代还是对自己丈夫的一种称呼,古乐府《读曲歌》写道:"白帽郎,是侬良。"其中的"良"即丈夫。

我们常常会说"良知",这里的"良"表示与生俱来的意思。这是从"良"的基本意义"好、善"引申而来的,人们往往认为与生俱来的东西是没有经过社会污染的东西,因此很好,于是就用"良"来形容它。"良"还常常用作程度副词,表示"很"的意思,例如"良久"即很久的意思。

成 语
良辰美景　良药苦口　逼良为娼
丧尽天良　用心良苦　金玉良言
歇后语
⊙ 裁缝不带尺——存心不良(量)
谚 语
⊙ 久病成良医。
⊙ 棋逢敌手,将遇良才。

lín

甲骨文	金 文	小 篆	隶 书

成　语

林林总总　林下风气　酒池肉林
枪林弹雨　茂林修竹　声振林木

歇后语

- 大树林里一片叶——有你不多，
  无你不少
- 林冲到了野猪林——绝处逢生
- 挑着棉花过刺笆林——东拉西扯
- 早上的林中鸟——各唱各的调
- 竹林里挂灯笼——高风亮节

谚　语

- 只见树木，不见森林。
- 单丝不成线，独木不成林。
- 鸟在林则乐，离群则悲。
- 众人种树树成林，大家栽花花才香。

双木为"林"，甲骨文的"林"字是一个会意字，以两个"木"相并在一起表示成片的树木。金文的形体完全和甲骨文相同。小篆只是在笔画上将"木"的枝杈和根杈形状变成了曲笔。而隶书和楷书则将曲笔又变作小横和撇捺，但从字形上我们完全可以解读这个字的含义，只要我们知晓会意字的几个部件所表示的意思即可。

"林"在《说文解字》中这样解释道："林，平土有丛木曰林。"意思是说平地上丛生的树木称之为林，这个含义古今相同。《诗·邶风·击鼓》中记载有："于以求之，于林之下。"林即树木、林木。因为林是树木的丛生聚集之地，因此我们有"丛林"的说法。这种聚集丛生的含义又被用在人或者其他事物身上，只要具有聚集的状态，便可用此来描述，例如"枪林弹雨""艺林""碑林""森林"等等。由林木丛生进一步引申出繁茂的意思，我们所熟悉的"林林总总"就是这个意思。

lǐng

小篆　領

隶书　領

"领"字在甲骨文、金文中至今未见记录。小篆的"领"是形声字,左边是声旁"令",右边是形旁"页","页"表意,表示人头。隶书和今天简化形体是一致的,只有繁简区别。

领的本义应该是指脖子,《说文解字》说:"领,项也。从页,令声。""领"就是项,"项"即脖子。《孟子·梁惠王上》说:"如有不嗜杀人者,则天下之民皆引领而望之矣。"这里的"领"是指的脖子,"引领而望"即伸长了脖子观望。脖子的位置正好与衣服的衣领位置一致,因此"领"引申表示衣领。《荀子·劝学》说:"若挈裘领,诎五指而顿之,顺者不可胜数也。"句意是说:好比拎起皮衣领子,屈指一抖,顺过来的毛就数不清了。其中的"裘领"即裘衣的领子。这个意义今天也很常用,我们还会说"领夹""领带""领章""领结"等,其中的"领"都指衣领。我们还有"蓝领""白领"的说法,直接的理解是蓝色的衣领和白色的衣领,但现实生活中实际喻指做体力劳动的一类人和做脑力劳动的一类人。这是因为体力劳动容易弄脏衣领,因此体力劳动者多穿蓝色衣服;而以脑力劳动为主的人往往工作时也穿戴整齐,衣领洁白。

脖子在人体中很重要,有桥梁的作用,而且位置靠前,和人的脑袋直接相连,"领"从而引申出"重要""首要""在前面"的含义。例如有"领袖""领头""领路""领衔"等说法。被领的人或事物是接受领袖者的意愿的,因此引申出"接受"的含义,例如"领会""心领""领教"等。再进一步引申就有了"管辖""统率"的意思,于是就有了"统领""领土""领空""领域"等等说法。

成语

心领神会　不得要领　引领企踵

提纲挈领　遥遥领先　翘足引领

lìng

甲骨文	金 文	小 篆	隶 书

成 语

利令智昏　军令如山　三令五申
巧言令色　朝令夕改　令行禁止
发号施令　令人发指　令人齿冷

中国古代社会讲究尊卑上下关系，甲骨文的"令"字即有所反映。它由两个部件组成：上面的部件有的解释为古代的"木铎"，即铃，有的解释为屋顶，还有的解释为一个张大的嘴正在发号施令；下面的部件像一个跪坐的人。整个字会意人跪坐着接受上级的指示。金文的"令"字和甲骨文形体结构几乎一致。小篆也和甲骨文、金文形体结构差不多。隶书根据小篆形体做了规整变化，原来的短横写作"丶"，原来的跪坐的人写作"マ"。

从字形会意来看，"令"的本义应该是发出命令的意思。《说文解字》的解释是："令，发号也。"即指的发号施令的意思。这个意义在古代也是常见的意义，例如我们所熟悉的"挟天子以令诸侯"，其中的"令"就是命令的意思，是挟持天子向诸侯发号施令。"令"被用作名词，可以表示"法令""命令"，也就是说上级的指令可以成为律令，例如《周礼·秋官·朝士》中所说的："犯令者刑罚之。"这里的"令"就已经上升为国家的刑法，触犯法令的人要处以刑罚。而"命令"往往是让别人去做、使别人去执行，因此这个意义上包含有"使、让"的色彩，于是"令"就引申表示"使、让、叫"，例如我们今天常常说"他令我很失望"。表示某个节气的到来我们会加一个"令"字，这或许是因为节气是上天发的命令，于是就有了"夏令""秋令""冬令""春令"等时令。

我们今天尊称别人的父亲、母亲，往往会加一个"令"字，例如"令尊""令堂"。这个"令"是一种"敬称"，其中含有表示美好的意思。这个意义和本义有何关系呢？这就取决于发命令的人。"令"表示发命令，很容易就引申为发命令的人。这些人当然都是做官的，古代即有尚书令、大司农令、县令等长官。做官者一般都令人羡慕，认为应该是品学兼优的。由此，"令"即有了"善良""美好"之意，如说"令德""令闻"。这样的字加在称呼的前面，自然有了尊敬的意味。

lóng

甲骨文
金文
小篆
隶书

龍

龙是华夏民族的图腾象征,代表着吉祥、活力和勇敢。甲骨文的龙字有身有头,头顶上还有"辛"字饰物。金文和甲骨文的形状相似,只是龙口形状中多出尖牙。小篆则变化比较大,变得更加繁复,分为左右两个部件,甲骨文、金文像龙头龙嘴的部分变作了"月",即"肉",右边是增添的部件。

关于龙的解释,许慎在《说文解字》中这样说道:"鳞虫之长。能幽,能明,能细,能巨,能短,能长;春分而登天,秋分而潜渊。从肉,飞之形,童省声。"龙是一种有鳞甲的动物,也是这类动物的首要代表,而且变化多端。龙能腾云驾雾,因此《易·干》说:"云从龙,风从虎,圣人作而万物睹。"作为中国古代四灵"龙、凤、龟、麟"之一的龙,向来为历代帝王将相所喜爱,是皇帝人君的代表和象征,《吕氏春秋·介立》中记载有:"晋文公反国,介子推不肯受赏,自为赋诗曰:'有龙于飞,周遍天下,五蛇从之,为之丞辅。龙反其乡,得其处所,四蛇从之,得其露雨。'"这里的"龙"是人君的代称,即晋文公。我们从历史古迹中,尤其是皇宫庭院中可以看到,龙是皇帝的象征,也是只有皇帝可以拥有的饰物,如龙袍、龙座、龙床等等,故宫有一块九龙壁,就是天子的象征。

由龙而产生的语言现象很多,例如龙卷风,这和龙的呼风唤雨的特性有关:龙既可飞天也可潜水,因此,将天上的飓风现象和龙的本领联系了起来,于是就有了龙卷风这样的称法。四川方言中有"龙门阵"一说,相传是唐代薛仁贵所创的一种军事摆阵法,后来用来指谈天说话,因此有摆龙门阵的说法。

成 语

乘龙快婿　屠龙之技　龙腾虎跃
龙肝凤髓　龙盘虎踞　生龙活虎

歇后语

☺ 龙王爷的脾气——摸不透
☺ 龙珠跟着龙尾转——不对头

谚 语

☺ 龙生龙,凤生凤,老鼠生儿会打洞。
☺ 叶公好龙,真龙必出。
☺ 龙游浅水遭虾戏,虎落平阳被犬欺。

lóu

小　篆	隶　书
樓	樓

成　语

空中楼阁　亭台楼阁　海市蜃楼
人去楼空　高楼大厦　琼楼玉宇

歇后语

☺ 跛子爬楼梯——步步难
☺ 积木搭高楼——一推就倒
☺ 老太婆住高楼——上下两难

谚　语

☺ 山外青山楼外楼，前进路上无尽头。
☺ 过了河莫拆桥，上了楼莫断梯。
☺ 东风吹过夜，大水浸楼棚。

"楼"这个概念的出现比较晚，从中国建筑发展史来看，殷商及西周时期的居民一般都是在高的地基上建筑房屋的，还不具备修建两层及以上多层建筑的技术能力。因此，甲骨文、金文中不见这个字的记录。小篆的"楼"是一个形声字，左边的"木"为形符，表明楼房建筑的主要材料，而右边的部件为声符"娄"。隶书的形体结构与小篆基本一致，只是笔画更加平直。

　　"楼"字是伴随"楼"这种建筑形态的出现而产生的。春秋战国时期，用于军事作战守望的楼台实际上已经产生，但仅仅作为观望使用，不是后来用于居住的建筑。在这个基础上，在战国末年才产生了用于居住的所谓的"楼"。因此《说文解字》中这样说道："楼，重屋也。从木，娄声。"也就是说"楼"是一种重叠的房子、两层以上的房子。例如《孟子·告子下》中记载："方寸之木，可使高于岑楼。""楼"即重屋，两层以上的阁楼。又如《荀子·赋篇》中有"重楼疏堂"之说，指的就是居住用的重叠的阁楼以及宽敞的堂屋。

　　在我们今天的生活中，高楼大厦是最熟悉不过的建筑了，而"楼房"也随处可见。从"楼房"这种居舍，又引申出指楼房的一层，例如"一楼""二楼""三楼"等。

lù

甲骨文 金文 小篆 隶书

鹿的甲骨文最凸显的就是鹿角,从这个标志性特征,我们就可以很快地判断出这是什么动物。甲骨文的鹿是个象形字,刻画了鹿头、眼耳以及身体和四肢,形象逼真。金文与甲骨文相似,但变得更加规整。小篆还能看出一点鹿的形象,这种形象主要来自鹿角。隶书则完全失去了鹿的形象性。

鹿在上古时代是一种常见的动物,也是被猎杀的重点对象。在殷商时代,商王尤其热衷于逐鹿射杀活动。在已有的甲骨卜辞中我们不难发现,商王一次捕杀鹿可高至几十头。"鹿"的甲骨文字形,仅《甲骨文编》就有近五十种。这也可见人们对鹿的熟悉程度。《说文解字》说道:"鹿,兽也。象头角四足之形。"《诗·小雅·鹿鸣》写道:"呦呦鹿鸣,食野之苹。"描绘的就是鹿的形象。鹿在上古时代是帝王田猎的爱物,后来数量减少了,但仍然是皇室田猎所喜欢的对象,因此有"逐鹿中原""鹿死谁手"等说法,这里的鹿实际上已经由鹿这个动物引申指一种政权、权势。《史记·淮阴侯列传》有这样的记载:"秦失其鹿,天下共逐之。"这里的鹿就是政权、权势的代名词。

鹿是一种驯良的动物,常被看做友善的象征。上古人们用鹿肉招待客人,用鹿皮馈赠朋友。《诗·小雅·鹿鸣》即以"呦呦鹿鸣,食野之苹"起兴,写到"我有嘉宾,鼓瑟吹笙"的宾主欢宴场面。《鹿鸣》在后来的宴会上仍在传唱。科举时代在乡举考试后,州县长官宴请相关工作人员和新举人,宴会上就要唱《鹿鸣》,演魁星舞。所以,这种宴会又叫"鹿鸣宴",参加科举考试的人又叫"鹿鸣客"。

成 语

鹿死谁手 指鹿为马 逐鹿中原

歇后语

☺ 被猎人追赶的金鹿——慌里慌张

☺ 豺狗子吃马鹿——好大的胃口

lǚ

| 甲骨文 | 金 文 | 小 篆 | 隶 书 |

成 语
旅进旅退　一成一旅

歇后语
☺ 吃饭馆，住旅店——啥事不管
☺ 旅店里租被子——另搞一套
☺ 旅店里的臭虫——吃客

谜 语
☺ 派去水厂人方定。（打一字）
　　　　　　　　——旅

甲骨文的"旅"字是一个象形兼会意字，字的外部像一面旗帜，内部像两个侧立的人站在旗帜下，表示远征的军队、军旅。金文的形体基于甲骨文，字的部件未变，外部像旗帜，内部像两个人。小篆的形体以甲骨文、金文为基础，旗帜形状变化稍大，人无所变化，形体结构更加规整。隶书的"旅"字由于笔画的改变，将两个人写成了"氏"。

"旅"的本义是军队。《说文解字》的说解是："旅，军之五百人为旅。从队，从从。从，俱也。"是说有五百人的军队称为"旅"。例如《诗·大雅·皇矣》中说："王赫斯怒，爰整其旅。""旅"即指的军队。古代的军队的主要编制单位有"师、旅、军"，《周礼·地官·小司徒》记载有："五人为伍，五伍为两，四两为卒，五卒为旅，五旅为师，五师为军。""旅"的本义是远征、外出的军队，因此引申出"寄居、客处"的含义；军人出门在外，身份就如同客人一样，因此就有了"旅客""旅馆"的说法。

"旅"有远征的含义在里面，而"遊"（今写作游）也有远行的含义，因此古人有"旅游"这样的说法，即旅行游览的意思。古人也有"旅行"的说法，但古人的"旅行"是集体行进、群行的意思，例如《礼记·曾子问》中说："三年之丧练，不群立，不旅行。"练，指小祥，父母死后一周年的祭名。这句话是说：古人服丧三年，即使满了一年，也不和大家站在一起，走在一起。因为心中哀痛，无暇他顾。这里的"旅行"可别想当然地和今天的"旅行"画等号。

lǚ

履

履

履

我国最早的有文字记录的鞋,称为"屦",相当于今天说的草鞋,而"履"是皮革做的鞋子,通俗说就是今天的皮鞋。"鞋"这个字的出现比"屦"和"履"更晚,大约在魏晋南北朝时才出现。"履"是一个会意字,表示人脚穿着像舟一样的鞋子在路上行走。

"履"的本义是穿鞋行走、践踏的意思,例如《诗·小雅·小旻》中记载:"战战兢兢,如临深渊,如履薄冰。"其中的"如履薄冰",就是像踩在薄冰上一样,这个"履"就是用的本义。而《说文解字》对"履"解释是:"履,足所依也。从尸从彳从夂,舟象履形。一曰尸声。"是说"履"是脚上穿的东西,即鞋子,这实际是本义的引申了。例如《庄子·山木》说:"衣弊履穿,贫也,非惫也。""履"是鞋子的意思。到汉代以后,"履"作为鞋子的称呼逐渐取代了之前的"屦"。由"鞋"还可以引申出"穿鞋"的含义,例如《史记·留侯世家》中记载:"良业为取履,因长跪履之。"后一个"履"是动词。整句话是说张良为他取回了鞋子,并且跪下为他穿上了鞋子。

"履"既然和行走相关,就和人的经历有了联系,因此引申表示"经历",例如戴震《与方希原书》中写道:"凡事履而后知,历而后难。"凡事要经历之后才知道。我们今天求职用的"履历",也是这个含义。"经历"是要去做一些事情,引申表示"履行、实施",例如《礼记·表记》中说:"处其位而不履其事,则乱也。"是说在他的位置而不履行他该做的事情,就要出乱子。能履行、实施一定事情方案的人都处于一定的位置,因此"履"又引申表示"居、处",例如《新序·杂事四》中说:"夫执国之柄,履民之上。""履"作"处"讲。

成 语

步履维艰　如履薄冰　临深履薄
削足适履　如履平地　分香卖履
不衫不履　履险如夷

谚 语

☺ 瓜田不纳履,李下不整冠。

má

金 文	小 篆	隶 书
麻	麻	麻

成　语

心乱如麻　杀人如麻　麻木不仁

披麻戴孝　麻痹大意　快刀斩麻

歇后语

☺ 麻绳提豆腐——别提了

☺ 错把洋芋当天麻——好歹不分

☺ 麻秆搭桥——担当不起

☺ 麻姑娘搽雪花膏——观点模糊

谚　语

☺ 不怕乱如麻，只怕不调查。

☺ 蚯蚓路上爬，雨水乱如麻。

☺ 全是生姜不辣，全是花椒不麻。

麻的金文从厂从林，厂是屋檐的象征，而"林"实际是麻皮挂在屋檐下面的样子。小篆和隶书将厂字头讹变作了广字头，今天的楷体也如此。

根据《说文解字》的说解："麻，与林同。人所治，在屋下。从广，从林。""麻"这个字展现了人在屋下治理麻的情况。从本义来看，"麻"是一种茎皮纤维植物，《诗·陈风·东门之池》中记载道："东门之池，可以沤麻。"这里的"麻"即本义的使用。"麻"的最大用途就是用于织布，我们至今也能看到的"麻布"就是用麻治理出来的纤维所织的布，《诗·陈风·东门之枌》记载说："不绩其麻，市也婆娑。"是说女子不绩麻线，反倒去跳舞。古人以麻为孝服的原料，因此有"披麻戴孝"的说法。

我们所说的"麻"实际上有两种，一种麻是上面所说用作衣物的原料，一种麻是五谷（黍稷麦豆麻）杂粮之一的"麻"。此"麻"非彼"麻"。后一种麻是用于提炼食用油的主要原料，即"芝麻"，我们今天家庭所用的"麻油"就是这种麻所提炼而成的。

纤维麻需要治理才能用作织布原料，也就是需要将麻皮中的麻纤维一根根地剥离出来，形成一条条的细线，在剥离的时候需要仔细，由此引出"纷乱"的含义。例如"麻烦"，四川方言中还有"麻杂杂"的说法，是不清不楚的意思，再有"你不要麻我"这样的说法，这里的"麻"表示以混乱来欺骗。而芝麻是细小的，有黑色、白色、黄色，这和斑点有相似之处，于是我们就有"麻雀"（羽毛有斑点）、"麻子"（四川方言中指人脸上的斑点）这样的说法。此外，还有"麻痹""麻药"等说法，是由芝麻给人不平整、不光滑的感觉引申而来的不舒适、无知觉含义。

mǎ

马

甲骨文
金文
小篆
隶书

马是人类最早驯化的牲畜之一，甲骨文的马字就是马的侧立象形，最形象的是颈背的马鬃。金文中的马已经开始线条化了，省去了甲骨文"马"的繁复的结构，如马肚子。而到小篆，这种变化更加明显，尤其马头部位，将马的眼睛完全线条化，结束了"马"字的图画性质。隶书则使字体结构更加方正。

许慎《说文解字》对马字有这样的解释："怒也。武也。象马头髦尾四足之形。"他将一个待势即奔的、动态的马的形象阐释出来了，认为马是一种昂首怒目的、威武的动物。"马"这个象形字，是马的整体外形的刻画。许慎在当时可见到的就是钟鼎铭文，而他通过"马"的古文和籀文的揭示，结合现实中的马的形象，对马这个字给予了恰当的描写，说这是一个有马头、马鬃毛、马尾巴和马脚的象形，这个解释无可非议。

古人关于各种不同的马，有着很多很复杂的叫法，足以见古人对马的喜爱和了解程度。比如，按个头分，高八尺以上曰龙，七尺以上曰骒，六尺以上曰马(见《周礼·夏官·廋人》)，还有驹(高五尺以上)，骒、骄(高六尺)，駥(高八尺)等；从颜色来分，凡马身有白色部位的，就有骒、驳、驱、骆、骊、骢、骏、骠、骧等。《汉语大字典》收录的不同颜色的马的叫法，有六十多种；从年龄来看，一岁称駣、馬，两岁称驹，三岁称駣，四岁称駣(也说三岁)，八岁称駜、駝。

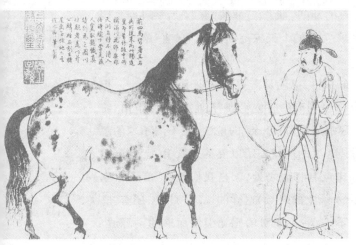

成语

马首是瞻　一马当先　马到成功
汗马功劳　走马看花　心猿意马

谚语

☉牛不知角弯，马不知脸长。
☉平路跌死马，浅水溺死人。

mǎi

| 甲骨文 | 金文 | 小篆 | 隶书 |

成 语

买椟还珠　招兵买马　买空卖空

卖剑买牛　千金买笑

歇后语

☺ 半夜做买卖——暗中交易

☺ 服装店里的买卖——一套一套的

谚 语

☺ 买尽天下物，难买子孙贤。

☺ 买卖不成仁义在。

☺ 有钱能使鬼推磨，有钱能买高官做。

人类在自己拥有私有物品的时候，产生了交换的行为，进一步发展就有了"买卖"行为，这些最初的痕迹都被文字记录了下来。甲骨文的"买"字由上下两部分组成，上面像一张网，下面像贝壳，贝壳曾经被作为货币、贵重物品，因此整个字会意用网打捞贝壳，意思是买进东西，卖家获利。金文的形体结构和甲骨文基本一致，只有细微不同，上面也是"网"的样子，下面也是"贝壳"的样子。小篆的形体以甲骨文、金文为基础进行了调整，字体更加匀称，线条更加流畅，上面写作"网"字，下面写作"贝"字；隶书将"网"改写为"罒"。

　　"买"的本义表示与钱财获利有关的交易，即购进东西。许慎《说文解字》认为："买，市也。从网、贝。《孟子》曰：'登垄断而网市利。'"古代做交易的地方称为"市"，因此"市"也表示"买"，许慎这里是用"市"来解释"买"，即"购买、购进"的意思。我们所熟悉的寓言故事"买椟还珠"，这里的"买"就是"购进、买进"的意思。购进物品需要支付钱财，雇用人做事也需要支付钱财，两种行为在本质上具有相似性，因此"买"在古代有"雇用、租赁"的意思，例如《韩非子·五蠹》中有："泽居苦水者，买庸而决窦。"说的是住在低洼地带为水患所苦的人，雇人疏通沟渠排水。买东西对于购买者来说意味着得到这样东西，得到的东西除了客观物品之外，还有人情关系，例如为了拉拢人际人情关系不惜通过钱财贿赂，于是"买"就引申出了"收买、博取、获取"的意思，例如《管子·法禁》中有："说人以货财，济人以买誉。""买誉"就是博取名誉。此外，还有我们所熟悉的"买官求利""收买人心""买通关系"，等等。

mài

甲骨文　金文　小篆　隶书

麦的甲骨文是上面一个来，下面一个止。实际上麦的本字应该是"来"，甲骨文中的"来"有的写作"𣏾"，是麦的象形，有穗、叶、茎和根。"来"字应该是表示植物的麦字。金文基于甲骨文，也写作麦，上面是来，下面是止。小篆依然能看出其原形。隶书在小篆的基础上对笔画进行了调整。

麦是重要的农作物，北方多产，是重要的粮食，磨成粉之后就是我们熟知的面粉了。《说文解字》解释道："麦，芒谷，秋种厚薶，故谓之麦。麦，金也。金王而生，火王而死。从来，有穗者；从夂。"本义是一种有芒的谷子。《诗·豳风·七月》记载有："九月筑场圃，十月纳禾稼，黍稷重穋，禾麻菽麦。"麦是"黍、稷、菽、麻"等众多农作物中的一种。

"麦"即"来"，"来"的本义应该是麦，段玉裁在《说文解字注》中解释道："从夂者，象其往来之状。"因此，我们在文献中可以看到"来"作"麦"讲的例子，《诗·周颂·思文》说道："贻我来牟。"其中的"来""牟（即麰）"都指"麦"。

麦作为一年或两年生的植物，从古至今的用法都比较单一，我们生活中所出现的与麦有关的字或词都是有限的，例如"麳""麮""麧""麩""面"等，指的是大麦、麦糠里的粗屑、小麦的粗屑、麦皮、面粉。麦是酿酒的原料，从文字上也有记载，例如"麰"、"麳"等，都指酿酒的曲。我们今天还有"麦芽""麦穗""燕麦""麦片"等合成词。

成 语

黍离麦秀　兔丝燕麦　不辨菽麦
麦穗两歧

歇后语

☺ 大麦去了皮——白人（仁）
☺ 下雨天打麦子——难收场
☺ 针尖对麦芒——针锋相对
☺ 一根麦秆打鼓——不想（响）

谚 语

☺ 寸麦不怕尺水，尺麦但怕寸水。
☺ 冬天麦盖三层被，来年枕着馒头睡。
☺ 麦要浇芽，菜要浇花。

máo

金文	小篆	隶书

成　语

毛遂自荐　毛手毛脚　一毛不拔

九牛一毛　鸡毛蒜皮　茹毛饮血

歇后语

☺ 拔了毛的凤凰——不如鸡

☺ 起重机吊鸡毛——大材小用

谚　语

☺ 嘴上无毛，办事不牢。

☺ 月亮生毛，大雨滔滔。

☺ 先下毛雨无大雨，后下毛雨无晴天。

"毛"的金文像毛发的形状，小篆基于金文形体结构，笔画结构变得更加对称，隶书的"毛"字失去了毛发的弯曲形象，而变得平整便于书写。

《说文解字》说："毛，眉发之属及兽毛也。象形。""毛"是指的眉毛、头发之类，以及动物的毛发。"毛"最开始严格意义上是指的动物身上的毛发，例如《左传·僖公十四年》上记载："皮之不存，毛将安傅？""皮"和"毛"同时出现，"毛"是动物皮上附着的丝状物。广义的"毛"可以指动植物以及人身上的毛，例如人身上有"毛发"（头发）、"汗毛"（身上的细毛）、"眉毛"、"眼睫毛"等。通常生活中与毛有相似特征的事物，都可以称之为"毛"。例如食物过期而发霉，我们俗称"长毛了"；我们每天洗脸所用的绒布称为"毛巾"，毛巾的表面是一根根伸出来的短毛，和皮上附着毛的状态是一致的，因此称其为"毛巾"再合适不过；此外还有"毛线""毛衣"等，它们的材质是羊毛、兔毛等。"毛"的状态给人凌乱的感觉，因此由本义就引申出"粗糙"的含义，于是就有了"毛糙""毛躁""毛手毛脚""毛坯"等说法。

我们在生活中接触比较多的是"毛笔"。毛笔是文房四宝之一，自古即有之，考古发现从殷商时候的甲骨文开始，就已经使用毛笔进行书写了。毛笔因材质而命名，使用的是动物的毛，因毛的种类不同而称呼不同，有羊毫、狼毫等。这里没有用"毛"，但用了"毫"，"毫"就是"毛"，但却是动物身上比较粗硬而长的毛。

mào

金
文

小
篆

隶
书

帽子的"帽"最开始写作"冒",首先可查的是金文形体,这个字下面像一只眼睛,代表头,上面像一项帽子。小篆形体结构基于金文,外部表示帽子,内部下面表示一只眼睛,这是一个会意字,表示的是"头衣"即帽子盖在头上。

冒是"帽"的初文,根据《说文解字》的说解来看:"冒,冢而前也。从冃,从目。"即盖在头上的头衣,即帽子。"帽"这种实物的产生比"冠"要早,远古时代人们就已经会使用动物的皮毛制作帽子,可以御寒取暖。"冠"和"帽"古代是有区别的。有职位有身份的人才能戴冠,戴冠前必先用布帛将头发束紧,然后才戴冠。而地位卑贱的人只是用巾包扎发髻,是不戴冠的。后来才出现了用布帛做的圆形软帽,一般不在正式场合戴。帽的穿戴者没有等级限制,上至贵族下至平民都可以穿戴。在魏晋南北朝时期,帽逐渐普及,并进入正式场合,"帽"在口语中取代了"冠",而成为头衣的总称。

"冒"后来被引申表示冒出,于是就专门造了一个"巾"字旁的"帽"字来表示"头衣"。"帽"字汉时即已存在。帽子的形状、位置等特征和我们生活中的一些事物具有相似性,因此对这些事物的指称也采用了"帽"字,例如"螺帽""笔帽"等。在篮球和排球比赛中有一个术语叫"盖帽",这个术语在排球比赛中指的是运动员空中起跳双手成"帽状"扣压对方过来的球,在篮球比赛中则是指的运动员跳起时单手或双手将球举起投篮时被对方队员破坏进球的这个动作。

歇后语

☺ 草帽当锣打——想(响)不起来

谚　语

☺ 有雨山戴帽,无雨云拦腰。

☺ 水缸穿裙山戴帽,大雨快来到。

☺ 春不减衣,秋不加帽。

méi

甲骨文	金 文	小 篆	隶 书

成 语

眉开眼笑　眉来眼去　喜上眉梢

迫在眉睫　扬眉吐气　贼眉鼠眼

歇后语

☺ 鼻尖上着火——迫在眉睫

☺ 强盗照镜子——贼眉贼眼

谚 语

☺ 眉毛胡子一把抓。

☺ 宁吃开眉粥，不吃皱眉饭。

☺ 宁吃开口汤，莫吃皱眉酒。

甲骨文的"眉"字是一个象形字，像一只眼睛，眼睛上面像眉毛，这个字是以眼睛来凸显其上的眉毛。金文的字形基于甲骨文，将表示人眼和眉毛的部分分开标示，眼睛在下，眉毛在眼睛的上方，以三根毛来表示，古汉语以数量"三"来表示概数，泛指多。小篆的形体是对金文的省略改造，将甲骨文、金文的象形性抽象化，文字

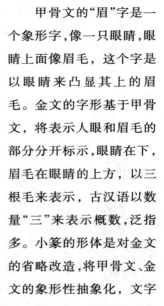

的部件的位置也有所调整，原来的"眉毛"部分是竖立的，而"眼睛"则写作"目"，放在了字的右下部分。隶书的"眉"字，将小篆的眉毛部分写成"尸"。

　　甲骨文中就对人的眉毛进行了记录，说明人们对自身的认识始终是处于首要的地位。"眉"的本义就是眉毛。《说文解字》的说解是："眉，目上毛也。从目，象眉之形，上象额（额）理也。"是说"眉"是眼睛上方的毛。《庄子·渔父》中说："有渔父者，下船而来，须眉交白。"这里的"眉"即眉毛，是说胡须眉毛都是白色的。"眉"在古代还用来代指美女，例如《诗·卫风·硕人》中记载："螓首蛾眉。"这里的"蛾眉"是说眉毛如蛾的长须样细而长，形容女子貌美。又和"媚"通假，表示妩媚。我们常常有"寿眉"的说法，是来自长寿的老者眉毛长而白的缘故，因此古人以"眉"为"老"，例如《诗·豳风·七月》说："为此春酒，以介眉寿。"这里的"眉寿"即长寿的意思。我们今天的网络语言中有"美眉"一说，在古文中它出现在"黄色美眉，长耳大目"中，是晋代葛洪《神仙传》中对老子形象的描绘，不同于今天网络语言的"美眉"。今天这个"美眉"实际是来自"妹妹""美妹"的谐音，但用字上使用了表示美女含义的"眉"字。

　　眉毛的位置在面部的上方，因此生活中和这相似的事物也可以称为"眉"，例如"眉批"，是指书页或文稿上端空白的位置处的批校等文字。

méi

金文

小篆

隶书

甲骨文中没有梅的形体。金文的"梅"字，上面部件为木，下面部件为梅树枝上结酸果的样子，这个字与《说文解字》所收录的"梅"字下的或体相似，只是部件位置由上下变换为左右，可参看左列小篆第二个形体。小篆的正体为形声字，"木"为形符，"每"为声符。隶书的形体结构与小篆基本相同，笔画更趋平折。

"梅"的本义应该是结果实的梅树，是一种蔷薇科落叶乔木。古文"梅"写作"楳"，从木，某声。而某是"楳"的初文，梅、某、楳三字是异体字关系，许慎《说文解字》收录了"某"字，许慎的解释是："某，酸果也，从木，从甘。""某"即梅，是一种酸果，这是说的梅树所结的果实味道酸甜。《诗·召南·摽有梅》中记载有："摽有梅，其实七兮。"这句话是说：梅子熟了，落到地上，树上还挂着七成的果子。"梅"常常是文人骚客的笔下客，例如鲍照的《东门行》中写道："食梅常苦酸，衣葛常苦寒。""梅"即是梅子，是梅树所结的果实，味道酸苦。梅子产在江南一带，正当江淮一带雨季的时候，就是梅子黄熟的时候，因此称这段时期为"梅雨时节"，这时的雨也叫做"黄梅雨"，正如陆游《夏日》诗之二中所写到的一样："新泥满路梅黄雨，古木号山月晕风。"

生活中和梅、梅花相似的事物都可以称之为"梅"，例如"梅花鹿"是因为鹿背上的白色斑点似梅花，故称其为梅花鹿；"望梅止渴"，是梅的酸味能激起唾液的分泌；"梅花拳"得名是取梅花迎寒而放，且花分五瓣象征五行之意。

成　语

望梅止渴　青梅竹马

歇后语

☺ 北冰洋的梅子——寒酸

☺ 五朵梅花开一朵——四肢（枝）无力

☺ 落了三年黄梅雨——绝情（晴）

谚　语

☺ 宝剑锋从磨砺出，梅花香自苦寒来。

☺ 梅须逊雪三分白，雪却输梅一段香。

谜　语

☺ 尽是草地。（猜一植物）

——梅花（没花）

měi

| 甲骨文 | 金文 | 小篆 | 隶书 |

成 语

两全其美　成人之美　黄粱美梦

香草美人　良辰美景　美言不信

谚 语

☺ 爱美之心，人皆有之。

☺ 马好不在叫，人美不在貌。

爱美之心人皆有之，上古的人们对美的认识已经在文字上反映出来了。甲骨文的"美"字像一个正面站立的人，人的头上佩戴有装饰物，一说像羊角，一说像锦鸡的华丽的羽毛。从甲骨文的形体来看，说像羊角更加合适，这个字的上半部就是甲骨文"羊"字的上半部。古人以羊为"给膳"，因为其丰满甘肥，而自古"羊"就是少数民族的图腾之一，人们对羊的崇拜也是根源可循的，古代的羌族就是如此，因此羊在人们心目中的美好形象是很深刻的。羊角佩戴在头上，有装饰美化的作用，更是一种崇拜的象征。金文的"美"字与甲骨文形体相似，人头上的羊角形状更加凸显。小篆的形体基于甲骨文、金文，只是进行了笔画的整改，从羊、从大。隶书的形体结构源自小篆，从羊，从大。

"美"的本义是味道好。从《说文解字》的说解来看："美，甘也。从羊，从大。羊在六畜主给膳也。美与善同意。"美即味道甜美，这种认识大致来自对羊的食用。例如《孟子·尽心下》中所说的："公孙丑问曰：'脍炙与羊枣孰美？'"这里就是对比食物的味道，即味美的意思。而作为一般意义上的美丽、好看，在文献中也常见，既可以形容美女，也可以形容服饰等美好的事物。例如《诗·邶风·静女》记载道："匪女（汝）之为美，美人之贻。"是说不是认为你（静女的赠物）美丽，而是赠我物品的静女美丽。《战国策·齐策》中又说："朝服衣冠，窥镜，谓其妻曰：吾孰与城北徐公美？"这里是邹忌与徐公比美，"美"是指男子的穿着容貌的美丽。而《孟子·梁惠王下》中所说的："百姓闻王车马之音，见羽旄之美，举欣欣然有喜色而相告。"这里是指装饰的美丽、好看。因此，"美"在这个意义基础上所针对的事物开始泛化，人世间美好的事物都可以以美来形容，例如我们今天说的"美女""美景""美好"，等等。

mèi

妺

甲骨文
金文
小篆
隶书

"妹"的甲骨文是个形声字,字的左边是声符"未",右边是形符"母",甲骨文中的"母"有时和"女"相通用。金文的"妹"基于甲骨文,形体结构基本同甲骨文,但出现了左右部件互换位置的形体。小篆根据新的金文形体演变而来,左边为形符"女",右边为声符"未"。隶书的"妹"也和小篆形体结构相同,只是笔画更平整了。

"妹"的本义是指的女子,是同父母而年龄较小的女子。正如许慎在《说文解字》中所解说的一样:"妹,女弟也。从女,未声。"女子中同父母而后出生的称为"妹"。《诗·卫风·硕人》中记载:"东宫之妹,刑侯之姨。"这里的"妹"即后出生的女子。《尔雅·释亲》中有这样的解释:"男子先生为兄,后生为弟。男子谓女子先生为姊,后生为妹。"这里就明确指出了兄弟、姊妹之间的关系。但在古汉语中"妹"还可用来泛指年轻女子,而不局限于亲属关系,这种现象现在也保留在一些方言当中,例如四川方言中,称年轻的女孩为"妹妹""小妹妹""小妹儿""妹子",等等。我们的生活中和"妹"有关的搭配还有"妹夫"(妹妹的丈夫)、"表妹"、"姊妹",等等。

歇后语

☺ 贾宝玉爱林妹妹——好梦难圆
☺ 钟馗嫁妹——鬼混(婚)
☺ 妹妹穿姐姐的鞋——一模一样
☺ 姊妹找婆家——各得其所

谚 语

☺ 三兄扛一妹,嫁妆无地下。
☺ 哥是花针朝前走,妹是花线随后跟。

mén

甲骨文	金 文	小 篆	隶 书

成　语

门庭若市　双喜临门　门墙桃李

程门立雪　侯门如海　布鼓雷门

歇后语

☺ 半夜出门做生意——赚黑钱

☺ 半夜下馆子——吃闭门羹

☺ 抱着孩子拜天地——双喜临门

谚　语

☺ 城门失火，殃及池鱼。

☺ 闭门家中坐，祸从天上来。

☺ 各人自扫门前雪，哪管他人瓦上霜。

甲骨文所展示的"门"字，是门的象形，像两扇门的样子。金文的形体结构完全与甲骨文相同。小篆、隶书的变化也不大，从字形就能解读出字的取意所在。但是简化后的"门"字则只剩下一个"门框"了。

"门"顾名思义，就是房屋的出入口的遮挡物，其质地有木质的也有金属的。《说文解字》中对"门"

的说解是："门，闻也。从二户。象形。凡门之属皆从门。""门"是内外可以互相说话的地方，也就是房屋的出入口。例如《左传·襄公二十五年》所记载的："门启而入，枕尸股而哭。"

在古人的观念中，"一扇曰户，两扇曰门"。门也分不同建筑的门，除了家门之外，还有城门、宅门、庙门，等等。建筑物的大门一般都是两扇开合的门。我们今天去寺庙，庙门就是两扇，故宫的大门也是两扇，因此在古人的眼中，最外面的大门，一般都是两扇开合的门，里面的小间的门一般为单扇，称为"户"。

一门往往对应一家人，因此用"门"来指称家庭，于是就有了"豪门""寒门"这样的说法。日常生活中凡是和"门"具有相似性的事物，往往都会用"门"来指称，门是出入口，从这个特征出发就延伸出了"阀门""气门""油门"等说法。门所具有的特征是独体为户，由此就有了派别的意思，于是就可以说"门派""分门别类"，等等。

méng

甲骨文
金文
小篆
隶书

　　古人有歃血为盟的做法，参加盟会的人杀一头牲畜，将血放入容器，分饮其血，或涂血于嘴唇，以示诚意。甲骨文的"盟"字便反映了这种习俗，是一个器皿中装有血块的样子，当中的血块表示血液，是来自被杀的牲畜。金文保持了甲骨文的形体结构，也是器皿中有血块的样子，但后期金文在形体上变得更加复杂。小篆在甲骨文、金文的基础上进行了调整，将金文的形体进行了改造，上面写作"囧"，下面写作"血"。小篆也有上面写作"朙"或"明"的。隶书依据小篆，上面写作"明"或"朙"，下面写作"皿"。

　　《说文解字》说："盟，周礼曰：'国有疑则盟。'诸侯再相与会，十二岁一盟。北面诏天之司慎司命。盟，杀牲歃血，朱盘玉敦，以立牛耳。从囧，从血。"是说国家之间如果有猜疑就会召开盟会，或者十二年举行一次盟会。盟会的时候面向北边，向天上的司慎、司命诸神诏告盟约，并杀牲取血，将牛耳朵放在朱红盘子和玉制的敦器(一种容器)里面。可见"盟"这个字的本义就是在神灵面前立约结盟。例如《诗·小雅·巧言》中所说的："君子屡盟，乱是用长。"是说君子屡次盟誓，祸乱却因而滋长。这是因为彼此之间没有诚意，不守盟约，只好一而再，再而三地订立新盟约，订得越多，越成儿戏。今天我们有盟国、盟友、盟军、结盟等这些说法，这里的"盟"就是立约联合的意思；生活中偶尔也能听到"盟兄、盟弟"的说法，"盟"也是来自这个意义，但有结拜的含义。由"立约"引申表示发誓、誓言，例如《庄子·齐物论》中记录的："其留如诅盟。"意思是留存心底如同盟约誓言。"盟"即指的誓约。而"海誓山盟"中的"盟"是表示发誓的意思，是向海、向山发誓保证。

成　语

城下之盟　海誓山盟　歃血为盟
攻守同盟

mèng

甲骨文	小 篆	隶 书

成 语

黄粱美梦　南柯一梦　好梦难成
白日做梦　浮生若梦　大梦方醒

歇后语

☺ 半夜做噩梦——虚惊一场
☺ 狐狸做梦——想投机（偷鸡）
☺ 梦里见黄连——想苦了

谚 语

☺ 舌长事多，夜长梦多。
☺ 日有所思，夜有所梦。

做梦是每个人在睡觉的时候通常会发生的事情，我们的祖先对于这种难以解释的现象也用相应的文字记录了下来。"梦"的甲骨文是由左右两个部件构成的，字的右边像一张床，左边像一个躺在床上的人，这个人睁开大大的眼睛，仿佛是做了一场噩梦一样。金文尚未见到这个字。小篆的形体结构在甲骨文形体的基础上进行了改造，"夢"的上半部分是来自甲骨文的躺卧的人形，人眼睛上的眉毛形状变成了"艹"头，而人所躺的"床"换成了"夕"，表示夜晚。隶书只是在小篆基础上作了笔画上的一些调整。

　　"梦"的本义应该是做梦，但按照《说文解字》的观点来看，这个字是表示"不明也"，这个意义显然应该是"梦"的引申义了。我们发现《说文解字》中还有一个字"癮"，解释为"寐而有觉也"，这个意思就是做梦。字形上多了一个"宀"，表示在家里，并还原了表示床的部件。这个字是"梦"的分化字。我们所熟悉的"庄周梦蝶"的故事，就是说庄周做梦的时候梦见变成了蝴蝶。做梦的时候，人的意识处于不清楚的状态，因此引申表示不明、不清楚，例如《诗·小雅·正月》中所记载的："民今方殆，视天梦梦。""梦梦"在这里是指的混乱不清的意思。四川方言中有"打梦觉"的说法，常常用来形容一个人浑噩不清的状态，例如说"这个人一天到黑都在打梦觉"，是说这个人整天思想开小差，一点都不清醒。我们今天常常会说"梦想"，这里的"梦"实际上是来自于"梦"具有虚幻的色彩、想象的色彩的特点，也就是在大脑中构想的、尚未实现的情况。

明刻《牡丹亭·惊梦》

mǐ

甲骨文	小篆	隶书

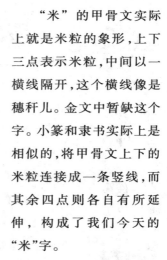

成 语

柴米油盐　柴米夫妻　米珠薪桂

无米之炊　鱼米之乡

歇后语

☺ 筛子过米——漏洞百出

☺ 包米面做元宵——捏不到一块儿来

☺ 热锅里爆米花——乱蹦乱跳

谚 语

☺ 巧妇难为无米之炊。

☺ 偷鸡不成蚀把米。

谜 语

☺ 粥变米。（打一成语）

——左右开弓

"米"的甲骨文实际上就是米粒的象形，上下三点表示米粒，中间以一横线隔开，这个横线像是穗秆儿。金文中暂缺这个字。小篆和隶书实际上是相似的，将甲骨文上下的米粒连接成一条竖线，而其余四点则各自有所延伸，构成了我们今天的"米"字。

"米"是我们最熟悉的食物，也是东方人的主要粮食。从我国的情况来看，南方人的主食就是米，当然东北也产好米，俗有"东北大米"之称。对"米"本义的解释，《说文解字》说道："米，粟实也。象禾实之形。""米"是粟（小米）的果实，也指去皮的稻谷（大米）的果实。因此"米"即谷物的子实。

汉字中从米的字都和粮食作物相关联，例如"粱"（粟）、"粗"（粗粮、糙米）、"粒"（米粒）、"糜"（黏粥）、"糟"（米糟、糟酒）"等等。由米而生成的东西也很常见，例如米线、米粉、米糕等等。由米的形状小而用"米"来形容细小的事物，例如"虾米"是指虾类中形体极小的虾，因其细小如米，故称作"虾米"，再如"米雪"是小粒雪珠。在四川方言中，例如成都话里，我们常常有"樱桃米米""柑子米米""桃子米米"这样的说法，这里的"米"实际上是指果实或果核中的核或仁儿。当然，在日常生活中，我们还常常看到的是"米"用作长度单位。

miào

金文 小篆 隶书

"庙"最早出现在金文中，左列金文形体是一个形声字，"广"为形符，而"朝"为声符。小篆的形体结构同金文，只是笔画更加繁复。而隶书的"庙"字将"朝"的右边写成为"月"了，但形体结构没变。

"庙"，最先让我们想到的就是庙宇。《说文解字》中这样说解道："庙，尊先祖皃（貌）也。从广，朝声。"因此我们不难看出，庙的本义并非庙宇，而是指的祖庙、宗庙，是供奉祖先牌位，进行祭祀的地方。《诗·周颂·清庙序》中记载说："清庙，祀文王也。"此处的庙即宗庙。古人崇尚祭祀祖先，贵族、皇族以及一般的老百姓，都有宗庙、祖庙的供奉，以表示对祖先的追思敬慕，也希望得到祖先的庇护，这是古代宗法制度的一个体现。这种习俗至今还保存在中国人的生活中，清明扫墓，其实也就是这种形式的一种变体。"庙"具有祭祀祖先的功能，因此在佛教传入中国之后，由于"庙"的这种功能符合佛教的宗旨，就被用于佛教净地，表示的就是供奉。段玉裁这样说过："古者庙以祀先祖，凡神不为庙也。为神立庙者，始三代以后。"是说古时的庙本来只祭先祖不祭神，神都不立庙的。为神立庙是在夏商周三代以后才开始的。佛教所供奉的可以称之为"神"，算是为神立庙。但在古汉语中，"庙"实际上也用来表示朝廷，皇宫贵族治事的地方，又称为"前殿"。这是因为古代君王也常在祖庙之中发号施令，决断政事。范仲淹有这样的名句："居庙堂之高则忧其君，处江湖之远则忧其民。"这里的"庙堂"实际上就是指的前殿，国君朝见臣僚、商议政事的地方。

歇后语

☺ 担着石磨赶庙会——负担太重
☺ 扛渔网进庙堂——劳（捞）神
☺ 雷公躲进土地庙——天知地知

谚　语

☺ 跑得了和尚，跑不了庙。
☺ 病急乱投医，逢庙就烧香。
☺ 浅水养不了大鱼，小庙留不住大菩萨。

mín

| 甲骨文 | 金文 | 小篆 | 隶书 |

成 语

国富民强　劳民伤财　民怨沸腾
民脂民膏　民穷财尽　祸国殃民

歇后语

☺藏民穿皮袄——露一手，留一手
☺林冲上梁山——官逼民反

谚 语

☺官多一分廉，民增一分福。
☺当官不为民做主，不如回家卖红薯。

甲骨文的"民"，上面像一只眼睛，下面像一带刃之物，表示用带刃的物体刺眼睛。金文类似，根据郭沫若的说解，这个字表示以刃刺左目，在当时的社会代表奴隶。小篆变化较大，已经不容易辨出形体。隶书则更难以看出形体所表示的含义了。

"民"的本义按照相关研究以及文献记载来看，表示一种身份特殊的群体，即地位低下的奴隶。《说文解字》说："民，众萌也。从古文之象。"民，众人懵懵无知的样子。由古文形体（即上列小篆第二个形体）整理而成。这就把民定性为智识未开、相对无知的人群。例如《论语·学而》说："节用而爱人，使民以时。"人、民同列，"民"侧重指被统治的阶层，为上层服务、服役、劳作的阶层，而"人"可以是泛指概念，也可以指和"民"相对的统治阶层。但"民"也可以用作泛指，指"人"，例如《诗·大雅·生民》："厥初生民，时维姜嫄。生民如何，克禋克祀，以弗无子。"是说最初周先祖的降生，是出于姜嫄。怎么降生的呢？靠诚意的祭祀祈请，求神别让她没有孩子。这里的"民"显然是个大概念，指一般的人。实际上随着奴隶制度瓦解、封建制度建立，民这个概念的内涵和外延在这个时候已经开始发生变化了。不同阶层的人，都可以用"民"来称呼，甚至包括当官的人，《谷梁传·成公元年》记载："古者有四民：有士民，有商民，有农民，有工民。"这四民，其中的"民"实际上就是一种泛化概念，大致等同于今天的"人"。

我们今天的语言中，更将"民"和"人"合并使用，即说"人民"。此外还有"民众""民工""民兵"等等说法，其中的"民"即人民。而"民"还有"大众"的含义，因此有"民间""民歌"等说法。

míng

甲骨文

金文

小篆

隶书

人都有名,即我们今天所说的名字。甲骨文"名",字形为左右结构,左边为"夕",右边为"口",有人将其会意为天黑看不见人,只好开口叫人的名,以便取得联系。金文的"名"字变成了上下结构,"夕"在上面,"口"在下面。小篆的结构和金文基本一致,一直到后来的隶书,变化都不大。

古人都是有"名"的,自出生后不久,大致三个月,便会由长辈取名,这个名相当于我们今天所说的小名、乳名。如曹操的小名是阿瞒,刘备之子刘禅的小名是阿斗。到上学时,又取学名,此即正式的名字。当然,不能上学的穷人到了一定年龄,也要正式取名。贵族、读书人到了成年,还往往又取别名,叫做"字"。如孔子的学生曾子,名参,字子舆;而子夏姓卜,名商,字子夏。取名从古至今,中外都是一样的,因此《说文解字》这样解释说:"名,自命也。从口从夕。夕者,冥也。冥不相见,故以口自名。""名"即指的自己称呼自己的名,以便让黑暗中的人能辨识自己。"姓名""人名""名单""花名册""签名""原名"等等中的"名"都是指的名字。"名"还可以用于其他事物身上,例如"品名""器名""山名""水名",等等。"名"作为一个人身份的标签,引申可以表示名气、名义甚至名誉,例如"名存实亡""师出名门""沽名钓誉""名家名流",等等。"名"在古文中常被用作动词,表示"叫做"的意思,例如孔子名丘,老子名耳,即指的孔子的名字叫做丘,老子的名字叫做耳。当然今天除了保留在"莫名其妙""不可名状"等成语中间以外,我们很少用"名"作动词用了。"名"是一人一物对应一名,因此又被用作量词,例如"三十名同学"、"他的学习成绩在班上是第一名",即分别指三十个同学、名次是第一。

成 语

名扬四海　沽名钓誉　欺世盗名
身败名裂　名存实亡　无名小卒

谚 语

☺ 行不更名,坐不改姓。
☺ 争名于朝,争利于市。
☺ 盛名之下,其实难副。
☺ 人怕出名猪怕壮。

míng

	甲骨文	金 文	小 篆	隶 书
				明

成 语

明心见性　明察秋毫　明目张胆

明察暗访　自作聪明　明眸皓齿

歇后语

☺ 鼻子上挂灯笼——明眼人

☺ 肚皮里点灯——心里明

谚 语

☺ 明枪易躲，暗箭难防。

☺ 星星明，来日晴。

☺ 明人不做暗事。

"明"的甲骨文是一个会意字，字的一边是"月"的象形，一边是"日"的象形，先民最早对于光亮的认识在这个字上有很好的体现，日与月相对应表示光亮、光明。金文的形体结构基于甲骨文，与上面甲骨文的第二个形体基本一致，但左边部件变成窗户的象形，右边部件还是月的象形，表示月光投射到窗户上，光亮的意思。小篆的形体与金文的第二个形体基本一致，但笔画进行了文饰，左边是窗户形状，右边为月。《说文解字》"朙"字下所收录的古文形体（见上面小篆的第二个形体）与甲骨文一致，从日、月，而隶书的"明"字也从日、月。

从以上字形分析不难看出，"明"的本义是光明、光亮的意思，与暗相对。从《说文解字》的说解来看："朙（明），照也。从月，从囧。"即说"明"为光照、光明的意思。《荀子·天论》中说："在天莫明于日月。"又如《易·系辞下》中说："日往则月来，月往则日来，日月相推，而明生焉。"其中的"明"都作光明、光亮讲。"明"是光亮之处，能让事物清晰可见，因此古人有"耳聪目明"的说法，这里的"明"用来形容眼睛明亮，视力好。又如《孟子·梁惠王上》中说："明足以察秋毫之末。"说的就是眼睛明亮，能看清楚事物的细节末端。我们今天所谓的"聪明"在上古时代指"耳聪""目明"，表示智商高是后来的用法了。

天亮的时候是光明到来的时候，因此"明"又用来表示天明，例如《诗·齐风·鸡鸣》说："东方明矣，朝既昌矣。"东方即太阳升起的地方，"明"即天明、天亮。殷墟卜辞中用来表示时间明天、第二天这个概念的是"翌"，"明"字还没有这种用法，"明"用来表示与"今"相对的时间概念要稍晚于"翌"。

mò

金文 小篆 隶书

"末"是一个指事字，这个字最早可考证的字体是金文形体。金文的"末"是一棵树木的形象，在树梢处有一点，指事树梢的位置，树梢是树木的最高点，因此这个字取意"末梢""最后"。小篆的形体基于金文，将金文笔画变得更加规整划一，指事符号变为一横。隶书的"末"字，形体笔画更加平直。

"末"的本义是树梢。根据《说文解字》的说解，我们可以看到："末，木上曰末。从木，一在其上。""末"即指树梢。例如《左传·昭公十一年》载："末大必折，尾大不掉。"是说树梢太大必会折断，尾巴太大不易摆动。这里的"末"即树梢。由树梢引申指事物的末端，于是就有了"末流""岁末""强弩之末""世纪之末""末尾"，等等说法，表示事物的末尾、结束的地方。树梢是枝叶细小的地方，因此"末"就有了细微、细小的意思，像"明足以察秋毫之末"（《孟子·梁惠王上》）、"舍本逐末"这样的说法里的"末"即指事物微小之处，不重要的地方。我们甚至还有"粉末""碎末"这样的说法，实际也是这个引申意义的用法。

"末"表示树梢，在今天的语言中，已经换作"梢"，即树木的末端。我们今天用"树梢"来表示"末"的本义。

成 语

本末倒置　舍本逐末　穷途末路
强弩之末　秋毫之末　细枝末节

歇后语

☺ 秦叔宝卖马——穷途末路
☺ 末伏天穿棉袄——乱套
☺ 赶大车的拉煤末儿
　　　　　——倒霉（煤）一道儿

谚 语

☺ 中伏萝卜末伏芥，立秋前后种白菜。

mò

甲骨文	金文	小篆	隶书

成 语

罪莫大焉　莫可名状　追悔莫及

莫衷一是　莫名其妙　变幻莫测

歇后语

☺ 参谋皱眉头——一筹莫展

☺ 地头蛇请客——祸福莫测

☺ 铁公鸡身上拔毛——莫想

☺ 站在山顶赶大车——鞭长莫及

谚 语

☺ 日月莫闲过，青春不再来。

☺ 好事一做到底，坏事一次莫为。

☺ 人生莫做亏心事，半夜敲门心不惊。

☺ 莫要见人就交友，莫要见钱就伸手。

☺ 常在有时思无时，莫到无时想有时。

从甲骨文来看，"莫"表示太阳落到树丛里面，会意日落，是个会意字。甲骨文字形也有写作日落于草丛的，如左边所列甲骨文第二个形体。金文的形体是对甲骨文形体的完全继承，上下表示草丛，中间表示太阳。小篆对这个形体的保存是相当完整的，我们完全能通过字形读懂文字所要表示的意思。而隶书将字形下部的草丛写成了"大"。

从上面的字形分析，我们不难看出"莫"这个字的本意是表示日落。《说文解字》的解释是："莫，日且冥也，从日在茻中。"这就是对"莫"的本义的解释，即日落。《诗·齐风·东方未明》中记载有："不夙则莫。"这里的"莫"与"夙"同时出现，"夙"表示"早"，而"莫"相应就是表示"晚"了，是日落的时候。"莫"实际上是我们后来常用的"暮"的本字。"莫"在古文中被借用作表示否定的副词，例如《国语·鲁语下》中所记录的："女知莫若妇，男知莫若夫。"以及"莫须有""莫愁"等说法，其中的"莫"都表示否定。于是后来就在"莫"的下面加了一个"日"字专门用来表示太阳落山的时间，即"暮"。这是一个形声字，"莫"表示读音，而"日"表示意义。因此我们今天常见到的就是"日暮"这样的写法。由于读音相近，"莫"还曾被多方借用。如借为"幕"表示帐篷，借为"谟"表示谋划，借为"膜"表示动物体内薄膜组织，借为"寞"表示寂寞。

mǔ

甲骨文 金文 小篆 隶书

母

甲骨文的"母"字是一个象形字，这个字展示的是一位跪坐的女性形象，这个女性双手交叉，字中有两点表示乳房，以表示此女性与生育和哺育有关。金文的"母"字基于甲骨文形体，只是在字的上部多添了一横；金文中也有形体完全同甲骨文的。小篆的形体和甲骨文形体相似，只是字体变得更加规整。隶书的"母"字从形体结构上来看已经无法看到人体的形状，因此难以解析出这个字所要表达的意思。

"母"的本义就是表示母亲、妈妈。许慎《说文解字》这样解释道："母，牧也。从女，象裹（怀）子形。一曰象乳子也。"声训为牧，即养牛的人，比喻人哺育子女，像怀里抱着孩子的样子，又解释说像给孩子喂奶的样子。从女性的生育功能的角度来看，许慎的解释是可信的。"母"从古至今一直在使用，而且从意义来看没有发生根本性的变化，《诗·邶风·日月》中所记载的："父兮母兮，畜我不卒。""父、母"同时列出，这里是表示母亲的意思。诗句写的是一位被遗弃的妻子，呼喊着爹啊娘啊，丈夫不再爱我了。由本义引申为女性长辈的通称，例如"祖母""伯母""叔母""姨母""姑母""舅母"，等等。我们在日常生活中还能听到"母牛""母猪""母狗""母猫""母马"等说法，这里的"母"已经由本义引申指性别，即表示雌性的动物。

我们今天在一些方言，尤其是北方方言中可以听到对"母"或"母亲"的别称，例如称"母亲"为"娘"，自古有之。而称"妈妈"是一种更口语的称法，在正式场合和书面语当中常常还是用"母""母亲"或"家母"表示尊敬。

成 语

衣食父母　父母之邦　重生父母
恩同父母　母以子贵　贤妻良母

歇后语

☺ 带崽的母老虎——分外凶
☺ 老母鸡下蛋——脸红脖子粗
☺ 母鸡跌米缸——饱餐一顿

谚 语

☺ 儿行千里母担忧。
☺ 儿不嫌母丑，狗不嫌家贫。
☺ 养儿方知父母恩。
☺ 母苦儿未见，儿劳母不安。
☺ 在家靠父母，出外靠朋友。

mǔ

甲骨文	金 文	小 篆	隶 书

"牡"的甲骨文左边部件表示一头牛，右边部件是表示雄性生殖器的符号，整个字表示雄性的牛。实际上在甲骨文的形体记录中，还可以见到左边的动物部件用羊、鹿等来充当的，都是表示这一类动物中的雄性类。金文的形体基于甲骨文，而字形不像甲骨文那样多变。在金文的形体中，这个表示动物的符号选择了"牛"，而字的右边增加了一横，误写为"土"字了。小篆和金文的形体结构基本一致，都是形声兼会意字，左边的"牛"表示意符，右边的"土"表示声符。隶书的形体结构同小篆，只是笔画平直有变化。

这个字和"牝"是一类字，也是意义相对的字。这个字从上面的形体分析不难看出，本义就是雄性生物。根据《说文解字》的说解来看："牡，畜父也，从牛，土声。""牡"表示雄性的牲畜动物。例如《诗·邶风·匏有苦叶》记载："济盈不濡轨，雉鸣求其牡。"整句话是说：驾车渡河哪能不沾湿车轴，雌雉鸣叫为的是求得雄性。这里的"牡"是指的雄雉。在表示雌雄的字词当中，牝、牡的使用对象只能是牲畜动物，而一般不能用于人类。古人把和"牡"具有相似性的事物也称为"牡"，例如"锁键"，即旧式锁中可以插入和拔出的部分，也即门闩。《礼记·月令》中记载："坏城郭，戒门闾，修键闭，慎管籥。"郑玄的注解是："键，牡；闭，牝也。"可见，古人将锁须（旧式锁插入锁身的部分）比作牡。

我们今天的生活中还有一些和"牡"搭配使用的事物名称，例如"牡丹""牡蛎"等，这些"牡"不是雄性的含义，只是一种假借用法。

mù

甲骨文

金文

小篆

隶书

"木"是一个象形字。从形体来看,甲骨文、金文形体基本一致,字的上部表示树枝,中间表示树干,下部表示树根。从字形的演变来看,"木"字从甲骨文到楷体字,它的部件没有增减,只有笔画规整划一、直曲的变化。

《说文解字》说:"木,冒也。冒地而生,东方之行。"其中的"东方之行"即指东方属五行之木,五行之木借自树木之"木",而"木"的本义是树。我们今天用作"木料""木材"的"木",是在树这个本义的基础上引申而来的,如"为巨室,则必使工师求大木"(《孟子·梁惠王下》),"木"即树。上古时候,表示"树木"这个概念常常用"木",用作动词意义的栽种、种植则是用"树"。在纪元前后,"树"才用作名词表示树木,从而取代了木。在现代汉语中,不能单独用"木"来表示树木,只能用"树",而表示树木的"木"则仅见于合成词当中,例如"木耳""灌木""乔木""果木""乌木""独木不成林"等。

木是实心质地,是生产生活的重要材料,因为具有坚实的性质,于是又从其本义引申出不灵活、愚钝的含义。"木"便同人联系了起来,如朴实迟钝叫"木讷",痴呆不知所措叫"木然",形容发呆的样子叫"木呆呆",愚笨或不灵活的人叫"木头人(儿)"。

上古时代,先民对于植物的认知就已经从个体实物提升到抽象概括的高度,两个木并列在一起为"林",众多的"木"在一起即"森"。在基本字的基础上重复使用该基本字,以表示众多之意,这也是汉字所独有的功能。

成 语

木人石心　入木三分　木已成舟

朽木不雕　移花接木　大兴土木

mù

甲骨文	金文	小篆	隶书

"目"是一个独体象形字，从甲骨文和金文的形体，我们很容易看出这个字的取意所在。它是一个眼睛的象形，有眼睑和眼珠。小篆的形体在甲骨文、金文的基础上将"目"直立方正化，便于笔画的书写。隶书和楷书则一脉相承。

"目"的本义就是指的眼睛，《说文解字》中这样说解："目，人眼。象形。"例如《诗·卫风·硕人》所记载的："美目盼兮。"是说美丽的眼睛黑白分明，这里的"目"就是眼睛的意思。《国语·周语上》中有这样的记录："国人莫敢言，道路以目。"这里的"目"实际是名词动用，表示看、用眼神示意的意思。我们今天用"眼"或"眼睛"来表示"目"，但从研究来看，古人所谓的"目"和"眼"是有细微区别的。"目"正如甲骨文、金文形体所表示的一样，是包括眼珠和眼眶在内的整个器官，而"眼"则更集中指眼珠这个概念。到中古之后，"眼"逐渐取代了"目"，用以指代整个眼器官。关于目和眼的区别，实际在一些成语中也有蛛丝马迹可寻。我们常常"眼"和"睛"并用，这里的"眼"实际上和"睛"是同一个概念。《玉篇》中这样解释"睛"："睛，目珠子也。"而我们有个成语这样说"目不转睛"，实际上就明确说出了"目"和"睛"概念的类属关系，因此也不难推出"目"是整体概念，而"眼"是局部概念的关系。

　　我们今天还有一些说法，比如"目的地""目标""目录""名目"，等等，都是在"目"的本义的基础上有所引申或者假借而来的。

mù

甲骨文
金文
小篆
隶书

　　"牧"的甲骨文是一个会意字,左边是牛的象形(也有作"羊"的形体),右边是手持鞭子的样子,整个字会意扬鞭赶牛羊,表示放牧牲畜。金文继承了甲骨文的形体。小篆也差不多,右边写为"攴"。隶书的"牧"字从"牛"从"攵"。

　　"牧"的本义就是放牧的意思。《孟子·公孙丑下》说:"今有受人之牛羊而为之牧之者。"其中的"牧"即放牧的意思。《说文解字》又说:"牧,养牛人也。从攴,从牛。《诗》曰:'牧人乃梦。'"可见"牧"还指放养牛的人。这是在放牧这个行为动作的基础上引申而来的,《诗·小雅·无羊》中说:"尔牧来思,何蓑何笠,或负其糇。"这里的"牧"即放牧的人,俗称牧民。诗中描写他们披着蓑衣戴着斗笠,背着食物放牧牛羊的形象。牧民牧养牲畜的行为同君主统治天下民众具有相似性,因此在古文献中我们可以看到类似"牧人者"这样的说法,例如《孟子·梁惠王上》中说:"今夫天下之人牧,未有不嗜杀人者也。""人牧"实际上就是指的君主、统治者,老百姓成了他们牧养的对象。此外还有"州牧"的说法,"牧"即成为一种官职。

　　上古时代养牲畜有专称,和时代的特征有一定关系。《左传·昭公七年》上说:"马有圉,牛有牧。"也就是说"圉"是养马的,"牧"是养牛的。这只是一个相对的概念,实际上"牧"的对象很宽泛,牛羊马等都可以成为其对象。

　　今天对"牧"的使用不像古代那么细致复杂,已经比较单一。

成语

十羊九牧　卑以自牧

名句

⊙ 借问酒家何处有,牧童遥指杏花村。

（唐·杜牧）

nán

甲骨文	金文	小篆	隶书

男女的"男"字,在甲骨文中是一个会意字,这个字由两个部件构成,一个耒形的耕具和一个"田",表示用耒来耕田,而这样的农耕活动大多是男性做的,因此这个字表示"男"。金文的形体基于甲骨文,变化不大,还是一个"耒"加上一个"田"。小篆的形体在金文的基础上进行了改进,将两个部件上下放置了,笔画也进行了文饰。隶书的"男"字从田,从力,笔画更加方正,会意致力于田耕者。

成 语

饮食男女　痴男怨女　男尊女卑
善男信女　男耕女织　男欢女爱

谚 语

☺男怕入错行,女怕嫁错郎。

☺男大当婚,女大当嫁。

☺爹娘面前能尽孝,一孝就是好儿男;
　翁婆身上能尽孝,又落孝来又落贤。

☺男要俏,一身皂;女要俏,三分孝。

"男"的本义是从事农耕活动的男性,即男子。从许慎《说文解字》的说解来看:"男,丈夫也,从田,从力。言男用力于田也。"许慎的解释是"男"是成年男子,会意男子用力耕作田地。成年男性称为"男",这是与"女"相对而言的,即指的有一定的劳作能力的男性,例如《易·家人》中所说的:"女正位乎内,男正位乎外;男女正,天地之大义也。"男、女同时列举出来了,这里的"男"即指的成年男性。但《左传·哀公三年》中记录:"南氏生男,则以告于君与大夫而立之。"这里的"男"就不是指的成年男子了,而是刚出生的婴孩、男婴,即儿子。在古代五等爵位中,"男"是第五等,即所谓的"公、侯、伯、子、男"中最末一位。

我们今天的语言中,"男"就是与"女"相对的泛称,也作为性别的标志,例如"男厕所""男人"。

nì

甲骨文 金文 小篆 隶书

"逆"的甲骨文是由上下两个部件构成的,上面像一个倒立的人,即"大"的甲骨文的倒写形,下面表示一只脚,即甲骨文的"止",整个字表示人倒着行走;后来又加了表示道路的"彳",明确了这个字是与行走有关。金文的形体结构沿袭了甲骨文的构造,左边是"彳",右边上方像一个倒立的人,下方是一个表示脚的"止"。小篆在此基础上进行了整合,左边写作"辵",右边演变为"屰"。隶书和小篆保持了一致,后期"辵"写作"辶"。

"逆"的本义是倒行。人通常都会顺着方向行走,在迎接宾客的时候会倒着走,方向正好同宾客来的方向相对,因此引申表示迎接。《说文解字》就是这样解说的:"逆,迎也。从辵,屰声。关东曰逆,关西曰迎。""逆"即迎接的意思,在方言中关东的称"逆",关西的称"迎",可见在古汉语中"逆"和"迎"表示的含义相同。例如《国语·齐语》中所记载的:"桓公亲逆之于郊。"是说齐桓公亲自迎接他。由"迎接"这个意义可以引申表示接受,例如《仪礼·聘礼》中所说的:"众介皆逆命不辞。"这里的"逆"即接受的意思。而《管子·大匡》中记载的:"兴师伐鲁,造于长勺,鲁庄公兴师逆之,大败之。"这里的"逆"是指的接受挑战,即迎战的意思。因为"逆"是倒行的意思,引申就有了颠倒、相反的意思,例如龚自珍《送钦差大臣侯官林公序》中说:"逆昼夜。"就是昼夜颠倒的意思。而我们常说的"逆行"即向相反的方向行走,此外还有"逆流""逆水""逆风"等。"颠倒、相反"引申就有了"抵抗、违背、不顺从"等意思,因此就有了我们熟悉的"顺者昌,逆者亡"、"忠言逆耳利于行"这样的说法,还有"叛逆""逆子""逆臣"等说法。

成 语
大逆不道 忠言逆耳 逆臣贼子
逆来顺受 逆水行舟 莫逆之交

歇后语
☺ 逆风放火——引火烧身
☺ 忤逆子戴孝——装模作样
☺ 逆水行舟——不进则退

谚 语
☺ 忠言逆耳利于行。
☺ 顺水行舟一人易,逆水划船十人难。
☺ 逆境出人才。

nián

甲骨文	金文	小篆	隶书

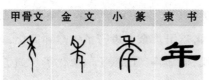

成　语

凤烛残年　猴年马月　年富力强
年深日久　遗臭万年　十年寒窗

歇后语

☺ 一锅米饭煮三年——难熬
☺ 新媳妇拜年——彬彬有礼
☺ 牛郎织女相会——一年一次

谚　语

☺ 有志不在年高。
☺ 人行千里路，胜读十年书。
☺ 三天不念口生，三年不做手生。
☺ 学好三年，学坏三天。

从"年"的甲骨文和金文字形我们可以看到，这个字的本义实际上和我们今天所熟知的"年月"的"年"相差很远。本字是一个会意兼形声字，字的上面是我们前面说过的"禾"字，字的下面部分是侧立的"人"。整个字像一个人背负着收割的禾苗，表示丰收，因此"年"的本义应该是丰收。从字形来看，甲骨文到金文的变化不大，而小篆也能看出大致的形状，只是下面的"人"多加一横，这是笔画的误写。小篆之后的隶书变化较大，已经完全看不出"年"字的字形原貌了，也难怪今天的人不知道它的本义是丰收了。

"年"作"丰收"讲，在殷商时代的甲骨卜辞中最为显著，例如"癸卯卜，亘贞：我受黍年？"这句卜辞贞问的事情是我商王朝能不能得到上天赐予的黍丰收呢？《谷梁传·桓公三年》记载："有年，五谷皆熟，为有年也。"从《说文解字》的解释来看："年，谷熟也。"指谷物成熟，也即丰收。上古农作物从栽种到收割需要经历十二个月的生长周期，因此称为一年，据此借用来作表示时间的词。而这个用作表示时间概念的"年"字越用越频繁，于是对于它的本义人们就开始忽略和淡忘了，再后来人们又造了表示丰收意义的字"丰"，于是"年"就专门用来表示时间概念了。

这个表示一年意义的年，随着意义的引申拓展，又用来指年岁、时代，如"年龄""年迈""年代""元年"等等。

niǎo

鸟

甲骨文

金文

小篆

隶书

甲骨文的"鸟"是一只鸟侧立的形象,有尖尖的鸟嘴和鸟头、鸟身以及鸟爪子。金文进行了省略和简化,鸟的肚子形象变成了一条线,但却将鸟的爪子形象化了。到了小篆,依然能够看出鸟的象形,是侧立的鸟,还有羽翅和鸟爪子,和甲骨文形体更加接近。隶书的"鸟"字,将鸟的爪子部分改写成了四点,而鸟的翅膀变成了中间最长的那一横,鸟头变成了方形,鸟字最上面的一撇,应该是从鸟嘴错变而来的。

鸟是一种飞禽,在现实生活中很容易见到,《楚辞·七谏·自悲》记载有:"鸟兽惊而失群兮。"句中的鸟即飞禽类,是说鸟兽受到惊吓四散而逃。《说文解字》解释"鸟"为:"长尾禽总名也。象形。鸟之足似匕,从匕。"而《玉篇》鸟部对"鸟"的解释更加合理,认为:"鸟,飞禽总名也。"即泛指鸟类。

汉字中从鸟的字很多,大多与鸟相关联,例如"鸿"即大

成 语

鸟枪换炮　鸟语花香　鸟尽弓藏

歇后语

☺ 百灵戏牡丹——鸟语花香

☺ 炮打林中鸟——一哄(轰)而散

☺ 网里的鱼,笼中的鸟——跑不了

谚 语

☺ 人投人,鸟投林。

☺ 近山知鸟音,近水知鱼性。

☺ 砍柴上山,捉鸟上树。

雁,"鸢"即老鹰,"枭"即猫头鹰,等等。《汉语大字典》收录的以鸟为偏旁的汉字有一千余个,真是蔚为大观。这说明了古人对于鸟的观察和认识是非常深入的。中国人爱鸟,也善养鸟,更善于用飞鸟喻心态,因此留下许多关于鸟的名篇名句。杜甫的"感时花溅泪,恨别鸟惊心",王维的"月出惊山鸟,时鸣春涧中",辛弃疾的"明月别枝惊鹊",马致远的"老树枯藤昏鸦",等等,传唱千古,脍炙人口。鸟极大地增强了汉语言的意境和韵味。

niú

甲骨文	金 文	小 篆	隶 书

牛

成 语

牛鼎烹鸡　汗牛充栋　九牛一毛
牛溲马勃　对牛弹琴　庖丁解牛

歇后语

 有骆驼不讲牛羊——光拣大的说
☺ 野牛闯进瓷器店——危在旦夕

谚 语

☺ 老牛肉有嚼头，老人言有听头。
☺ 牛角越长越弯，财主越大越贪。
☺ 好马不停蹄，好牛不停犁。

"牛"是人类最早驯化的动物之一，作为牲畜用于社会生产生活。甲骨文的"牛"是个象形字，是牛的正面速写图，上面表示两只牛角，下面表示两只牛耳朵，中间一竖表示牛头。整个字形简单而形象。金文将牛耳朵拉直成一线，小篆继承了金文的形体结构。但到了隶书，这个象形的特征已经消失了，通过溯源可以看到演变的痕迹在于牛角的分化，变成了一撇和一短横。

　　牛在古代社会是重要的生产工具，同时又是重要的祭祀用品，常常用作牺牲。在甲骨卜辞《粹》17中，可以见到以牛作为祭祀用品的记载，例如"乙亥又岁于大乙，牛一兹用。"《说文解字》说："牛，大牲也。牛，件也；件，事理也。象角头三、封尾之形。"认为牛是一种大的牲口，并且指出字形记录了牛头和角以及尾巴的形状。"牛"的本义就是指一种体形大的牛科反刍类哺乳动物，有头角蹄尾。《诗·小雅·无羊》记载有："谁谓尔无牛？九十其犉。"意思是说：谁说你没牛？光是身长七尺的黄体黑唇的牛就有九十头。

　　牛是一种力大的动物，因此是农业耕作和运输的重要家畜，我们所熟知的"牛耕""牛车"就是这方面的记载。尤其是汉字"犁"，来源就与牛相关联。这个字从牛从利，是个形声字。《玉篇·牛部》解释为："犁，耕具。"《说文解字·耒部》说道："人耕曰耕，牛耕曰犁。"没有驯化的野牛，不但力大，脾气也大，如同西班牙斗牛场的牛，因此从牛这个特点，有了"牛脾气"的说法，是指脾气倔犟。古代有牛人的说法，我们今天也有，但古今含义相差很大。古代的"牛人"是专门饲养管理牛的人，这是一种官职；而我们今天的"牛人"，是指的能力强的一类人，含有能干的含义，这也和牛的力大能干活的特性有关。

nǚ

甲骨文

金文

小篆

隶书

人类经历了母系社会和父系社会阶段,在母系社会,妇女是整个社会和生产的主导者,地位崇高。女字因而成为最基本的汉字之一。女这个字的甲骨文就是女子双手交叉跪坐的形状,这是上古的坐姿礼仪。金文也同甲骨文,只是在女子的头顶多出一个像发髻一样的短横,而后期金文这一横则消失了,例如左列金文的第二个形体,这就是小篆字形演变的基础。小篆和金文形体颇为相似,只是小篆的女字表示手的线条变长了,与脚齐平。而到隶书楷书,这种形象性特征已经无法看出来了。

"女"的本义就是女子、妇女。甲骨文卜辞中关于女字的记录也很多,女字在甲骨文中常常和"母"字相借用,从形体上看,二者相似程度很高,可参见前面的"母"字条。在甲骨卜辞中我们可以看到写作"女"字,却用作"母"字。许慎《说文解字》解释道:"女,妇人也。"这是一个象形字,许慎的解释即女的本义。《易·家人》中说:"女正位乎内,男正位乎外。"其中的"女"即女性、女子。未婚女子也用"女"表示,典型的例子是《诗·周南·关雎》:"窈窕淑女,君子好逑。"这里的女子是君子所求之人,即未婚待嫁的女性。

通观整个汉字库,我们可以发现有相当一部分从女偏旁的汉字。这部分汉字中有对母系社会遗留的记录,例如"姓、姜、姬、妣、妇"等,有对女性在社会历史中地位变迁的记录,例如"奴、婢、妾"等,也有对女性品德容貌的记录,例如"娴、好、姝"等,从中我们可以探究汉字是如何反映处于奴隶社会和封建社会的中国妇女的。

而今,妇女的地位有了显著的提高,"女权""女强人"这样的词也成为高频词。

成　语

女中丈夫　郎才女貌　儿女情长
男耕女织　男尊女卑　善男信女

歇后语

☺ 皇族的闺女——金枝玉叶
☺ 铁匠女儿嫁石匠——硬对硬

谚　语

☺ 女怕选错郎,男怕选错行。
☺ 男大当婚,女大当嫁。
☺ 十朵菊花九朵黄,十个女儿九像娘。

明刻《牡丹亭·训女》

pái

排

排

"排"字的甲骨文由上下两个部件构成,上面是"非",下面表示一双手,是将相背离的事物"非"托举推出去、推挤出去,"非"也标示读音。小篆的形体在甲骨文的基础上进行了改进,左边写作"手",右边写作"非"。隶书将"手"写作"扌"。

"排"的本义是推出去、推挤、推的意思,《说文解字》认为:"排,挤也。从手,非声。"就是说"排"表示排挤、排开的意思,这个意义实际已经在本义的基础上有所引申了。《庄子·在宥》中说:"人心排下而进上,上下囚杀。"这里的"排"作"排挤"讲。整句话是说:人心受排挤则向下,显得颓丧,受推进提升则向上,显得高扬,不过无论向上向下,都像一种拘囚和伤害。而《楚辞·远游》中记载的:"命天阍其开关兮,排阊阖而望予。"其中的"排"作"推"讲,"排阊阖"是指推开天门,这是使用的"排"的本义。还有"排山倒海""排除万难"等中的"排"都作本义讲。"排出"还可以引申表示消除、疏通,例如我们通常所说的"排废气""排水""排涝""排汗",等等。

疏通之后的事物会变得更加有序规整,"排"就有了序列、排列、编次的含义,是"疏通"意义的引申。例如"并排""排名""排行"等,又如"竹排",其名称来自竹子并排编扎这一现象。这个意义后来引申用作量词,例如"一排树木""三排桌子",等等。但我们最为熟悉的是"安排"这个含义,这个意义是普通话中的常用意义,例如"排班""排戏""排课"等。军队编制也有"排",例如"排长";还有运动器材名"排球"。

成 语

力排众议　排难解纷　排山倒海
排忧解难　排沙简金　论资排辈

歇后语

☺ 矮子排队——倒数第一
☺ 两个人打排球——推来推去
☺ 浅滩上放木排——拖拖拉拉

谚 语

☺ 河边树成排,不怕洪水来。
☺ 一个好汉三个帮,一排篱笆三个桩。

páng

甲骨文　金文　小篆　隶书

"旁"字的甲骨文由上下两个部件构成，上面是"凡"，也有说像四方之形，下面是"方"，"旁"是"方"的同源分化字。金文的形体结构和甲骨文的基本一致。小篆在甲骨文、金文的基础上进行了修正，上面的"凡"结构省略写作"二"。隶书又将短横写作一点，长横之下增加两点。

我们今天对这个字的理解是表示"旁边"的意思，这个意义原本是来自"方"。中心周围的部分称为"方"，引申出"旁边"的含义，而这个意义后来由"旁"字承担了。在古文中也可以看到"旁"和"方"的渊源联系，"旁"可以表示"四方"，例如《管子·轻重乙》中有记载："请与之立壤列天下之旁。""旁"即"四方"之意。而《汉书·循吏传·黄霸》中记载："吏出，不敢舍邮亭，食于道旁。"其中的"旁"就作"旁边"讲。《说文解字》中解释为："旁，溥。从二，阙；方声。""旁"是表示大、庞大、广大的意思。例如《逸周书·大武》："四聚：一酌之以仁，二怀之以乐，三旁聚封人，四设围以信。"句意是讲采取四种行为：一，取之以仁德；二，召之以欢乐；三，广取边境上的人；四，以信用设围。其中的"旁"作"大"讲，这个意义实际上也是来自于"四方"地域的引申，因为"四方"地域很广大。再引申就有了广泛、普遍、大量的含义，例如我们常说的"旁征博引"中的"旁"就是"广泛、大量"的意思。

"旁边"因为不是中心，又可引申出次要的、辅助的、其他的意思，例如"旁人""旁系亲属""旁听""旁证"，等等。"旁门左道"中的"旁"表示偏、非正规的。而汉字有"偏旁"，其中的"旁"实际上也是来自于"旁边"的引申，表示次要的部分。

péng

甲骨文

金文

隶书

朋

上古时代曾经通行过贝币。甲骨文的"朋"字是一个象形字,是像两串贝相并联的样子,王国维认为"两串为一朋"。金文的形体结构基于甲骨文,也像两串相并联的贝挂。《说文解字》中没有收录"朋"字,隶书的"朋"字从二"月",表示二月相并为"朋"。

"朋"的本义是一种货币单位,古人以贝为货币,认为五贝为一系,而两系为一朋。《诗·小雅·菁菁者莪》记载:"既见君子,锡我百朋。""锡"即"赐",赐给我百朋,即赐给我货币钱财。整句话是说:见到君子,喜如得到重金所赐。从字形的分析我们可以看出,"朋"即我们通常意义的一双,有聚集、聚合的含义在里面,例如《山海经·北山经》中所说的:"有鸟焉,群居而朋飞。"鸟有结群居住迁徙的习惯,我们知道的大雁、野鸭等都表现出这样的群居群迁的特性,因此这里所说的"朋飞"是一起、结群飞徙的意思。也无怪许慎在《说文解字》中说解"凤"字的古文形体时这样提到:"𠃬,凤飞,群鸟从以万数,故以为朋党字。"𠃬假借为朋党的朋,正是因为凤飞而群鸟毕集跟随,两者有了相似性。从聚集、聚合这个意义又可以引申出"比"和"类"的意思,用在人身上,于是就有了"朋党""朋辈""朋友"等说法,朋党是因某种目的而结合在一起的人,朋辈是志向相似的同辈人,朋友是志同道合的友人。而《诗·唐风·椒聊》中所说的:"彼其之子,硕大无朋。""无朋"则可以理解为无以类比、无与伦比的意思。

成 语

朋比为奸　狐朋狗友　三朋四友
呼朋引类　硕大无朋　酒肉朋友

歇后语

☺ 泥鳅黄鳝交朋友——滑头对滑头
☺ 狐狸找羊交朋友——居心不良

谚 语

☺ 君子与君子以同道为朋,小人与
　小人以同利为友。
☺ 柴米夫妻,酒肉朋友。
☺ 出门靠朋友,在家靠父母。

pí

金文	小篆	隶书
		皮

成语
虎皮羊质　豹死留皮　与虎谋皮
皮开肉绽　鸡毛蒜皮　食肉寝皮

歇后语
☺ 挨了刀的皮球——瘪了
☺ 大热天穿皮袄——不是时候
☺ 肚皮上磨刀——冒险

谚语
☺ 皮不之存，毛将焉附。
☺ 打不完的官司，扯不完的皮。
☺ 人看一颗心，鼓打两张皮。
☺ 人怕没志，树怕没皮。

"皮"字最早见于金文，对其形体结构的解释有如下说法：一说像一只手持去皮的器具，字的上部表示器具，右下部表示一只手；一说上面部件形状像兽头，中间部件形状像兽皮，下面的部件为手剥皮的形状。小篆对金文的形体结构作了改变，但右下角的"手"变化不大。隶书的"皮"字丧失了形体结构的解读性。

"皮"在先秦时候专门用来指称兽类的皮，《诗·鄘风·相鼠》中所说的："相鼠有皮，人而无仪。""皮"即指的兽皮。许慎在《说文解字》中说解道："皮，剥取兽革者谓之皮。从又，为省声。"意思是说"皮"即剥取兽皮。先秦时，人的皮称为"肤"。例如《孟子·告子下》中所说的："饿其体肤，空乏其身。"这里的"肤"就是专门用来指人的皮。这样的情况一直持续到汉代，这时的"皮"才引申用在人身上，表示人的皮肤。因此，我们今天有"猪皮""牛皮""狗皮""兔皮""虎皮""马皮""羊皮"等说法，以及由此所产生的系列附属品，例如"皮带""皮包""皮鞋""皮箱""皮球"等，当然也有"人皮"的说法。在古汉语中，"皮"还区分有毛的皮和无毛的皮，有毛的皮称之为"皮"，去除毛之后的皮称之为"革"。"皮"是包裹在动物身体之外的一层组织，它的这种特征和生活中很多事物都具有相似性，于是"皮"从本义就可以引申表示事物外在的一层包裹物，因此我们可以见到这些熟悉的表达，诸如"封皮""树皮""书皮""包子皮""饺子皮"，等等。甚至一些轻薄的物品也称为皮，例如"豆腐皮""奶皮""嘴皮"等。

pìn

甲骨文

小篆

隶书

甲骨文的"牝"字是一个会意字,这个字的左边部件是一头牛的象形,右边部件是"匕",有的解释说这是表示雌性的符号;而在殷墟刻辞中,这个字的左边部件还有用羊、猪、鹿等来表示的。小篆的形体基于甲骨文,左边为牛,右边为匕,是一个形声字。

"牝"的本义是表示雌性的牛、羊、猪等动物,这个意义是从甲骨文的形体分析上得出的。根据《说文解字》的说解来看:"牝,畜母也。从牛,匕声。""牝"是表示雌性的牲畜动物。从殷商时代到东汉,文字的发展由多形、不定型到单一、定型,经过不断筛选,从牛的"牝"字最终被保留下来了,在意义上也进一步概括化,由以前的牛、羊、鹿等多形表同义的情况归结为一个意义,即雌性牲畜动物。《尚书·牧誓》中记载:"牝鸡无晨。"其中的"牝"就是雌性牲畜的意思,"牝鸡"也就是我们俗称的母鸡,母鸡在早晨是不会打鸣的。"牝"表示雌性动物,但不用于人。

关于性别的称谓,除了牝、牡之外,最常见的就是雌、雄,而对于我们人类则通常使用男、女。在我们今天的语言使用中,使用"牝"的场合和比例都减少了,甚至很难见到,取而代之的是"母",例如称母牛,而不称牝牛,称母猪,而不称牝猪。对于牲畜动物的雌性类一般都换用"母"表示,诸如母狮、母猫、母象、母狗、母马、母鹿、母老虎,等等。

成 语

牝鸡司晨　牝鸡牡鸣　牝牡骊黄

qī

甲骨文	金文	小篆	隶书

妻

成 语

妻离子散　贤妻良母　结发夫妻
封妻荫子　杀妻求将　夫荣妻贵

歇后语

☺ 矮夫继妻——各有短处
☺ 夫妻俩吵嘴——常有的事
☺ 老公打扇——凄（妻）凉
☺ 夫妻推磨——尽绕圈子

谚 语

☺ 家贫思贤妻，国乱思良相。
☺ 妻贤夫祸少，子孝父心宽。
☺ 娶妻莫贪观，嫁女莫贪财。
☺ 娶妻娶德不娶色，交友交心不交财。

"妻"的甲骨文左边像一个半跪的长发女子，右边表示一只朝向长发的手，这是一个会意字，表示抓取妇女为妻，反映了上古社会的抢婚习俗。人类社会经历了一个由群婚制向对偶婚制的转换时期，部落之间抢夺女子为妻，这在字形中得到了很好的保留记录。金文的"妻"形体结构和甲骨文基本相同，而将右边的"手"与妇女头上的"发"结合在一起了，更加形象逼真地表现出了掠夺、抓取的概念。小篆直接源自金文形体，和金文形体结构相近。隶书的"妻"字如果比照小篆，仍然还能解读出基本的造字信息。

"妻"的意思顾名思义，就是表示妻子，即男子的配偶。许慎《说文解字》的说解是："妻，妇与夫齐者也。从女，从中，从又。又，持事，妻职也。"许慎的说解中认为"妻子"就是妇女，是与丈夫位置相当的配偶，这是正确的。表示配偶关系的"妻"只能和"夫"对举，于是就有"夫妻"这样的说法。例如《易·小畜》中所记载的："九三，舆说辐，夫妻反目。"这里的"夫妻"就是配偶关系的"夫"和"妻"。整句话是说：占卜得到三爻，爻辞说：车与轴脱节，夫与妻失和。

中国古代社会在进入父系社会之后，男性就一直掌控着社会政治乃至生活的大权，处于主导地位，而妇女仅仅是从属地位。男人在正妻以外，还可以娶妾，即俗话说的小老婆。妾的地位低于妻。现代社会不能娶妾，"妻"就成为男性唯一的合法的配偶。

qí

甲骨文

金文

小篆

隶书

"齐"的甲骨文是一个象形字，像麦穗整齐排列的样子。金文的形体结构和甲骨文是一致的。小篆的形体在甲骨文、金文的基础上进行了调整，并且在"麦穗"之下增加了两条横线，徐错解释为土地，是麦穗生长的地方。隶书将三个"麦穗"进行了笔画的改写，左右分别写成了"刀"和"刀"的反写，中间为"丶""一""丫"。

"齐"的本义就是这个字所展示的含义，禾麦整齐的意思。《说文解字》说："齐，禾麦吐穗上平也。"是说禾麦长出的穗平整的样子称为"齐"。这个意义引申就有了一般意义上的"平整、整齐"，例如《礼记·中庸》中说："齐明盛服。""齐"就是"整齐"的意思。在某一范围之内的事物形成了整齐的状态，在一定意义上说，彼此之间就具有了一定的相似性和一致性，因此"齐"引申出"相同、相似、一致"的意思，例如《论语·里仁》："见贤思齐焉，见不贤而内自省。"就是说向圣贤们看齐，以他们为标准、榜样，学习并努力达到他们的修养境界、高度水平。我们常说的"齐心协力""并驾齐驱"，当中的"齐"都是作这个意思讲。而"齐头并进"、"落霞与孤鹜齐飞，秋水共长天一色"、"齐名"、"齐奏"、"齐步走"等中的"齐"又可理解为"一起""同时"的意思。"齐"具有的这种一致性、相似性引申可以表示"全"，例如《荀子·王霸》中所说的："天下为一，诸侯为臣，通达之属莫不从服，无它故焉，四者齐也。""齐"即"全""齐全""完备"的意思。我们平常会说"人到齐了"，"齐"也是这个意思。

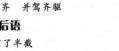

成 语

齐头并进　百花齐放　见贤思齐
齐心协力　良莠不齐　并驾齐驱

歇后语

☺ 冷水齐腰——凉了半截

☺ 十五面锣鼓一齐敲

　　　　——七想（响）八想（响）

☺ 十八只唢呐齐奏——全吹了

谚 语

☺ 兄弟二人心不齐，手里黄金要变泥。

☺ 雁无头，飞不齐。

☺ 一花独放不是春，百花齐放春满园。

qǐ

甲骨文	金 文	小 篆	隶 书

甲骨文的"启"字是一个会意字，上面所列的三个甲骨文字形都是启字，第一个形体像一扇门下面有一张嘴（写作"启"），第二个形体像一扇门右边有一只手（写作"戌"），第三个形体是前面两个形体的混合（写作"启"），三个形体都会意开门。金文的形体以甲骨文为基础进行了微调，右边的"又"变作"攵"，但形体结构和甲骨文保持了一致。小篆的形体基于甲骨文、金文形体进行了笔画的调整，第一个由"户"和"口"构成，第二个形体与金文形体一致。隶书以小篆第二个形体为标准进行了笔画的规整。

"启"的本义正如上面字形分析得出的结论一样，表示开门，引申为打开。《说文解字》中解释"启"的意思是"开也"，打开的意思。例如《左传·昭公十九年》中说的："启西门而出。""启西门"就是打开西门的意思。我们今天说的"启封"即打开信封、封口；"启齿"即打开牙齿、开口。由"打开"引申可以表示开发、拓展的意思，例如《韩非子·有度》中记载有："齐桓公并国三十，启地三千里。""启"即指的开拓、扩展的意思。而我们所说的"启动""启用"当中的"启"作"开始"讲，古人把"立春、立夏"称为"启"，大概也是来自于这个意思。

"启发"的"启"是由本义引申而来，是用言语来开启人的大脑智慧，从而使人得到教导。这个意义在古文中又写作"启"，《说文解字》解释为"教也"。《论语·述而》中记载有："不愤不启，不悱不发。"其中的"启"就是教导启发的意思。这句话是说：不到他想求通晓而不能、想说而说不出时，不去启发他。教导要开口，于是又引申出启奏、禀告的意思，例如《玉台新咏·古诗为焦仲卿妻作》中说道："府吏得闻之，堂上启阿母。""启阿母"就是禀告阿母的意思。

qì

气

甲骨文 三 三

金文 彡 气

小篆 气

隶书 氣

气是一个象形字,甲骨文写作三横,像气在空中飘浮的状态。金文的形体结构差不多,也是三横,只是笔画更粗短,这和金文铸造性质有关。但已经出现如左列金文第二、三这样的形体,并由小篆继承。隶书的"气"字增加了"米"部件,变成了一个形声字,失去了象形的特征。

按照我们现在的理解,"气"应该是指的气体。《说文解字》这样解释道:"气,云气也。象形。""气"是指的云气。例如《墨子·号令》上所说的:"巫、祝、史与望气者,必以善言告民,以请报守上。"这里的"望气者",是观看气象的人,他能通过云气的变化形状来推断吉凶等,即所谓的"观云识天"。《左传·昭公元年》记载有:"天有六气,降生五味……六气曰阴、阳、风、雨、晦、明也。"其中的"六气"即古人所谓的阴、阳、风、雨、晦、明六种自然气候变化的现象。通过气不仅可以辨别吉凶,还可以进行时段的切分,即所谓的"六气"为"一时"即一个季节,因此我们今天有"节气"的说法。"气"的本义是云气、气体,因此生活中凡是和气的性质状态相似的、相关的事物都可以称作"气",例如 "气味""臭气""气门""气阀""废气""氧气""气息""屏气",等等,甚至包括"赌气""生气""运气"等抽象意义。

"气"的繁体字"氣"实际上是个后起字,换句话说"气"是"氣"的古文字,"氣"按照《说文解字》的说解是:"馈客刍米也。"也就是送给别人的粮食。"气"和"氣"有相借关系,于是氣就用来表示气体了,而又另外加食旁作"餼"表示馈赠刍米的概念。现在我们通行的简体字又恢复了古文字"气"的写法,而将"氣"作为它的繁体。

成 语

平心静气　唉声叹气　财大气粗
才气无双　颐指气使　神清气朗

歇后语

☺ 八十老太学吹打——上气不接下气
☺ 吃了鸟枪药——火气冲天
☺ 矮子打呵欠——气儿不长

谚 语

☺ 吃多伤身,气大伤神
☺ 人凭志气,虎凭威势

qì

甲骨文	金 文	小 篆	隶 书

弃

成 语

弃暗投明　自暴自弃　弃旧图新

弃武修文　前功尽弃　背信弃义

歇后语

☺ 曹操吃鸡肋——食之无味，弃之可惜

☺ 弃美玉而抱顽石——糊涂到顶了

"弃"是一个会意字，其来源与上古一种习俗有密切的关系。甲骨文由三个部件组成，从上到下依次是"子""其""廾"，分别解释为孩子、簸箕和双手，整个字会意手持簸箕将簸箕中的小孩倒出去。有的甲骨文在"子"的周围多出几个小点，表示孩子身上的羊水，因此可以推断出这是一个刚出生不久的小孩。这反映了上古社会的一种"弃头生子"的现象。这种现象在古文献中频频被记载。例如，周人的始祖名"弃"，即后稷，传说就是他的母亲姜嫄踩到巨人的脚印而怀孕，这样出生的孩子被认为不明来源，多半不吉利，于是便被抛弃。从记载来看，后稷被姜嫄抛弃过多次，但却没有死去，人们认为是神意庇护，于是又把他捡回来，取了个名字叫"弃"。金文的"弃"字，"簸箕"中的"子"头朝下，和甲骨文刚好相反，"簸箕"的形状更加复杂，下面同样表示一双手。小篆基于金文，笔画、形体变得规整，但同样可以分解为上中下三个部分。到隶书便简化为"棄"，上面的"子"随小篆写作"厶"，下面的双手变成了"木"。现行汉字"弃"，实际上是"棄"的古文，属于异体字。

《说文解字》对"弃"解释如下："捐也，从廾推华弃之。从厶。厶，逆子也。""弃"的本义是抛弃、丢弃婴孩的意思。倒"子"写作"厶"，解释为"逆子"，即逆生之子，难产之子。后来抛弃、丢弃的对象泛化。如《诗·小雅·谷风》说："将安将乐，弃予如遗。"是说安乐了，你却抛弃我，像遗忘了我似的。"弃"的对象不仅泛化，而且抽象化。如"背信弃义"，"弃"作背弃、违背讲。

qiān

甲骨文 金文 小篆 隶书

数词中比较大的单位是百、千、万、亿，在甲骨文中就有千、万这样的大数字，用来计数用。甲骨文的"千"字，字形像一个侧立的人，在人的身体中部又增加了一横，以此构成数字"千"。至于为何加"一"为千，说法不一。有的解释为借"人"声，加"一"表示一千；而是不是以人的这个身体为单位，加一来指事这个数字，还需要更多的考证。金文的形体和甲骨文一致，也是一人加一。小篆形体沿袭了甲骨文、金文形体。到隶书以及楷书也依旧如此，只是规整笔画的痕迹更加明显。

千，数词，这一点是毫无疑问的。《说文解字》中的说解是："千，十百也。从十，从人。""千"就是十个一百。这个数词在汉语语言中一直被使用着，应该算作基本词一类，它的意义甚至字形都没有发生过大的变化。例如《尚书·泰誓上》所记录的："予有臣三千，惟一心。""三千"就是数词，三十个一百。由于"千"在古人的心目中是一个比较大的数词，因此由本义引申表示数量很多、很大的意思，如李白有诗句说："飞流直下三千尺，疑是银河落九天。"这里的"三千尺"并非实实在在的三千尺，而是一个泛指，是为了描写飞流直下的长度很惊人。再比如《韩非子·难势》中所记录的："且夫治千而乱一，与治一而乱千也，是犹乘骥駬而分驰也，相去亦远矣。""千"和"一"是相对而言的概念，表示"多"这个意思。整句话说：太平很多世而有一乱世，和太平一世而有很长时间的乱世，犹如骑千里马而各跑各的，相差得远了。由这个意义进一步引申，可以表示程度上"多""很""非常""务必"，例如"千万"、"你千万不要出去"。"千"作为货币的计量单位，为了避免别人随意修改，可以大写为"仟"。

qiàn

甲骨文	小　篆	隶　书
欠		欠

"欠"的甲骨文是一个象形字，像一个跪坐的人张大了嘴巴打呵欠的样子。小篆的形体上面是三撇，像气体升起的样子，实际上是小篆"气"字的反写形式，而下面像一个站立的人，表示气体从人体呼出并升起，即打呵欠。隶书下面也从人，上面经过演变写作"𠂉"。

"欠"的本义是打呵欠，是人在疲倦的时候张开嘴吐气以松展身体的一种方式。《说文解字》说："欠，张口气悟也。象气从人上出之形。"说"欠"是张开口，体内的气散解而出，也就是打呵欠。例如《礼记·曲礼》中记录："侍坐于君子，君子欠伸，侍坐者请出。"其中的"欠伸"就是我们今天所说的打呵欠、伸懒腰的意思。我们今天对"欠"的使用，频率比较高的含义是表示"亏欠"，例如"欠债""欠钱"。这个意义来自本义的引申，因为人体是在精力不足的情况下才会打呵欠，所以本义引申就有了"不足、不够、缺少"的意思。例如我们所说的"状态欠佳""精神欠佳""身体欠安""欠考虑"，等等，是指的状态、精神、身体不足、不够饱满，没有达到最好的情况，缺少周全的考虑。四川话中有"心欠欠"的说法，通常是指的没有满足、有所缺失的心理状态，例如："他今天吃饭没有喝到白酒，只喝了点红酒，心欠欠的。"是说他因为没有喝到白酒而感到有点失意。由"缺少、不足"再引申才有了"亏欠"这层含义，而这个意义上"欠"多与钱财关联着，以至于大多用来指借钱财没有归还的这种行为；当然也有指其他的"亏欠"，例如"欠人家一份人情"。

此外，我们也说"欠身起立"，"欠身"是来自于打呵欠伸懒腰这种向前、向上的肢体动作，在山东一些方言中引申用作"开始"的意思。

qiè

妾

甲骨文
金文
小篆
隶书

"妾"这个字如今已经退出了常用字的行列,但这个字确实是一个有着历史身份的汉字,它记录了中国的一些社会文化历史现象。甲骨文的"妾"字像一个跪着的女子,女子的头上有一个三角形状的东西,有人认为这个东西是服刑的标志,也有人认为是一种发髻。金文的"妾"字和甲骨文相似,也是上面一个三角形部件,下面像一个跪着的女子。小篆的形体结构基于甲骨文、金文,字的上面部件演变为"辛"字头,下面部件为"女"。隶书、楷书与小篆形体结构一致,笔画更趋平直化。

根据许慎《说文解字》的说解,"妾"的本义是:"有罪女子,给事之得接于君者。从辛,从女。《春秋》云:'女为人妾。'妾,不娉也。"是说妾的身份是有罪的女子,是供职于君主的人。这种人不进行问名(古婚礼之一,男方请媒人问女方名字和生日)这样的婚礼而直接就成为别人的妻子。按照这样的说解,妾的身份在古代实际上很低下,是女奴的身份,本义应该是女奴。由于妾的特

殊身份,因此在古代社会又往往成为男子正妻之外的女子,即小妻,偏房,这个意义也是我们今天的人最熟悉的一个意义。妾由于身份的特殊,地位的低下,因此往往成为古代女子的自谦之词,是一种贱称。例如杜甫《新婚别》诗句中所说的:"妾身未分明,何以拜姑嫜。"这里的"妾"就是一个谦辞。

歇后语

☺ 小妾当家——做不了主

☺ 为妻骂妾——迫不得已

☺ 老子纳妾儿娇居——上梁不正下梁歪

qín

甲骨文	金 文	小 篆	隶 书

成 语

衣冠禽兽　飞禽走兽

歇后语

☺ 猴儿戴帽子——衣冠禽兽

☺ 鸡穿大褂狗戴帽——衣冠禽兽

谚 语

☺ 良禽择木而栖，良臣择主而仕。

☺ 德禽鸣福寿，义犬保平安。

☺ 禽逃飞、兽狂叫，地震要来到。

"禽"的甲骨文像捕猎用的工具，上面是网状的器具，下面是握柄。金文的"禽"字是个形声字，字的上部为声符"今"，下部同甲骨文基本一致，为形符。小篆直接基于金文，并将握柄横置，于是就有了隶书、楷书的形体。

"禽"在甲骨刻辞中是一个动词，表示捕获、擒拿的意思。根据《说文解字》的说解来看："禽，走兽总名。从厹，象形，今声。禽、离、兕头相似。"禽为走兽的总称。但从甲骨刻辞来看，这个字最开始应该是作动词擒获讲，后来才以此来称呼擒获到的猎物，于是才成为一个名词。"禽"作为动词用的例子很常见，在甲骨刻辞中就有"禽鹿""禽虎"等记载，表示擒获，又如《逸周书·世俘》所记载的："武王狩，禽虎二十有二。"这里的禽就是擒获的意思。作为动词用的"禽"后来增加了"扌"旁，变成了"擒"，于是"擒"便成为了动作擒获的专用字，而"禽"则变成了擒获的猎物的名称。所猎获的既有飞禽也有走兽，因此最开始"禽"在指称猎物的时候应该是一个泛指概念。但在先秦的文献中，我们可以看到"禽兽"连用的情况，说明"禽""兽"在这个时候是有区别的了。"禽"在开始的时候可能既包括飞鸟类也包括走兽类，《论衡·遭虎》记载："虎也诸禽之雄也。"此即明证。后来随着语言的发展使用，"禽"的语义范围开始缩小，专门用来指称飞鸟类，而走兽类则用"兽"来表示了。例如我们今天常常说到的"飞禽走兽"，实际上就已经将"禽"和"兽"分别开了："禽"是"飞禽"，指鸟类；"兽"是"走兽"，指地上爬行奔跑的动物类。

qiū

甲骨文

小篆

隶书

古人对四季观察非常细致,在文字的记录上,采取了以物代名的方式,秋季在甲骨文中正是如此表现的。甲骨卜辞中记录了"秋"的形体,这个形体像一只昆虫,研究的人认为它像蝗虫。蝗虫在秋天会成群出现在田野中,吞食成熟的粮食作物,大致因为如此,这个字实际上代表的就是我们今天的"秋"这个概念。而左列甲骨文的第二个形体,"蝗虫"的下方还有一个"火"部件。《说文解字》所收录的字头正篆从禾、从火,即左列小篆的第一个形体,但它的籀文(左列小篆的第二个形体),左边为"禾"和"火"部件,右边为"龟"部件。"龟"字的甲骨文写作"𩽕",与甲骨文表示蝗虫的这个形体有相似之处,不难看出,籀文右边的"龟"是误写的结果。隶书的"秋"字基于小篆,从禾、从火。

从《说文解字》的说解来看:"秋,禾谷孰(熟)也。""秋"是指的谷物成熟。《礼记·月令》中说:"麦秋至。""秋"即成熟。谷物成熟的时间是秋天,因此"秋"作为季节讲,这个意义也是我们今天的常用意义,因此有"秋收""秋水""深秋"等说法。《诗·卫风·氓》中所说的:"将子无怒,秋以为期。"秋即秋天的意思。由此引申为时期、日子,《史记·魏公子列传》中记载:"今公子有急,此乃臣效命之秋也。""效命之秋"即效命的时间、时期。我们常说的"这是一个多事之秋",其中的"秋"即时期的意思。而"秋"作为收成、庄稼成熟讲,一般要经历一年的周期,因此,"秋"可以表示"年"的意思,例如我们说"千秋万代"、"一日不见,如隔三秋"等,其中的"秋"都是"年"的意思。

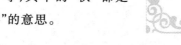

成　语

暗送秋波　冰壶秋月　春华秋实
叶落知秋　明察秋毫　千秋万岁

歇后语

☺ 秋后的瓜棚——空架子
☺ 秋后蝉鸣——声嘶力竭
☺ 秋后的蚊子——飞不了几天
☺ 秋后的柿子——越老越红

谚　语

☺ 一叶落知天下秋。
☺ 立秋十天遍地黄。
☺ 一场秋雨一场寒。

qǔ

甲骨文	金 文	小 篆	隶 书

成 语

无理取闹　探囊取物　杀鸡取卵
取而代之　断章取义　自取灭亡

歇后语

☺ 长衫改夹袄——取长补短
☺ 沙漠里烤火——就地取材（柴）
☺ 唐僧上西天——一心取经
☺ 瞎子背瘸子——各取所长

谚 语

☺ 取人之长，补己之短。
☺ 软处好取土，硬处好打墙。
☺ 君子爱财，取之有道。
☺ 宁向直中取，不可曲中求。

这是一个会意字，甲骨文左边从耳，右边从又，即手，组合成"取"字，表示用手取耳。金文对甲骨文的耳部件有所改变，更加凸显耳朵的外形轮廓。小篆在金文的"耳"部件的基础上，将一些笔画加长并且连贯起来了，较难看出这是一只耳朵的形状，只是"又"这个部件仍然保持着手的形状。到了隶书和楷书，"耳"已经完全不像耳朵了，而右边的"手"则写成了"又"。

古时作战或狩猎有割取左耳记功的习俗，因此在文献中我们能看到这样的记载，《周礼·夏官·大司马》说："大兽公之，小禽私之，获者取左耳。"郑玄注："得禽兽者取左耳，当以计功。"许慎《说文解字》解释道："取，捕取也。从又从耳。《周礼》：'获者取左耳。'《司马法》曰：'载献聝。'聝者，耳也。"取的本义是割取，后来引申为拿、取得、获得、捉拿之义，例如《尚书·召诰》上说："太保乃以庶邦冢君，出取币，乃复入，锡周公。"太保是官名，是说太保和各国君主，出去拿了玉器绸子等，回来赐给周公。这里的"取"就是拿的意思。我们今天到银行取钱的"取"，也是拿的意思。"取暖""吸取"的"取"则是获得、取得的意思。而高考录取中的"取"，是在获得的基础上进一步引申，有挑选的含义在里面，在获得的人中择优挑选。当然我们还有"取命"的说法，实际是做本义讲，即割取、割杀，也可理解为引申义拿、拿下。

在古汉语中，"取"往往又借作"娶"字。通观汉字，"趣"也是一个从"取"的字，许慎《说文解字》解释为："趣，疾也。从走，取声。"这个字的取意大概也是和取有关，为了迅速得到某个东西而疾跑，因此许慎解释作疾，疾跑之义。

qǔ

甲骨文

小篆

隶书

娶

这是一个从女的汉字，从它的结构造型我们可以看到，甲骨文所展示的是一个跪坐的女子，右边是一只手持一只耳朵。甲骨文的右边的结构就是我们前面提到的"取"字，和"女"相组合，就构成了我们今天的"娶"字。而小篆依然能看到这些部件的原形，也能从字的结构组合中解读出这个字造字之初的表意所在。这是一个形声字，从取得声，从取、女得义。

许慎《说文解字》对"娶"字有这样的解释："取妇也。从女，从取，取亦声。"清代说文四大家之一的段玉裁在其《说文解字注》中说道："取彼之女，为我之妇也。"这实际上说解的就是娶的本义，"娶"表示把女子接过来成亲，也就是我们现在所说的娶媳妇儿。我们从许慎和段玉裁的解释中，可以看到，他们都是用的"取"字来解释"娶"字，这说明在古文中，这两个字常常可以通假借用。从出现的先后来看，"取"应该是"娶"的本字，也就是说加女旁的"娶"是后来才产生的，此即所谓的古今字的区别。

娶为何会同取字相关联呢？民俗学家们对此作过一些研究。从我们今天的一些少数民族地区的婚俗习惯来看，仍然保存着抢婚的习俗，而这个习俗也正是"娶"这个字从取的一个字源说解。从"取"字的结构意义分析来看，"取"开始是一种武力行为，而抢婚在人类婚娶发展历史上是确凿无疑的一种形式，这是父系社会取代母系社会的一个写照。

成 语

明媒正娶

歇后语

☺ 打发闺女娶媳妇——两头忙

☺ 过年娶媳妇——双喜临门

☺ 玉帝娶亲——天大喜事

谚 语

☺ 娶妻娶德不娶色，交友交心不交财。

☺ 娶了媳妇忘了娘。

谜 语

☺ 娶了小妾跑了老婆。（猜一成语）

——因小失大

☺ 刚娶媳妇，父母失踪。（猜一成语）

——一来二去

qù

甲骨文	金文	小篆	隶书

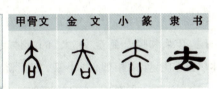

成 语

陈言务去　不如归去　扬长而去
去伪存真　去天尺五　来龙去脉

歇后语

☺ 财到光棍手——一去无回头
☺ 武大郎上墙头——上得去，下不来

谚 语

☺ 只有上不去的天，没有上不去的山。

关于行走，古人有多种记录。不同的走路方式，有不同的汉字去表示。甲骨文的"去"字由两个部件构成，上面像一个正面的人，人的腿下有一个"口"形体，表示某种出口，整个字表示人从这里离开。金文的形体结构与甲骨文基本一致，上面像人，下面为口，表示离开某处。小篆的形体基于甲骨文、金文，只是"口"字变成了不封口的"凵"，隶书因此而写作"厶"。

"去"的本义是离开的意思。从《说文解字》的说解来看："去，人相违也。从大，凵声。"人离开某地称之为"去"。例如《诗·大雅·生民》中说："鸟乃去矣，后稷呱矣。"是说鸟飞走了，后稷哇哇地哭。又如人死称为"去世"，即离开人世。但我们今天的"去"更多地表示"到、往"的意思，例如我们说"去学校""去四川"，是到学校、到四川的意思，而不是离开学校、离开四川的意思，但"去"表示到、往含义在古汉语中也存在，只是产生时间稍晚。

"去"由本义可以引申表示距离，例如我们常说的"相去甚远"，其中的"去"就是距离的意思。离开表示一个事物从原位置到另一个位置，也就意味着这个事物从原位置消失了，因此，"去"又可引申出消除、去掉的意义，例如"去屑洗发水""去污洗衣粉"，等等，表示除去头屑、去掉污渍的意思。

quǎn

甲骨文 金文 小篆 隶书

犬

"犬"即今天我们说的狗,甲骨文的"犬"是犬的象形,包括犬头、身、脚、尾、耳朵和嘴。到金文"犬"的身体部分省略成一条线,但形体仍然和甲骨文相似。到小篆,"犬"就完全变形,中间被变形为一个"人"字,而将金文的"犬"的头部和耳朵变作一横一竖弯。到隶书的时候,彻底失去了犬的形象,以点、横、撇、捺结束了犬的形象性特征。

"犬"在上古是重要的家畜之一,人类很早就认识了犬这种动物,并且将其驯化成为家犬,使其成为人们生活中的看家护院的助手。许慎《说文解字》说道:"犬,狗之有县蹏者也。象形。"许慎所谓的犬,是指一种有不着地而悬空的蹏趾的犬,属于狗的一种。古人对于犬的认识有犬、狗之别,一般而言大的称之为犬,小的称之为狗,通称一般用"犬"。《诗·小雅·巧言》记载有:"跃跃毚兔,遇犬获之。"是说蹦蹦跳跳的狡兔,一遇到犬,便被捕获了。这里的"犬"即许慎所指的犬,相当于我们今天所说的猎犬。《说文解字》中实际有"狗"这个字,其解释为:"孔子曰:'狗,叩也。叩气吠以守。'从犬,句声。"许慎以"叩"来解释"狗",根据清代的《说文解字》研究者的观点来看,是一种以声音来解释的方式,也就是狗这种犬,它的叫声如"叩"。

犬,或者狗,它们所具有的特点非常明显,有灵敏的嗅觉和听觉,忠厚老实,深得中国人的喜爱,因此中国人喜欢养狗,无论贫贱富贵的人都爱养狗。狗的种类很多,有些品种也很珍贵,如猎犬、警犬、狼犬、牧羊犬、哈巴狗、金毛狗等等;狗对主人总是忠实,由此借用在人身上,表示一种谦称,比如"犬马",而"犬子"是称自己的孩子。但"狗"这个字,却常常带有贬义,例如"狗命"、"狗眼看人低"、"落水狗"、"疯狗"等等。

成 语
鸡犬不宁　鸡犬升天　犬牙交错
犬马之劳　驴鸣犬吠　丧家之犬

歇后语
⊙ 鹰犬捕兽——上下夹攻
⊙ 得了狂犬病的恶狗——正在凤(疯)头上

谚 语
⊙ 虎落平阳被犬欺。
⊙ 食子丢进水,鸡犬都失望。

明刻《燕子笺·奸遁》

què

甲骨文 小篆 隶书

麻雀是我们生活中最常见的鸟，在很多地方都可以见到这种鸟的身影，无论是繁华的都市，还是安静的山岭，都是它们栖息生活的地方。甲骨文的"雀"字是一个会意字，由上面的"小"部件和下面的"隹"部件共同构成，"隹"是一种鸟，"小"和"隹"会意表示小鸟，即麻雀。小篆的形体结构来自甲骨文，由"小"和"隹"构成会意字，只有笔画的调整。隶书的上面是"少"，古汉语中"少"和"小"可以互用，因此"少"也表示"小"。

"雀"的本义是指的麻雀，是一种体型小巧的圆头小鸟，不足一个巴掌大小，体毛以褐色为主，背上的毛上有黑色的斑点。《说文解字》解说为："雀，依人小鸟也。从小、隹。读与爵同。"是说麻雀是一种喜欢栖息在有人居住的地方的鸟。例如《诗·召南·行露》："谁谓雀无角，何以穿我屋。"谁说雀没有强硬的嘴角？否则怎会穿破我家房屋。这里的"雀"就是麻雀。在古汉语中，"雀"后来成为一种泛称，泛指小鸟，例如"燕雀安知鸿鹄之志哉？""螳螂捕蝉，黄雀在后"，其中"雀"都是泛指小鸟，又如我们现在所说的"孔雀""银雀""朱雀""云雀""蜂雀"，等等。因为麻雀背上的黑色斑点和人皮肤上的斑点有相似性，因此我们现在称脸上皮肤长的斑点为"雀斑"。

人们常常会说"麻雀虽小，五脏俱全"，就是指的麻雀这种小鸟虽然个小但身轻灵活，并且样样具备，这个谚语常常用来比喻体积规模小的事物但内容却很齐全。

成 语

明珠弹雀　鸦雀无声　门可罗雀
黄雀伺蝉　掩目捕雀　罗雀掘鼠

歇后语

☺ 八个麻雀抬轿——担当不起
☺ 半天云里打麻雀——空对空
☺ 孔雀戴凤冠——官（冠）上加官（冠）
☺ 麻雀搭窝——各顾各

谚 语

☺ 麻雀虽小，五脏俱全。
☺ 螳螂捕蝉，黄雀在后。

rén

甲骨文	金 文	小 篆	隶 书

人类最先认识的是自己，除数字"一""二"之外，"人"是所有汉字中最简单的字之一。"人"这个汉字自古至今形体和意义都没有发生本质的变化。甲骨文的"人"，像人的侧立状态，金文和小篆也几乎一致，头、颈、手、身、腿一并齐全。小篆将甲、金文"人"的左面部件（人下垂的手形）延长。隶书和我们今天的楷书"人"字，笔画更加平稳匀称，将甲、金、篆的侧立人形变化为更像人跨步行走的形状。

《说文解字》里说"人"是"天地之性最贵者"。人之所以成为人而不同于其他动物，在生理结构上看，"人"从四肢着地演化为直立行走，从而促进了人的思维和语言的发展，开阔了人类的视野，人才最终成为天地之性最贵者。而这个简单的"人"字合情合理地揭示了"人"这个概念，这是字母语言所不能及的。甲骨卜辞中记录有"人"字的词条高达700余条，在一定程度上可见"人"是社会生活的中心和主力。而造字之初，先民对于自身的认识精确而明了，也使得这个字从古至今一直被沿用而未作大改。

除了侧立的人之外，汉字还记录了正面仁立的人，即"大、天、夫"等。我们还可以发现，汉字构形表意都是以人为本的，也就是说"整个汉字的精神，是从人（更确切一点说，是人的身体全部）出发的"（姜亮夫《中国古文字学》）。人体部位成为构字的主要符号，如从"长""身""弃""保""交""立""夭""自""取"等可窥见一斑。汉字从"人"（亻）之字大都与人有关，如二人相随而为"从"，三人相从为"众"，人累而憩为"休"，等等。

汉字

rì

日

甲骨文

金文

小篆

隶书

"日"的甲骨文是个象形字,这个字是太阳的象形,中间的短横表示太阳,而外面的圆圈表示太阳的光芒,由于契刻的原因,所以显得不够圆滑。金文的"日"写法先后不一,左边所列的第一个金文形体是在甲骨文的基础上省去了中间的短横,而金文的"日"的写法还有很多种,从这些写法来看,有和甲骨文相似的,也有将日写成实心体的,也有就以圆圈表示的。到小篆的时候,开始定型化,小篆所依托的形体是圆中带点或短横的"日"。隶书和楷书形体和小篆最为接近。

"日"的本义即太阳,这是人类最早认识的宇宙事物之一。上古有"后羿射日"的传说,说明先民对日的认识很早,知道它既可以带来温暖,也可以导致干旱。《说文解字》中这样说解道:"日,实也。太阳之精不亏。从口、一。象形。"太阳是光明的精华实体。在古文献中我们可以看到有关太阳的记录,例如《易·系辞下》:"日往则月来,月往则日来。"这里的"日"即天体太阳,和月相对而出。能见到太阳的时间,人们称作白天,因此"日"被用来表示白昼,和"夜"相对,于是有"日夜""夜以继日"的说法。在这个意义上引申将"日"用作计时单位,表示"天",也就是太阳经过一次东升西落的周期,即地球自转一周的时间,于是有"日月""日常""日记""明日""今日"等等说法。古诗词中也常有记载,例如:"日日思君不见君,共饮长江水。"(宋·李之仪《卜算子》)

"日"在表示时间上又进一步泛化,用来泛指时间,于是就有了"日子""往日""昔日"等等说法。文献中也有这样的用法,例如《左传·昭公七年》记载有:"日我先君共王。"这里的"日"即往日。

成 语

一日千里 白日做梦 白虹贯日
暗无天日 夜以继日 日暮途穷

歇后语

☺大年初一看历书——日子长着哩
☺三十晚上盼初一——指日可待

谚 语

☺冰冻三尺,非一日之寒。
☺一年之计在于春,一日之计在于晨。

218

ròu

甲骨文	小篆	隶书
刀		肉

成 语

肉眼凡胎　行尸走肉　皮开肉绽

挖肉补疮　髀肉复生　心惊肉跳

歇后语

😊 案板上的肉——任人宰割

😊 吃口樱桃肉塞了嗓子眼——小心眼

😊 豆腐干煎腊肉——有言（盐）在先

😊 核桃里的肉——不敲不出来

谚 语

😊 老牛肉有嚼头，老人言有听头。

😊 没吃到羊肉，惹了一身臊。

😊 癞蛤蟆想吃天鹅肉。

人类社会经历了刀耕火种的时代，也经历了田猎时代，狩猎的结果必然会涉及兽类的肉体，因此人类在很早就开始接触这个概念。甲骨文的"肉"就是兽类的一块肉的象形。小篆的形体基于甲骨文，只是在形体内部将笔画变复杂了，就像肉的纹理。隶书的"肉"字由于笔画的方折化，已经难以再从形体上进行说解了。

"肉"的本义就是今天通常说的肉，例如鸟兽的肉。《说文解字》这样说解："肉，胾肉。象形。"即大块的肉。这是对"肉"的形体的最直接的解释。从现代科学认识的角度看，肉包括皮肤、脂肪和肌肉。我们通常会说"皮肉""骨肉""肌肉"，等等，都是这个意义的使用。而尤其多见的是用在动物身上，比如"猪肉""狗肉""羊肉""牛肉""鸡肉""鸭肉""鹅肉""马肉""猫肉""鸽子肉""鱼肉"，等等，这些日常生活中常常出现的，人们的食用对象，我们都常常以"动物+肉"构成。肉是动物身上的肌体部件，是构成这个生物体的重要因素，由此引申到植物果实，于是就有了"果肉""桂圆肉""杏肉""桃肉"，等等说法。

上古汉语中以"肉"指称鸟兽的肌体，而人身上的"肉"则称为"肌"，鸟兽身上的"肉"只能称为"肉"，而不能称为"肌"，这个现象在我们古代汉语中有完整的保留。而现代汉语中对于人身上的肉不再称为"肌"了，同样也称为"肉"。

rú

甲骨文

小篆

隶书

中国古代社会要求人们要顺从、要言听计从，而社会附加给女性的要求和束缚远远多于男性，这也是中国传统文化特色的一个体现。"如"字的甲骨文是一个会意字，由一个跪坐的女子形象和一个大大的口组成，会意女子要听从来自家庭、社会的命令和要求。小篆的形体结构和甲骨文基本一致，左边为"女"，右边为"口"。隶书的结构和小篆是一致的。

"如"的本义就是上面所分析的，表示顺从、依从的意思。《说文解字》认为："如，从随也。从女，从口。""如"即是指的依从的意思。例如《史记·项羽本纪》中记载有："项王使人致命怀王，怀王曰：'如约'。"这里的"如"即表示顺从、依从的意思。又如我们常说的"如愿以偿"，其中的"如"也是作顺从、依从理解。顺从、答应之后就会去做这件事情，而不会违背和反悔，于是就引申出"往、去"的意思，例如《左传·隐公六年》中记载有："郑伯如周，始朝桓王也。""如"即作"去、到"讲。

"依从"是按照既有的规定做事，也就是比照约定做事，因此"如"就有了"如同、好像"的意思，例如《诗·王风·采葛》中说："一日不见，如三秋兮。"一天没见到，就好像隔了三年没见。而我们说的"字如其人""正如我说"等中的这个"如"也是这个意思，作"如同"讲。"这件衣服不如那件衣服"，其中的"如"作"比""比得上"讲，是"如同"意义的引申用法。

在古汉语中，"如"更多地被用作连词、助词等，例如表示假设关系，《诗·秦风·黄鸟》中说："如可赎兮，人百其身。"如果可以代替，我们愿以一百人的生命来换回他的生命。而在我们普通话中这种用法是很常见的，例如："如下雨就不去。""如"用来表示列举，是今天我们用得最多的，例如："成都好吃的很多，如串串香、麻辣烫、火锅，等等。"

成　语

今不如昔　安如磐石　一如既往
一见如故　易如反掌　心急如焚

歇后语

☺ 拔了毛的凤凰——不如鸡

☺ 如来佛掌上翻跟头——跳不出去

谚　语

☺ 口里甜如蜜，心里黑如漆。

☺ 养子不教，不如不要。

☺ 长兄如父，长嫂如母。

明刻《牡丹亭·如杭》

rù

甲骨文

金文

小篆

隶书

"入"字的甲骨文是个象形字,像尖头的物体,可以插入别的物体,有人认为像屋顶,代表房子可以进出,也有人认为是来自甲骨文"六"字的上半部分。金文的形体结构和甲骨文基本一致,但更加凸显了尖头。小篆将笔画变得更加圆滑,将金文上面的尖头变成了一条短竖。隶书直接写成一撇一捺。

"入"的本义是表示进去,《说文解字》说:"入,内也。象从上俱下也。""入"即从外到内、进入的意思。例如《孟子·滕文公上》记载说:"当是时也,禹八年于外,三过其门而不入,虽欲耕,得乎?"这里是说大禹治水三次经过自己的家门都没有进去过,"入"是进入、进去的意思。"入"的这个意义在今天是一个基本意义、常用意义,例如我们会说"入场券""入门""进入""入关""入境""入睡""入主中原",等等。这个意义引申可以表示"加入""参加"的意思,例如"入籍""入册""入团""入党""入学",等等。再引申就有了"接纳""接受"的意思,例如《左传·宣公二年》记载:"谏而不入,则莫之继也。"是说总是不采纳别人的进谏,就没有人继续这么做了。"入"即接纳、采纳的意思。"入"一处,必然对应"出"另一处,在古汉语中,"入"还有交出去、缴纳、交纳的含义,例如《墨子·贵义》中所说的:"今农夫入其税于大人,大人为酒醴粢盛,以祭上帝鬼神。"从统治者(大人)的角度看,税收进入国库,是"入";而从纳税者的角度看,则是交税、交出去,"入"即是"出"。"入其税"即交纳自己的税赋,而征收税的大人就有了"税收",这称之为"收入",因此"入"也可以表示"收入"。例如我们常说的"入不敷出",这个"入"就是"收入"。

成 语

入木三分　病入膏肓　病从口入
长驱直入　操戈入室　超凡入圣

歇后语

☺ 扳手紧螺帽——丝丝入扣
☺ 放蚊入帐——自找麻烦
☺ 莲藕炒粉条——无孔不入

谚 语

☺ 寒从脚起,病从口入。
☺ 入国问禁,入乡问俗。

ruò

| 甲骨文 | 金 文 | 小 篆 | 隶 书 |

成 语

若有所失　若隐若现　怅然若失
安之若素　呆若木鸡　大智若愚

歇后语

☺ 叫花子做驸马——受宠若惊
☺ 夏天的萤火虫——若明若暗
☺ 关云长刮骨疗毒——若无其事

谚 语

☺ 若要庄稼好，天天起个早。
☺ 知子莫若父。
☺ 若要人敬己，先必己敬人。

"若"的甲骨文像一个跪坐的女子正在梳理、理顺长长的头发。金文的形体和甲骨文比较多了一个"口"，跪坐的人形变成了半立的人形，这个人也是正在理顺长发的样子。小篆的形体在金文的基础上发生了变化，原来甲骨文、金文上面表示人的头发、双手的符号变成了"艸"头和"又"，下面一个"口"。隶书就小篆的形体进行了改变，下面直接写作"右"。

"若"的本义不难看出表示"顺"，引申表示顺从、顺应，例如《谷梁传·庄公元年》中说："不若于道者，天绝之也。""若"即顺从、顺应的意思。"若"既然是顺从，引申就有了应允、答应的意思，即"诺"。"顺从、依从"是按照已有的规定行事，因此和"如"字类似，可以引申表示"如同、好像"的意思，例如我们所熟悉的名言"海内存知己，天涯若比邻"，以及"大智若愚""大巧若拙"等，其中的"若"都作"如同、好像"理解。同样的，和"如"一样，在这个意义上还可以引申表示"及、到、比得上"，例如《论语·学而》中所说的："未若贫而乐，富而好礼者也。"这里的"若"作"比得上"讲。

"若"在古汉语中常常被用作代词，表示第二人称"你（的）、你们（的）"，指示代词"这、这个、这样"等。例如《史记·项羽本纪》中有记载说："吾翁即若翁。""吾"与"若"相对出现，"若"表示"你的"。《孟子·梁惠王上》中说："以若所为，求若所欲，犹缘木而求鱼也。""若"即"如此、这样"的意思。除此之外"若"还被用作连词、副词等，最为常见的是表示假设关系，例如"天若有情天亦老"、"若要人不知，除非己莫为"，等等，其中的"若"相当于"如果"。

sāng

甲骨文

小篆

隶书

甲骨文的"桑"是桑树的象形，下面表示根，中间表示枝干，上面像分叉上长有桑叶。殷墟卜辞中所记录的"桑"字有两种：一种如左边甲骨文第一个形体所示，这是一种"地桑"，比较矮小；另外一种是"树桑"，比较高大，人们采集桑叶需要爬上桑树，并且背负箩筐进行，这样的"桑"字写作左边甲骨文的第二个形体，树间所展示的"口"字形的部件，有研究者认为表示采集桑叶的箩筐，这个甲骨文在卜辞中借用作"丧"。金文没有明确的"桑"字记录，但春秋战国时期的青铜器上也发现了女子采桑的图画，其中的桑树形状和甲骨文相似。小篆基于甲骨文，将"桑"下面写成了"木"，上面的桑叶写成了三个"又"。从隶书和楷书可以更加清楚地看到这种演变。

"桑"是一种落叶乔木，《说文解字》说解道："桑，蚕所食叶木。从叒、木。"《诗·郑风·将仲子》有记载："无逾我墙，无折我树桑。"这里的桑即指的桑树。而桑叶可以作为养蚕之用，因此有"桑蚕""桑蚕丝"的说法，《诗·卫风·氓》记载："桑之落矣，其黄而陨。"其中的"桑"即桑叶。

传说中的黄帝的正妃嫘祖就是中国养蚕的始祖，养蚕业从古至今一直没有衰退过。由桑蚕的养殖而使得丝绸业兴盛不已，丝绸的种类品种也很多，有绫类丝绸、罗类丝绸、绒类丝绸，等等。"桑"的本义到今天依然没变，只是在和个别语素结合的时候，会形成新的含义，例如"桑榆""桑梓"，指暮年和故乡、老乡。桑树结的果实桑葚，各地方言中称呼不同，在四川方言中称为"桑苞儿"。

成 语

沧海桑田　桑榆暮景　桑中之约
指桑骂槐　鸡犬桑麻

sēn

甲骨文	小 篆	隶 书
		森

成 语

森罗万象　壁垒森严

歇后语

☺森林失火——全是光棍

谜 语

☺森。（打一成语）

——入木三分

☺林字多一半，不当森字猜。

（打一字）——梦

三个木字相重叠即成为"森"字，和"林"字一样，这是一个会意字。甲骨文的"森"就是三个"木"相重叠，金文字形缺失，小篆基于甲骨文的形体，笔画上变得圆曲，隶书和楷书在字体构件上也大体沿袭了小篆。

我们从"森"的字形上进行分析，就可以知道这个字的含义所指，汉字的特点告诉我们，这个字表示树木众多的意思。再来看看许慎《说文解字》的说解："森，木多儿（貌）。从林，从木。读若曾参之参。"许慎的说解是正确的，森就是树木众多的样子。因此有繁茂的含义，例如"森森""森孙"（众多孙子）。因为树木多而显得阴暗恐怖，因此有"阴森""森严"等说法，在方言中还有"森人"（使人害怕和恐怖）、"森巴巴"（阴森森）的说法。

森从本义来说，古今没变，只是在使用过程中，将森的意义引申了，这在方言中尤其得到了较好的保留。"森"和"林"常常是搭配使用的，"森林"字面解释就是众多树木的意思，"森"和"林"在古文中是可以单独使用的，"森林"合并使用形成合成词，在语音上增强了节奏感。

sha

金文

小篆

隶书

"沙"字在金文中可见,金文的"沙"左边部件为"水",右边部件为"少"。"少"即在"小"字下加一点指事而成,古汉语中"少""小"可以通用。"沙"字由少、水会意而成,表示的是水边的小的颗粒石子。小篆的形体基于金文,从水、从少。隶书形体结构与小篆相同,左边的"水"写作"氵",但含义不变。

我们知道,建筑用的沙,俗称"沙子",主要来源于江河湖海边,有水冲刷的地方就容易产生泥沙颗粒。从形体分析来看,"沙"是水边的细小颗粒、石子。《说文解字》中也是这样说解的:"沙,水散(散)石也。从水,从少。水少沙见。楚东有沙水。"是水边的一种散落的小石子、小颗粒。古人对沙的认识和利用很悠久了,例如《墨子·备梯》中所记载的:"城上繁下矢石沙炭以雨之,薪火水汤以济之。"沙和箭、石头、炭、水、火等一样,用于击退攻城的敌军。有沙的地方一般是水边,因此,"沙"又借指水边,我们今天称海滩也称为"沙滩"即源自于此。细小的沙石、颗粒称为沙,在气候干燥的地方,植被稀少,常年大风,这种地方容易形成沙石聚集情况,即沙漠,因此,"沙"又指沙漠。因风吹含杂沙粒,于是又有"风沙"的说法。

生活中与"沙"性状相似的事物,都可以以沙命名,例如"沙眼""豆沙"等。有一种竹编农具称作筛子,用来筛出物体中其他颗粒。例如筛米,即筛出米中的细小的沙子等,也有筛胡豆粉,将磨碎的胡豆粉放在筛子中筛,筛下磨细的豆粉。在一些方言中用筛子筛的这个行为,被称作"沙",例如"沙沙子",是筛沙子的意思。此外,我们也说"声音沙哑",是声音不洪亮、不清晰的意思。

成语

折戟沉沙　大浪淘沙　恒河沙数
飞沙走石　含沙射影　一盘散沙

歇后语

☺ 河滩上的沙子——有粗有细
☺ 河里的沙子——捏不拢
☺ 挑沙填海——枉费心

谚语

☺ 宁夏多栽一棵树,北京少落一粒沙。
☺ 黄金要从沙子里淘,骏马要从马群里找。

shān

	甲骨文	金 文	小 篆	隶 书

成 语
名山大川　山盟海誓　地动山摇
山穷水尽　坐吃山空　山高水长

歇后语
☺ 赶着绵羊过火焰山——往死里逼
☺ 高山上打鼓——远闻
☺ 九个瓦盆摔山下——四分五裂

谚 语
☺ 书山有路勤为径，学海无涯苦作舟。
☺ 放虎归山，必有后患。
☺ 只有上不去的天，没有上不去的山。
☺ 山外有山，天外有天。

甲骨文的"山"是山的象形，有山体、山脉甚至山腰，而上面所列金文的第一个形体几乎和甲骨文的形体一致，只是山体为实心，这同金文本身的浇铸性质有关。而金文中的山还有更多写法，从这些形体，我们不难看到字体演变的痕迹。小篆的形体是在金文的基础上进行了规范化，还保留了山脉的形状。隶书直接变作竖画，但还能看出山体形状。

"山"的本义是表面隆起的土石所形成的石体。许慎《说文解字》解释说："山，宣也，宣气散，生万物，有石而高，象形。"许慎的说解侧重声训方面，"山"有石而高，这是山的解释。古人认为有石头才能称为"山"，没有石头只能称为"丘"。《易·遁象传》记载道："天下有山。"《荀子·劝学》中也记录有："积土成山，风雨兴焉。"这都是山的本义的用法。我们的语言中，还能听到"冰山""人山人海"等说法，这样的搭配中的"山"可以理解为像山一样的事物。另外，还有"靠山"，这也是比喻用法。山有稳定扎实的感觉，有庇护的作用，因此在战争年代，军队常常翻山越岭在山里扎营，以躲避敌人的偷袭。

山在古人的心目中常常是高大、主风雨神灵的对象，于是成为拜祭的对象。古代帝王往往有祭山的习俗，"封禅"即是在泰山设坛祭祀天地，因此有"封泰山而禅梁父"的说法。古人祭祀山岳主要有"五岳"，即五方最高的山：东岳泰山、西岳华山、南岳衡山、北岳恒山、中岳嵩山。

明刻《邯郸记·合仙》

shāng

| 甲骨文 | 金 文 | 小 篆 | 隶 书 |

歇后语

☺ 商店里的样品——摆设

☺ 瞎子逛商店——目空一切

☺ 麻雀开会——细商量

谚 语

☺ 水里无鱼白撒网，人无本领莫经商。

☺ 经商不理财，纯属瞎胡来。

目前对于甲骨文的"商"字的解释看法不统一，有的认为像一种鼎器，有的认为像一种图腾，等等。金文的形体和甲骨文大体一致，只是中间的两个圆取消了，下面添加了一个"口"。小篆的形体基于金文进行了调整，变得更加复杂。隶书将其简化，进行了笔画的分解。

这个字所表示的基本意思是商量，这也是我们今天所常用的意义。《说文解字》认为："商，从外知内也。""商"是指从外面推测里面的情况，是表示估计、预测、估量的意思。这是本义。例如《战国策·中山策》中记录有："臣愿之赵，观其地形险阻，人民贫富，君臣贤不肖，商敌为资，未可豫陈也。"其中的"商"即估量的意思，是说估量赵国的情况，作为判断的参考，而不会没有依据地陈述。由这个意义引申出"讨论、商量"的含义，例如《后汉书·宦者传论》中说的："成败之来，先史商之久矣。""商"即商量的意思。做买卖需要商量、讨论，因此就引申出商业买卖以及商人的意思，这个意义在我们的生活中随处可见，例如"经商""商家""商贩""从商"，等等。

"商"在古代还指"宫、商、角、徵、羽"五音之一。因为"商"这个音阶听起来很凄凉，古人就把秋天和这个音阶配在了一起，称为"商秋"。古人对于天地都很重视，"商"也是星宿名之一，即所谓的"商星"，是二十八宿之一。而我们在数学运算中，称除法的结果为"商"。

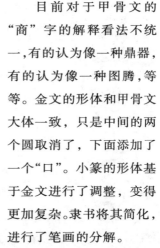

shàng

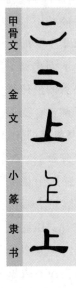

甲骨文

金文

小篆

隶书

　　"上"字是一个指事字,甲骨文的这个字上面是一短横,下面是一个长半弧,小短横指示出在半弧之上的意思。左列金文的第一个形体近似甲骨文,形似数字"二",同样是个指事字。左列金文的第二个形体,和我们今天的楷体几无两样,相比甲骨文,多出一竖立的直线,这条竖线像标尺一样,衬托出小短横在下面的较长的基线之上,也显示出了具体的位置。小篆基于金文形体结构有所增饰。隶书、楷书同金文形体。

　　"上"的本义,根据许慎《说文解字》的说解:"上,高也。"即高处、上面的意思。许慎所收录的篆文形体即左边所列小篆形体。段玉裁认为古文形体写作"二",是正确的。在古人心目中日月在上,即天上,因此"上"是指事物在上面的意思。例如《诗·周颂·敬之》所记载的:"无曰高高在上,陟降厥士,日监在兹。"是说不要以为上天高高在上,其实上天升降往来,我们的事它每天都在监视。其中"高"与"上"同时出现,表示高处的意思。"上"在古汉语中还可以用来表示"天"这个概念,因为"天"在地之上,例如《易·损》中所说的:"自上祐也。"在《易经》中,以"上"为"天"的例子还有诸如"上下无常"、"君子以辩上下",等等。

　　"上"从方位来说,是表示基于某个参照物的上面的位置,因此由这个本义引申出位移的状态。"上"因为有位移的过程,因此可以用作动词,表示上去、位置的升起。例如《庄子·逍遥游》中所说的:"鹏之徙于南冥也,水击三千里,抟扶摇而上者九万里,去以六月息者也。"这里的"上"就是鹏由低往高飞的状态。此外还有"上车""上马""上来",等等。我们日常生活中常常会说"上级""上等""上乘"等,都是本义的引申用法。

成 语

上下其手　纸上谈兵　上行下效
朗朗上口　七上八下　梁上君子

歇后语

☺ 穿着蓑衣灭火——惹火上身
☺ 板凳上睡觉——翻不了身
☺ 秃子头上的虱子——藏不住

谚 语

☺ 三十六计,走为上计。
☺ 只有上不去的天,没有上不去的山。
☺ 上梁不正下梁歪。

shang

小　篆	隶　书

我们今天常常说"衣裳",但在古人的生活概念中,"衣"就是"上衣",而"裳"是与"衣"相对的下衣。"裳"字最早见于小篆中,是作为"常"的或体被收录在《说文解字》中的。这是一个形声字,上面部件"尚"为声符,下面部件"衣"为形符,表意。而《说文解字》所收录的字头正篆实际上是"常"字,也是一个形声字,"巾"为形符,

成　语
裂裳裹膝　颠倒衣裳

歇后语
☺抹桌布做衣裳——不是这块料
☺旧抹布补新衣裳——配不上
☺年三十晒衣裳——今年不干明年干

谚　语
☺立秋早晚凉,中午汗湿裳。
☺半阴半阳,浆衣洗裳。
☺毛毛雨打湿衣裳,杯杯酒吃垮家当。

本义指布,是制作衣服的原材料。

　　"裳"的本义据《说文解字》的解释为:"常,下裙也。从巾,尚声。"即"裳"为下衣、下身所穿的短裙。上古社会的穿着,"裳"是必需的遮体布,大概是从原始人类的遮羞布演变而来的。先秦文献中对裳有所记载,例如《诗·邶风·绿衣》中所说的:"绿兮衣兮,绿衣黄裳。"这是将"衣""裳"对举,说明"裳"是有专指的一种衣服,是和我们今天的裙子相似的衣服。在上古社会,人们无论性别,都要穿裳。"裳"在古汉语中也有泛指"衣服"的时候。"裳"的普遍使用大致是先秦以前,汉以后在"裳"的基础上,人们进行了改进,于是就有了今天我们所谓的"裙"。《说文解字》说解道:"帬(裙),下裳也。从巾,君声。"这个字的或体写作"裠",即今天的"裙",从"衣"旁,和"裳"的意义是相同的,都是"下衣"。但"裳"是几面宽布拼合而成的,在大腿左右有缝隙,在此基础上汉代以后的人发明了"裙",将裳的几面宽布完全缝合起来了,成我们今天的裙子的形状,可以较好地遮蔽身体,也可以套在裳外。我们今天说"衣裳"但不说"裳",泛指衣服、服装。

　　"裳"读作shang,是今天的常见读音,但在古时它单用来表示下身所穿的衣裙时,却读cháng。

shǎo

甲骨文

金文

小篆

隶书

　　古语说"少小离家老大回","少"和"小"在字形上相似,在使用上相同。甲骨文的"少"是以四点表示数量不多。金文出现了多种变体,变化主要体现在上下两点的联结以及笔画方向的变化上。小篆承袭金文。隶书的"少"字更趋简单明了。

　　"少"即小,数量不多的意思。《说文解字》说:"少,不多也,从小,丿声。""少"即不多的意思,这个含义读作shǎo。《诗·邶风·柏舟》所说的:"觏闵既多,受侮不少。"以及《孟子·梁惠王上》中记载的:"邻国之民不加少,寡人之民不加多。"其中的"少"都是用的本义,表示数量有限、不多。由数量不多又引申表示程度上的"稍微、略微",相当于"稍";进一步又可表示"少顷""少间"等时间短暂的意义。例如《庄子·徐无鬼》中说:"今予病少痊,予又且复游于六合之外。"

　　"少"还有一个读音是shào,表示年龄不大。我们最熟悉的一个诗句是古诗《长歌行》中所说的:"少壮不努力,老大徒伤悲。"这里将"少"和"老"同时列出,表示年龄的小、年少。不同的时代对年龄段的把握有所不同。例如,古人以"二十"行冠礼、"十五"加笄表示成年,先秦时代行成年礼之后方可为"少年",汉代则十五六岁以下为"少年",而我们今天的"少年"是十岁左右到十五六岁的年龄。

成 语

少不更事　少年老成　僧多粥少
凶多吉少　少见多怪　少安毋躁

歇后语

☺ 百家姓上少了第二姓——缺钱
☺ 麻子管事——点子不少

谚 语

☺ 少壮不努力,老大徒伤悲。
☺ 书到用时方恨少,学富五车不为多。

shé

甲骨文	金 文	小 篆	隶 书

成　语

七嘴八舌　张口结舌　鹦鹉学舌

瞠目结舌　唇枪舌剑　油嘴滑舌

歇后语

☺ 鹦鹉学舌——人云亦云

☺ 舌尖上搽胭脂——嘴上漂亮

☺ 嘴上抹猪油——油嘴滑舌

谚　语

☺ 舌长事多，夜长梦多。

☺ 说尽黄河只为水，磨破口舌尽为财。

　　"舌"的甲骨文是一个象形字，字的下面是"口"，用以凸显上面的舌头形象，也标明了舌头的位置。字的上面丫状的结构表示舌头，有点像舌向前伸并移动的样子。金文和甲骨文基本一致，下面为"口"，上面为舌，舌上的小点或许表示唾液。小篆继承了甲骨文、金文，并对笔画进行了调整。隶书的结构基于小篆，笔画更加简单明了。

　　"舌"的本义是舌头，是动物和人类重要的器官，能够帮助吃东西、辨别味道和辅助语言功能。《说文解字》上说："舌，在口所以言也，别味也。"是说舌头是用来帮助说话、辨别味道的器官。例如《诗·小雅·雨无正》中说道："哀哉不能言，匪舌是出，维躬是瘁。"是说悲哀的是忠言难以进谏，并不是我舌头笨拙不会说话，而是身体病痛。这里所用的就是本义。因为舌头是重要的说话器官，人一旦没有了舌头或者舌头受伤，说话就有阻碍或者说出来的话不清晰，因此"舌"和说话有关，引申表示"语言、言语"。例如《论语·颜渊》就记载有："子贡曰：惜乎，夫子之说君子也！驷不及舌。"这里的"驷不及舌"即指的"一言既出，驷马难追"，"舌"是言语、话的意思。因此，古代有"舌人"一说，是一种职位，专门从事翻译工作的人称为"舌人"。"舌"还可以用来指称"嘴"，例如有一种帽子叫做"鸭舌帽"，就是因为帽檐像鸭子扁扁的嘴一样，这里的"舌"实际上是"嘴"的意思。

　　生活中和"舌"的样子相似的事物，也可以用"舌"来称呼，例如火焰的火苗，看上去就像舌头吐出来一样，因此被叫做"火舌"，一些方言中把门锁可以伸缩的部分称为"舌头"。在粤方言以及四川方言中，将牲畜动物的"舌"称为"利子"，因为"舌"和"失"音近，不吉利。

233

少 / 舌

shè

甲骨文

金文

小篆

隶书

射

现在提到"射"字，我们会很快想到运动场上的"射击"比赛项目，而这个射击运动就是源自古代的射猎活动。看看今天的"射"字，很难想象出这个字为何会用"身"和"寸"来表示射击这个概念。这是一个会意字，通过回溯文字的发展，我们可以理清其脉络。甲骨文的"射"字就像一只弓，横腰插着一支待发的箭，这是很形象的一个描摹，会意射箭这个动作。金文的字形和甲骨文基本一致，只是在箭尾处添加了一只手，这只手握住箭尾，更形象地模拟出了手持箭拉弓射出的过程。小篆从"身"从"矢"，还有从"身"从"寸"。可见到小篆的时候，人们将表示弓的部分误认为"身"字，大概是因为"弓"的形体和甲骨文、金文中的"身（见下页）"具有相似性。而写作"寸"或"矢"是容易理解的，甲、金文中的表示箭的部分可以写为"矢"，金文中表示手的部分可以写为"寸"。到后来规范字取了"射"字，一直沿用到今天。

"射"的本义就是射击，《说文解字》如此解说："弓弩发于身而中于远也。从矢，从身。"意思是说射是指弓箭从身边发出射中远处的目标，即射箭的意思。在古人眼里，善射是一种优秀表现。古人有"礼、乐、射、御、书、数"这六艺，"射"是其中一项。习射是古人常有的运动项目，不仅是战场上的一种作战方式，还是王公贵族进行娱乐、竞技选拔的一种方式。从"射"的本义又进一步引申，可以表示一个点的能量集聚之后向外推送的物理过程，于是就有了足球场上的"射门"、狙击手的"射击"、太阳光的"照射"、火箭的"发射"、火山熔岩的"喷射"、针液的"注射"等，以至于进一步引申出我们今天常见的"电脑辐射""X射线"等，甚至还有"影射""放射"等等。

成　语

含沙射影

歇后语

 单箭射双雕——一举两得

☺ 射箭没靶子——无的放矢

谚　语

☺ 射人先射马，擒贼先擒王。

shēn

甲骨文	金文	小篆	隶书

成语

挺身而出　身怀六甲　身不由己
身败名裂　身临其境　身先士卒

歇后语

☺ 豹子进山——浑身是胆
☺ 背油桶救火——惹火上身
☺ 柴草人救火——自身难保

谚语

☺ 少时练身劲，老来少生病。
☺ 身在福中不知福。
☺ "白露"身不露，"寒露"脚不露。
☺ 艺多不压身，艺高人胆大。

身体的"身"是一个象形字，其甲骨文像一个侧面直立的人，这个人有头、手、身、腿，凸显的是人身体部位的腹部，在人的腹部用一个半弧形来说明重点，表示人的身体。金文的"身"字和甲骨文一脉相承，也像一个侧面站立的人，有的形体多增加了腹部半圆内的小点，以指事这是身体；下部增加一横，到小篆则演变成了人站立的两只腿。小篆形体结构依据金文形体结构，字体更加规整划一，笔画流畅。隶书的"身"字将小篆的某些笔画合并，因此难以分解出这是一个站立的人形。

"身"顾名思义，就是指的身体，但就本义而言最开始应该和身孕有关。《说文解字》的解释是："身，躬也。象人之身。""身"即身躯。"身躯"这个意思应该是从怀孕、身孕这个意义上引申而来的。《诗·大雅·大明》中有这样的话："大任有身，生此文王。"其中的"身"就是身孕、怀孕的意思。同样见于《诗经》中的另一句话这样写道："我闻其声，不见其身。"这里的"身"即身躯之意。身体是动物和人的主要躯干部分，一般来说，包括颈以下大腿以上的部位，宽泛一点还包括大腿以下的部位。因此由这个意义引申指物体的主干或者主要部分，于是我们就有"车身""机身""树身"等等说法。因为身躯是一个人所独有的，所以引申表示"自己"，于是就有了"身家""自身"等说法。这种指称自己的用法在古汉语中就有了，例如《楚辞·九章·惜诵》所记载的："吾谊先君而后身兮，羌众人之所仇。"是说我主张先君后己，却受众人仇视。其中的"身"即自己，而由这个意义引申又可用来表示亲自，例如"身躬"。

甲骨文

金文

小篆

隶书

一说到"生",大家最容易联想到的是"生命"。这个字的甲骨文形体非常简单,乍看就像一个树枝,但仔细分析来看,它是一个会意字,字的上面表示草木,下面的一横表示土地,整个字表示草木从土地中生长出来。金文的形体和甲骨文大致相同,只是在中间的"秆"上增加了一个黑点,表示"土"。小篆的形体在金文形体的基础上,将"土"字更加明确化,字形更加对称。隶书由于笔画的规范,形体已经和甲、金文相去甚远了。

"生"的字形会意植物的生长,这一点可以通过《说文解字》的解释进一步确认:"生,进也。象草木生出土上。""生"是长出来的意思,即生长的意思。例如《荀子·劝学》中所说的:"蓬生麻中,不扶而直。""生"即生长的意思。这个意思至今也是常用意义。由本义引申可以表示滋生、繁衍,例如《老子》四十二章说:"道生一,一生二,二生三,三生万物。"我们今天也说"生养""生育",就是这个意思。而能生长的事物大都是有生命的,因此由本义又可引申出生命、活的事物,例如《论语·乡党》中所记录的:"君赐生,必畜之。"这里的"生"指活的事物、活的动物。既然有生命的存在,那就必然有生命的消失,和"死"相对的概念就是"生"。《诗·邶风·击鼓》中说:"死生契阔,与子成说。"是说无论生死聚散,与你成约立誓。我们还有"生菜""生肉"的说法,这里的"生"是和"熟"相对而言的,表示新鲜、没有烹煮过的菜或肉;再进一步引申可以表示人和人之间关系不熟,例如"生人""陌生"。而"学生""老生"这样的词中的"生"则是表示某一类特定身份的人。

成 语

普度众生　梦笔生花　浮生若梦

谈笑风生　醉死梦生　生灵涂炭

歇后语

☺ 生意佬的秤——斤斤计较

☺ 脊梁骨上长茄子——生了外心

☺ 扯旗杆放炮——生怕别人不知道

谚 语

☺ 三天不念口生,三年不做手生。

☺ 老人不讲古,后生会失谱。

☺ 生人不生胆,力大也枉然。

sheng

甲骨文	小篆	隶书
声		聲

以"耳"为偏旁的汉字大多与声音、听力有关，甲骨文记录了"声"这个形体。甲骨文的"声"是一个会意字，字形由多个部件组成。左上部件像悬挂的三角形的磬，磬下像一只耳朵和一个嘴巴，右边部件像一只手持槌的样子。磬是古人的一种打击乐器，用棍棒等敲击能发出乐声，这个甲骨文字形所展示的就是敲击磬，

而以耳来强调磬所发出的声响会传入耳朵；而人口既可说话也可歌唱，也是声响的发出者，最后也传入耳朵。金文形体缺失。小篆的形体基于甲骨文进行了省改，由声、殳、耳组成，甲骨文中的"口"被省去了，原有的磬写作声，右边部件写作殳。隶书基于小篆，形体结构未变，只有笔画的平直变化。

"声"的本义表示声音。《说文解字》说："声，音也。从耳，殸声。殸，籀（籀）文磬。"声即声音的意思。在古时候，"音"更侧重指乐音，也就是通过乐器演奏出来的声音，而"声"是一个泛指的概念，可以指所有声响，它的外延比"音"更大，也囊括了乐器声。因此《孟子·梁惠王下》中记录说："百姓闻王钟鼓声、管籥之音，举欣欣然有喜色。"这里的声就是钟鼓相撞发出的声响，与管籥之音对举，共同表示乐器发出的声音。古人的"五音"——"宫商角徵羽"又可叫"五声"。而《诗·齐风·鸡鸣》所说的："匪鸡则鸣，苍蝇之声。""声"则是指虫声。人所说出的话，也可以称为"声"，例如"恶声"，即恶言。"声"可以被人听见，人们唱山歌，歌声可以穿得很远，由这个特征引申表示人的名气、名誉等。人一旦出名之后，就会远近闻名，于是就有了"声誉""声望""声震四海"等说法。

生／声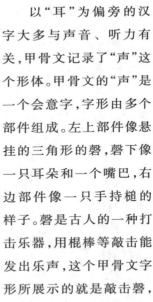

shěng

甲骨文

金文

小篆

隶书

"省"字的甲骨文由两个部件构成，下面为"目"，上面为甲骨文"生"即"业"的省略形式。两个部件构成形声字，"生"表声，"目"表形。左列金文的第一个形体与甲骨文相似。小篆依据左列金文的第二个形体，将"生"的竖笔中间的圆点变成了一个长曲笔，类似小篆的"眉"，因此许慎在《说文解字》中说："从眉省。"隶书基于小篆的形体，笔画更加方正，从少，从目。

"省"从字形来看，本义应该是用眼睛来看，即观察、巡视的意思。甲骨卜辞有"王其省田"（《甲骨文合集》29910片），是记录的商王巡视农田的情况。从《说文解字》的解释来看："省，视也。从眉省，从中。""省"即视察的意思。作为这个意义讲读音为"xǐng"。《易·观》中记载说："先王以省方观民设教。""省方"即巡视四方的意思。"省"由观察外部的情况引申指观察人自身的情况，《论语·学而》中曾子说："吾日三省吾身。"即察看自己，从内在来观察自己、反省自己。我们今天熟悉的说法有"省悟""自省""内省"等。由本义引申可以表示探望的意思，例如"省亲"即探亲。

"省"的另外一个读音为"shěng"，借作"减少、节俭"的意思，例如《逸周书·大匡》中说："无播蔬，无食种，以数度多少省用。""省"即节俭的意思。我们今天还说"省钱""省事""省吃俭用"等，都是减少、节约的意思。古时有"中书省""尚书省"等说法，省是一种官署名。到元朝的时候建立行省制度，中书省一个，行中书省十一个，到明朝得以推广，后来演变为我们今天的行政区域单位，例如"四川省""湖北省"等。

成 语

不省人事　发人深省　反躬自省
豁然省悟　省烦从简　省吃俭用

谚 语

☺ 省吃餐餐有，省穿日日新。

☺ 一天省一把，十年买匹马。

shī

甲骨文	金 文	小 篆	隶 书

成 语

借尸还魂　　五马分尸　　行尸走肉

尸位素餐　　马革裹尸　　尸横遍野

歇后语

☺ 开棺验尸——追查到底

☺ 老坟头里的尸骨——空架子

谚 语

☺ 静如尸而动如龙。

☺ 活要见人，死要见尸。

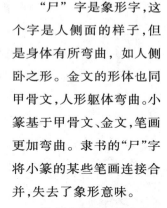

"尸"字是象形字，这个字是人侧面的样子，但是身体有所弯曲，如人侧卧之形。金文的形体也同甲骨文，人形躯体弯曲。小篆基于甲骨文、金文，笔画更加弯曲。隶书的"尸"字将小篆的某些笔画连接合并，失去了象形意味。

甲骨刻辞中"人"和"尸"因形体相近，常常通用。"尸"的本义是侧卧之人，按照《说文解字》的解释来看："尸，陈也。象卧之形。""尸"是人体侧卧陈放的意思。《说文解字》中另外还收录了一个字"屍"，解释为："终主。从尸，从死。""终主"即以尸体为神主牌位进行祭祀。"屍"即死人、尸体，是"尸"的后起分化字。上古社会有一种尸祭的习俗，人死之后，活人对死人进行祭祀的时候会以死者的晚辈，一般是小孩作为死者的替身安坐在被祭祀的神位上，供祭祀者拜祭。这个替身，也叫做尸。例如《诗·小雅·楚茨》中记载："神具醉止，皇尸载起。鼓钟送尸，神保聿归。"是说祭祀礼仪已经完备后，神都有些醉意了，受祭的替身也起身了。敲钟送走他，神也都回去了。这个"尸"就是死者的活替身。尸祭在上古是很受重视的，古人认为："祭必有尸者，节神也。礼，天子以卿为尸，诸侯以大夫为尸，卿大夫以下以孙为尸。夏立尸，殷坐尸，周旅酬六尸。"（《公羊传·宣公六年》何休注）由于尸祭中的虚位主体性质，引申出主持、掌握的意思，例如《诗·召南·采蘋》："谁其尸之？有齐季女。"于是"尸"就含有虚位、在其位不谋其职、白拿利益的含义，例如"尸位""尸禄""尸官"等。

在我们今天的语言中，由于少了古人的尸祭礼仪，而使得"尸"的含义和用法相对单一而稳定，指的就仅仅是人死之后的躯体，因此有"尸骨""僵尸""尸体""尸首""死尸"等说法。

shī

甲骨文
金文
小篆
隶书

"师"字的甲骨文有的解释为甲骨文"丘"字的立放，甲骨文的"丘"写作" "。有的解释说古代军队远征会扎营，往往依靠着山丘扎营，因此以"丘"的立放来表示军队"师"这个概念。金文的"师"字承袭了甲骨文形体，实际在殷商甲骨文中已经有左列的金文形体，是在"自"的旁边增加了一个"帀"字。这个"帀"在古代表示"众"的意思，即"匝"字，又是周、环绕的意思，军队聚在一起有众多之意。小篆的"师"字以金文形体为基础，字体结构没有发生变化，笔画趋向规整，写作"師"。

"师"的本义是指军队。《说文解字》解释为："师，二千五百人为师。从帀，从自。自，四帀，众意也。"是说的以二千五百人为一师，这实际上已经是指军队的一种编制了，是引申意义。这在古文献中也有记载。《周礼·地官·小司徒》中明确指出古代军队编制情况："五人为伍，五伍为两，四两为卒，五卒为旅，五旅为师，五师为军。"所谓"五旅为师"即二千五百人的编制。《诗·秦风·无衣》记载："王于兴师，修我戈矛，与子同仇。"这个"师"就是本义"军队"。"师"在古文中还有"众""众人"的意思，这大概也是同军队人多有关。军队是需要有人来统领的，这个人在古代被称为"师"，他是军队中足智多谋、能带兵、有一技之长的人，因此"师"又引申表示有专长的某一类人，例如"教师""律师""工程师""厨师""会计师"，等等。这些人都是某个领域的佼佼者、优秀者，因此是人们尊敬并且乐于效仿的榜样。《战国策·赵策一》中所说的："前事不忘，后事之师。"其中的"师"就是榜样的意思。"师"再用作动词就有了效仿的意思了，例如"师法""师从"。

成　语

百万雄师	班师回朝	师出无名
好为人师	丧师辱国	无师自通
兴师动众	尊师重道	

谚　语

☺ 一日为师，终身为父。

☺ 爱徒如爱子，尊师如尊父。

☺ 前事不忘，后事之师。

明刻《牡丹亭·延师》

shí

甲骨文
金文
小篆
隶书

甲骨文的"石"字是山崖之下有石块的样子，右上角为山崖形状，左下角表示石块。金文的形体基于甲骨文，也是在山崖下面有石块的样子，只是山崖以"厂"形表示。小篆形体基于金文，基本上没什么变化。隶书的"石"字形象性降低了。

"石"的本义是石块、石头的意思。《说文解字》的说解是："石，山石也。在厂之下；口，象形。"山上的石头即石。《诗·小雅·渐渐之石》中所说的："渐渐之石，维其高矣。"这个"石"就是石头，是说石崖高耸伫立。此外还有"它山之石，可以攻玉"(《诗·小雅·鹤鸣》)，其中的"石"是我们所说的矿物质石头。石头在人类社会进化史上起着重要的作用，所谓的旧石器时代和新石器时代，考古出土的打制石器，说明了人类在很早就对石头的性质有了认识。古人对石头的利用也体现在音乐上，古代有八音"金、石、丝、竹、匏、土、革、木"，是八种能鸣响的物体，其中就有石，准确地说称为"磬"。磬的形状是半片肉形状，悬挂着用锤敲击，我们今天称之为"石磬"。石在今天的语言中，多用本义。

石还有一个读音，读作dàn，这是借用作容量和重量单位，一石等于十斗，一百二十斤等于一石。汉代"五权"即"铢、两、斤、钧、石"，其中"石"便是最大的重量单位。今天在民间的有些地方，尤其在乡村，"石"仍然是计量重量的单位。

成 语

石沉大海　石破天惊　投石问路
铁心石肠　顽石点头　玉石俱焚

歇后语

☺ 滴水穿石——非一日之功
☺ 飞机上扔石头——一落千丈
☺ 鸡蛋碰石头——不自量力

谚 语

☺ 滚石不生苔。
☺ 滴水能把石穿透，万事功到自然成。
☺ 刀在石上磨，人在世上练。

shí

| 甲骨文 | 金 文 | 小 篆 | 隶 书 |

民以食为天，这是一条古训，我们的祖先对饮食很重视，不仅有具体的文献资料记载，还有文字的记录。甲骨文的"食"字上面的部件成"A"字形，有两说，第一种说法认为这是一个张大的嘴，第二种说法认为这是器皿上的一个盖子，我们暂取前面一种说法，"食"字的下面部件像一个盛有物品的食器，整个字表示吃东西。金文的形体结构来自甲骨文，上下部件基本一致，只是少了食器左右的两点。小篆的形体承袭金文，对笔画进行了规范。隶书的"食"字基本丧失了原来的形象性特征，食器的样子已经消失，而写作"良"。

　　"食"的本义从上述分析来看，应该是表示"吃"。许慎《说文解字》说："食，一米也。从皀，亼声。"认为是聚集在一起的米。这显然不准确。《诗经》中就有记载，《魏风·硕鼠》说："硕鼠硕鼠，无食我黍。""食"即吃的意思。"吃"这个动作所涉及的东西，我们称之为"饭食""食物"，例如《周礼·天官·膳夫》中所说的："掌王之食饮膳羞。"其中的"食"郑玄注解为"饭"，即饭食。而作为"食物"这个概念，是意义泛化的结果，凡是可以吃的东西我们都可以称之为"食物"，在古人则称为"食"，例如《尚书·益稷》中所记载的："奏庶艰食鲜食。"艰食指谷类，鲜食指肉类（刚杀的鸟兽）。整句话是说提供各种食物。"食"在古文中还通"蚀"，这在殷墟卜辞中就有记载，例如"月有食"，即"月蚀"，又《诗·小雅·十月之交》也记载有："日有食之。"日食即日蚀。

　　"食"在古文中还可以读为"sì"，表示喂养、给人吃、供养的意思，例如"食马""食民"，即喂马、养民的意思。

shǐ

甲骨文

金文

小篆

隶书

　　"豕"即是我们今天所谓的"猪",甲骨文的豕字是猪的象形,有肥大的身体和嘴、耳、脚。金文对甲骨文进行了省增,省去了猪肚子,而增加了猪蹄子。小篆基于金文的形体,笔画更加规整,但已经丧失掉大部分的猪的形象。隶书与小篆基本相同,笔画上做了一些调整。

　　猪作为人们重要的驯化动物,和人类的生产生活都密切关联。在殷商时代,有用猪进行祭祀的例子,可见猪在当时除了作为肉食被人们食用之外,也是祭祀先祖的重要祭品。《说文解字》的解释是:"豕,彘也。竭其尾,故谓之豕。象毛足而后有尾。""豕"即猪。《诗·小雅·渐渐之石》里有这样一句话:"有豕白蹢,烝涉波矣。"是说猪露出白蹄,渡过河水。"豕"并不像马和犬那样受到人们的喜爱,有关豕的记载,从语言的层面来看相对比较少,但从文献来看,大猪一般指"彘"和"豕",而小猪有"豚"和"猪"这样的称法。《说文解字》中记载有"猪"这个字,其繁体写作"豬",以豕为偏旁,"豕而三毛丛居者"。猪即豕,是三根毛丛生在一个毛孔中的动物。《墨子·法仪》中说:"此以莫不犓羊、豢犬猪,絜(洁)为酒醴粢盛,以敬事天。"这里的猪即豕,整句话是说人们都喂养牛羊猪犬用来祭祀天神。《说文解字》豕部下总共收录18个字,这些字中"豰"即小豚,小猪,而豚本身也指小猪,三个月大的猪称为"豯",六个月大的猪称为"豵",三岁大的猪称为"豜";而母猪称为"豝",公猪称为"豭"。

　　我们今天视猪为宝物,能聚财,是财富的象征,因此在生意场上,可以看到"金猪"的造型。

成　语

狼奔豕突　　三豕渡河　　鲁鱼亥豕

shì

甲骨文	金 文	小 篆	隶 书

"事"是一个会意字，甲骨文的这个字是一只手持物状，左下部表示一只手，上面部件表示手所持的物件，对于这个物件的说解不一，有的研究者认为是捕猎的器具，有的认为是旗帜的省略符号，也有人认为是记事用的笔，无论哪种说解，大致都可以理解为做事。金文的形体结构来自甲骨文，上下构件与甲骨文相同。小篆的形体直接承袭金文，形体有所规整，笔画有所增减。隶书的"事"字则将字形方折化，难以解读其取意所在。

按照上述说解，"事"的本义应该同狩猎、出使、记事等行为有关，在甲骨文中"使、事、史"三者的字形是相同的。根据《说文解字》的说解来看："事，职也。从史，之省声。""事"解为官职职务。而古代有记事史官，也有出使大臣，这些从本义的角度都可以说通。作为官职讲的"事"可见于古文献，例如《诗·小雅·雨无正》中所说的："三事大夫，莫肯夙夜。""三事"即三种官职。"事"的常用意义是表示事情、做事，例如《论语·八佾》中所记述的："子入太庙，每事问。"这里的"事"是指的事情。再如我们今天的"婚事""丧事""国事""家事""事业"，等等也是作事情讲。再作引申就有了"天下多事""事故"等说法，表示变故。《论语·学而》中还有这样的句子："事父母，能竭其力；事君，能致其身。"这里的"事"是用作"侍"讲，表示侍奉的意思。

shì

视

甲骨文

小篆 視

隶书 視

　　"视"的甲骨文从目从示，上面是"示"，下面是"目"，表示看见。小篆从示，从见，"示"同时表示字的读音，而"见"表示字的相关意义，整个字是用眼睛看的意思。隶书和小篆形体结构基本一致。

　　"视"所表示的意义是看、看见，《说文解字》中认为："视，瞻也。从见、示。""瞻"即看的意思。例如《荀子·劝学》中说："目不能两视而明，耳不能两听而聪。"是说眼睛不能同时看两个事物都看得清楚。这里的"视"就是作为"看见"讲。现在所说的"近视""远视""注视"等中的"视"也是看、看见的意思。我们今天使用"视"作为动词表示"看、看见"的含义，通常不会单独使用，单独使用往往出现在古籍文献中，而口语中一般直接用"看""看见"。但也有例外，例如我们现在有"可视电话"，这里的"视"就表示看见的意思，是可以看见通话双方的电话。"视"可以引申表示"观察、考察"的意思，例如《论语·为政》中所说的："视其所以，观其所由，察其所安，人焉廋哉？人焉廋哉？"其中的"视"就是观察的意思。整句话讲：观察一个人所作所为，看其做事的缘由，察其安于什么样的状态。这样去了解一个人，他怎么隐藏得了呢？现在说的"巡视"中的"视"就是"观察、考察"的意思。但我们通常会以双音节词"视察"来表示"观察、考察、审察、巡视"等含义。"视"还可以引申作为"看待、对待"讲，例如"视死如归""一视同仁"，等等。

成 语

视死如归　视若无睹　视而不见
一视同仁　虎视眈眈　等闲视之
混淆视听

歇后语

☺ 近视眼打靶——目的不明
☺ 近视眼穿针——大眼瞪小眼
☺ 耳朵眼里灌稀饭——混淆视听

shì

| 甲骨文 | 金文 | 小篆 | 隶书 |

成　语

同室操戈　登堂入室　室如悬磬
十室九空　引狼入室　宜室宜家

歇后语

☺ 温室里的花朵——经不起风雨
☺ 浴室里的灯——模模糊糊
☺ 阅览室里翻报纸——大有文章
☺ 引狼入室——自取灭亡

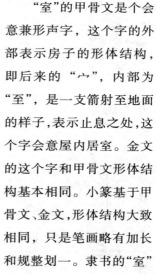

　　"室"的甲骨文是个会意兼形声字，这个字的外部表示房子的形体结构，即后来的"宀"，内部为"至"，是一支箭射至地面的样子，表示止息之处，这个字会意屋内居室。金文的这个字和甲骨文形体结构基本相同。小篆基于甲骨文、金文，形体结构大致相同，只是笔画略有加长和规整划一。隶书的"室"字，表意更加清楚，从部件的分解中可以解读出字的用意所在。

　　"室"是古人所居处的一种建筑。在上古时代"室"就是"穴"——地上挖的坑，在殷商时代才有了版筑式的建筑，这个时候的室才和穴分别开来，于是就像《诗·王风·大车》中所说的那样："谷则异室，死则同穴。"是说能吃谷（表示活着）的时候，不能同处一室，死了也要埋在一起。根据《说文解字》说解来看："室，实也。从宀，从至。至，所止也。"以"实"来声训"室"，实即满的意思，住人即被充满，以此描述室的功能，是人和物的居处存放处。室的本义即居室，引申指住宅。例如《诗·小雅·斯干》中所记载的："筑室百堵，西南其户。"其中的"室"就是住宅居室的意思，"户"即门。由这个意义还引申用来计量，表示"户"，例如《管子·乘马》中就有以"室"来计数人家数目的，"千室之都四"，其中的"室"就是家、户的意思。

　　"室"在古代的建筑中，后来具体是指的堂屋后面正中的那个房，因此有"升堂入室"的说法，指的就是先要进入堂，才能进入室，室是在堂后面的房子。我们今天将"室"的意义引申可以表示"办公室""教室""科室""教研室"等具有房间性质的工作场所，而人体某些具有空间性质的器官也可以用"室"来指称，例如"心室"。

shǒu

金文

小篆

隶书

"手"最早见于金文中，是手指和手臂的象形，甲骨文中没见到"手"字，小篆的形体和金文很相似，隶书的形体再也看不出这个字的象形特征了。

《说文解字》对"手"的解释是："拳也。"段玉裁《说文解字注》又补充说："今人舒之为手，卷之为拳，其实一也。"也就是说人们习惯将手掌打开的形式称为"手"，而五个手指握拢的形式称为"拳"，这其实是手的不同的表现形式，本质是一样的，都应该称为"手"。《诗·邶风·简兮》说："左手执籥，右手秉翟。"手即是本义用法。"手掌""手心""手腕""手工""举手"等，都是本义用法。生活中有些器具的功能类似手，或者能够代替手，也称作"手"，例如"扳手""触手"等，进一步引申又用于"拉手""把手""护手""提手""抓手"等协助手动作的器具。人的手可以做很多事情，最重要的就是拿取东西，因此"手"有"拿取"的意思。例如《诗·小雅·宾之初筵》中说道："宾载手仇，室人入又。"其中的"手"作"取"讲。诗中讲的是行射礼，已经完了之后，客人们又各选取配合者再来比赛，主人也又入席。人类用手进行生产生活，创造发明了很多东西，于是"手"又引申指具有某方面技能特征的人，或者说擅长某种技术的人，于是我们就有了"能手""歌手""水手"等说法；甚至还有"手稿""手迹"的说法，这显然是手的握笔书写功能的引申用法。

我们现在买东西，除了新货原货之外，还有别人使用过的货品，这些东西被称为"二手货""转手货"。因为人们购买东西需要用手支付和接取，使用过的物品进行第二次交易的时候，仍然要履行第一次的交接行为，于是就第二次被人手传递，就有了"二手""转手"的说法，实际是将"手"表示次序了，和第一次相对而言。

成 语

举手投足　手舞足蹈　眼高手低
手足无措　游手好闲　触手可及

歇后语

😀 巴掌被蚊咬——手痒
😀 打着手电筒走夜路——前途光明

谚 语

😀 执子之手，与子偕老。
😀 赠人玫瑰，手留余香。

shǒu

甲骨文	金 文	小 篆	隶 书

头部是人类对自身最先的认识之一,甲骨文的"首"就是一个头的形状,有头颅、有眼睛还有嘴巴以及头颅上的毛发,但凸显的是整个头部。金文的"首"来自甲骨文,只是笔画更加简化,但明显能看出从甲骨文演变而来的痕迹,有眼睛和毛发,这时以眼睛来凸显整个头部,于是就有了小篆的误变。小篆保留了毛发,而将下面部件写成了

成 语

首当其冲　首屈一指　首善之地
群龙无首　首尾相应　身首异处

歇后语

☺ 豆腐做匕首——软刀子
☺ 躺在怀里的猫儿——俯首帖耳
☺ 羊头插到篱笆内
　　——伸手(首)容易缩手(首)难

谚 语

☺ 黑发不知勤学早,白首方悔读书迟。
☺ 一年四季春为首。
☺ 一日时辰子为首,十二生肖鼠占头。

"目"字,仔细分辨,还能解读出这个字的表意所在。但隶书的"首"形象性减弱了。

从以上字形的分析,我们不难看出"首"的本义就是头的意思,许慎在《说文解字》中也这样解释道:"首,百同。古文百也。巛象发,谓之鬈,鬈即巛也。"而"百"在《说文解字》中被解释作:"头也。象形。"因此,首的本义即头,而"首"与"百",在许慎所处的汉代是古今文字的差别,即首是"百"的古文。我们今天所常用的"头",其繁体写作"頭",这个字实际上到战国时代才出现,这个字是一个形声字。它在后来的语言发展历程中逐渐取代了"首",而成为"头"的专用字。春秋时代的文献中,我们常见"首"作为"头",例如《诗·邶风·静女》:"爱而不见,搔首踟蹰。"这里的"首"即头的意思。"首"因为位于身体的最上部,它的位置居最高、功效最重要,掌管着生物体的神经中枢,因此由本义就引申出"首领""首相""首要""首先""首位"等说法,表示群体中最重要的人物或者处于第一、很重要位置的物或事。我们还常常听到"自首"这样的说法,这里的"首"作陈述告发讲,而用作量词的"首"在我们今天的生活中则更为常见,例如"一首歌""两首诗""一首曲子",等等。

shòu

甲骨文

金文

小篆

隶书

甲骨文的"受"字由三个部件构成,字形上下像两只手,中间像一只船,表示某人的一只手将船授予另一个人之手,表示交授的意思,实际上这个字既包含了给予,又包含了接受这两层含义。金文的形体与甲骨文一致,也是像两只手持一只船,表示授受的意思。小篆的形体基于甲骨文、金文,两只"手"依然保留着,上下分别写为了"爪"和"又",都表示手的意思,而中间的"舟"则变为了一条曲线,即隶书所写成的"冖"。

从字形的分析,可以看出,"受"的本义是授受的意思。从《说文解字》的说解来看:"受,相付也。从受,舟省声。"受即相互交付、给予的意思。《尚书·大禹谟》中说:"满招损,谦受益。"这里的"受"就是表示受到、接受到的意思。而《韩非子·外储说左上》中记载:"叔向赋猎,功多者受多,功少者受少。"这是接受奖赏的意思。从古文献中的记录情况中我们不难看出,"受"字在开始的时候,是个双向动词,既可以给出,也可以接受。这样的情况早在殷商时代的甲骨卜辞中就有所记录,例如"帝受我祐"(《甲骨文合集》14671片),上天授予、给予我商王以天佑;"唯甲午王受年"(《甲骨文合集》28209片),商王接受丰收、好收成。而汉字在使用过程中会受到人们使用习惯的规范,因此,表示给予这个含义的"受"字,后来为了区别于接受这个含义,就增加了一个"扌"变成了"授"字。而"受"专门用来表示接受这个意义。"受"由其本义引申表示遭到的意思,例如我们说"受灾""受寒""受害""受苦",等等。

成 语

逆来顺受　临危受命　感同身受
受宠若惊　自作自受　腹背受敌

shòu

甲骨文	金 文	小 篆	隶 书

兽

成 语

衣冠禽兽　禽兽不如　飞禽走兽
人面兽心　百兽率舞　兽聚鸟散

歇后语

☺ 老猎手打野兽——百发百中
☺ 渔夫赶上鱼汛，猎手赶上兽群
　　　　　　　——喜之不尽

谚 语

☺ 虎为百兽之长，人为万物之灵。
☺ 人有人言，兽有兽语。
☺ 家之于人，犹如巢之于鸟，穴之于兽。

　　"兽"的甲骨文是一个会意字，这个字的左边部件表示猎获动物的器具，右边表示一只犬。金文形体基本同甲骨文，唯一变化是左右部件并列了。小篆基于金文，左边下面增加了"口"部件，右边写为"犬"。隶书基本同小篆形体结构，只是笔画变得横直方正，但文字的表意所在仍然可以通过会意的解构而获取。

　　许慎在《说文解字》中这样解释道："兽，守备者。从嘼，从犬。"即"兽"是伺守防备的动物，是猎取的对象。而从甲骨刻辞的使用情况来看，"兽"的本义应该是作动词用的打猎、狩猎的意思。而用来指称动物，即和狩猎、打猎的结果相关联，这是由本义所引申而来的意义，表示四足的动物。什么是兽？在古人心中是这样认为的，据《周礼·天官·庖人》记载："庖人掌共六畜、六兽、六禽，辨其名物。"这六兽，按照郑玄的注解是"麋、鹿、熊、麇、野豕、兔"。通常而言，兽即四足的动物，一般为哺乳动物，也有称为野兽的。作为动词使用的"兽"即狩猎、打猎的意思，例如《诗·小雅·车攻》中说的："建旐设旄，搏兽于敖。"这里的"兽"就是打猎的意思。这个含义的"兽"后来另外造了一个"狩"字，专门用来表示动作意义，例如"狩猎"。生活中有一些东西也因为取形或取象于野兽，于是就命名为"兽"。例如古人习射，靶子称为"侯"，上面画有各种不同的兽形，称之为"兽侯"；古代的大门的拉环，现在在一些寺庙的大门或者一些仿古的建筑的大门上都可以见到，拉环下面的托就是兽头，这个东西被称为"兽环"；在故宫的建筑中，屋檐的四角上都有兽形的雕饰，被用来避风避邪。由于"兽"给人的印象是凶猛、残忍，因此用来形容一些有类似特征的事物，于是就有了"人面兽心""衣冠禽兽""兽性"等等说法。

shǔ

甲骨文

金文

小篆

隶书

"黍"的甲骨文就是黍这种植物的象形,下部表示植株的根部,中间表示枝干,上面的分叉表示植株的叶。甲骨文中还有带"水"的"黍"字,见左边所列第二个甲骨文形体。根据研究者的研究来看,甲骨文中这个带水的"黍"实际是"黍"的另一个品种,也就是一种带黏性的黍。金文的"黍"左边从水,右边以"禾"表示植物,而省去了黍的具体的象形。小篆基于金文,写作上下结构,其上为禾字部件,其下为水字部件。隶书和楷书也相同。

黍是一种草本的粮食作物,这种草本植物的果实是淡黄色,粒成圆状,小巧,是北方人习惯吃的一种粮食,俗称黄米。许慎《说文解字》的解释是:"黍,禾属而黏者也。以大暑而种,故谓之黍。从禾,雨省声。孔子曰:'黍可为酒,禾入水也。'"许慎所指的黍是一种带有黏性的黍,也就是甲骨文中带水的黍字,而没有黏性的黍,另有"穈"字表示,在《说文解字》中释作:"穈,穄也。从黍,麻声。"这里的"穈"段玉裁《说文解字注》解释为:"黍之不黏者。"

黍既是粮食,也是酿酒的原料,《说文解字》中引用孔子的话说"黍可为酒"说的就是这个,因此有"黍米酒""黍醴"的说法。古人对于黍的认识很深透,黍的果实称为"黍子",黍的茎秆称为"黍禾、黍秸、黍穰",种植黍的田地称为"黍田",用黍做的饭称为"黍饭",而我们常常听到"黍稷"连用,用来泛指五谷杂粮。此外,在古代,黍还可以作长度单位,甚至借指一种酒器。

成 语
黍离麦秀 范张鸡黍 不差累黍

歇后语
☺ 黍米做黄酒——后劲大
☺ 黍秆担水——担当不起
☺ 拔节的胡黍(高粱)秆
　　　　　　——天天向上

谚 语
☺ 黍子返青增一石,谷子返青大减产。
☺ 处暑收黍,白露收谷。

shuǐ

甲骨文	金文	小篆	隶书
			水

成 语

水深火热　水落石出　山穷水尽
镜花水月　行云流水　望穿秋水

歇后语

☺ 扁担挑水——心挂两头
☺ 玻璃瓶里装开水——三分钟的热劲
☺ 打烂的暖水瓶——丧胆

谚 语

☺ 半瓶水晃荡，满瓶水不响。
☺ 君子之交淡如水，小人之交酒肉亲。

水是生命之源，人类各种古文字中几乎都能找到相应的文字。汉字对水的刻画是取水流的形状，从甲骨文和金文以及小篆，我们都可以很明确地看出这一点。"水"是一个象形字，隶书的"水"字已经脱离了原来的象形特征，将置于中间曲线两边的四点分别连接，和古文字相比，变化较大。

许慎在《说文解字》中对水的本义的把握偏于阴阳五行之说，而他给出的"准也"这个解释只是对水的状态的一种认知，即水面是平的。水的本义就是一种液体，一种无色无味无臭的液体。《易·比》："地上有水。"此处就是指水这种液体。而在古汉语中，水常常指河流，是本义的引申用法，因此我们常常可以见到"汉水""淇水""澧水"等说法。

我们今天对于"水"这个字的概念的理解，外延已经拓展很大，包括各种各样的饮品，比如"蒸馏水""纯净水""矿泉水""太空水""茶水"等等。水从特性上来看，无色无味，所以和其他的酒等高档饮料相比显得比较廉价、平凡，因此，水又常常用来形容能力很差的一类人，或者某个东西质量不好，如"他很水"、"这双皮鞋太水了，才穿两次就裂口了"。这实际上也是"水平"这个意义的延伸，是这类人或物低于一个正常的标准、水平，因此显得比较差。而我们生活中现在还常常会听到"水货"这个词，这个词除了表示不好的东西之外，还常常用来形容人的能力差。但需要注意的是，在电子产品行业也有这个词语，它有时候是和"行货"相对应的。这时的水货是指走私货，没有经过海关等正规渠道而偷偷进入国内市场的产品，而行货是指通过正规渠道进来的产品。

荒臺古樹寒烟

明刻《牡丹亭·怅眺》

sī

| 甲骨文 | 金文 | 小篆 | 隶书 |

丝

成 语

藕断丝连　蛛丝马迹　一丝不挂

抱布贸丝　丝恩发怨　哀丝豪竹

歇后语

☺ 八月的丝瓜——黑心

☺ 头发丝儿打结——难解难分

谚 语

☺ 病来如山倒，病去如抽丝。

☺ 单丝不成线，独木难成林。

☺ 蚕吐丝，蜂酿蜜，人不学，不如物。

☺ 丝不织，不成网；铁不炼，不成钢。

中国古代很早就开始有养蚕的历史了，《史记》中就记载了，黄帝的正妃嫘祖发明了养蚕，因此被称为养蚕始祖。有了蚕即有了丝织工艺，于是在甲骨文中就有相关的记载，例如这个"丝"字，是个象形字，是由两束丝并排的样子表示"丝"这个概念。金文的形体结构基本同甲骨文，字形变得更加简单，但仍然以两束并列

的丝束形表示意思。金文中还有写作上面所列第二个形体的，像是去除了丝束的捆扎处。小篆在金文形体的基础上作了文饰加工，笔画更加流畅，但依然能看出像两束并列的丝。隶书的"丝"字，形体变化较大，笔画不再圆润，变得更为平折，消解了文字的象形意味。

"丝"的本义就是蚕丝。根据《说文解字》的说解来看："丝，蚕所吐也。从二糸。""丝"是指的蚕所吐的物质。例如《尚书·禹贡》所记载的："厥贡漆丝，厥篚织文。"是说这里进贡的是漆、丝，以及用篚子盛着的花绸。其中的"丝"即蚕丝。中国古代的丝织技术很精湛也很发达，由丝而产生了相关的丝织品，凡是用丝作的物品，大凡都可称其为"丝"，例如"丝线""丝袜""丝绸"，等等。中国丝绸的起源早在新石器时代就开始了，到殷商时代已经有了相应的比较成熟的文字等相关记载，以后的历朝历代丝织业基本都成为了政府的主要财政收入之一。中国有四大名绣，包括"苏绣""蜀绣""湘绣"和"粤绣"，都是丝织品的代表。

丝的特征是细而软，因此生活中和丝的特征相似的物品，都可以以"丝"来称呼，例如"铜丝""铁丝""粉丝""藕丝""发丝"，等等。由"丝"的特征又引申出"细微"的含义，于是就有了"丝毫不差""一丝不苟""纹丝不动"等说法。

sǐ

死

甲骨文
金文
小篆
隶书

卧 卧 爪 死

甲骨文的"死"字由左右两个部件构成，左边表示一副尸骨，右边表示一个躺卧的人，人躺卧在尸骨旁边表示死亡。金文、小篆与甲骨文保持了高度的一致性，唯独隶书调整比较大，经过演变最后由"歹"和"匕"构成。

"死"的本义就是表示死亡，《说文解字》上这样解释说："死，澌也，人所离也。"澌，尽也。是说人死去，是因为精气殆尽、灵肉相离从而失去了生命。例如《论语·泰伯》中有这样的话："鸟之将死，其鸣也哀；人之将死，其言也善。"是说鸟在快要死的时候叫声是悲哀的，人在将要死的时候说的话是善意的。生物的"死"是和"生"相对而言的，"死"之后就不会动了、没有生气了，因此"死"可以表示"呆板""固执""不动"。例如四川方言中有"死脑筋""死木头"这些对人的贬称，"死脑筋"是指的做事思考呆板不灵活，而"死木头"是指不听人指挥，一动不动不做事情。此外还有"死心眼""死气沉沉""死水微澜"等。"死"还引申有"尽头"的意思，例如"死路一条""死期存折"，等等。

因为"死"是生命的终结，因此引申表示"拼命""使劲"的意思，例如《孙膑兵法·将义》中说："将者不可以不义，不义则不严，不严则不威，不威则卒弗死。"其中的"卒弗死"是说士卒不会拼命效力。又如"他在水里死挣扎"，这里的"死"是"拼命、使劲、用力"的意思。而我们说的"死要面子活受罪"中的"死"就是来自这个意义的引申，表示达到了一种极致，"非常、很"的意思，有强调的意味；又比如"他死活不认错"，指他无论如何、始终也不认错。

成 语

视死如归　宁死不屈　生死不渝
大难不死　生不如死　出生入死

歇后语

☺ 不到黄河心不死——顽固不化
☺ 不见棺材不落泪——死心眼儿

谚 语

☺ 瘦死的骆驼比马大。
☺ 豹死留皮，人死留名。

sì

金文	小篆	隶书

歇后语
☺ 和尚分家——多事（寺）
☺ 和尚下山——出事（寺）了
☺ 和尚住山洞——没事（寺）了
☺ 寺里的木鱼——任人敲打
谚语
☺ 各人管各人，和尚管寺门。

寺是古代建筑的一种形式，金文的"寺"是一个形声字，这个字的上面部件是声符"之"，下面部件是形符"又"（手）。小篆的形体结构和金文一致，上面为"之"，下面多加一短横变为"寸"。隶书的"寺"，上面误作"土"，下面没变。

有的研究者认为这个字的本义应该是一个动词，即持，手持的意思，于是"寺"被解释成"持"的古字。"寺"是一种建筑，我们今天最为熟悉的就是"寺庙"，即佛教的庙宇。佛教从传入的时间来看，应该是在汉代，因此作为"寺庙"的"寺"应该来自引申。"寺"在《说文解字》中被解释为："寺，廷也。有法度者也。从寸，之声。"从《说文解字》的解释来看，"寺"最开始应该是指的"廷也"，即执行法度的地方，朝廷、官府等，由这个再引申指称佛教庙宇的"寺"，例如"白马寺""宝光寺"，等等。寺，从本质上来说也是一种居处的居舍，只是由于功能的单一，而有所特指，比如官员理事的地方，和尚念经、供奉佛像，信徒烧香拜佛的地方，也是这些相关人员居住的地方，官员也可以居住在官府当中，寺里也有和尚居住的地方。

"寺"常常和"庙"对举而出，现在已经成为一个双音节词了，即"寺庙"，实际上"庙"的意义和"寺"相近。

sì

兕

甲骨文

金文

小篆

隶书

甲骨文的"兕"是兕的原形描摹,凸显了兕头上的巨大的犄角,头、身、足、尾俱全。金文的兕更加简单,和甲骨文相比更加抽象了,尤其是兕头。小篆就是在金文的基础上进行改动,变得更加简单但不形象了。隶书则完全看不出这是何物,但这个字体来自《说文解字》古文形体,即左边所列第二个小篆,只是将笔画进行了平折撇的处理。

"兕"在古汉语中作犀牛讲,许慎《说文解字》解释道:"如野牛而青。象形。"许慎解释作青色野牛。《左传·宣公二年》记载有:"牛则有皮,犀兕尚多,弃甲则那。"是说:有牛就有皮,犀兕多的是,丢了皮甲又有什么了不起?上古犀牛应该是常见的动物,人们捕杀它们之后,取其皮做披甲用。《荀子·议兵》中记载有:"楚人鲛革犀兕以为甲,坚如金石。"足以看到犀兕的皮的确可以做防备利器。在殷商时代,从甲骨刻辞的记录也可以看到当时有猎捕兕的情况,《逐兕》卜辞就是记录了一段商王外出捕兕的事情。而从商代出土的甲骨来看,有在犀牛肋骨记刻文字的情况,而且还在骨头上面刻画了装饰花纹,足见当时捕获到兕是很难得的事情。兕的角还可以用来制成酒杯,因此有"觥""觵",即爵器。《诗·周南·卷耳》记载道:"我姑酌彼兕觥,维以不永伤。"毛传注解说:"兕觥,角爵也。"是盛酒的酒器,诗句是说我姑且将酒器装满了酒以消解心中的伤感。

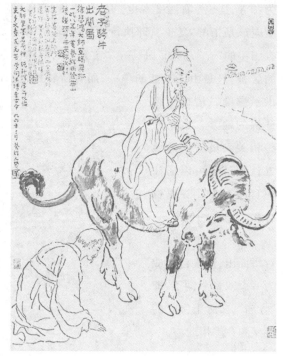

sù

甲骨文	小篆	隶书
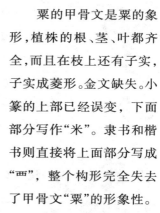		

成 语

尺布斗粟　贯朽粟腐　布帛菽粟

沧海一粟

歇后语

☺ 麦粒掉到太平洋里——沧海一粟

☺ 高粱撒在粟地里——杂种

☺ 天雨粟，马生角——不可能的事

谚 语

☺ 小暑吃粟，大暑吃谷。

☺ 清明忙种粟，谷雨种大田。

☺ 谁人不爱千钟粟，谁人不爱子孙贤。

名 句

☺ 春种一粒粟，秋收万颗子。　（唐·李绅）

粟的甲骨文是粟的象形，植株的根、茎、叶都齐全，而且在枝上还有子实，子实成菱形。金文缺失。小篆的上部已经误变，下面部分写作"米"。隶书和楷书则直接将上面部分写成"西"，整个构形完全失去了甲骨文"粟"的形象性。

粟是一种小米，在北方人的眼里俗称谷子，《说文解字》解释道："粟（粟），嘉谷实也。从卤，从米。孔子曰：'粟之为言续也。'""粟"是美好的谷物子实。在古汉语中，凡常见的农作物粮食一般都可以作为粮食或者谷物的泛称，"粟"实际也有这个功能，例如《管子·治国》所说的："民事农，则田垦；田垦，则粟多；粟多，则国富。"这里的"粟"即泛指粮食，是说谷物多国家才富有。粟的颗粒小，因此又被用来指称细小的东西，例如"沧海一粟"，这里的粟就是微小的意思。粟在古代还指称"皇粮"，也就是官俸。

　　粟作为重要的粮食之一，它的本义古往今来一直没有改变，在福建、广东等南方地区，对于粟的称呼也各具特色。例如广东话和福建话中有的称为"粟仔"或"粟仔米"，江苏、江西话中有的称为"粟子"，湖南话中有的称为"粟崽"，湖北武汉话中称为"粟谷"，等等。

suì

甲骨文
金文
小篆
隶书

岁月的"岁",从甲骨文的形体来看,是一个斧钺的象形,左边为斧刃,中间两点据于省吾先生的研究,是"斧刃上下尾端回曲中之透空处",右边为斧钺的长柄。利簋中所记金文"岁"为左边所列的第二个金文,形体与甲骨文相似;左列的第一个金文形体,是将斧刃中原有两点写作"止"。小篆则明确变成从步,戌声。这个"步"到隶书的时候已经错化了。

古人有观天象星宿以定时间的习俗,岁星是人们用来计时的星。岁星即木星,它运行一周天约要十二年,一周天为十二分,木星每经过一分就可以计作一年,因此用"岁"来命名这颗星。古人用以纪年的说法,因朝代不同而不同,"夏曰岁,商曰祀,周曰年,唐虞曰载"。我们今天继承了周代的纪年方式,以"年"来表示,而"祀"已经在我们今天的语言中完全消失了,只有"岁"和"载"还活用在日常的语言中。我们说"每年""一百年""今年""明年"等,也说"岁月""岁末""辞岁","岁"是年的意思,而"三十载"的载也是年的意思。人的年龄是以一年十二个月作为一个递增的单位,因此"岁"引申表示年龄,例如《诗·鲁颂·阅宫》中所说的:"万有千岁,眉寿无有害。"诗句是说使您万年千岁,长生而无恙。"千岁"即千年的年龄,我们日常说"三岁""五岁""七十岁"等,也是同样的意思,"岁"虚化成记录年龄的量词了。有的农作物的收成在古时是以年作为生长周期,因此岁也引申表示收成,但这种用法只在古汉语中能见到,我们今天不再用其表示收成、年成,例如《左传·昭公三十二年》所说的:"闵闵焉如农夫之望岁。""望岁"是盼望一年的好收成。

成 语

岁月蹉跎　岁寒三友　峥嵘岁月
岁寒松柏　寸阴若岁　百岁之好

歇后语

☺七十岁中状元——老来喜
☺太岁头上的土——动不得

谚 语

☺三岁看大,七岁看老。
☺君子淡如水,岁久情愈真。
☺有志不在年高,无志空活百岁。

名 句

☺岁岁金河复玉关,朝朝马策与刀环。

（唐·柳淡）

sūn

甲骨文	金 文	小 篆	隶 书

成　语

含饴弄孙　徒子徒孙　名落孙山
孝子贤孙　不肖子孙　断子绝孙

歇后语

☺ 孙权杀关羽——嫁祸于人
☺ 孙猴七十二变——神通大了
☺ 孙猴子的脸——说变就变
☺ 孙猴子的屁股——坐不住或坐不稳
☺ 孙猴子的手脚——闲不住
☺ 孙猴子守桃园——自食其果
☺ 孙权嫁妹，见脚就踢——防备

甲骨文的"孙"字左边部件是一个"子"，右边部件是一个"系"，是绳索的象形，这个字会意孩子像系（绳结）一样连续不断。金文的形体结构来自甲骨文，左边为"子"部件，右边为"系"部件，只是右边的"系"部件更加形象。小篆的形体结构直接源自金文形体，文字进行了一定的文饰加工，笔画更加匀称，结构更为对称。隶书的"孙"字在小篆的基础上进行了部件的省略改变，但会意的字形结构没变。

　　"孙"在我们的概念中，指的是子孙、孙子的意思。根据《说文解字》的说解来看："孙，子之子曰孙。从子，从系。系，续也。"孙是指儿子的儿子。例如《诗·鲁颂·閟宫》所记载的："后稷之孙，实为大王。""周公之孙，庄公之子。"其中的"孙"都是孙子的意思。中国自古是一个注重家族血缘的社会，这一点有别于西方社会。中国的宗法制度使得名分等级显得格外有特色，称谓的复杂性就表现在不同身份的人都有不同的称号。而我们的古人在这方面又特别擅长，仅仅用一个"孙"字来表示孙辈还远远不够，因此我们在《尔雅·释亲》中会看到这样的一些说法："离孙""归孙""外孙""曾孙""玄孙""来孙""晜（昆）孙""仍孙""云孙"等，具体而言"子之子为孙，孙之子为曾孙，曾孙之子为玄孙，玄孙之子为来孙，来孙之子为晜孙，晜孙之子为仍孙，仍孙之子为云孙"。"女子谓晜弟之子为侄，谓出之子为离孙，谓侄之子为归孙。"从这些称谓可以看到古人对等级的重视、对宗族制度的重视，这样细致的划分，在世界文化发展史中是罕见的。

tā

甲骨文 金文 小篆 隶书

甲骨文的它是一条蛇的象形,有头有身也有尾,金文变得更加宽大短小,到小篆则在金文的基础上更加规整对称,也还能看到蛇的头和身、尾,但到隶书就完全脱离了象形的痕迹。

许慎《说文解字》中对"它"的解释是这样的:"虫也。从虫而长,象冤曲垂尾形。上古草居患它,故相问无它乎。"它,虵属,"它"就是蛇。据许慎的说解,上古人们居住在草莽之中,因此,经常会遇到蛇莽之类,于是人们见面常常会问候"无它乎?"也就是关心是否遇见蛇了,或者有没有被蛇咬。《玉篇》它部则明确解释作:"它,蛇也。"

甲骨文的"它"是"蛇"的本字,也就是"蛇"的初文作"它"。"它"在古时还被借作"他"字用,写成"佗"字,后来作"他"字。例如《诗·小雅·鹤鸣》有记载说:"它山之石。"这里的"它"就是"他"。"它"也借用作代词它用,表示动物生命的一类代词,并且长期使用,于是就变成我们今天所熟知的、固定专属的第三人称代词了。而《玉篇》它部又指出:"它,异也。"因此,"它"实际上还用来指"其他的、另外的",例如《庄子·大宗师》中有"它日"的说法,陆德明《经典释文》指出:"崔本作异日。"而表示蛇这个含义的"它"在语言发展的历史中逐渐淡出了,在它的基础上加上了一个虫旁,于是就产生了专门指称蛇的"蛇"。

歇后语

☺一天三刮络腮胡子
——它不叫我露脸,
我不叫它出头

谜 语

☺鸵鸟不见了。(打一字)
——它

tiān

| 甲骨文 | 金文 | 小篆 | 隶书 |

成　语

怨天尤人　遮天蔽日　坐井观天
罪恶滔天　天崩地裂　天壤之别

歇后语

☺ 白天照电筒——多此一举
☺ 半天云里挂口袋——装疯（风）
☺ 背着喇叭坐飞机——吹上天了

谚　语

☺ 天上勾勾云，地上雨淋淋。
☺ 天有城堡云，地上雷雨临。
☺ 天上扫帚云，三天雨降临。

在殷墟刻辞中有"天"这个甲骨文，这是一个象形字，像一个正面站立的人，伸展开双臂，构形中凸显人的头部，以"口"表示。金文的形体结构基本与甲骨文相同，唯一变化是头部为实心圆，但也是凸显的部位。小篆的形体结构较之甲骨文、金文变化较大，出于文饰的作用，原本的人头化作了一横。隶书的"天"字更加简单，大字上加一横，但没法解读这个字的造字之初的意思了。

　　"天"在我们的心中，就是指的和地相对的宇宙天空，但从上面的甲骨文、金文的形体我们很容易解读出，"天"的本义应该是指人头。看看《说文解字》对它的解释："天，颠也。至高无上，从一、大。""天"是指的人的头顶。《山海经》中记载的"刑天"就是与帝争神，而被帝斩去头的兽名。因被斩头，故名"刑天"。因为头之上为天，因此"天"才引申用来指我们今天的"天地"的"天"，例如《孟子·梁惠王上》所记载的："天油然作云，沛然下雨，则苗浡然兴之矣。""天"即指的天空，和"地"相对，说天空乌云密布，下起了大雨。天和地在古人心目中都具有至高无上的地位，因此，古人认为自己是上天的臣民，上天、上帝派来拯救、管理苍生的人就是皇帝、天子，他们享有尊贵的地位和至高的权力。《尚书·泰誓上》记载："天佑下民，作之君，作之师。"这里的"天"即是神圣的代表——天神、上天。"天"还有自然的含义，例如天然、天生等。而表示时间概念的"天"是因为自然的"天"的黑白变化，即太阳起落的一个周期、一个昼夜而形成的，是我们生活中最常见的，例如"一天""两天""白天""今天""明天""后天"，进而又有了表示"季节"的"天"，即季节称谓，例如"夏天""冬天""秋天""春天"，等等。

tián

甲骨文

金文

小篆

隶书

从甲骨文的"田"字，我们可以发现，这个字是我们今天所见到的田地的象形，阡陌纵横。左边所列第二个甲骨文形体与金文基本一致，但由于金文是铸录于青铜器上的缘故，因此，字形笔画更加圆滑、粗犷。小篆和隶书基本是一脉相承的，没有太多的变化。

这个字实际上揭示了上古时候的农田制度，即井田制。从字形上再结合相关的文献，我们可以窥探到当时的农业社会的大概面貌。许慎《说文解字》解释"田"为："陈也。树谷曰田。象四口。十，阡陌之制也。""田"是种植谷物的地方，它的形状像是四口，即横纵交错分割的四个口字形，而其中的"十"就是南北东西纵横的阡陌沟壑。许慎的这个解释是可取的，他准确地阐释了田这个字所代表的农事方案。

"田"的本义是田地，又可作动词义，表示田猎、狩猎，即后来的"畋"字，如《易·恒》："田无禽。"王弼注："田，猎也。"古时田和猎实际上是相辅相成的事情，田猎地区往往就是农田地区，动物往往会肆意破坏田地农作物，因此进行田猎是必要行为。同时，这样也进一步推动了田猎活动，以至于后来发展成为真正意义上的狩猎。田是用来耕作的，因此也常常将文人或者脑力工作者所从事的工作喻称为"田"，例如"笔耕砚田"。

成 语

沧海桑田　解甲归田　瓜田李下

歇后语

☺ 秋后望田头——找茬儿

☺ 鸭子下冻田——插不上嘴

谚 语

☺ 十年练得好文秀才，十年练不成田秀才。

☺ 麻雀落田要吃谷，狐狸进屋要偷鸡。

tīng

| 甲骨文 | 金文 | 小篆 | 隶书 |

成 语

垂帘听政　俯首听命　骇人听闻

言听计从　道听途说　洗耳恭听

汉字中与"耳"相关的字，大多与听力、耳朵有关。甲骨文的"听"字左边是一个耳朵的象形，右下角是一个口，会意嘴巴说话，耳朵接受话音。金文相似。小篆变得更加复杂，演变成会意兼形声字，字体由左边的耳、壬部件，右边的悳部件构成，其中的"壬"表示读音。隶书的形体与小篆近似，部件没变。

　　"听"的本义就是耳朵听见的意思。许慎《说文解字》说："听，聆也。从耳、悳，壬声。"听即聆，而"聆"就是听的意思。甲骨文中既有"听"字，又有"闻"字，在古汉语中都是表示声音进入耳朵，信息被大脑神经接受。两个甲骨文的形体差异在于一个从口，一个从人（见280页"闻"）。从口的"听"字所强调的是对人嘴巴说出的信息的接纳，也就是有主观刻意去听的意思，于是许慎用"聆听"去解释。"聆"字含有清楚、明白的意味，比如我们说"聆听教诲"，实际上就是主观用心去听的一个动作，因此"听"也同样具有一些这样的特征。于是有"听而不闻"的说法，《礼记·大学》记载有："心不在焉，视而不见，听而不闻，食而不知其味。"即主观上去听了，但是并没有去接受这些信息，以至于"不闻"，没有听见东西。"听"由本义引申可以表示"听从、接受"的意思，例如《诗·大雅·荡》中所说的："虽无老成人，尚有典刑，曾是莫听，大命以倾。""听"即听从的意思。诗句说的是即使没有元老旧臣，也还有旧的典章制度，无奈你竟不听从，国命就倾覆了。此外我们今天所说的"听取""听信""听命""听从"等中的"听"实际上也是这个含义。我们还常说"听之任之""听任""听由""听天由命""听凭"等，其中的"听"表示任凭的意思，这是由"听从"引申而来的；听从之后，就不再有自己的想法了，自然就会让事情等按照它已有的方向发展。

tóng

甲骨文　金文　小篆　隶书

　　"同"的甲骨文由上下两个部件构成，上面的部件是"凡"，下面的部件是"口"，两个部件会意会合的意思。金文的形体结构和甲骨文的完全一致。小篆的结构基于甲骨文和金文进行了笔画的调整，将上面凸出的竖笔去掉了，变成了弧线，里面写作"一"和"口"。隶书的结构和小篆基本一致。

　　从《说文解字》的解释来看："同，合会也。""同"的本义是会合。例如《诗·豳风·七月》中说的："嗟我农夫，我稼既同，上入执宫功。"这里的"同"是会合、聚集的意思，"我稼既同"是说自己的庄稼已经聚集会合在一起了。"会合"在一起的事物一般具有一定的相似性，因此又引申出"相同、一样"的意思，例如《论语·子路》中所说的："君子和而不同，小人同而不和。"君子不会因与人意见不相同而与人相处不悦，小人表面和人意见相同但内心不悦。而由"相同、一样"引申表示共同、统一，例如陆游的名句"但悲不见九州同"，"九州同"，即指国家统一。而"同舟共济"的"同"是指的"共同、一起"的意思。"统一"就意味着和谐和安定，因此我们常说的"大同社会"，其中的"同"就是表示和谐安定的意思。

　　在普通话中，"同"往往用作介词、连词、副词等，例如"我同她是好朋友"，"同"作为连词，表示"与、和"的意思；"这里的气候同那里一样"，"同"是介词，表示"和、跟"的意思。而我们最为熟悉的"同学"，"同"是作为副词修饰"学"，是共同地学习、受业的意思，逐渐固定成为一种在校学生、同校学习者的称呼。

成　语

一视同仁　同甘共苦　同流合污
同舟共济　同心同德　大同小异

歇后语

☺死胡同里赶大车——此路不通
☺冰糖煮黄连——同甘共苦

谚　语

☺三里不同乡，五里不同俗。
☺亲邻互助山成玉，父子同心土变金。
☺善恶不同途，冰炭不同炉。
☺有福同享，有难同当。

tóu

金 文	小 篆	隶 书

成 语

头头是道　焦头烂额　头疼脑热
晕头转向　摇头摆尾　生死关头

歇后语

☺ 斑马的脑袋——头头是道
☺ 出了芽的蒜头——多心

谚 语

☺ 头痛医头，足痛医足。
☺ 饱谷穗头往下垂，瘪谷穗头朝天锥。
☺ 百尺竿头，更进一步。
☺ 乱麻必有头，事出必有因。
☺ 不是冤家不聚头。

"頭"这个字在被简化之后写作"头"，两者很难看出有何种关系存在。金文的"頭"是一个形声字，左边是"豆"表示声，右边是"页"表示义，"页"即头的意思。小篆和隶书都比较完整地保存了这个字的原貌，只是右部的"页"的形体有所错变，但大体还是能解读出这个字的构形。

"头"的本义就是"首"，所谓"首"即头也，《说文解字》说道："头，首也。从页，豆声。"即是本义的说解，是人体和动物身体上的最前部位，具备眼、耳、口等器官。由这个本义又可用作指称物体或者事情的前部或开端，例如"开头""火车头""笔头"，等等。其中的"笔头"的"头"又含有末端，剩余的意思，又如"布头"即剩余的边脚布料。此外，"头"还可相当于"第"，例如"头一次来"即第一次来。

"头"即首，于是有"首领"的含义，"工厂头头"即工厂的首领，又如"工头""班头"等。我们还能听到的"头面人物""头号角色""头号事件"等中的"头"是作重要讲，因为"头"在身体的最上面，位置和作用都举足轻重，因此从这个特征引申用到人和事的重要性上。

"头"和"首"是同义词，在语言历史发展的长河中，"首"是先于"头"产生，并被广泛使用的，大约在战国以后，"首"的位置逐渐被"头"所取代，"头"成为口语中的常用词。

tǔ

甲骨文

金文

小篆

隶书

"土"的甲骨文是土块的象形,字的上面部件表示土块,下面一横线表示地面,整个字形是一个会意字。金文只是将空心的土块变成了实心的土块,字体结构没有变化。到小篆,整个字形发生了较大的变化,土块部分演变为横竖笔画,已经不能看出土块的象形了。隶书和楷书也沿袭了小篆的形变特征。

"土"的本义顾名思义,就是土壤、土块。许慎《说文解字》这样说解道:"地之吐生物者也。二象地之下、地之中,物出形也。"许慎的说解侧重于土地的生殖功能,土地是孕育万物的基础。我们后来所常用的 "土地""疆土""领土"这些词中的"土"的含义实际上是在本义的基础上引申而来的。土地作为人类存在的重要物质,从古至今一直备受尊崇,因此,"土"在古汉语中又作"社",对土地神的祭祀称之为"社祭"。这在古文献中多有记载,例如《公羊传·僖公三十一年》:"天子祭天,诸侯祭土。"何休注为:"土谓社也。诸侯所祭,莫重于社。"而"故土""乡土"这样的搭配中的"土"实际上也是本义的引申,理解为"故乡""家乡";在这个意义上又可作进一步的引申,于是就有了"土特产""土生土长""土匪"这样的说法,意思是指当地所产的事物。"面朝黄土背朝天"这样的描述实际上是对勤劳的农民大众的描写,因为农民常年面对土地而耕作,于是有人偏激地认为农民是不懂时尚的、落伍的人,于是就有了"土里土气""乡土"这样的表示"俗气"、"具有乡下气味"的词语。

成 语

水土不服　灰头土面　卷土重来
土崩瓦解　土生土长　根生土长

歇后语

☺ 出土笋子——冒尖
☺ 地里的蚯蚓——土生土长
☺ 土地爷搬家——走神

谚 语

☺ 积土为山,积水为海。
☺ 兵来将挡,水来土掩。
☺ 土帮土成墙,人帮人成城。

tù

甲骨文	金文	小篆	隶书

"兔"的甲骨文是兔的象形，像一只侧立的兔，兔身短小有短尾，头部有耳。金文基本同于甲骨文。到小篆尚可看出兔的形状。隶书由于笔画的平折方正化，完全不能识别兔子的样子了。

《韩非子·五蠹》记载有："田中有株，兔走触株，折颈而死。"描述兔撞上木桩而死去。有个农夫见此情景，便每天去等着捡撞死的兔子，结果再也等

成　语

兔死狐悲　狡兔三窟　龟毛兔角
兔死狗烹　兔丝燕麦　守株待兔

歇后语

☺ 兔子不吃窝边草——留情（青）
☺ 兔子的腿——跑得快
☺ 兔子的耳朵——听得远
☺ 兔子的尾巴——长不了
☺ 兔子撵乌龟——赶得上

谚　语

☺ 人中有吕布，马中有赤兔。

不到了。这就是成语"守株待兔"的来源。兔子是人类驯养的家畜之一，作为人们食肉的品种，也是打猎的对象。《说文解字》说道："兔，兽名。象踞，后其尾形。兔头与㲋头同。"兔机敏而动作迅速，从已有的汉字来看，对于它的动作的记录有"逸"，这个字从兔，许慎解释为"失也"，逃跑的意思。还有"毚"，从三兔，疾也，表示迅速之义。

神话中的嫦娥住在月中，身边有玉兔，因此兔成为了月亮的代名词，成为月之精灵。成语"兔走乌飞"，实际是说月亮和太阳的起落运行。"兔月""兔魄"都指月亮。"兔宫"指传说中的月宫。"兔华"指月亮的光华。兔因为可爱、温顺而深得古代皇家贵族的喜爱，常可见以兔为宠物，今天也能见到以兔为宠物的现象，在民间俗称兔为"兔人儿""兔爷儿"。

wàn

甲骨文
金文
小篆
隶书

甲骨文的"万"字像一只蝎子的形状，有两只蝎子夹，一个大头，还有长长的尾巴。金文与甲骨文基本一致，在尾巴上增加了一只脚，到小篆这只脚就讹变成了"禸"，到隶书将表示蝎子的两只夹子的部分误作为草字头，于是无法再从字形判断出它的来源和取象了，而简化字则更加难以识别了。

《说文解字》将"万"解释为："虫也。从厹，象形。""万"在甲骨卜辞中常出现，但是多用作地名。这个字从字形上推断，本义应该是蝎子，而用来表示数目的"万千"的"万"应该是一种假借的用法。因为借用的时间太长久了，"万"表示蝎子的本义就逐渐淡出了，于是就会另外新造一个表示蝎子的字。正如段玉裁《说文解字注》中所说的一样："段（假）借为十千数名，而十千无正字，遂久段不归，学者昧其本义矣。"文献记录有《诗·小雅·信南山》："畀我尸宾，寿考万年。"是说把酒食拿来祭祀祖先，给予受祭的代表人，祖先就会赐予我万年寿命。"万"即数词十千的意思。又如《孟子·梁惠王上》指出的："万取千焉，千取百焉，不为不多矣。""万"后来表示数目众多，是个泛指意义，例如《左传·闵公元年》所记载："万，盈数也。"盈是满的意思，满则过，"万"即指的众多的意思。我们今天有"万里挑一"的说法，实际上就是这样来的。由"万"的这个众多含义，又进一步引申，"万"这个大数目中如果有"一"点比较突出，就可能成为事件发生的可能性，于是就有"万一""万幸"这样的说法。例如："别喝酒，万一发生车祸怎么办？""还好没发生车祸，真是万幸。"而"万"还有表示强调的意思在里面，也是由数目众多这个含义引申而来，例如"万不得已"、"如果有陌生人敲门，你万万别开门"。

成语

万家灯火　万水千山　万念俱灰
万紫千红　万马齐喑　万无一失

歇后语

☺ 万丈悬崖上的鲜桃
　　——没人睬（采）；没人尝过
☺ 万岁爷卖包子——御驾亲征（蒸）

谚语

☺ 千人千脾气，万人万模样。

wáng

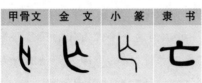

甲骨文　金文　小篆　隶书

"亡"的甲骨文形体的解释有不同的说法，有的说像古代奴隶逃亡被斩手的样子，有的说像人眼被剜掉了眼珠子，有的说像人逃亡隐蔽的样子，等等。金文的形体结构和甲骨文基本一致。小篆在金文的基础上，将笔画进行了弯曲改造。隶书简写为点、横、竖折。

《说文解字》解释说："亡，逃也。"是说"亡"是表示逃亡的意思。例如《国语·晋语八》中记录的："而离桓之罪，以亡于楚。"是说晋国贵族栾怀子受到他父亲桓子罪行的连累，被迫逃亡到楚国。逃亡是离开居住地，因此引申表示"外出、出去"，例如《论语·阳货》有这样的记录："阳货欲见孔子，孔子不见，归孔子豚。孔子时其亡也，而往拜之。"是说孔子故意等到阳货外出的时候去他的家里拜访，"亡"即外出、出去。人在逃亡的时候总会遗失东西，"亡"因此引申表示"丢失、遗失"。例如我们所熟悉的成语典故"亡羊补牢"，这里的"亡"就是丢失的意思。逃亡、遗失都意味着原有的人或事不存在了，引申才有了"死亡、灭亡"的意思，例如苏洵《六国论》中所说："是故燕虽小国而后亡，斯用兵之效也。"是说燕这个小国最后才灭亡，就是用兵抵抗的结果，"亡"即灭亡的意思。而"亡妻""亡父"等，也是作死亡、灭亡讲，是形容词。

在古汉语中，"亡"和"无"是通假字，表示"没、没有、不"，例如《论语·子张》中说的："日知其所亡，月无忘其所能，可谓好学也已矣。""日知其所亡"是说每天都能知道一些自己没有的知识。而我们现在只用"没、没有、无"来表示"无"，而不用"亡"字。

wáng

甲骨文

金文

小篆

隶书

　　"王"字的甲骨文是一个象形字,对这个字的解说有不同的看法,其中一种认为这个字像古代的兵器即斧钺之类,而斧钺在古代是王权的象征,字的下部为斧钺的刀刃部分,另一说法认为是大人站立象征权威的王权形象。金文的形体结构基于甲骨文,简化作三横一竖,最下的一横有所弯曲,按照第一种解读观点,正像斧钺的刀刃部分。小篆基于金文形体结构,将最下的一横平整化,变作三横贯穿一竖。隶书、楷书也一并如此。

　　"王"的本义就是一种兵器,如斧钺,以象征王权。许慎《说文解字》说:"王,天下所归往也。董仲舒曰:'古之造文者,三画而连其中谓之王。三者,天、地、人也,而参通之者王也。'孔子曰:'一贯三为王。'"许慎的说解指出"王"是天下臣民所归依、臣服的对象,是一种权威的象征。"王"作为君主的代名词,在漫长的中国古代社会一直存在。春秋战国时期,天子称王,分封诸侯也称王。从秦始皇开始才称君主为"皇帝",因此"秦始皇"即秦代开始的、第一个皇帝,"始皇帝"特指嬴政。汉代开始也称帝,又分封同性皇族为"王"。《尚书·洪范》中记载:"天子作民父母,以为天下王。"这里的"王"即君主。而和"侯将相"相提并论的"王",即所谓的"王侯将相",已经变为一种封爵了,是一种最高的爵位,是地位和身份的象征。"王"在我们今天的语言中,更多地被引申表示"首领"的意思,例如"霸王""王者""蚁王""蜂王",等等。

　　"王"在古汉语中还可以破读为wàng,这个意义的"王"是名词作动词的用法,例如《易·系辞下》中所说的:"古者包牺氏之王天下也,仰则观象于天,俯则观法于地。"这里的"王天下"就是称王于天下、统治天下的意思。

成 语

擒贼擒王　混世魔王　成王败寇
称王称霸　王侯将相　王佐之才

歇后语

☺大水冲了龙王庙

　　　　——一家人不识一家人

☺甲鱼吃木炭——黑心王八

谚 语

☺山上无老虎,猴子称大王。

☺狗是百步王,只在门前凶。

wǎng

甲骨文	金文	小篆	隶书

"网"是一个象形字，这个字的甲骨文形体是网的象形，有交叉的笔画表示网眼。金文的网字相对简单。小篆的网字来自甲骨文，甚至和甲骨文的一些形体基本相似。隶书、楷书形体基本同小篆，仍然保留着网的象形特征。

人类社会经历了渔猎时代，网字就是这种时代特征的一个记录。"网"的本义是渔猎的工具，在远古时代，人们利用网来拦截和捕获动物。从《说文解字》的说解来看："网，庖牺所结绳以渔。从冂，下象网交文。"网是指的庖牺所编织的用于打鱼的网。例如《诗·邶风·新台》所记载的："鱼网之设，鸿则离之。"这里的网即捕鱼的网。诗句说设来捕鱼的网，却网住了大雁。而在殷墟卜辞中我们可以看到，网猎的对象还包括飞禽走兽类。在上古时代，网是人们生活生产的重要工具，这个字在汉字的发展史上一直被保留了下来，而且本义始终没有发生变化。在我们今天的社会生活中，网一样被广泛使用，例如打鱼用的渔网，捕鸟用的网，以及建筑工地上为了安全起见而拉起的安全网，运动场上球类比赛的网，包括羽毛球网、乒乓球网、足球射门用的网，等等，这些都是对原始网的发展使用，都是具有拦截和捕获功能的工具，只是拦截捕获对象扩大到非生命的物体。我们所熟知的"天罗地网"一词，"罗"和"网"对举，都是网的意思。"罗"在古汉语中更多是指捕鸟用的网，例如《诗·王风·兔爰》所说的："有兔爰爰，雉离于罗。"是说有只兔子缓缓地走，有只野鸡陷入罗网。而"网"在古汉语中既可以指捕鸟的网也可以指捕兽的网。"网"在本义的基础上可以引申指抽象意义的"网"，例如"天网恢恢，疏而不漏"、"法网"、"网络"，等等。

wǎng

往

甲骨文 金文 小篆 隶书

"往"的甲骨文是一个形声字,字的上部为形符"止",表示脚的行走动作,下部为声符"王",整字表示去往。金文的形体基于甲骨文,增加了"彳"旁表示行走义类,右边部件上为"止",下为"王",与甲骨文形体结构相似。小篆形体结构基于金文,笔画变得圆润流畅,部件没作变化。隶书的"往"字,"止"这个部件变成了一点。

"往"即去往的意思,同"来"相对。根据《说文解字》的说解来看:"往,之也。从彳,里声。"往即去、到的意思。《诗·小雅·采薇》中记载:"昔我往矣,杨柳依依;今我来思,雨雪霏霏。""往"和"来"同时出现,表示去、到的意思。"往"在本义的基础上引申可以表示过去这个时间概念,例如《论语·微子》中所说的:"往者不可谏,来者犹可追。"这里的"往"和"来"形成对比,"往"表示过去的意思,说的是过去的人和事,而"来"则相应表示将来的意思。我们今天还会说"往日""往事""往昔""既往不咎",等等,都是表示过去的意思。

我们今天的语言中,对"往"使用比较多的除了表示时间的概念外,就是表示趋向的介词。这是往的动词意义虚化的结果,例如"往前走""别往心里去""往死里打"等,相当于"朝"、"向"。我们通常会说"往往",这是表示经常、时常的频率副词。

成 语

长此以往　既往不咎　继往开来
礼尚往来　勇往直前　一往情深

歇后语

☺ 把鼻涕往脸上抹——自找难看
☺ 按着脑袋往火炕里钻——憋气窝火
☺ 猪往前拱,鸡往后扒——各有各的门道

谚 语

☺ 云往东,一场空。云往南,雨成潭。
　云往西,水凄凄。云往北,好晒谷。
☺ 爱夸海口的人,工作往往落空。
☺ 鸟往船上落,雨天要经过。

wàng

甲骨文	金文	小篆	隶书

望

甲骨文的"望"字从臣（竖立的眼睛）、人和土，人站在土块上，凸显人眼，表达眺望、观望的意思。金文形体较多，上边所列第一个形体和甲骨文相似，稍有变化而已。第二个形体是在第一个基础上另外增加了一个"月"，这个字写作"朢"，表示朔望的意

成 语

望而却步　望子成龙　望尘莫及
望梅止渴　望而生畏　大失所望

歇后语

☺ 得一望十，得十望百——贪心不足
☺ 等公鸡下蛋——没指望

谚 语

☺ 种庄稼的望八月，做生意的望腊月。
☺ 三岁望到老。

思。第三个形体变化比较大，左上角的"臣"字改成了"亡"，就是我们后来写的"望"字。小篆就在金文的基础上变化而来，还可以看到人和土是结合在一起的，后来隶书成了王字部件。

"望"的本义是极目眺望、远望的意思。《说文解字》对"望"的解说是："出亡在外，望其还也。从王，朢省声。"显然已经不是本义。而对"朢"的解释是："月满与日相望，以朝君也。从月，从臣，从壬。壬，朝廷也。"这是专门指朔望的意思，月满叫望。《释名·释天》中进一步说解到："望，月满之名也，月大十六日，小十五日，日在东，月在西，遥相望也。"

《诗·卫风·河广》说："谁谓宋远，跂予望之。"郑玄笺作："跂足则可以望见之。""望"用的是本义，指眺望、远望。《左传·庄公十年》中说："登轼而望之。"其中的"望"也是远望的意思。而《楚辞·九歌·湘君》中说："望夫君兮未来。"以及"望穿秋水不见君来"，当中的"望"是眺望的引申，表示"期望、盼望"。在这个意义的基础上进一步引申，就有了"希望""企图"的含义，例如说"众望所归""大失所望""绝望"等。我们还有"看望""拜望""探望"等说法，这是"望"的本义的引申，表示拜访的含义。"望"还被借作"名分、身份"的意思，例如"声望""名望"等。

这个字在生活中使用广泛，尤其是表示期望、希望的含义。

wéi

甲骨文

金文

小篆

隶书

甲骨文的"为"字左边表示一只手,右边像一只大象,表示用手牵着象,在驯象的意思。金文除了部件位置的变化(由甲骨文的左右位置,变成上下位置)之外,"象"的形体变得更加简化了。小篆的形体是对金文的沿袭,上面的手已经变化为爪,下面是象。而隶书就很难看出这个字的构成来源了,简化的"为"字更加难以识别。

《说文解字》将"为"解释为母猴,这是许慎望文生义的结果,这个解释是不正确的。上古的时候,中原地带是有象的,人们驯象来帮助生产生活,因此"为"的本义应当是做、干的意思。例如《诗·小雅·北山》所说:"或出入风议,或靡事不为。"诗句说有的人进进出出到处闲聊,有的人什么事情都得干。其中的"为"即指的做。在这个意义的基础上引申可以表示"治理",例如《论语·为政》中所说的:"为政以德,譬如北辰居其所而众星共之。""为"是做、干的意思,实施这个行为的人可以认为是在某个职位或者某个单位工作的人,于是引申表示担任、充当的意思,例如"为人师表""为师",此外还有"画地为牢"也是这个引申含义的用法。做、干是要最终达成某个结果,于是就有了"成为""变为""沦为"等说法,其中的"为"本身就可理解为"变为"的意思。

"为"作为虚词的用法表示原因或者目的,例如"为何""为什么""为了""为此",等等,这个时候,读音是wèi。而我们在语言使用中,"为"的虚词使用比例更高。

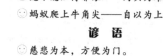

成 语

无为而治　转危为安　尽力而为
化为乌有　指鹿为马　敢作敢为

歇后语

☺ 吃着黄连唱歌——以苦为乐
☺ 宠了媳妇得罪娘——两头为难
☺ 蚂蚁爬上牛角尖——自以为上了高山

谚 语

☺ 慈悲为本,方便为门。
☺ 处事为人,信义为本。
☺ 得之不为喜,失之不为忧。

wěi

甲骨文	小 篆	隶 书
		尾

甲骨文的"尾"字，左边部件是一个侧立的人形，甲骨文中"尸""人"形似，右下部件是像羽毛状的形体结构，整个字表示人的臀部位置处装饰着尾巴一样的物件。金文未见收录尾字。小篆的形体结构基于甲骨文，将部件位置稍作调整，人字部件有了曲折变化，而表示尾巴的部件更加凸显。隶书的"尾"字，人字写成了"尸"，尾部件写成了"毛"。

　　"尾"的本义从甲骨文的形体解析来看，应该是与羽毛状的尾部装饰有关，但从认知的角度看，尾部的描述应该首先来自动物的躯体末端突出的部分。从许慎《说文解字》的说解来看："尾，微也。从到毛在尸后。古人或饰系尾，西南夷亦然。"许慎的解释是声训，尾巴是毛状的细微物，古人作为装饰用，在西南的少数民族地区就存在这样的风俗。文献中对"尾"的记述也不少，例如《易·履》所记载的："履虎尾，不咥人，亨。"是说踩到虎尾巴，虎不咬人，卦象亨通。由尾巴的位置引申出末尾、末端的含义，例如"尾声""韵尾""车尾""尾数"，等等，在四川方言中可以说一件事情的末尾为"尾子"，例如"这件事情快做完了，还有点尾子"。我们在生活中会说"一尾鱼"，这是以鱼的特征性器官"尾巴"来计数的量词。

　　在生活中我们还常常听到"yǐ巴"这样的说法，这是一种俗称、口语词，尤其在一些童谣歌曲中常使用这个读音，例如"两只老虎"中的一句歌词"一只没有尾巴"。我们还能说"尾随"，这里尾是作动词用，表示跟在后面，跟随的意思，在江淮方言中有"你尾着他"的说法，表示你跟着他的意思。

wèi

甲骨文

金文

小篆

隶书

在我们的观念中，"未"这个字是表示抽象的时间概念的一个字，但追溯它的字形，你会发现这个字实际上来自现实的事物。甲骨文的"未"字是一个象形字，像树枝上有树叶的样子。金文的形体来自甲骨文，也像树木有枝叶的样子。小篆的形体基于甲骨文、金文，笔画进行了规整。隶书的形体将小篆弯曲的笔画变为平直的笔画了。

"未"字在殷墟甲骨刻辞中已经出现了，这个字在甲骨文中被借用来表示天干地支，它的本义根据字形的分析推断，大致和树木枝叶有关，但这个本义从汉语史可考察的文献来看，用得比较有限。根据许慎《说文解字》的说解来看："未，味也。六月，滋味也。五行，木老于未。象木重枝叶也。"许慎说"未"即味道，这显然不是本义。古文献中有"未"借作"味道"讲的记载，例如马王堆汉墓帛书甲本《老子》中记载的："为、无为，事、无事，味、无未。"这里的"未"即"味"。但在整个古今汉语长河中，我们所见到的"未"的使用，常见的是借作天干地支，其次是借作副词，表示否定，例如"未知""未到""未婚""未老先衰"，等等。而我们现代汉语中出现"未"的比例高的词语是"未来""未卜先知"等，这里的"未"表示未来、将来，是个时间副词，是由"未"表示否定的这个含义引申而来的，"未来"即还不知道的以后、没有到来的时间。古汉语中也有这样的例子，例如《荀子·正论》："凡刑人之本，禁暴恶恶，且征其未也。"这里的"未"就是指的将来的意思。

成 语

方兴未艾　壮志未酬　羽毛未丰
闻所未闻　未竟之志　未能免俗

歇后语

☺ 抛球招亲——未必如意
☺ 麦子未熟秧未插——青黄不接
☺ 喜鹊落满树，乌鸦漫天飞
　　　　　　——吉凶未卜

谚 语

☺ 补漏趁天晴，未渴先掘井。
☺ 人心未尽知，灯台难自照。

wén

甲骨文	金 文	小 篆	隶 书

成 语

鱼质龙文　舞文弄墨　文以载道

文韬武略　温文尔雅　繁文缛节

谚 语

☺ 文官动动嘴，武官跑断腿。

☺ 文戏靠嘴，武戏靠腿。

☺ 文无定法，事有定规。

上古人们对于自然的崇拜体现在生活中的不同方面，其中一个重要的现象是文身。他们从自然中汲取美的符号，然后绘或刻在自己身体上，于是就形成了各色各样的文身图案。这样的习俗在世界各国都可以见到，我国的一些少数民族直到今天依然保留着文身习俗。甲骨文的"文"字像一个正面站立的人，凸显人的身体部分，身体部分绘有纹饰；纹饰除了交叉线条之外，还有半圆等其他形式。金文的形体与甲骨文基本一致。小篆则取消了纹饰，字体构造与甲骨文、金文基本一致。隶书的形体结构与小篆一致，笔画更加平直。

"文"的本义就是文身。许慎《说文解字》说："文，错画也。象交文。"文即交错的图画、花纹，而这个解释是许慎对人形的解释，从甲骨文、金文的形体来看应该是人身上的交错图案。例如《庄子·逍遥游》中说："越人断发文身。"记录的就是当时越人的习俗，剪断头发并且在身体上刻画图案。中国自古少数民族众多，春秋战国时期的东夷民族就是"披发文身"的少数民族。从文身引申表示纹饰、花纹的意思，例如《易·系辞下》中说："物相杂，故曰文。"文即颜色交杂而成的花纹图示。纹饰的交错笔画又与文字有相似性，于是又引申指文字；文字形成的篇幅也称为"文""文章"，例如我们所说的"散文""诗文""文赋"等等；文章的写作技巧杂而多样，引申可指文采。但《楚辞·九章·橘颂》中所说的"青黄杂糅，文章烂兮"，这里的"文章"是指的花纹色彩。

今天的语言和古代的语言相对而称，即"文白"，"文"是指的文言文，而"白"是指的白话文。至于"文化""文艺""文学"这样的搭配中的"文"，是指人类所创造的一种精神财富的综合或单一的表现。

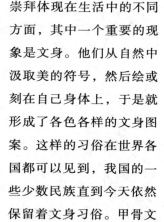

wén

闻

甲骨文
金文
小篆
隶书

甲骨文的"闻"字像一个脸朝左跪坐的人,在他的头部凸显了一只很大的耳朵,而手部抬起放在耳边,用手辅助会聚声音,表示听的意思。金文的"闻"字将耳朵(右部)和人体分隔开来,人头上三点表示声音,成为左右结构。小篆的"闻"字在形体上和甲骨文、金文差异较大,变成了外围是两扇门,里面是一只耳朵,表示听。

"闻"的本义是听,因此《说文解字》说解为:"闻,知闻也。"即听见声音。例如《礼记·大学》中说的:"心不在焉,视而不见,听而不闻。"即本义的用法,是说心思不在这里,眼睛看着等于没看,耳朵听着等于没听。我们现在常说"百闻不如一见""早有耳闻"以及"闻鸡起舞",当中的"闻"都作听见讲。听见之后,就知道了,因此由本义作引申可以表示知晓的意思,例如《论语·里仁》中的一句流传深远的话:"朝闻道,夕死可矣。"其中的"闻"指的就是这个意思。我们听到、知晓的事情,我们也可以用"闻"来表示,例如"见闻""新闻"等等;如果这样的消息或者某个人某个事被很多人知晓,那么就成了"闻名天下",于是就有了"遐迩闻名"这样的说法了。由此引申又有了"名望,名声"的意思,例如《诗·大雅·卷阿》中的"令闻令望"就是指良好的声誉和名望。

我们现在常用"听"来表示听见,而"闻"通常只作为一种文言书面用语。"听"和"闻"在古汉语中的细微差别可以从上面的"听而不闻"这个例子来看出,听侧重于听见这个动作,而闻侧重于听的结果。而"闻"还被借用来表示嗅,我们今天可以说"闻一闻""闻味道""闻气味",等等。

成 语

闻所未闻　闻鸡起舞　置若罔闻
闻风丧胆　博学多闻　不闻不问

歇后语

☺半天云里打铜锣——四方闻名
☺高山上打鼓——远闻

明刻《牡丹亭·闻喜》

wèn

问

甲骨文

金文

小篆

隶书

"问"字的甲骨文像两扇门扉里面有个口,表示从门内发出或从门外传进声音。金文、小篆近于甲骨文,一直到隶书变化都不大。通过字形的分析,我们能看出这个字所要表达的意思。而其中的"门"又是个表音的符号,"口"是"问"的义符。

"问"的本义正如《说文解字》说解的那样:"问,讯也。"表示提问、讯问或询问,请教的意思。例如《左传·隐公元年》记载:"敢问何谓也?"其中的"问"就是本义的用法。我们今天有"问答""发问""请问"之类的说法,而从本义我们引申可以表示审讯,例如"问讯""查问""询问""质问"等等说法。《左传·僖公四年》中的一句话说:"昭王南征而不复,寡人是问。"这里的"问"就含有责问的意思在里面,是说昭王南征但没有回来,这是我要责问、质问的事情。问有多种方式,除了前面已经说过的一般性的提问、询问,带审讯、追究性质的问,还有带关切、关心性质的问,即通常说的"问候""慰问"等。这时的问,侧重已不在问怎么回事,而在关心、关切。如成语"问安视膳",是指子女早晚问候侍奉父母的安居和膳食。这个成语出自《礼记·文王世子》,讲的是周文王尽孝侍父的情况。可见这个意义也是早已有之。

成 语

不闻不问　置而不问　不耻下问
问心无愧　兴师问罪　明知故问

歇后语

☺井底下写文章——学问不浅
☺十五个聋子问路——七喊八叫

谚 语

☺好问无须脸红,无知才应羞耻。
☺多问不吃亏,多思出上策。
☺边学边问,才有学问。
☺知识渊博的人,懂得了还要问;
　不学无术的人,不懂也不问。

wǒ

| 甲骨文 | 金文 | 小篆 | 隶书 |

成语

你追我赶　时不我待　卿卿我我

我行我素　舍我其谁　你死我活

谚语

☺ 我有黄金千万两，不因亲者却来亲。

☺ 人无我有，人有我精。

☺ 人不犯我，我不犯人。

☺ 三人行，必有我师。

☺ 你有一掌金，我有定盘星。

"我"这个字在我们的心目中就是表示自己的一个人称代词，但这个字的来源却和人本身是没有关系的。甲骨文的"我"字是一个象形字，这个字是一种兵器的象形，字的左边部件表示兵器的刀刃锯齿部分，右边部件表示手持的长柄部分。金文的这个字的形体结构基于甲骨文，变得更加繁复。小篆的形体直接来自金文，对笔画作了文饰，已经不容易看出这是一件兵器的样子。隶书的"我"字笔画平直，更加难以辨别它的原型。

"我"的本义从上面的形体分析不难看出，是一种兵器，而表示自己的人称代词是一种假借用法，这种用法在甲骨卜辞中就存在了。《说文解字》中的解释认为："我，施身自谓也。或说我，顷顿也。从戈，从扌。扌，或说古垂字。一曰古杀字。"也认为"我"是表示自己的称谓。这是"我"的假借用法。但"我"作为第一人称代词却成为常用意义。"我"字长期被借用来表示这个意义，久借不还，于是就固定成为"我"字的基本意义，它的本义却逐渐淡化消失了，因此我们要在古文献中找到这个字的本义的用法几乎不可能。

在古汉语中，"我"被记录的用法几乎都是人称代词用法，例如《诗·小雅·采薇》中所说的："昔我往矣，杨柳依依；今我来思，雨雪霏霏。"这其中的"我"就是第一人称代词，表示自己。在这个意义上，"我"字同古汉语中的"吾""余""予"等是相同的，但最终保留在我们今天的语言中的第一人称代词却只有"我"字。

wū

甲骨文 金文 小篆 隶书

　　"巫"字在甲骨文中就产生了,说明在殷商时代,甚至更早的时代,人们对于神灵的崇拜信奉,这是人们对抗自然灾祸的一种方式,是生产力低下、社会认知有限的反映。甲骨文的"巫"字是一个象形字,像巫师向神灵祈求的时候所用的物件,有研究认为这个物件是交错的两块玉,因为玉是通灵之物。金文的形体结构完全同甲骨文。小篆的形体基于甲骨文、金文,将甲、金文中间横放的"一"误作为左右对峙的两个人形。隶书也因此写作"工"形以及两个"人"形。

　　殷商时代是一个笃信占卜的时代,从大量出土的甲骨占卜文字就可以看到,占卜对于当时的商王朝极其重要。而巫师被看做通灵人物,既能通天地,又具有丰富的天文地理知识,甚至医术,因此具有很高的社会地位。"巫"的本义应该是指女性的巫师。从《说文解字》的说解来看:"巫,祝也。女能事无形,以舞降神者也。象人两褒(袖)舞形。与工同意。古者巫咸初作巫。""巫"是能够侍奉神灵并用舞蹈来使神祇降临的女性。之所以说女性巫师为"巫",是因为古人对巫师有性别的划分。在产生之初,都是女性当巫师,后来才有了男巫。古人称男巫为"觋",即所谓的"在男曰觋,在女曰巫"。从《周礼·春官·司巫》中所记录的话:"司巫掌群巫之政令。若国大旱,则帅巫而舞雩;国有大裁(灾),则帅巫而造巫恒。"可以看出"巫"在周代仍然具有很高的地位。上古时代的医师也称为巫,"医"字的形体还有写作"毉"的,从巫,这足以证明古代医生和巫师有着渊源关系。我们今天还称一些江湖行骗的医生为"巫医"。除此之外,古代的史官也和巫师有着渊源关系,古汉语有"巫史"的说法,巫是"史"的前身。后来随着巫的地位的下降,"史"便从"巫"中独立分出来,专门从事文职工作。

成　语

巫山洛浦　巫山云雨

歇后语

☺ 巫婆扮凶神——又丑又恶

☺ 巫婆改行——没人信

☺ 巫师的行当——做人又做鬼

☺ 巫婆扛锄头——装模作样

wū

小 篆	隶 书
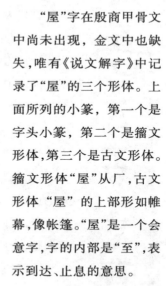	

成　语

华屋丘墟　屋下架屋　叠床架屋
高屋建瓴　爱屋及乌　隔屋撺椽

歇后语

☺ 暗屋里穿针——难过

☺ 花猫蹲在屋脊上——唯我独尊

☺ 烧屋赶耗子——得不偿失

谚　语

☺ 人在屋檐下，不得不低头。

☺ 一人有福，带挈一屋。

☺ 书中自有黄金屋，书中自有颜如玉。

☺ 量大福也大，心宽屋也宽。

"屋"字在殷商甲骨文中尚未出现，金文中也缺失，唯有《说文解字》中记录了"屋"的三个形体。上面所列的小篆，第一个是字头小篆，第二个是籀文形体，第三个是古文形体。籀文形体"屋"从厂，古文形体"屋"的上部形如帷幕，像帐篷。"屋"是一个会意字，字的内部是"至"，表示到达、止息的意思。

"屋"在造字之初，并非我们今天意义上的"房屋"，这个"屋"实际上就如同小篆的古文形体，上面像帷幕，"屋"是"幄"的古字。因此，最开始这个字是指的帷幄，也是它的本义。《诗·大雅·抑》中记载有："尚不愧于屋漏。"郑玄笺注为："屋，小帐也。"这个时候的"屋"显然不是我们今天所讲的房屋，而是有点类似帐篷之类的居住物。但《诗·秦风·小戎》中也记载有："在其板屋，乱我心曲。"说的是"板屋"，这里的"屋"已经开始用来指房屋了。到了汉代的时候，这个字就彻底用来指称"房屋""屋舍"了。于是我们可以看到《说文解字》中对"屋"的说解："居也。从尸。尸，所主也。一曰尸，象屋形。从至。至，所至止。室、屋皆从至。""屋"是指的人所居处的地方，而不再是指先秦时候的帷幄了。这个概念的界定一直延续到今天，我们可以说"房屋""屋子""屋里""屋外""屋顶"，等等，这是一个泛指的概念。但当我们说"里屋"的时候，这个意义已经有所引申了，概念所指的范围缩小了，表示房屋当中的某个房间。但在一些方言中，比如东北话中，说"屋里"有时代表的是妻子的意思。

wú
甲骨文
金文
小篆
隶书

古代表示第一人称的代词比我们现在的第一人称代词更多，我们现在只用一个词"我（们）"来表示，而古汉语中的第一人称代词当中的一个就是"吾"。这个第一人称代词在我们的现代汉语中已经不复存在了，只是作为文言词汇被保留了文献书籍中。甲骨文的这个字是个形声字，由上下两个部件构成，上面是表示读音的"五"，下面是"口"，表示说话的人自己，也是这个字所传递的含义所在。金文的这个字和甲骨文几乎一致，上面是"五"，下面是"口"。小篆的形体来自甲骨文、金文，直接吸收并继承了它们的形体结构，只是将"五"简化去中间一竖，下面依然从"口"。隶书对"五"字中间交叉的一笔进行了调整，变成了横折。简化字和它一致。

"吾"的本义就是"我"，自己的意思，是第一人称代词。《说文解字》说："吾，自称也。从口，五声。"例如《论语·学而》中所说的："吾日三省吾身，为人谋而不忠乎？与朋友交而不信乎？传不习乎？"是说我每天要多次反省自己。又如《论语·泰伯》中说："以能问于不能，以多问于寡；有若无，实若虚；犯而不校。昔者吾友，尝从事于斯矣。"其中的"吾"是做定语修饰"友"，表示"我的""我们的"。在古汉语中"吾"可以和"御"字通假，表示抵御，例如《墨子·公孟》中所记载的："厚攻则厚吾，薄攻则薄吾。""吾"即"御"，抵御、守护的意思。但作为第一人称代词是这个字的基本意义，这个字在古汉语第一人称代词中使用频率较高，但后来被"我"所取代。

成 语

支吾其词　支支吾吾

名 言

☺吾日三省吾身，为人谋而不忠乎？与朋友交而不信乎？传不习乎？

（《论语》）

☺吾生也有涯，而知也无涯。

（《庄子》）

谜 语

☺语言有失。（打一字）

——吾

wǔ

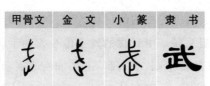

| 甲骨文 | 金文 | 小篆 | 隶书 |

成　语

孔武有力　谋臣武将　耀武扬威
用武之地　穷兵黩武　文韬武略

歇后语

☺ 被窝里放屁——能文（闻）能武（捂）
☺ 床底下练武——施展不开
☺ 潘金莲给武松敬酒——别有用心
☺ 武松打虎——一举成名

谚　语

☺ 井淘三遍吃甜水，人从三师武艺高。
☺ 武者德为先，尊师重道不可偏。

　　人类早期的发展是与战争相伴而行的，殷商时候的战争想必也不少见，甲骨文的"武"字就记录了这个事实。"武"的甲骨文是一个会意字，由上下两个部件构成，上面为"戈"，表示战争所操持的兵器，下面是"止"，表示行进的脚步，整个字会意持戈行进，即征伐的意思。金文的形体结构和甲骨文几乎完全一致，上下部件也几乎完全相同。小篆的形体结构来自甲骨文和金文，上下部件也没有本质上的变化，由"戈、止"构成。隶书以小篆为基础进行了笔画的调整。

　　"武"的本义是指征伐，即行进、出征用武。《说文解字》认为："武，楚庄王曰：'夫武，定功戢兵。故止戈为武。'""武"是指与战事有关的事项。例如《孙子·行军》中说的："故令之以文，齐之以武。"这里的"武"就是与军事有关的事项。作战、征伐都需要勇敢的人，因此引申表示勇武，例如《诗·郑风·羔裘》中记录的："羔裘豹饰，孔武有力。"其中的"武"就是勇武的意思，这是羔裘豹皮给人的感觉。战争战事必然会涉及人和兵器，因此"武"又引申指士兵、战士、兵器，例如《淮南子·览冥》中说的："夫死生同域，不可胁陵。勇武一人，为三军雄。""武"是指的士兵，"勇武"即勇士、武士的意思。普通话中有"武术""武装"这些熟悉的词语，"武术"的"武"就是来自战场的军事技能，现在发展成为世界性的健身项目。

　　值得一提的是，"武"和步伐行进有关，因此在古代被用作丈量单位，古人以六尺为步，半步为武，例如《周书·令狐整传》中就有："一日千里，必基武步，寡人当委以庶务。"

wǔ

甲骨文

金文

小篆

隶书

舞蹈是人类进行交流的一种方式,在远古时代,舞蹈常常和宗教祭祀相关联。甲骨文的舞字像一人两手各持舞具跳舞的形状。金文的舞字则在"人脚"上增加两个表示行走的符号,一个是止,一个是彳,强调的意思是手舞足蹈。到小篆我们依然能够看到人以及手中的器物形;而"脚"上的两个部件实际是止(脚趾)写作了"舛",到隶书这种变化更加清晰。

舞的本字应该是"無","無"的甲骨文就是一人持两羽毛状的器物跳舞的样子,和左边所列甲骨文是同一个字。上古时代,人们进行占卜祭祀的时候都会进行舞蹈,如巫师有巫舞,因此远古的舞蹈的起源可能和祭祀礼仪有关。《说文解字》解释道:"舞,乐也。用足相背,从舛,無声。"认为舞是一种娱乐的方式。"舞"的本义作舞蹈讲,这也是無的本义,后来将無借用做"有无"的"无"之后,就在無字下面增加两个表示足的符号,成为"舞"字,舞字就专门用作舞蹈、跳舞讲。《诗·小雅·宾之初筵》有记载:"龠舞笙鼓,乐既和奏。"舞即舞蹈的意思。而有无的"無"则用来表示没有的意思,《诗·小雅·车攻》说:"之子于征,有闻无声。"無即没有的意思。

跳舞的手舞足蹈的特点,使得舞字还引申出舞动、挥舞的意思,《山海经·海外西经》中记载:"操干戚以舞。"舞即表示这个意思。我们今天还有"舞狮""舞龙""张牙舞爪"等说法,其中的"舞"都是这个含义。

成 语

百兽率舞　舞文弄墨　长袖善舞
舞榭歌台　张牙舞爪　载歌载舞

歇后语

☺嫦娥跳舞——两袖清风
☺船上扭秧歌——载歌载舞
☺黑灯瞎火跳舞——暗中作乐
☺关公面前舞大刀——不自量力

谚 语

☺鸡舞司晨早,犬蹲守夜勤。
☺鸡舞三多日,犬迎五福春。
☺一日舞几舞,活到九十五。

wù

甲骨文	小篆	隶书

在《甲骨文合集》所收录的甲骨片中，第23189片上有一个字写作左边所列的甲骨文样子，字的左边部件为牛的象形，右边部件为"勿"。这个字被研究者考订为后来的"物"字，是一个形声字，牛为形符，勿为声符，这个字表示牛的种类。小篆的形体结构来自甲骨文，左边从牛，右边从勿，同样是个形声字，只是形体更加规整划一。

隶书的"物"字笔画平直了，但结构没变。

"物"这个字在我们今天的语言中是表示事物、物体的意思。这个字从构字的原理来看，以牛作为偏旁部件，造字之初应该和牲畜、牛有所关联。它的本义根据王国维等的研究，是指一种杂色牛，他在《释物》中说："古者谓杂帛为物，盖由物本杂色牛之名，后推之以名杂帛。《诗·小雅》曰：'三十维物，尔牲则具。'……谓杂色牛三十也。由杂色牛之名因之以名杂帛，更因以名万有不齐之庶物，斯文字引申之通例矣。"而《说文解字》的说解是："物，万物也。牛为大物；天地之数，起于牵牛，故从牛。勿声。"可知物指万事万物，应该是在杂色牛的基础上引申而来的意义。例如《诗·小雅·无羊》中所说的："三十维物，尔牲则具。""物"即杂色牛。正是因为牛有杂色，"物"引申有杂色、多色的含义，才有《周礼·春官·司常》中所说的："通帛为旝，杂帛为物。""杂色"即多色，又取"杂多"这个含义，并将其扩用到世间纷繁的万事，于是就有了事物、物体的含义，于是《荀子·正名》中说道："物也者，大共名也。"

我们今天的语言中，对"物"的理解和使用是它的常用意义，即事物、物体，于是就有了"物品""物质""货物""动物"等说法。

XĪ

甲骨文 金文 小篆 隶书

甲骨文的"夕"的形体和"月"的形体很相近,实际上夕字所展示的是"月"的一种状态。这是一个象形字,是半月的样子。金文的形体和甲骨文基本相同。小篆基于甲骨文、金文形体,将月半弧两头笔画延展伸长,使得字体更加流畅美观。隶书因为笔画的平直化,使得"夕"字基本失去了原有的形象性特征。

何谓"夕"? 在我们看来这是一个表示时间概念的字。据《说文解字》的说解我们可以知道:"夕,莫(暮)也。从月半见。"夕是指的傍晚、黄昏的意思。古人对于一天的时间的分析细致入微,在甲骨卜辞中就对一天中不同时段的时间给予了不同的称呼、命名,这也是后代沿袭的基础。《礼记·文王世子》中记载:"朝夕至于大寝之门外。""朝"与"夕"同时出现,"夕"表示夕阳黄昏的时候。此外《诗·王风·君子于役》说:"日之夕矣,羊牛下来。""夕"也是本义黄昏的意思,是太阳落山一直到太阳沉下去这段时间。但古人对于时段的划分和认识会因为时代的不同而有所差异、有所变化,无论是时段的称呼还是时段的划分上都有所差异。因此,"夕"实际上还引申为夜晚的意思,例如清代洪昇的《长生殿》写道:"此夕欢娱,风清月朗,笑他梦雨暗高唐。"这里的"夕""月""梦"对比出现,"夕"表示夜晚的意思。

"夕"是日落之时,因此又引申表示时间的末尾,于是有"月之夕""岁之夕"的说法。古代表示黄昏的字词还有"暮""莫""昏"等,我们今天的语言中,太阳西下的时段的表达也比较丰富,例如,我们可以说"黄昏""傍晚""日落时分""夕阳西下时",等等,如果加上各地方言中的一些特色表达,就更丰富了。

成 语

危在旦夕　朝发夕至　今比夕非
朝不保夕　朝令夕改　一朝一夕

歇后语

☺ 风前烛,瓦上霜——危在旦夕
☺ 元旦出门除夕回——满载而归

谚 语

☺ 朝虹雨,夕虹晴。
☺ 朝争时,夕争刻。人望高,水望低。
☺ 七月七,牛郎织女会一夕。

xī

甲骨文的"西"字是个象形字，像鸟巢的样子。金文的形体结构与甲骨文相似，也是网状的鸟巢的样子。小篆在甲骨文、金文的基础上增加了一个形似鸟状的笔画，同时保留了鸟巢的构件。隶书的写法完全丧失了文字的象形特征，已经不能直接看出这个字所表示的含义了。

成　语
东拉西扯　声东击西　东倒西歪
东躲西藏　东拼西凑　东张西望

歇后语
☺ 东方打雷西方雨——声东击西
☺ 喝了一坛子山西醋——酸心透了
☺ 黄豆地里的西瓜——数它大

谚　语
☺ 情人眼里西施。
☺ 拆东墙，补西墙，结果还是住破房。
☺ 十年河东转河西。
☺ 东山看着西山高，看着容易做着难。

"西"的本义是鸟巢，鸟栖息的地方。《说文解字》中说道："西，鸟在巢上。象形。日在西方而鸟栖，故因以为东西之西。""西"指鸟栖息在巢上，太阳在西方落下正好是鸟栖息的时间，因此又以这个字表示东西方向的"西"。由此可见，"西"和"栖"可以通假，而"西"是"栖"的初文。例如《敦煌曲子词·西江月》中写道："棹头惊起乱西禽，女伴各归南浦。"其中的"西"即"栖"，表示止息、栖息的意思。"西"又用来表示方位"西"，例如刘禹锡的名句："东边日出西边雨，道是无晴却有晴。""东""西"相对出现，表示"西边、西方"的意思。此外，还有"西域""西部大开发"等，都是表示方位，而"西行记""西游记"中的"西"是向西、往西的意思。

　　"西"在古代还用来指西方邻国、西洋，以及作为"西天"的简称，例如"归西"。而我们今天比较常用的除了表示方位之外，就是表示物产的"东西"。这个"西"也是来自方位含义的引申，因为物产是来自四面八方，通常将四方简称为"东西"，于是就以"东西"来指称物产了。而"西瓜"是来自"西纻"这个地方，因此命名为"西瓜"。

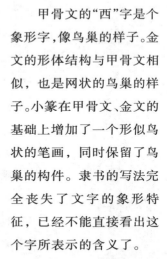

xī

甲骨文

金文

小篆

隶书

昔

"往昔"的"昔"是一个表示时间的概念,但它的文字描绘的却是一种自然现象。甲骨文的"昔"字是一个会意字,字的上部为太阳的象形,下部为洪水的象形,整个字表示远古时候滔天的洪水淹没了太阳,泛滥于大地的久远的事情。金文的形体结构基于甲骨文有所变化,将表示洪水的部件放在了字体的上面,而表示太阳的部件放在了字体的下面,整个文字变得更加简易。小篆直接承袭金文形体结构,将金文的笔画进行了规整联结。隶书的"昔"字,上面误作为"共",下面写作"日"。

"昔"的本义从文字的分析得出是与远古发生的滔天泛滥的洪灾有关,引申表示久远、从前。而许慎《说文解字》中却这样说:"昔,干肉也。从残肉,日以晞之。与俎同意。"许慎的解释和昔的字形分析相去甚远,这个意思大概是根据左边所列的小篆第二个形体(籀文)所得出的。籀文下面添加了一个"肉"部件,意思是说干肉的形成需要很长的时间,于是引申表示干肉。"昔"表示过去的时间"久远、从前、往日",是它的基本意义、常用意义。例如《玉篇·日部》的解释是:"昔,昨也。""昔"是指的往日的意思。又如《尚书·尧典》中说:"昔在帝尧,聪明文思,光宅天下。"这里的"昔"即指过去的日子,以前的意思。《庄子·齐物论》中记载:"是今日适越而昔至也。"这里将"今日"与"昔"同列,"昔"表示"昨日"的意思。我们今天对"昔"的认识和使用也更多的是指过去的时间概念,例如我们可以说"往昔""昔日""古昔",等等。但从许慎的说解来看,昔在古代还引申表示干肉,这个意义上它与"腊"是相同的,例如《逸周书·器服》上所说的:"焚菜脍五昔。"这里的"五昔"即"五腊"。

成 语

今非昔比 抚今追昔 今不如昔

谜 语

☺措手不及。(打一字)

——昔

xià

甲骨文	金文	小篆	隶书
下	二	下	下	下

与"上"相对的是"下"字，这个字同样是一个指事字，甲骨文的"下"字，上面是长半弧，下面是一短横，指事长半弧之下的位置。金文的"下"形体结构基本同甲骨文，字是上面为长横，下为短横的指事字。小篆的形体基于甲骨文、金文，直接沿用金文的第二个形体，

在长横之下加一竖笔，表示一种参照，具体指出短横在长横之下的位置所在。隶书和楷书形体基本同小篆，但短横变化为一点。

"下"的本义，从字形上就可以推断出来，表示下面。根据《说文解字》的说解来看："下，底也。指事。""下"即下面、低下的意思，是位置上的下面。例如《诗·唐风·采苓》中所记载的："采苦采苦，首阳之下。"这里的"下"就是位置上的下面。诗句是说采摘苦菜，在首阳山下采苦菜。又如《孟子·梁惠王上》中有这样一句话："民归之，由水之就下，沛然谁能御之？"这里的"下"是指的水从高处往低处流下，水趋向于流向低处。"下"和"上"相对，在古人心目中有时指地与天的对应，"下"有"地"的含义，例如《尚书·尧典》中就记载了这种对应："格于上下。"意思是感召天地。上和下由具体的位置，可以指称抽象的位置，例如，我们可以说"下属""下级""下策"等等，是本义的引申用法了。

"下"是从高往低的一种位移，因此可以作为动词使用，表示降低、落下、进入等含义。例如《论语·微子》中所记录的孔子的行为："孔子下，欲与之言。"这里的下是一个动词，表示下车。古汉语中还有一个典型的例子是《左传·庄公十年》中所记录的："下，视其辙。"这里的"下"也是下车的意思，下车看敌军的车马痕迹。我们日常生活中常说的"下雨""下雪"甚至包括"下面"，等等，都是从高处到达低处的一个动作过程。"下"从古至今的意义引申用法很多，可以做虚词用，也可以做实词用。

xiān

先

甲骨文

金文

小篆

隶书

"先"是一个会意字,从甲骨文的结构来看,由上下两部分组成,上面的部件是"止",下面的部件表示一个侧立的人,整个字表示人走在前面。金文的形体与甲骨文相似,也是由"止"和"人"组成,唯一的区别是甲骨文的"止"的形体更加形象化。小篆的形体以甲骨文、金文为基础,上面写作"止",下面的"人"写作"儿"。隶书以及楷书都以小篆为范本,上面的"止"已经和甲骨文、金文的形体相去甚远了。

甲骨文的"先"给了我们很好的启示,这个字的本义应该是人走在前面的意思。根据《说文解字》的解释来看:"先,前进也。从儿,从之。"说的就是"人走在前面"这个意思。由这种行为上的先后引申表示时间空间上的先后,因此先离开人世的人被称为"先~""~先",例如"先人""先祖""祖先""先王""先公""先父""先烈""先哲"等,这种人离世的先后又可引申到其他的事物上,例如《庄子·天道》中所记录的:"春夏先,秋冬后,四时之序也。"这里的"春夏"是在"秋冬"的前面,"先"和"后"是一对相对的概念,表示时间的先后。前行、走在前面的事物或者发生在前面的事情往往被认为是更为重要、首先要做的事情,由此引申表示首要的、重要的。我们常常会听到长辈对晚辈的教导如"学习为先""事业为先""家庭为先"之类的话,其中的"先"就是指重要的、首要的事情。而我们熟悉的"先生"这个称呼,本来是指的"始生子",即首先出生的孩子,后来被用来表示对老师的尊称,是学业、知识、修养等先于后生的人。

成 语

先礼后兵　先声夺人　先斩后奏
先睹为快　先入为主　先见之明

歇后语

☺见人先作揖——礼多人不怪
☺咸菜拌豆腐——有言(盐)在先
☺王先生和玉先生——只差一点

谚 语

☺拍马有个架,先笑后说话。
☺吃饭先尝一尝,做事先想一想。

xiān

金 文	小 篆	隶 书

成　语

德薄能鲜　鲜为人知　寡廉鲜耻

鲜衣怒马　屡见不鲜　旗帜鲜明

歇后语

☺ 陈年谷子烂芝麻——不新鲜

☺ 万丈悬崖上的鲜花——没人睬（采）

☺ 捧着鲜花坐飞机——美上天了

谚　语

☺ 臭蛋孵不出鸡子，腐肉炖不出鲜汤。

☺ 粗食为好，鲜食为妙；暴食为忌，
　慢食为佳。

"鲜"是一个会意字，从鱼从羊会意鲜活。这个字的金文上面是"羊"，下面是"鱼"；也有写作左右结构，如左列第二个金文形体，左边为鱼，右边为羊。小篆和金文第二个形体差不多。隶书和楷书承袭小篆，只是"鱼"字本身有所变化，但不影响对字形整体的理解。

我们今天所熟知的"鲜"常常用在表示味道方面或者东西的新旧方面，而许慎《说文解字》是这样解释"鲜"字的："鲜，鱼名，出貊国。从鱼，𩵋省声。"许慎的解释认为这是一个形声字，鱼表示意义，而𩵋字省略之后表示读音，并且认为"鲜"是一种鱼的名称。段玉裁《说文解字注》进一步解释认为这个字后来在文献中被假借用作表示"新鲜"的"鱻"，于是表示鱼名的这种说法就被废除了。我们可以看到《老子》里面有这样的说法："治大国若烹小鲜。"这里的"鲜"就是鱼、活鱼。作为"新鲜"这个意思讲，是来自于鱼本身的特征，而加上"羊"之后，这种特征就更加明显了。古人以羊为味美的食物，于是从味觉上就可以体现"鲜活""鲜美""新鲜"的意思，因此我们今天有"鲜嫩""鲜味""鲜汤"的说法。如果我们再将这种味觉转移到视觉上，就有了"鲜艳""鲜明""鲜亮"等说法。《易·说卦》中有这样的用法："为蕃鲜。"孔颖达解释是："鲜，明也，取其春时草木蕃育而鲜明。"这都是在鱼味、羊味鲜美的基础上引申而来的。

"鲜"在古文中还被假借作"多少"的"少"，《尔雅·释诂》中就这样解释道："鲜，罕也。"这时读xiǎn。《易·系辞上》说："君子之道鲜矣。"这个"鲜"就是少、不多的意思。《国语·楚语上》中还有"鲜""少"连用的情况，如"私欲弘侈，则德义鲜少"。

xiàn

金文

小篆

隶书

縣

有国家就有法律,有法律就有强化的工具,所以刑罚自古至今都是国家机器的一个重要组成部分。金文的这个形体是我们后来的"县"字,繁体写作"縣"。这个字由三个部件构成,左边像一棵树,右边上面部件像绳索,绳索下面的部件是"首",即人头。整个字会意人头悬挂在树枝上。这是古时一种刑罚,即所谓的"斩首示众",将斩下的人头挂于城门或树枝高处。这个字即后来的"悬"字,是悬字的初文。"县"被借用来表示行政单位后,就在它的下面增加了"心"部件来专门表示悬挂这个概念。小篆的形体基于金文,而将原有的"木"省减掉了,剩下的部件写成了首(小篆为倒置的"首")、系,会意头悬挂在绳索上。隶书的形体结构与小篆一致,部件未变。

"县"的本义从上面的形体分析不难看出是表示悬挂的意思,是从古代的枭首示众发展而来的文字。作为一种刑罚,秦代"枭首"即指的斩首示众,悬挂人头的意思。从《说文解字》的说解来看:"县,系也。从系持県。"县即悬挂、系挂的意思。例如《诗·魏风·伐檀》中所说的:"不狩不猎,胡瞻尔庭有县貆兮?""县貆"即悬挂着的幼小的貆。从本义引申表示悬殊、差距,例如《荀子·天论》中所说的:"君子小人之所以相县者在此耳。"这里的"县"即悬,悬殊,指君子与小人之间的差距。

而我们今天的"县"已经没有悬挂的含义了,这个意义被后来的"悬"字所取代,而"县"则专门用来指称州县的县,意义变得单一了。

歇后语

☺ 知县跌粪坑——赃(脏)官

☺ 县太爷审他爹——公事公办

☺ 县太爷出文告——官腔官调

谜 语

☺ 宜去下头。(打一字)

——县

xiāng

| 甲骨文 | 金 文 | 小 篆 | 隶 书 |

成 语

臭味相投　相亲相爱　大相径庭
不相上下　奔走相告　不相为谋

歇后语

☺ 背鼓进祠堂——一副挨打的相
☺ 吃了三碗红豆饭——满肚子相思
☺ 单口相声——个人说了算

谚 语

☺ 两虎相斗，必有一伤。
☺ 人不可貌相，海水不可斗量。

"相"的甲骨文由左右两个部件构成，左边为"木"，右边为"目"，整个字表示用眼睛仔细看树木，就好像木工师傅用眼睛瞄木头一样。金文的形体结构和甲骨文基本一致，只是右边眼睛的眼角倾斜方向不同。小篆、隶书结构一致，只是笔画趋向规整平直。

我们常常会听到"相亲"这个词，其中的"相"就和看有关联，表示亲自去看是否合意。"相亲"是双方互动行为，因此"相"引申有"相互、彼此"的意思，读作xiāng，如"教学相长"，"相"即相互的意思。《说文解字》认为："相，省视也。从目，从木。《易》曰：'地可观者，莫可观于木。'《诗》曰：'相鼠有皮'。""相"是表示察看的意思，这个意义读作xiàng。《诗经》中的原话是说："相鼠有皮，人而无仪。人而无仪，不死何为！"看看老鼠都有皮，做人怎么能不讲廉耻礼仪？"相"是"看、察看"的意思。我们所看到的都是事物的外表，因此"相"引申就有了"面貌、形貌"的意思，例如《荀子·非相》说："长短大小，美恶形相，岂论也哉！"其中的"相"就是"形貌、外貌"的意思。察看的目的是要给出一定的意见、说法、评价，对事物有一定的指导性，因此又引申出"指导、教导"的含义，例如《国语·楚语上》中说："问谁相礼，则华元驷骓。"其中的"相礼"即指导、教导礼仪。华元、驷骓，都是人名。由这个意义才引申出我们熟悉的"辅佐、辅助、治理"的含义，例如《尚书·盘庚下》中说："予其懋简相尔，念敬我众。""相"是辅佐、辅助的意思。整句话是说：我将尽力选拔辅佐人才，顾念怜恤众臣。"宰相"的"相"实际是指辅佐君王治理天下，"宰相"是专属官员名称。

xiǎng

甲骨文

金文

小篆

隶书

饗

　　甲骨文的这个形体是后来的"飨""卿""乡"的雏形,这三个字都由这个形体分化而来。这个字是一个会意字,由三个部件构成,左右像两个相向跪坐的人,中间像一个食器,表示跪坐聚餐、用食的意思。金文的形体与甲骨文基本一致,部件基本相同。小篆的"飨"字在甲骨文、金文的基础上,还在下方增加了一个"食"部件,从而构成会意兼形声字。隶书的形体结构与小篆一致,只有笔画上的曲直变化。

　　从字形分析来看,这三个字的本义是用食、进餐,"卿"后来借用来表示官员名,而"乡"表示行政区域单位,只有"飨"字才把"用食"的本义保留下来了。《说文解字》说:"飨,乡人饮酒也。从食,从乡,乡亦声。""飨"即乡人在一起饮酒用餐的意思。例如《诗·豳风·七月》中记载:"朋酒斯飨,曰杀羔羊。"这里的"飨"是宴饮的意思。古人喜好宴请宾客,"飨"既包括饮酒也含有吃食的意思。无论活人还是已故的人,都可以"用飨",于是祭祀先祖神灵,也用"飨"表示。例如《礼记·郊特牲》中说:"蜡也者,索也,岁十二月,合聚万物而索飨之也。"周代有蜡祭,"蜡"即寻找。周历每年十二月(夏历十月),合聚万物之神请他们尽情享用祭品。其中的"飨"即祭祀神灵,以祭祀用品请神灵享用。这个意义后来分化开来了,于是就用"享"代替"飨"表示鬼神的祭飨,即鬼神享用祭品。因此,古文献中"飨"与"享"可通假,例如《左传·桓公十八年》所说的:"夏,四月丙子享公。"其中的"享"应作"飨"。而"乡"与"飨"也可通假,例如《仪礼·公食大夫礼》中说:"设洗如飨。""飨"也有的写作"乡"。句意是摆放盥洗用具的位置同于飨礼。

　　今天,用作祭祀的"享"已开始泛化用在活人身上,因此有"享受""享用""享福"等说法,而"飨"字本身已经不常用了。

xiàng

| 甲骨文 | 金文 | 小篆 | 隶书 |

成 语

欣欣向荣　人心向背　所向无敌

向隅而泣　向壁虚造　晕头转向

歇后语

☺ 扫帚的脾气——向外不向里

☺ 吃了对门谢隔壁——晕头转向

☺ 瞎子当向导——摸不着方向

谚 语

☺ 云向东，有雨变成风。

☺ 少年辛苦终身事，莫向光阴惰寸功。

☺ 不向前不知路远，不学习不明真理。

古人对于窗户的命名比我们现代人多，我们今天说窗户、窗，而古人还说向、牖。甲骨文的"向"就像房屋上面开了一个口，以此来表示窗户。金文的形体与甲骨文基本一致，外面部件表示房屋，里面部件表示房屋上的窗口。小篆形体基于甲骨文、金文，未作大变。

"向"的本义从上面的分析不难看出是窗户。古人认为"在墙曰牖，在屋曰窗"，也就是墙上的窗户叫做"牖"，屋顶的窗户叫做"窗"，而向是朝北的牖，即朝北的窗。因此《说文解字》这样解说道："向，北出牖也。从宀，从口。《诗》曰：'塞向墐户。'""向"即朝北开出的窗户。从考古发现来看，人类开始是穴居的，只有一个窗户，即所谓的"窗"，是开在屋顶的窗子，既用来采光，又用来作为烟囱冒烟用；后来从穴居走向地面、楼阁，于是才有了屋墙上的内壁窗和外壁窗，成为"牖"或"向"。古人的屋子通常是南北开窗，便于通风，我们今天很多房屋建筑也是南北朝向，因此《诗·豳风·七月》说："十月蟋蟀入我床下，穹窒熏鼠，塞向墐户。"是说冬天快到了，要把洞穴堵住，把老鼠熏跑，把北向的窗户堵塞住，把柴草编的门用泥抹起来，这样寒气就不能入屋。"向"作为窗户讲，只见于上古文献中，后来的称法有所变化，到今天变化更加明显。因"向"是朝向北的窗户，因此引申表示朝着、对着。例如我们日常所熟悉的"向日葵"，就是朝向、对着太阳的葵花；此外还有"向天上飞""向这里走"等，是表示动作的方向。这个意义进一步引申就表示一种趋向，例如"向往""志向"等。我们今天的语言中，"向"多数情况被用来表示方向、方位，是本义的引申用法，例如"风向""航向"等。

xiàng

甲骨文　金文　小篆　隶书

在上古时代,人们就开始使用象进行生产活动,有研究认为中国人驯养动物最早的应该是驯养象,这比驯养牛马还要早。相传舜是最先驯养象的人,而后来在中原地带也以象为主。中原地带在上古时代气温比较高,是适合象这种动物生存的。象的甲骨文是一头竖着站立的象的形象,有长长的鼻子和长长的象牙,以及硕大的身体加上尾巴。金文中这种形象性更为加强,左列金文的第一个形体将象的大耳朵也逼真地刻画出来了,而第二个形体已经将象的肚子部分省略成一条线了。小篆即是在第二个形体基础上进一步演化而来的,但字形变化较大。隶书基本就脱离了象的形象。

"象"是一个象形字,这个独体字所记录的是一种现在生活在热带的动物,有长鼻大耳,肥硕的身体,粗壮的腿。正如许慎《说文解字》记录:"象,长鼻牙,南越大兽,三年一乳,象耳牙四足之形。"许慎对象的把握是准确的,但从他的记录来看,在他所处的东汉时代,中国中原已经很少见到象了,于是他说是"南越大兽";这也反映了气候的变化,使得中原地带变冷而不适合大象的生存,于是大象就南迁了。《吕氏春秋·古乐》记载:"商人服象,为虐于东夷。"表明象在殷商时代是人们所用的驯化动物。而《左传·定公四年》还记载有用象进行战争的事情:"王使执燧象以奔吴师。"是说楚王让人迫使尾巴上点了火的大象冲入吴军。

象后来被借用作"像",表示形象、象征的意思,也用作比喻词,如好象,现在写作好像。

成　语

气象万千　包罗万象　万象更新

歇后语

☺ 一马换双象——未必划不来

☺ 蚂蚁啃象鼻——不识大体

☺ 半天云里找对象——要求太高

谚　语

☺ 人心不足蛇吞象,贪心不足吃月亮。

☺ 驴身上长不出羊毛,狗嘴里吐不出象牙。

xīn

甲骨文	金文	小篆	隶书

　　"心"的甲骨文是心脏的象形。金文来自甲骨文，也像心脏的形状。小篆在甲骨文、金文形体的基础上，作了较大改变，但还能看出形体结构所指的对象。隶书的"心"就完全丧失了形象性特征，完全由撇、点、捺构成了。

　　从字形取意我们就能准确地提取出"心"的本义所在，即心脏。《说文解字》的解释是这样的："心，人心，土藏，在身之中。象形。"心即人的心脏，对应五行的"土"。古人对于"心"的认识，我们可以通过"心之官则思"这句话知晓。在古人的观念中，心脏是人进行思考的器官。在我们汉语中的一些词汇，现在还粘着这种痕迹，例如"心情""心思""心绪"，等等。像这样的一些词语其实也从侧面反映了人们对自身器官功能认识的情况。而用来表示与心情相关的汉字，也多从"忄"旁。我们知道人的大脑才是进行思维活动，控制人的情绪变化的器官，古人的认知可能出于心脏位于人体中心，因此认为它可以控制人的一切。从心脏的位置来看，就有了"中心""靶心""圆心"等等词语，这里的"心"即引申指事物、物体的中央部位，或用于更抽象的事物，例如"问题的中心"。

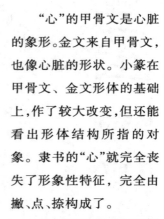

xīng

甲骨文

金文

小篆

隶书

从殷墟卜辞的记录来看，我国先民在很早的时候就已经开始关注天文现象了，无论日食月食现象的记录，还是星体的记录在文字上都有所反映。甲骨文的"星"字是一个形声字，字体的中间部件是声符"生"，两个"口"代表星的样子，作形符。金文的形体基于甲骨文有所变化，在"口"中添加了短横，变成了三颗星形，并连接于生的笔画上。小篆承袭了金文形体结构，和金文基本一致。隶书的"星"字来自于小篆或体（左列第二个小篆体），将上面写成"日"，并只保留了一个。

"星"的本义就是天体星星。从许慎《说文解字》的说解来看："星，万物之精，上为㓰（列）星。从晶，生声。一曰象形。从口，古口复注中，故与日同。"许慎认为"星"是万物的精华，这种认识大致是从星体能发光的角度出发的。"星"是宇宙中的能发光或者反射光的天体。例如《诗·大雅·云汉》中就记载着："瞻卬昊天，有嘒其星。"是说仰望天空，星星灿然。古人对于星体的认识很久远，《尚书·尧典》中就记录了："历象日月星辰"，即屡次观测日月星辰。在很多书籍中都有二十八星宿的记录，对于星体的认识还表现在对星体的命名上，足见"星"在人们的生活中已经不是一种简单的现象，它什么时候出现，出现在什么方位，等等，往往还关涉到农事季节的确定，甚至统治者朝政的兴衰成败。

星星在夜空是闪亮的，因为距离遥远，所以给人小而闪亮的感觉。生活中和"星"的这种特征相似的事物都可以称之为"星"：烧柴火所蹦出的火点，可以说"火星"；生活中的琐事，可以用"零星"来形容。又因为星星在夜空中高而远，但却闪闪发光，因此，我们今天称电影等文艺界的突出演员为"明星""巨星"。

成 语

星罗棋布　星驰电掣　星火燎原
众星捧月　月明星稀　物换星移

歇后语

☺ 瞎子称秤——没放在心（星）上
☺ 半天云里出亮星——吉星高照

谚 语

☺ 正月二十不见星，哩哩啦啦下半月。
☺ 星儿纰，晒死鸡；星儿密，要下雨。
☺ 天上星多月不明，地下坑多路不平。

xìng

甲骨文	金文	小篆	隶书

成　语

隐姓埋名　显姓扬名　变名易姓

歇后语

☺ 百家姓不念第一个字
　　　　——开口就是钱

☺ 朱德的扁担——有名有姓

谚　语

☺ 官家争权，百姓遭殃。

☺ 百姓齐，泰山移。

姓氏是一个符号标记，就好像给商品贴上标签一样。中国有"百家姓"，姓是用来标志家族的。甲骨文的"姓"字左边是"生"，像草木长出来的样子，同时又采用了这个字的读音，右边是一个跪坐的"女"，整个字表示女子生孩子。金文的"姓"字有的将"女"去掉，只用一个"生"来表示；也有写作上面所列的字形，和甲骨文形体基本一致，左边写为"人"，右边为"生"。小篆的形体基于甲骨文、金文进行了规整变化，左边写为"女"，右边写为"生"，合而为"姓"字。隶书遵循了小篆的变化。

从字形的分析来看，"姓"的本义其实还不是指"姓氏"，而是指生、生子。但这个意义后来由其他的字来表示了，例如"毓"，取而代之的是由于出生而产生的归属问题，即家族标志。"姓"由女字旁构成，说明了"姓"来自母系氏族。在人类发展之初，人出生之后随母生活，血统随母，因此也就以"姓"命名。上古时代，有姓也有氏，氏是姓的分支，用来区别子孙的出生由来。当原始部落发展到一定规模，就会分化出小的子部落。母部落用姓来标志，子部落用氏来标志。随着人口的增加，部落分化发展，氏的规模越来越大。到秦汉时期，姓氏开始合而为一，统称为姓。

中国最古老的姓多是从"女"字旁的，例如"姜""姬""姚"等，这些都说明了"姓"的来历。《说文解字》中对"姓"的解释是："人所生也。古之神圣母，感天而生子，故称天子。从女，从生，生亦声。《春秋传》曰：'天子因生以赐姓'。"其中指明了"姓"是家族标志，因一个人的出生而决定。并且还描绘了母亲感天而生子的传说，说明了母系社会"知其母，不知其父"，因此姓跟随母亲。"姓"后来又用来指官吏、平民，例如"百姓"即百官，又可指老百姓；平民的含义一直保留到今天。

xiōng

兄

甲骨文

金文

小篆

隶书

　　兄的甲骨文像一个站立的人，其头部凸显人的口。杨树达先生认为是"祝"的初文，祝即祈祷、祭祀，必然会同口相关，需要念念有词，因此从这个意义上看这个字，实际上造字之初是和说话有一定联系的。金文、小篆形体基本和甲骨文相同，隶书将字的下部写成了"儿"。

　　"兄"的本义应该和祝祷有关，后来在"兄"字前面增加了一个"示"旁即"祝"，专门用来表示祝祷。《说文解字》说解道："兄，长也。从儿从口。"兄是指的兄长。《诗·小雅·常棣》中记载："兄弟阋于墙，外御其务。"其中的"兄"和"弟"同时出现，表示兄长。诗句说兄弟之间虽然难免在家门之内争斗，但面临外侮，却能团结抵抗。"兄"实际上就是我们今天所常说的"哥"，用"哥"来表示对兄的称呼，大约是在唐宋之后了。我们今天的语言当中，"兄"和"哥"也还是同时并存。"哥"在开始出现的时候是一个泛称概念，指年轻的人群，后来才缩小了概念范围，指称"兄长"。一般来说称"兄"比称"哥"显得更正式一些，更具有尊重对方的意思，而称"哥"则更加随意、亲切和口语化。在古汉语中"兄"也往往被视为同辈男性中的一种尊称，例如"兄台""仁兄""师兄"，等等。而古汉语中说"兄弟"往往还可以称为"昆弟"，写成"晜弟"，都是"兄弟"的意思。在宗法制度的社会，长兄为父，长兄为嫡长子，兄是有血缘关系的同辈亲戚中年长的男性，我们今天的"表兄""堂兄"就是这样来的。

成语

难兄难弟　兄肥弟瘦　称兄道弟

兄友弟恭　兄弟阋墙

歇后语

☺ 弟兄俩分家——单干

☺ 眼睛瞪着孔方兄——见钱眼开

☺ 跛脚马碰到瞎眼骡——难兄难弟

谚语

☺ 长兄如父，老嫂比母。

☺ 兄弟不和邻里欺。

☺ 父不慈则子不孝，兄不友则弟不恭，夫不义则妇不顺。

xiū

甲骨文	金 文	小 篆	隶 书

成 语

休戚相关　休养生息　休牛放马
喋喋不休　善罢甘休

歇后语

☺ 夸父追日——至死方休
☺ 财神爷休妻——不为穷人着想

谚 语

☺ 力微休负重，言轻莫劝人。
☺ 雨夹雪，无休歇。
☺ 各人自扫门前雪，休管他家瓦
　上霜。

休息的"休"是一个会意字，这个字的甲骨文左边像一个侧立的人，右边像一棵树，会意人倚靠着树，表示休息。金文的形体基本同于甲骨文，左边像侧立的人，右边像伫立的树木。小篆的形体直接源自金文，和金文的部件完全相同，只是在笔画上作了文饰，更加对称。隶书的"休"字，左边写成了"亻"旁，但并不影响对文字取意的理解。

　　"休"的本义，通过以上字形的解析，可以知道是休息的意思。从《说文解字》的说解可以更加明确这一点："休，息止也。从人，依木。""休"即休息。例如《诗·周南·汉广》中所说的："南有乔木，不可休思。"这里的休即息、休息的意思。由这个意思又引申出停止、结束的意思，例如"欲说还休""永无休止"等。古人还有"休妻"之说，"休"也是引申用法，是停止在那里不再启动，于是表示遗弃、抛弃的意思。古人在对这个字的使用中，已经用我们今天比较常用的一个意义了，例如"休百日"，这里的"休"即假，休假的意思，我们今天通常表达为"休假"。由本义还引申出否定的含义，即禁止，这个时候是作为否定副词，例如"休要提那事"，即不要提那件事情的意思。需要指出的是，"休戚与共"中的休，是休、戚同列，表示喜、悲，"休"即喜的意思。

　　古汉语的特点是对事物的认识细致、精确，同样的一个概念，却因为细小的差异而造出不同的汉字。如"休""息""憩"等，休是停下来休息，可能时间比较长；而息是稍作休息，相当于我们现在说的歇口气的意思；而憩即"息"的意思，表示暂时休息片刻。

xiū

甲骨文

金文

小篆

隶书

"羞"字的甲骨文是羊和又的会意,"又"即手,用手捧着羊,表示进献。金文的羞字和甲骨文相同,也是从羊从手,而从左列金文第二个形体我们可以更加明显地看到是双手持羊,表示奉献,这个取意再明显不过了。而小篆只是将右下角的手规范到羊的下面,于是在这个基础上进行了转写。隶书的"羞"字从羊从丑,这里的"丑"即手。

"羞"在我们的日常意识当中,是用来表示害羞的意思,如何能和进献扯上关系呢?从上面的甲骨文和金文的形体分析上,我们可以很明确地看到,"羞"的本义应该是进献。我们再来看看许慎《说文解字》的说法:"羞,进献也。从羊,羊所进也。从丑,丑亦声。"许慎的说解是合理的。金文中"羞豆""羞鬲"等中的"羞"都作进献义讲。再如《左传·文公三年》中所记录的:"可荐于鬼神,可羞于王公。"这里的"羞"即是进献的意思,准确说是进献祭祀用品。从字形上我们可以看到进献的物品是羊,在古人心目中羊是一种美味,因此常常作为进献祭祀用品,于是就有了把"羞"作为美好食物的说法,例如"珍羞"即是这种用法。后来又加"食"旁变成""馐",明确了字的食品意义指向。

我们常用来表示耻辱、害羞含义的"羞"和它的进献本义是没有关系的,它是因为古汉语中"丑""羞"音近,故可以通假。这个字在这个含义上的用法比较常见,古文中记载的"柳下惠不羞污君,不卑小官"(《孟子·公孙丑上》),"羞"即羞辱的意思。表示心理上的害羞也很常见,如李白《长干行》所言:"十四为君妇,羞颜未尝开。"我们现在所常说的"羞耻""娇羞""羞涩""闭月羞花"等等都是"羞"表示人的心理状态的用法。

成　语

闭月羞花　恼羞成怒　碍口识羞

羞与为伍　羞人答答

歇后语

☺ 属含羞草的——碰不得

☺ 照相馆里改底片——羞(修)人

谚　语

☺ 贫穷不为耻,盗窃乃足羞。

☺ 不为不知而羞,要为不学而愧。

xué

小篆	隶书

成　语

空穴来风　龙潭虎穴　巢居穴处
钻穴逾墙　犁庭扫穴　十鼠同穴

歇后语

☺ 黄羊跑到虎穴里——凶多吉少
☺ 出得龙潭，又入虎穴——祸不单行

谚语

☺ 一蚁之穴，能溃百里长堤；一指之
　疖，能毁七尺之躯。
☺ 蛙同穴，蟹同篓。
☺ 羊抢草，蚁围穴，蛤蟆拦路雨点滴。

　　穴居应该是人类社会最早所经历的一种居住方式之一，但是在甲骨文和金文中都没有相关的文字记载，只有小篆中才有这个字，小篆的"穴"像屋舍有出口的样子。从考古发现来看，远古人类所居处的地方，有依山所形成的洞穴为屋，也有从平地挖掘坑形为屋，穴的字形大致可以看出这种居舍的特征。

　　"穴"的本义应当是土屋、洞穴，根据许慎《说文解字》的说解："穴，土室也。从宀，八声。"即土屋的意思。八像穴的出口。《诗·大雅·绵》中记载有："古公亶父，陶复陶穴，未有家室。"郑玄笺曰："凿地曰穴。"这里就明确地指出了穴是从平地凿出的坑形住处。诗句讲的是周的先祖古公亶父生活艰苦，挖洞筑窑，没有宫室可居。我们通常所说的"洞穴""空穴"等都是本义的使用。动物世界很多生物都是穴居的，它们都是居住在山洞里、土坑中、地洞里，比如地鼠、蚂蚁，因此我们会有"蚁穴""虎穴""巢穴"等等说法。《后汉书·班超传》中有这么一句话："不入虎穴，焉得虎子？"说的就是老虎的巢穴。又如地处偏远的一些地方，常常是匪徒躲藏的地方，因此被称为"匪穴"。从远古墓葬的考古发现中，我们能够看到，人死之后会放置在山崖峭壁的洞穴之中。在一些少数民族地区，这种习俗仍然保存着。因此就有了"墓穴"的说法，"穴"在这里指的是坑、洞的意思。此外，人体经络通行的一些关键点位，也以"穴"命名，即中医上面所说的穴位、穴道，是针灸可以扎孔的地方。

　　"穴"后来又成为一个部首，即"穴"字头，凡从穴字头的汉字，多与洞、孔、坑等有关，例如"空"（孔窍）、"窖"（地窖）、"穿"（通过）、"窠"（孔穴）、"窨"（地下洞穴），等等。

xué

甲骨文 金文 小篆 隶书

"学"在甲骨卜辞中有繁简两种形体,左边是其中一个繁体,字从两手持物状。两手中间的物件,有人解说为"爻",表示筹算,有人解说为像结网的样子。无论如何,从取意上来看,可以理解为学习、教授某个技能。金文的"学"字在下部增加了"子",表示教孩子学习。小篆、隶书结构差不多,笔画更趋平直。

"学"本义即是学习。正所谓"教学相长",教和学原本就是不能分家的事情。古文"教""学"实际上是一个字,后来才分别开来。在《说文解字》中我们可以见到"教"和"敩"这两个字。后者小篆写作"斆",左边是"学",右边是"攴(攵)",后来又写作"教",本身即"教"的意思;但是这个字的篆文又省写作"斈",省去了"攴",因此"敩""学"意义相当。许慎对这个字的说解是:"斆,觉悟也。从教,从冂。冂,尚矇也。臼声。"即觉悟的意思,通过教授、学习而得以觉悟称为"敩""学",这是本义的引申。《诗·周颂·敬之》记载:"日就月将,学有缉熙于光明。"诗句是周成王自勉,希望日有所就,月有所成,长时间学习,积渐广大以至于光明境界。其中的"学"是本义学习的意思。而学习知识的场所、地方我们也称之为"学"。古人对于学堂的称谓在不同的朝代有所不同,例如"庠""序""校"等,《礼记·学记》中就明确记载有:"古之教者,家有塾,党有庠,术有序,国有学。"今天则有"大学""中学""小学"等。

"学习"是"学"的常见义。而对某个领域的深入、专门学习会使得人们获得很多的知识,这就是"学识""学问"。有了学识、学问之后,深入研究某个问题就会形成不同的观点、看法,于是就有了"学派",例如"红学""考古学""天文学"等。

成 语

邯郸学步　学而不厌　教学相长
才疏学浅　学富五车　鹦鹉学舌

歇后语

☺ 进学堂不带书——忘本
☺ 理发店收徒弟——从头学起

谚 语

☺ 要知世事奥秘多,须要长期做学徒
☺ 书山有路勤为径,学海无涯苦作舟
☺ 莫学杨树半年绿,要学松柏万年青

xuè

甲骨文	小篆	隶书

成语
一针见血　血肉横飞　血流成河
心血来潮　血口喷人　血肉模糊

歇后语
☺ 蚂蟥见血——盯（叮）住不放
☺ 屠户的账本——血债累累
☺ 打破嘴巴骂大街——血口喷人

谚语
☺ 笑面虎咬人不见血。
☺ 一语破的，一刀见血。
☺ 水是庄稼血。
☺ 软刀子杀人不见血。

"血"的甲骨文是一个器皿中有血块的形状，用以表示"血"。小篆基于甲骨文形体有所变化，字的外部像一个器皿，字的内部即器皿的内部是一短横，表示血液。隶书的"血"缺失了形体上的表意功能。

"血"是我们最早认识的液体之一，远古人狩猎、战争甚至生活中都会和血液相接触。血的颜色是红色，因此红色在上古时代的一些民族中成为了神圣的色彩，甚至在墓葬中也可以看到用红色绘制的图画以及红色的粉末，这表明先民对血本身有一种崇拜感。《说文解字》中许慎的解释是："血，祭所荐牲血也。从皿，一象血形。"血是祭祀时献给神灵的牲畜的血，这反映了古人用血来祭祀神灵的习俗。这里的血通常是牛羊等牲畜的血，后来泛指血液。实际上我们今天用科学的定义来解释血应该是："流动于人或高等动物心脏和血管内的不透明的红色液体，由血浆、血细胞和血小板构成，起着输送养分、激素给体内各组织，收集废物给排泄器官，调节体温和抵御病菌等作用。"

古人有歃血为盟的习惯，以血液代表誓死之心以缔结盟约，因此血液在古人看来作用不同一般。由血液的本义引申可以用来指血统、血缘，表示有亲属关系的人。古代社会是一个宗法社会，讲究的就是血统、血缘，尤其是有直接血缘关系的人才能成为一个宗族的人，而嫡长子制度则是这种血缘关系的一个集中体现。血是红色的，因此也用来指代色彩，比如"血色"，即"红色"。"血"有一种刚烈的性质在其中，因此又有"血气方刚"这样的说法。

xún

甲骨文

金文

小篆

隶书

旬作为计时的词在上古就已经产生，甲骨文的这个字据学者研究来看，字形说解不一，董作宾先生说解为像周匝循环之形，也有认为像蛇、虫缠绕之形。徐中舒先生认为"由甲至癸十日周匝循环而为旬"。金文的形体与甲骨文形体相似，金文中间的"日"字形体大致由甲骨文形体的卷曲部分演变而成，但写作"日"则与时间有关联了。小篆的形体基于金文，更加规范美观，外从"勹"，内从"日"。隶书与小篆形体一致，只是笔画曲折有所变化。

"旬"的本义按照上述分析，是以一周匝来表示时间上的十天，即一旬。从《说文解字》的说解来看："旬，遍也。十日为旬。从勹、日。"是说十天为一旬，一个轮回。《尚书·尧典》说："朞(期)，三百有六旬有六日，以闰月定四时成岁。"三百有六旬有六日即为三百六十六天的意思，旬即十天。古人记日以天干进行，甲、乙、丙、丁、戊、己、庚、辛、壬、癸，这样的十天作为一轮，从甲到癸这一轮就称为旬。又以此类推，指十岁为一旬，因此我们常常能听到诸如"九旬老人""七旬老太太"的说法，表示九十岁、七十岁的意思。因此在古汉语中有"旬日""旬月""旬年"的说法，分别表示十天、一个月或十个月和一年或十年。

我们今天对"旬"的理解和使用并不如古人那么细致了，每个月可分为上旬、中旬和下旬，这样的用法更为常见。

歇后语

☺ 八旬奶奶三岁孙——老的老，小的小

谚　语

☺ 知识好比池中水，日旬月年长积累。

谜　语

☺ 三旬。（打一字）——草

☺ 一旬差一天。（打一字）

——旭

yá

金 文	小 篆	隶 书

成 语

以牙还牙　犬牙交错　佶屈聱牙

青面獠牙　张牙舞爪　咬牙切齿

歇后语

☺ 八十岁的阿婆——老掉牙了

☺ 电杆做牙签——大材小用

☺ 喝凉水塞牙缝——倒霉透了

谚 语

☺ 马看牙板，树看年轮。

☺ 咬人的狗是不露牙的。

☺ 兔子靠腿狼靠牙，各有各的谋生法。

"牙"字最早见于金文当中，金文的牙形如上下牙齿咬合的样子。小篆依照金文的形体趋于曲线化。隶书的牙字完全没法看出它的表意所在。

在殷商时代，我们可以看到的关于牙齿的记载是"齿"字，而牙齿的"牙"是后来才有的。从文献记载来看，先秦文献中已经出现了"牙"字，例如《诗·召南·行露》中就有这样的记载："谁谓鼠无牙？何以穿我墉？"这里的"牙"实际上就是牙齿。通称可以称牙也可以称齿，但古人所说的牙和齿是有区别的，前面我们在讲"齿"的时候也涉及这点了，古人认为："前当唇者称齿，后在辅车者称牙。"许慎在《说文解字》中也解释道："牙，牡齿也。象上下相错之形。"许慎的说解明确地指出了"牙"就是大牙，即白齿。一直到中古的时候，"牙"才取代了"齿"的在口语语言中的地位，"牙"和"齿"的细微区别也就消失了。生活中关于"牙"的搭配也很多，但我们经常会听到"牙雕"这样的说法，这里的"牙"不是一般的牙，而是特指象牙。象牙从古至今都是稀罕之物，因此常常被用作雕花饰品、印章等，价值不菲。不过随着环保意识的提高，国际社会已经普遍反对象牙贸易。生活中像牙一样的事物，也会被称之为牙。古人喜欢佩戴玉，一串的玉片挂在腰上，走起路来叮叮当当响，其中有块玉叫"冲牙"，会和牙形的玉片相碰撞。此外，还有诸如"月牙""狼牙"等这样的说法，都是形似牙的事物，是对"牙"的本义的引申用法。

yán

甲骨文 金文 小篆 隶书

言

人类和其他动物一个重要区别就是人类能用语言进行思维和交流。甲骨文的"言"字像张嘴伸出舌头的样子,字形的下面是"口",上面像从口中伸出的舌头。因为说话的时候舌头也会一起动作,所以这个字描摹的就是人说话的情形。金文的"言"字和甲骨文的形体基本一致。小篆的形体基于甲骨文、金文在笔画上有所增加,在原来的"舌"的上面添加了一短横。隶书后来直接将表示"舌"的部件变成了三横,小篆增加的一短横写作了一点。

"言"的本义从上面的字形分析可以得出,应该表示说话。看看《说文解字》的解释:"言,直言曰言,论难曰语。从口,㲋声。"这个解释将说话细化了,分为了"直言"和"论难",直接说话被认为是"言",论辩发难被认为是"语",但不管哪种形式,都可以看到是指人说话这个行为动作。例如《论语·学而》中所说的:"与朋友交,言而有信。"其中的"言"就是说话、讲话的意思。"言必信,行必果"当中的"言"也是说话、讲话的意思。说话多数情况是不少于两个人(当然不排除自言自语),因此就存在听话人,而说话的本质实际上是将话语传递给对方,引申就是"告诉"的意思。例如《韩非子·内储说上》记载:"赵令人因申子于韩请兵,将以攻魏,申子欲言之君。"其中的"欲言之君"说的就是打算将其告诉君。说话的内容自然也可以称之为"言"了,即作为名词使用,表示话语、言论、言辞等,例如《诗·小雅·宾之初筵》所记录的:"匪言勿言,匪由勿语。"前一个"言"即名词,"匪言"即不该说的话语。此外还有"格言""箴言""吉言""宣言",等等。而《论语》中孔子说的"《诗》三百,一言以蔽之,曰'思无邪'"句中的"言"表示句子的意思,"一言"即一句话。

成语

不苟言笑　不可言喻　沉默寡言
察言观色　广开言路　风言风语
放言高论　言不及义　言而无信

谚语

☺ 只可意会,不可言传。
☺ 一言既出,驷马难追。
☺ 言者谆谆,听者藐藐。
☺ 万句言语吃不饱,一捧流水能解渴。

明刻《紫钗记·言怀》

yǎn

眼

小篆

隶书

眼

表示眼睛的字，在古汉语中除了"目"之外，还有"眼"字，但"眼"字的产生相对于"目"来说比较晚。根据已有的研究，尽管"眼"在战国时代已经产生，但并不多见，从小篆的字形来分析，"眼"是一个形声字，"目"旁是形符，而"艮"是声符。

"眼"在《说文解字》中有收录，许慎说解为："眼，目也。"这是同义互训，眼就是目的意思。"眼"开始产生的时候，从文献记载来看，只出现在少有的几部书中，数量极其有限。只是大约在汉末才逐渐取代了"目"而作为口语存在于语言使用当中，而"目"更多地就出现在书面语里。从先秦的文献记载来看，有关于"眼"的一些记载，例如《易·说卦》就说道："其于人也，为寡发，为广颡，为多白眼。"这里的"眼"前面有一个"白"作为限定修饰，显然是侧重指眼珠子。又如《庄子·盗跖》所说的："比干剖心，子胥抉眼，忠之祸也。"这里的"眼"也是侧重指眼球，即眼珠子。今天我们在使用"眼"的时候，是一个泛指概念，指包括眼眶和眼珠以及眼白在内的整个眼睛，而要表示眼珠不能单独用"眼"，一般表示为"眼珠"。从眼的本义"眼珠"，引申可以用来表示视力、能力等。例如我们常常说的"眼力""眼光"，但这两个词也可以表示本义，也就是眼睛的可视能力、眼里的光芒；再如"慧眼识英雄"，其中的"眼"含有见识的意思。眼睛的一个特征是能聚焦，中间有瞳孔，因此和生活中相似的事物联系起来，就会有"钉眼""虫眼""枪眼"等等的引申用法。

"眼"和"目"都可以表示眼睛，但眼已经成为了常用字词，而目则用在文言文中，或者被保留在个别的成语、俗语等当中，例如"目光短浅""鼠目寸光"，等等。

成 语

冷眼旁观　展眼舒眉　有眼无珠
贼眉鼠眼　眼高手低　心明眼亮

歇后语

☺ 鼻尖抹黄连——苦在眼前
☺ 闭眼撕皇历——瞎扯
☺ 井底之蛙——眼界不大
☺ 张飞穿针——大眼瞪小眼

谚 语

☺ 乌云块块叠，雷雨眼面前。
☺ 耳听为虚，眼见为实。
☺ 打蛇要打七寸，凿井要对泉眼。

yàn

甲骨文	小 篆	隶 书

唐代诗人刘禹锡的《乌衣巷》中有名句："旧时王谢堂前燕，飞入寻常百姓家。""燕"能进入古人的文学作品中，足见人们对它的认知度。甲骨文的"燕"字是一个象形字，有分叉的剪刀尾巴形状，像一只正在高飞的燕子。小篆基于甲骨文，变得更复杂，上面像燕口，两边像羽翅，中间像燕身，下面像燕尾。隶书的燕字，将小篆的燕翅写为"丬"和"匕"，将"火"形燕尾写成"灬"，以便于书写。

"燕"的本义就是燕子，一种体形小、羽翅大、背黑腹白、尾似剪刀的鸟，种类繁多。从许慎《说文解字》的说解来看："燕，玄鸟也。笔（镊）口，布翅，枝尾。象形"，是一种赤黑色的鸟，有如钳子一样的嘴，布帛一样的羽翅和枝丫一样的尾巴。许慎的描述是准确的，和我们今天所常见的燕子一致，燕子因羽翅大如布帛，因此又俗称"鸟衣"。《诗·邶风·燕燕》写道："燕燕于飞，差池其羽。"这是描写燕子共飞，翅膀参差的样子。古汉语中"燕"与"宴"相通假，例如《诗·小雅·南有嘉鱼》中说的："君子有酒，嘉宾式燕以乐。"这里的"燕"即宴。上古人们喜爱射箭，因此有所谓的"射礼"，其中之一就是"燕射"，其实就是"宴射"，指宴会时进行射箭比赛。例如《周礼·考工记·梓人》中所说的："张兽侯，则王以息燕。"是说挂出射箭的靶子，在酒肉酬请宾客之后进行射箭。而我们今天的语言中已经不再使用"燕"来表示宴，吃饭请客直接用"宴"来表示。

yáng

甲骨文
金文
小篆
隶书

羊

甲骨卜辞中常见羊与牛等一起作为祭祀物品，例如："甲午卜，侑于父丁犬百、羊百，卯十牛。"（《甲骨文合集》32698片）甲骨文中"羊"即羊的象形，上面是羊角的象形，下面是羊头的正面形状。金文羊和甲骨文比较，其形体更加繁复，但形象性更强了，更像羊的样子。晚期金文羊作"羊"，小篆吸收了它的写法，形体基本相同。

"羊"的本义就是一种反刍的、四角的蹄类哺乳动物。《说文解字》认为："羊，祥也。从节，象头角足尾之形。"因为羊可以作为祭祀品通神灵，所以人们认为它能带来祥福，于是"羊"有"吉祥"的含义。"羊"是"祥"的本字，古文中常常可以见到"羊"和"祥"通假使用的情况。早在金文中，这样的记载就非常明确了，例如中山王壶上著录："不羊莫大焉。"这里的"不羊"即"不祥"。而《战国策·楚策四》中所记录的"亡羊补牢"的典故，当中的"羊"就是本义的使用。此外《论语·八佾》中也记载有："子贡欲去告朔之饩羊，子曰：'赐也，尔爱其羊，我爱其礼。'"这就是成语"爱礼存羊"的出处。其中的"羊"即本义"羊"，是说子贡想阻止告朔这种祭典中宰杀羊的行为，结果孔子认为怜爱羊固然是对的，但国家的礼仪制度却不能废除。

作为基本字，还有一系列的以"羊"为偏旁部首的汉字，诸如"羞、美、善、羌、牵、养、羡、羔、羹、羚、羝"等等。"羊"对于老百姓来说，是很受喜爱的动物，除了味美吉祥之外，还被列入了十二生肖之一，而广州就素称"羊城"。

成 语

顺手牵羊　十羊九牧　歧路亡羊
羝羊触藩　虎入羊群　羊肠小道

歇后语

牵着羊进照相馆——洋（羊）相

谚 语

宁教百只羊，不救一条狼。

yáng

甲骨文	金文	小篆	隶书

甲骨文的"阳"字上面表示太阳，下面有人解释为树枝，有人解释为"于"字的简体，有人解释为地平线，有人解释为"示"，等等，字形可以理解为太阳升起的意思。有的形体左边增加了一个表示山崖的构件，表示太阳光照在山崖上。这也反映了古人的一种思维，即"山南水北为阳"。金文中"太阳"之下的部分形体构件有所增加，被后来的小篆沿袭下来了。小篆的形体左边写成了"𨸏"，右边和金文差不多。隶书和简化字的"阳"字，左边写成了"阝"。

"阳"的本义应该理解为太阳或太阳升起。《楚辞·远游》中说："阳杲杲其未光兮，凌天地以径度。"说的就是太阳初升天未大亮，凌越天地径直朝前。这里的"阳"即太阳。"阳"和"阴"是一对相对的概念。"阳"从太阳的光亮、耀眼的特征引申表示事物外露的部分，而与之相对的事物内藏的部分则称为"阴"，因此有"阴文""阳文"的分别。在篆刻中，"阴文"是指文字凹陷的刻字，而"阳文"是指文字凸现的刻字。

甲骨文又有加"𨸏"表示太阳方位的形体，指太阳照射在山的南面，因此《说文解字》说："阳，高、明也。"说的是太阳照在高丘处而显得很明亮。古人通常以"山南水北"的方位为"阳"，以"山北水南"方位为"阴"。例如《诗·秦风·渭阳》中说："我送舅氏，曰至渭阳。""渭阳"即指渭水的北面。而《尚书·禹贡》中说的"岷山之阳，至于衡山"，即指岷山的南面。于是在一些山名、水名上就有了这样的记录痕迹，例如洛阳、岳阳、衡阳、汉阳、淮阴、江阴等。

"阳"又代表活力，因为我们会用"阳光"来形容一个人性格开朗活泼，可以说"他/她是一个很阳光的人"、"小李很阳光"等。

yǎng

甲骨文

金文

小篆

隶书

这个字的甲骨文、金文形体与"牧"字有相似之处,不难看出甲骨文、金文的这个字都是左边从羊,右边表示一只持鞭子的手,表示牧养的意思。小篆的古文形体(即左边所列的第一个小篆形体)与甲骨文、金文有着相似性,左边部件为羊,右边部件为手持木棍或鞭子的形状;但第二个小篆形体却是从羊,从食,表示喂养羊群的意思,与牧养羊群实际是异曲同工的。隶书沿袭第二个小篆的形体结构。

"养"的本义应该与牧养羊畜有关,即牧羊。从许慎《说文解字》的说解来看:"养,供养也。从食,羊声。"养是供奉养育的意思。《尚书·大禹谟》中说:"德为善政,政在养民。""养"即供养的意思,从牧养羊,引申指对人的供养,对一切生物的供养,因此我们可以说"养育花朵""养殖""养鸡鸭鹅""养花养草",等等。这些供养都需要食物、养分或者肥料才能进行,将这个供养的对象用到人身上,以知识、人格、性情等抽象的东西来供养则称之为"培育""培养""修养",例如"培育人才""培养接班人""修养品性""养精蓄锐",等等。"养兵千日,用兵一时"的养也是供养的意思,但同时还含有培养、训练的含义。

"养"的意义自古以来有了很多引申,这些引申意义大多在我们今天的语言中依然被使用着,少数特定时期的意义已经不再被使用。"养育"这个意义是最为常见的,虽然同"育"联合使用,但却不同于"育";育尽管有养的含义,但更多是强调生子这个行为。

成 语

休养生息　姑息养奸　养尊处优
娇生惯养　养贤纳士　养精蓄锐

歇后语

☺ 百岁养儿子——得之(子)不易
☺ 牛棚里养鸡——好大的架子

谚 语

☺ 一方水土养一方人。
☺ 靠山吃山,吃山养山。
☺ 静以修身,俭以养德。
☺ 打铁不惜炭,养儿不惜饭。

yè

甲骨文	金 文	小 篆	隶 书

成 语

叶落归根　一叶知秋　粗枝大叶

金枝玉叶　叶公好龙　一叶障目

歇后语

☺ 皇族的闺女——金枝玉叶

☺ 抓住荷叶摸到藕——追根求源

☺ 荷叶包钉子——个个想出头

☺ 树上的叶子——冷落

谚 语

☺ 树高千丈，叶落归根。

☺ 好花要有绿叶扶，好汉要有众人帮。

☺ 一叶障目，不见泰山。

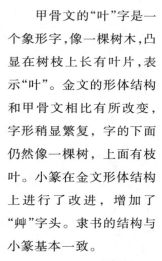

甲骨文的"叶"字是一个象形字，像一棵树木，凸显在树枝上长有叶片，表示"叶"。金文的形体结构和甲骨文相比有所改变，字形稍显繁复，字的下面仍然像一棵树，上面有枝叶。小篆在金文形体结构上进行了改进，增加了"艹"字头。隶书的结构与小篆基本一致。

《说文解字》解释说："叶，草木之叶也，从艹，枼声。""叶"的本义是指的草木的叶子。例如《诗·小雅·苕之华》中说的："苕之华，其叶青青。知我如此，不如无生。"是说苕开花了，它的叶子绿油油的。"叶子"这个含义在今天是"叶"的基本意义、常用意义，例如"黄叶""叶脉""叶绿素""青菜叶"，等等。生活中凡是和叶子相似的事物，或者具有叶子特征的事物，都可以用"叶"来表示，例如"百叶窗""风扇叶""三叶虫"（一种长得像树叶的昆虫），等等。书页也和树叶一样，具有轻而薄的特征，因此就有了"书叶""活叶"，写成"书页""活页"，那是后来的事情了。

我们会说"20世纪中叶""上世纪中叶"，这里的"叶"是表示时间概念，表示"世、时期"，是一段较长的时间段的一个分期，例如《诗·商颂·长发》中所记录的："昔在中叶，有震有业。""中叶"即"中世"，指的殷商时期。

"树叶"的"叶"简化前写作"葉"，两字本来读音、意义都各不相同。许慎《说文解字》两字都有收录，"叶"是"协"的异体字，表示协力、合力。不过，古音和吴方言中，"叶""葉"读音相近，所以现代苏州等地群众开始把茶葉、百葉的"葉"写作"叶"。《简化字总表》吸收了这一用法，将"葉"简化为"叶"，但注明"叶韵"的"叶"仍读xié。

yè

页

甲骨文

金文

小篆

隶书

"页"的读音有两个，一个读为"yè"，一个读为"xié"，不同的读音有不同的含义。甲骨文的形体是一个人跪坐的样子，突出了这个人的头部以及头上的毛发，实际上这个字所要表达的含义是人头，这个意义上读作第二个音。金文的形体大致和甲骨文相似，人成半坐姿态，人的头部以眼睛来代表，眼睛上方还有毛发，凸现了头部。小篆的形体基于金文进行了省略改变，上面表示人头，下面表示人身，头部有些看不出来了。隶书和简化字基本丧失了形象性特征，只能依据前面的甲骨文金文形体比较出各个部分的演变和所指。

从形体的分析来看，"页"字的本义是人头。《说文解字》当中说："页，头也。从百，从儿。古文䐑（稽）首如此。凡页之属皆从页。百者，䐑首字也。""页"是头的意思，由上面的"百"和下面的"儿"组合会意出人头的意思。页的写法像古文稽首的首字，有研究者认为：页、百、首应为一字，页像头和身，百只像头，首像头及头发，三者只是小异。"页"表示人头在我们今天的汉语中已经没有了，但在一些以"页"作为构字部件的汉字中仍然保留了这个含义。"页"实际和"首"具有同源关系，例如"顶""领""颈""额""头""颠"，等等，这样一些字都是形声字，它们都是以"页"作为形符，表示头、首这个义类，而头、首引申又有顶部、上方、高处的含义。

"页"的另一个读音"yè"是表示一张纸面，例如"扉页""第一页""页面"等。甚至现在电脑中的文档也以"页"称呼，例如"页眉"（文档页面的最上方）、"页脚"（文档页面的最下方）。另外它也是我们所说的纸张多少的一个计量词，例如"三十页纸""一百页纸"。

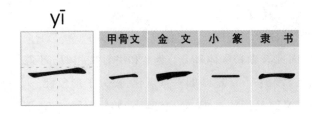

yī

甲骨文	金文	小篆	隶书

成 语

从一而终　一落千丈　一塌糊涂
一成不变　一无是处　一劳永逸

歇后语

☺ 柴火上浇汽油——一点就着
☺ 从一算起——接二连三

谚 语

☺ 一日之计在于晨，一年之计在于春。
☺ 一马不配两鞍，一脚难踏两船。
☺ 笑一笑，十年少；愁一愁，白了头。

汉字中的数字，从起源来看，应该和结绳记事有关系，结绳记事中的绳结后来就演变出了甲骨文中的"一"，表示数量一。甲骨文的"一"实际上就是以一条横线表示数量上的"一"，金文、小篆、隶书以及楷书都没有改变。不可否认，"一"是一个形体没有变化的汉字。

"一"的本义，顾名思义，就是记录数量的单位"一"，是一个数词。《说文解字》中这样说解道："一，惟初太始，道立于一，造分天地，化成万物。"这是从宇宙产生、哲学的角度解释"一"的，并非"一"的本义的正确解释。《玉篇·一部》引《道德经》王弼说解："一者，数之始也，物之极也。"这里对"一"的说解，数之始也，是其本义。《诗·郑风·野有蔓草》写道："有美一人，清扬婉兮。"其中的"一"就是数词。再如《论语·公冶长》中说："回也闻一以知十。"这里的"一"同样是表示数字"一"。

由"一"的本义引申出了相同、一致的含义，例如我们所说的"一并""一起""一样""一道""统一"等都是这个意思。因此《玉篇·一部》又解释道："一，又同也。少也，初也。或作壹。"这里的"同也"即是这个意思。《玉篇》所指的"少也"即些许，一点，这个意义是来自"一"是最小的整数，用于表示间隔短暂。例如我们常见的"歇一歇""瞅一瞅""嗅一嗅""等一等""笑一笑""一触即发"等等，其中的"一"都表示少许、短暂的含义。《韩非子·安危》中也有这样的用法："国不得一安。"一即些许、少许的意思。"一"表示单数、数量小，于是又引申表示"专一"，例如"一门心思""一心一意"等等。

甲骨文
金文
小篆
隶书

甲骨文"衣"像衣服的样子，上面的"Λ"像领子，"Λ"下面像袖子，再下面像衣襟和主体部分。金文和甲骨文相似。小篆笔画更加规整。隶书由于笔画的平直点化，丧失了形象性。

"衣"的本义就是指的衣服。《说文解字》如此解释："衣，依也。上曰衣，下曰裳。象覆二人之形。"上面称"衣"，下面称"裳"，正如《诗·邶风·绿衣》中所记载的一样："绿兮衣兮，绿衣黄裳。""绿衣""黄裳"，截然有别。但这种分别有时候也是比较模糊的，笼统地说可以用"衣"来代称衣服，包括裳。例如《诗·豳风·七月》："无衣无褐，何以卒岁！""七月流火，九月授衣。"这里的"衣"都是泛指概念，包括了上衣和下衣。此外还有"头衣""胫衣""足衣"等说法。

中国自古讲究礼仪，不同的场合要穿戴不同的服饰，甚至包括颜色都很考究。《礼记·玉藻》记载了很多关于天子诸侯等的服饰的讲究。比如早上吃饭要穿一种黑色礼服，叫玄端；晚上吃饭穿一种上衣下裳连在一起的衣服，叫深衣。深衣的腰身三倍于袖口，衣裳下摆比腰还要大一倍。袖子宽大，手肘在里面可以回转自如。衣服中间稍长，前襟相交有一尺。士的阶层，不穿织锦的衣服，去国者衣服无二色。一般上衣用正色，下裳用间色。一般不穿多种颜色的衣服，或者以裘、葛为外衣不另穿外衣，都不应入朝见国君。《礼记》等古代经典对衣服的款式、颜色等也都有详细的记载。

古人对衣的分类很细，已经有了"内衣""外衣"等概念，甚至还有"中衣"。中衣大概和我们今天的单衣差不多，是穿在外衣的里面，内衣的外面的上衣。"衣"这个概念随着社会的发展变化，也有了一些引申用法，我们今天的一些西药颗粒外面包裹了一层糖，称之为"糖衣"，这种药就叫"糖衣片"药。

成 语

一衣带水　衣不解带　衣锦还乡
锦衣玉食　衣不蔽体　衣冠楚楚

歇后语

☺ 裁缝的尺子——量体裁衣
☺ 裁缝做嫁衣——替别人欢喜

谚 语

☺ 拿衣要提领，张网要抓纲。
☺ 春不减衣，秋不加帽。

yǒng

甲骨文	金 文	小 篆	隶 书

成 语

永无止境　永垂不朽　永志不忘

永世无穷　一劳永逸

歇后语

☺ 打出的子弹射出的箭——永不回头

☺ 烂田里的石臼——永世不得翻身

☺ 染缸里落白布——永远洗不清

谚 语

☺ 不懂装懂,永世饭桶。

"永"字的甲骨文像人在水中游泳的样子。金文的形体和甲骨文所展示的基本一致,像人在水中,人的右边的水纹更加形象、更像流水的样子。小篆在金文的基础上进行了笔画的修饰,使得流水更加形象。隶书将字形进行了彻底的改动,已经看不出这个字的表意所在了。

"永"的本义不难看出表示游泳,《说文解字》认为:"永,长也。象水圣理之长。《诗》曰:'江之永矣。'""永"是长的意思,像水流一样长。这个意义是本义的引申用法,"江之永矣"即是说水流漫长的意思。由"长"引申表示抽象概念的"长远、深远、长久、永久",例如《诗·卫风·木瓜》中所记录的:"匪报也,永以为好也。"是说不是为了回报,而是为了永久、长久地相好下去。又《论语·尧曰》说:"四海困穷,天禄永终。"如果天下都穷困潦倒,上天恩赐的福禄也就永远终止了。此外还有"永生""永垂不朽",等等。"永"还能引申表示"延长"的意思,例如《尚书·毕命》中说的:"资富能训,惟以永年。"意思是积累财富接受训诫,才能延年益寿。

因为"永"用来表示"长"等含义,于是就把"游泳"这个含义给了"泳",因此在古汉语中"永"和"泳"实际是通假字,而我们今天普通话"永"和"泳"是概念截然不同的两个字,前者主要表示长久的含义,后者表示游泳。

yòng

甲骨文 金文 小篆 隶书

甲骨文的"用"字像一块占卜使用的龟甲兽骨，中间是占卜烧灼出来的纹路，依据这些兆纹可以判断事情是否顺利、能否实施。金文的形体结构与甲骨文基本一致。小篆基于甲骨文、金文的形体结构进行了调整，笔画更加匀称，结构更加对称。隶书将小篆外围的线条三边接通，中间保留了两横一竖。

"用"的本义是施用，《说文解字》解说为："用，可施行也。从卜，从中。""用"是可以施行、使用、运用的意思。例如《孙子·军争》中所说的："故善用兵者，避其锐气，击其惰归，此治气者也。"是说善于使用军队作战的人，会避开敌人的锐气。由本义可引申表示人才的任用、建议的采用，例如《孟子·梁惠王下》中记录有："国人皆曰贤，然后察之，见贤焉，然后用之。"这里的"用"是"任用"的意思，是说国人都说这个人有贤能，观察之后发现的确如此，于是就任用了他。《论衡·自纪》中说："为世用者，百篇无害，不为用者，一章无补。"其中的"用"即"采纳、采用"的意思，能被社会采纳写百篇也没有祸害，相反写一章也无济于事。能被使用、采纳、任用的人或事物都具有某方面的作用，因此引申表示"作用、功用、用处、能力"。例如《论语·学而》中说："礼之用，和为贵。"这里的"用"作"功用"讲。而《淮南子·缪称》说："天有四时，人有四用。"其中的"用"是指的"能力"。由"功用"这个意义进一步引申可以得到我们熟悉的"费用、花费、资财"的含义。例如《论语·学而》中说："节用而爱人。"就是指的节约开支、花费。这种使用涉及消费，因此引申指"吃喝"，例如我们现在依然在使用的"用餐""用膳""用茶"，等等。

成 语

大材小用　物尽其用　用武之地

刚愎自用　古为今用　用兵如神

歇后语

☺ 八仙过海不用船——自有法度（渡）

☺ 被面补袜子——大材小用

☺ 开饭馆的卖百货——有吃有用

谚 语

☺ 一寸不牢，万丈无用。

☺ 常用的铁不锈，常练的人不病。

yǒu

甲骨文	金文	小篆	隶书
			友

"友"是一个会意字，是两只手相并的样子，表示友好。金文基于甲骨文，也是两只手相并的样子。小篆基于甲骨文、金文形体结构，部件位置由甲、金文的左右分布变为上下分布；但《说文解字》收录的该字的古文形体，即上面所列的第一个小篆形体与甲骨文、金文更有相似性，也是两只手左右相并列，但手上都增加了一横。隶书的"友"字，由于笔画的曲折省略改变，失去了会意的功能。

根据《说文解字》的说解："友，同志为友。从二又。相交友也。"是说志趣、志向相同的人称之为"友"，而两只手表示相交的意思。文献中有这样的记载，例如《诗·小雅·常棣》说："虽有兄弟，不如友生。"以及《论语·学而》中所说的："与朋友交而不信乎？"其中的"友"都是指志同道合的友人、朋友。朋友之间的友好延伸到亲人之间，就有了亲善、友爱、敬爱的意思，例如《墨子·兼爱下》中所记载的："友兄，悌弟。"还有《论语·为政》中所说的："友于兄弟。"这两处"友"都是用在兄弟之间表示亲善、敬爱的意思。"友"在古汉语中用作动词表示结交朋友，例如《论语·学而》中所说的："无友不如己者。"是说不结交不如自己的人为朋友。古汉语中我们会看到"朋比""朋辈"等说法，"朋"在古人的心中不同于我们今天的认识：同类可为朋，是一类人的结合，因此还有"朋党"之说，但往往是含有贬义，是有不好意图的人的组合。

我们今天已经将"朋""友"结合为"朋友"，表示关系友好的人，也指有男女恋爱关系的两个人。

明刻《邯郸记·友叹》

yòu

甲骨文	金文	小篆	隶书

"又"是一个象形字，甲骨文的"又"字是一只手有三个指头的象形，手指朝左，朝右下延伸的笔画表示手臂，整个字表示一只右手。金文的"又"来自甲骨文，形体结构几乎与甲骨文相同。小篆形体结构基本同于甲骨文、金文，手的外观更加清晰。隶书的"又"字已经很难看出是一只手的构形了。

我们今天表示"手"就是"手"这个字，而在古文字中，我们通过字形分析，不难看出，"又"是"手"的雏形、初文，是"右"的古文；与之相对的，如果手指向右边，则是"左"字的古文。在我们的语言中，"又"在意义上的变化，已经完全失去了它的初始意义，而更多地被用来作为副词使用了。根据《说文解字》的说解来看："又，手也。象形。三指者，手之刿（列）多略不过三也。""又"是手的意思（具体而言是指右手），古人多以三来表示概数或者泛指数。"又"在古汉语中表示手的记载少见，凡是手的含义，常常以"右"表示。而"左、右"又常常表示方位，表示左手方向和右手方向。

"又"的虚词意义可以表示几种不同的含义，比如再、重复的意思，例如"吃了又吃""去了又去"等，再比如表示并列的意思，例如"又大又红""又酸又苦"等。虽然我们今天已经看不到"又"有手的意思，但在一些汉字中却保留了"又"表示手这个含义的特征，例如"受""友"，等等。

yú

甲骨文

金文

小篆 隶书

鱼在人类生活史上一直扮演着重要角色，人类社会经历了渔猎阶段，捕鱼为生的职业直到今天都还广泛存在。甲骨文的鱼字是鱼的形象的刻画，有鱼头、鱼身、鱼尾和鱼鳍，甚至还有鱼鳞。金文还更加活泼，加上了鱼眼，连鱼尾也似乎有动感。左边所列后面两个金文形体是晚期金文的"鱼"，实际上可以看出这两个字到小篆的演变痕迹，主要是鱼尾和鱼鳍的蜕变，鱼尾写成了"火"形，鱼鳍消失了。这个演化是隶书的基础。隶书将这些繁复的笔画进一步规整合并，成为了今天我们看到的从四点底的鱼。

许慎《说文解字》解释"鱼"作："水虫也。象形。鱼尾与燕尾相似。"鱼是水中生活的动物，是个象形字。许慎说解鱼尾如燕尾，实际是文字错变的结果。《诗·小雅·鱼藻》写道："鱼在在藻，有颁其首。"以及《诗·大雅·旱麓》记有："鸢飞戾天，鱼跃于渊"。句中的鱼都指水中之鱼。从古至今，人们和鱼的关系都十分密切。鱼除了用来食用之外，还用来祭祀。此外鱼还是重要的纹饰内容，从出土的玉器来看有鱼状的玉器，古代彩陶也多绘鱼纹。鱼的种类也很多，因此对鱼的称谓也多，如鲦、鲒、鳏、鲤、鲫、鲌、鲷、鳊等等。在古文中我们还可以看到鱼用作动词，表示捕鱼、打鱼，例如《左传·隐公五年》记有："五年春，公将如棠观鱼者。"句中的"鱼"即打鱼，今作"渔"。

鱼字读音与"余"相同，因此，民间习惯说"年年有鱼（余）"，也就是丰足的意思。民间年画有不少对鱼的刻画，正取意丰足、吉祥。生意人常常喜欢购买金鱼，会在公司正门入口摆放一个金鱼缸，表示聚宝盆、聚财的意思。

成 语

如鱼得水　鱼目混珠　缘木求鱼
鱼龙混杂　鱼死网破　鱼游釜中

歇后语

☺ 咸鱼下水——假新鲜
☺ 寺里的木鱼——任人敲打
☺ 鱼口里的水——吞吞吐吐

谚 语

☺ 天上鱼鳞斑，晒谷不用翻。
☺ 鱼儿出水跳，风雨就来到。
☺ 打鱼靠网，打狼靠棒。

yú

甲骨文	金 文	小 篆	隶 书

成 语

坐收渔利　渔人得利　竭泽而渔

歇后语

☺ 渔场失火——枉（网）然（燃）

☺ 抓住渔船当鞋穿——大手大脚

☺ 渔网当伞——遮不住光

谚 语

☺ 授人以鱼，不如授人以渔。

☺ 入山问樵，入水问渔。

☺ 渔人观水势，猎人望鸟飞。

甲骨文的"渔"是会意兼形声字，有多种写法，如上列四种。第一个形体由两个部件组成，左边表示水，右边像一条鱼，表示在水中抓鱼。另外三个形体分别描绘了一群鱼在水中、手持鱼竿钓鱼、手持渔网捞鱼的样子，都是表示捕捞鱼这个概念。金文承袭甲骨文的形体，上列第二个金文形体的上面是鱼，下面三点表示水，与甲骨文的第一个形体基本相似。而上列金文的第一个形体在上面部件同甲骨文的基础上，下面增加了一双"手"，更加明确了这个字的含义，即在水中捕捞鱼。小篆的形体承袭甲骨文、金文，左边从水，右边上下排列两个鱼字。《说文解字》所收录的该字下的另一个篆文（即上列小篆第二个形体）与甲骨文形体相似。隶书的"渔"字只从水和一个鱼字。

　　"渔"的本义从上面分析不难得出，表示打鱼、捕鱼。从《说文解字》的说解来看："渔，捕鱼也。"即打捞捕获鱼的意思。例如《易·系辞下》中说："作结绳而为罔（网）罟，以佃以渔。"这里"佃"和"渔"同时列出，"佃"是打猎捕兽，渔是捕鱼的意思，这正好说明了田猎社会的形态。"渔"是"鱼"的分化字，古文献中也有以"鱼"作"渔"表示打鱼的。从甲骨文的几个形体可以看出，捕鱼的方法很多，我们今天也沿袭了古人的捕捞方法，手抓、网捞、竿钓，甚至还可以用叉子叉。鱼都是被猎取的对象，有"人为刀俎，我为鱼肉"的说法，因此"渔"这个动词引申出侵袭、掠夺的含义，例如《商君书·修权》中所说的："秩官之吏，隐下以渔百姓，此民之蠹也。"

　　打鱼的对象是鱼，打鱼的人也称为"渔"，例如"渔翁""渔夫"等。

yǔ

甲骨文

小篆

隶书

左边所列的甲骨文大部分研究者认为就是"羽"字,这个字是羽毛的象形。金文形体缺失。小篆与甲骨文相似,字形更加匀称美观。隶书的"羽"字基于小篆,对笔画进行了点提改变。

羽,最开始是指飞禽身上的长羽毛,例如尾部的粗壮硬朗的羽毛、两个翅膀边上可以扩展开的长羽。《说文解字》说:"羽,鸟长毛也。象形。"羽是指的鸟身上的长毛,也就是头、尾、翅上的羽毛称之为"羽"。正是如此,"羽"在古汉语中有时才被用来引申指鸟类的用于飞翔的羽翅、尾翅,例如《诗·邶风·燕燕》中说:"燕燕于飞,差池其羽。"这里的"羽"即燕鸟的尾翼,在它飞翔的时候需要展开。从飞禽的羽翅又引申指昆虫类用于飞翔的器官,例如我们通常所说的"蝉羽",就是蝉的翅膀。

《尚书·大禹谟》中记载:"舞干羽于两阶。"这里记录了古代的祭祀起舞的习俗,起舞者需要手持鸟羽饰物而动。因此"舞"字在《说文解字》中的古文形体写作"翌",从羽。汉字中从"羽"的字,多与羽翼、羽毛有关,例如我们今天所熟悉的古代的"翰林"。它指文章荟萃的地方,而"翰"字本身是从"羽"的,它的本义《说文解字》如此解释:"天鸡赤羽也。"也就是说,这是一种鸟的赤色羽毛,它的尾翼长而美,因此用来比喻文章写得好、有文采。

古汉语中的"羽"后来泛化了,可以指一般的羽毛,而我们今天的语言所承袭的就是这个泛指概念,更多的就是指的飞禽身上的羽毛,例如"羽毛球"。

成 语

羽毛丰满　吉光片羽　铩羽而归
羽扇纶巾　爱惜羽毛　羽翼已成

歇后语

☺孔雀头上绑鸡毛
　　——一语(羽)双关(冠)
☺项羽设宴请刘邦——居心不良
☺关羽失荆州——骄兵必败

谚 语

☺一羽示风向,一草示水流。
☺鸟美在羽毛,人美在勤劳。

yǔ

甲骨文	金文	小篆	隶书

水是天地万物的生息根本,而"雨"是"水"的一种物理状态。甲骨文的"雨"形象地描摹天降雨的情形,一横表示天,其下的竖画表示下落的雨水,有雨滴的形象,整体而言像雨帘。金文将"雨滴"放入上面的部件内,这个演变为小篆的形体结构奠定了基础。小篆基于甲骨文、金文笔画更为顺畅圆润,并将表示天的一横单独画出,形成了我们今天的"雨"字。隶书和楷书基于小篆形体变化不大。

成 语

雨后春笋　和风细雨　风调雨顺
春风化雨　风雨同舟　狂风暴雨

歇后语

☺ 大雨天打麦子——难收场
☺ 落雨天出太阳——假情(晴)
☺ 平房门前不漏雨——有言(檐)在先

谚 语

☺ 燕子低飞,大雨将至。
☺ 久晴大雾必阴,久雨大雾必晴。
☺ 满天乱飞云,雨雪下不停。
☺ 有雨四方亮,无雨顶上光。

从文字本身来看,我们可以看到"雨"的本义应该是下雨,而甲骨卜辞中可以见到求雨的记录,这说明雨对于当时的社会生活有着重要的作用。古时有祈求雨水的雩祭,专门由巫师起舞对天祭祀。《诗·小雅·甫田》中所说的"以御田祖,以祈甘雨",就是祭祀祈雨的情况。许慎《说文解字》对雨这样解释:"水从云下也。一象天,冂象云,水霝(零)其间也。"许慎的说解是有道理的,雨字就是水从云中降落的样子,即下雨、降雨。《诗·小雅·大田》所谓:"雨我公田。""雨"即降雨、下雨。

下雨时候的雨滴,以及雨滴的密集状态,和战场上的子弹密集射发的样子有相似性,因此有"枪林弹雨"的说法。雨水有润泽万物的特质,因此,古诗句有言:"好雨知时节,当春乃发生。随风潜入夜,润物细无声。"俗语有"春雨贵如油"的说法。

yǔ

甲骨文　金文　小篆　隶书

上古的人们触犯法律之后也会被关押起来，甲骨文的"圉"字就是对这种情况的一种记录。本字由两个部件组成，外面的"囗"表示关押犯人的牢室，里面表示一个套在犯人手上的刑具，类似我们今天的手铐。这个字还有左边所列的第二个形体，"房子"里面像一个双手戴拷刑具的跪坐的犯人。金文的"圉"字基于甲骨文有所变化，字体中间以"刑具"表示。小篆承接金文形体结构，从"囗"，从"幸"。隶书与小篆一致，笔画更为平折。

从上面的分析，不难看出"圉"的本义是指的牢房，是关押罪犯的地方。从许慎《说文解字》的解释来看："圉，囹圉，所以拘罪人。从幸，从囗。一曰圉，垂也。一曰圉人，掌马者。"圉即囹圉，是用来关押犯人的牢狱、监狱。由本义引申为"禁""禁止"，例如《逸周书·宝典》中所说的："不圉我哉。""圉"即禁的意思。又如《管子·霸言》记载的："按强助弱，圉暴止贪。""圉"也作禁止讲。但古人所谓的"圉人"却不是指监狱长的意思，而是指专门管马、养马的人，正如许慎所说的"掌马者"，是一种官职。古人对马、牛的饲养管理都很仔细，从文字上就可以反映出来，也能看出当时社会对马、牛的利用和重视程度比其他牲畜高，因此"圉"实际上含有另外的意义，即养马。马是需要圈住来豢养的，和圉关押犯人有相似性，因此以"圉"来表示养马。

我们今天说的"身陷囹圉"即"身陷囹圄"，是人被关入监狱、坐牢的意思。

yù

甲骨文	金文	小篆	隶书

成 语

冰清玉洁　金童玉女　金枝玉叶
金玉良言　金科玉律　金口玉言

歇后语

☺ 土地女儿嫁玉皇——一步登天
☺ 王奶奶和玉奶奶——只差一点

谚 语

☺ 宁为玉碎，不为瓦全。
☺ 玉不琢不成器，人不学不知理。

　　玉是中国人最喜爱的饰物之一，玉的品性自古被称颂。在殷商时代的甲骨文中就记载了这个字，字形是一根绳子上穿了一串玉片的样子，可作为配饰。金文的"玉"字基于甲骨文，也是三片玉贯穿一根绳，绳头没有伸出玉片。小篆的形体结构完全同金文。隶书的"玉"字，在字的右下角增添一点，以区别于"王"字。

　　玉，顾名思义，是一种石头，温润而有光泽，是装饰、辟邪的祥物。根据许慎《说文解字》的说解，我们可以比较详细地了解"玉"的情况："玉，石之美。有五德：润泽以温，仁之方也；䚡理自外，可以知中，义之方也；其声舒扬，専以远闻，智之方也；不桡而折，勇之方也；锐廉而不技（忮），絜（洁）之方也。象三玉之连。丨，其贯也。"许慎的说解准确地揭示了玉字的构形，同时指出了玉所具有的"五德"：温润、纹理、声响舒展、可断不可弯、锋锐而无害，象征仁义智勇洁。是石头之中的美石。在《诗·小雅·鹤鸣》中就记载有："它山之石，可以攻玉。"这里的"玉"就是玉石。古人对玉钟爱有加，因此有"佩玉"的习俗，正如《礼记·曲礼下》中所说的那样："君无故玉不去身。"玉是重要的祥物。玉的种类也很多，大的分类有硬玉和软玉两种。中国产玉的地方不同，因此玉的叫法也就不同。玉除了作为祥物之外，还是祭祀礼仪的重要物品，殷商时代有甲骨文的记载，也有文物的出土予以印证。在殷墟出土的墓葬中，随葬品中有大量的玉石，可见玉在当时是一种身价颇高的宝。因为玉有这么多的优点，因此由它自身的一些特点就引申出了相应的一些说法。例如"玉树琼浆""玉女""玉雪"等，这是玉本身特性所引申出的纯洁华美意义；而"宁为玉碎，不为瓦全""玉石俱焚"等，则是以玉坚硬的特性比喻人的坚贞精神。

yù

育

甲骨文

金文

小篆

隶书

甲骨文的"育"字，左边部件像一个女子，右下部件像一个头朝下的小孩。甲骨文中还有左边所列的第二个形体，"小孩"头下的三个小点实际表示羊水。这个字表示女子生子。金文的形体基于甲骨文，左边为女，右边像头朝下的小孩，并有三点表示羊水。小篆的"育"字形体和甲骨文、金文相差较大，但其或体（异体）——写作左边所列小篆的第二个形体，左边为女（每），右边为倒立的"子"，其下为三点，这个形体结构实际和甲骨文、金文是差不多的。小篆或体的这个字实际是"毓"字，王国维认为这个字是"育"字的初文。

从字形分析我们不难看出"育"的本义是作生子讲，我们今天所说的"孕育""生育"等，实际就是本义的用法。根据《说文解字》的说解来看："育，养子使作善也。从𠫓，肉声。《虞书》曰：'教育子。'""育"是培育、教养孩子，使其从善。这个意义显然不是本义，而只能看做引申意义。例如《孟子·告子下》中所说的："尊贤育下，以彰有德。"这里的"育"就是培育的意思。

在小篆中，育的异体字写作毓，毓的本义也是生育、生孩子的意思，例如《周礼·地官·大司徒》所记载的："以蕃鸟兽，以毓草木。"这里的毓即生育的意思。而我们今天对这个字的使用比较少见了，"育"成为了常用字，涉及养育的还有"养""哺"等常用字。

成 语

生儿育女　果行育德

谚 语

☺ 与其不教育，不如不生育。

☺ 从小不知老娘亲，育儿才知报娘恩。

谜 语

☺ 烘云托月。（打一字）——育

yuán

甲骨文	金文	小篆	隶书

古汉语中表示"头"这个概念的除了"首"还有"元","元"的甲骨文像一个侧立的人形，但凸显人头部分。上列金文的第一个形体来自甲骨文，基本与甲骨文相同，第二个形体更加形象地凸显了人脖子上的大头。小篆基于甲骨文、金文，笔画进行了文饰，但还能解读字的取意所在。隶书的"元"字，形象性特征大大减弱了。

成 语

三朝元老　压倒元白　元龙高卧
元方季方

歇后语

☺ 八十岁考状元——人老心不老
☺ 做梦拾元宝——空欢喜
☺ 元旦翻日历——头一回
☺ 茶壶里煮元宵——满腹心事（食）

谚 语

☺ 三百六十行，行行出状元。
☺ 三朝元老易做，四世同堂难求。

　　"元"的本义就是人头，从许慎《说文解字》的说解来看："元，始也。从一，从兀。"许慎认为元的本义是开始的意思，但这实际上是本义的引申意义。元作头讲，在文献中有很好的证据，例如《孟子·滕文公下》所记载的："志士不忘在沟壑，勇士不忘丧其元。"这里的"元"就是人头的意思。因为头位居人体的最高处，而且功能非常重要，因此由本义就引申出"元首""元脑""状元""元子"（长子）等说法，表示首要的、第一的含义。而我们所说的"元月""元年""元旦"等，其中的"元"表示开始、第一，例如每年的第一个月即元月，我们俗称元月份、正月，这是农历纪月法。"元"作为头的用法后来逐渐被"首"所取代，"元"在语言使用当中更多是使用它的引申意义，而本义的用法则让位于"首"。在语言使用的长河中，"首"后来又被"头"取代了。我们今天用来表示"头"这个概念的是"头"或者"脑"。头和脑的产生先后问题上，"头"在先，脑在后。我们在具体使用当中，"头"和"脑"常常是交叉使用状态。口语中头脑可以并举，如说"你头脑发热"，也可以说"你头有问题"，但在书面语中更习惯说"他的大脑不正常"。

yuè

甲骨文

金文

小篆 隶书

"月"的甲骨文是一个象形字,这是月亮的象形,成镰刀状。金文的"月"字由甲骨文演变而来,形体上完全继承了甲骨文的月字。金文中的"月"字如左列几种,我们可以明显地看到金文对甲骨文"月"的承袭以及对小篆"月"的形体的开启。金文的第四个形体,将"月"字形体稍加横置,月弯部分笔画作一定的延伸,便形成了小篆的形体。而到隶书和楷书,"月"字形体完全横置,失去了"月"的形象性特征。

"月"即指天体月球,是围绕地球周转的行星体。《说文解字》说解为:"月,阙也。大阴之精,象形。"为什么训"月"为"阙"呢?"阙也,十五稍减,故曰阙"(《说文系传》),在《释名·释天》中又这样说解:"阙也,满则阙也。"看来这些说解都是从月亮的圆缺形态来描写月亮的。《诗·小雅·天保》记载有:"如月之恒,如日之升。"这里的"月"与"日"相对,即天体月球。月和"日"相对,因此月是夜的代表,日落月起,月息日出,这是一天的周期,"月"于是用来表示时间,作为计时的单位。正因为月有圆缺,月亮在一个周期时间内有圆缺的变化规律,即朔、弦、望、晦,这个周期正好是二十九天多、不到三十天的时段,所以古人以此来记录一年的时间,将一年分作了十二个月,大月三十天,小月二十九天,三年再加一闰月。

月往往是美好祥和的象征,女子往往也和月相媲美,传说中的"嫦娥奔月",就是古人对女子的一种认识。这当中也含有女子阴柔的特点。月是中华民族自古以来常常歌颂的对象,而对月的祭祀也成为一种传统。我们今天所熟知的中秋节,实际上就是古人对月的祭祀的演化。月圆在人们看来是团圆的象征,因此"月饼"也成了中秋佳肴。

成 语

风花雪月　日积月累　猴年马月
花前月下　月黑风高　月明星稀

歇后语

☺ 八月的天气——一会儿晴一会儿阴
☺ 二八月的庄稼——青黄不接
☺ 二月的韭菜——头一茬

谜 语

☺ 明月照我还。（打一历史人名）
　　　　　　　　——归有光

明刻《南柯记·玩月》

汉字

yún

甲骨文　小篆　隶书

云的甲骨文是云卷的象形。到小篆的时候，云上增加了"雨"部件，表示云同雨相关联，变成了形声字，云表声同时也表意义，雨表示义类。隶书的"云"，将甲骨文的云卷部分折化变点。简体的"云"实际还保存了甲骨文"云"的形体结构。

"云"的本义根据许慎《说文解字》的说解来看是："山川气也。从雨，云象云回转形。"许慎的说解是有道理的，云是水的一种状态，是水蒸气遇冷而凝结成小水滴、冰晶悬浮在大气层中的一种状态。例如《易·小畜》中记录："密云不雨，自我西郊。"其中的"云"即云气的云，是云的本义用法。"云"在古汉语中被用作亲属称谓的前缀，表示遥远的意思，和"玄"等相似，例如"云孙"即是隔代的孙辈。我们在古汉语中常常可以看到云被借作"说"，表示"说话"，例如"某某云"即某某说、某某曰的意思。

云是古代诗词中最常用的物象，诗人、词人都喜欢将"云"作为景象来烘托诗词的意境，同时借以表示诗人、词人当时的心境。例如"踏破苔痕一径斑，白云飞处见青山"（唐代许宏），"白云日夕滞，沧海去来观"（唐代孟浩然），"万里晴空无片云，月照曹溪路"（元代谭处端）。

成 语
云谲波诡　拨云见日　不知所云
风云变幻　浮云蔽日　过眼云烟

歇后语
☺ 半天云里聊天——高谈阔论
☺ 半天云里打算盘——算得高

谚 语
☺ 云低要雨，云高转晴。
☺ 云绞云，雨淋淋。
☺ 云朝北，好晒谷；云朝南，
　漂起船；云朝东，一场空；
　云朝西，雨稀稀。

yùn

甲骨文	小篆	隶书

生殖繁衍是人类存在的前提条件，在世界各国语言中都有相应的文字对此进行记录。在甲骨文中有很多与人相关的字，其中一个被释作我们今天的"孕"字，这个字像一个侧立的人，挺着大肚子，肚子里面有个小孩子。这个字不用过多地解释，大家一看就会明白这是怀小孩的意思。小篆的形体将"人"错变成了"几"，下面是"子"。隶书的形体结构和小篆大体保持了一致，笔画有所变化，"几"写作"乃"了，已经看不出这个字是表示怀小孩子的意思了。

"孕"的本义从上面的分析来看应该是怀胎、怀孩子的意思。《说文解字》是这样解释的："孕，裹（怀）子也。从子，从几。""孕"是怀子、怀胎的意思。例如《易·渐》所记载的："鸿渐于陆，夫征不复，妇孕不育，凶。利御寇。"这里的"孕"就是怀胎的意思。本句话说：鸿雁进至小丘，男方远征不回，女方怀孕流产，是凶兆，有利于谨慎防范侵侮。怀胎是小孩子在妇女的肚子里面，由此引申出孕育、包含、含有的意思，例如"她的眼中饱孕着感激之情"，数学中的"包孕结构"，等等。"孕"字由怀胎还可引申表示胎儿本身，例如"怀孕"即怀有胎儿；甚至还可以用来表示生小孩的意思，即分娩，例如《搜神记》中所记载的："野合有身，月满当孕。"其中的"孕"即生孩子、分娩的意思。

zāi

甲骨文

小篆

隶书

灾

上古社会因为生产力的低下，人们对于自然灾害的抵抗能力也显得很薄弱，在文字中就记录了灾字。甲骨文的"灾"是一个会意字，外面部件表示房屋，里面部件为火的象形，表示屋里起火、灾祸。金文形体缺失。小篆正体"灾"写作"烖"，从火，戈表声；它的或体（异体）即左边所列小篆的第二个形体，从宀，从火，表示屋中起火；而左边小篆的第三个形体是籀文，从巛，从火，表示水灾。隶书的"灾"字来自小篆或体的形体结构，从宀，从火会意。

"灾"的本义从文字的分析可以得出，表示火灾。上古人们遇到的灾害很多，除了火灾之外，还有洪灾和人为灾害等，文字上都给予了记录。从《说文解字》的说解来看："烖，天火曰烖。从火，戈声。"烖或灾是指的自然界发生的火灾。《春秋·桓公十四年》所记载："御廪灾。"这里的灾即指天火。《周礼·天官·膳夫》中说："天地有烖则不举。"其中的"烖"也是指天火。古文中的灾、烖、灾是古今字、异体字关系，通常情况是通用的。古人所谓天灾实际上包括水、火、虫等灾祸，甚至包括人祸，例如《汉书·宣帝纪》中所记载的："盖灾异者，天地之戒也。"

灾、灾、烖经过时代的选择，最后到我们今天的语言中，只保留了"灾"这个字，它涵盖了各种灾害、灾祸。我们可以说"火灾""水灾""旱灾""虫灾""冰灾"，但我们一般不说"战灾"，而说"战乱"，不说"人灾"，而说"人祸"，正如"天灾人祸"这个表达。由此可见，对于人为造成的灾难，我们一般还是用"祸"或者"祸患"来表达。

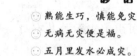

成 语
泛滥成灾　三灾八难　天灾人祸
多灾多难　灭顶之灾　幸灾乐祸

歇后语
☺ 寺里起火——妙哉（庙灾）
☺ 乌狗吃食，白狗当灾——代人受过

谚 语
☺ 熟能生巧，慎能免灾。
☺ 无病无灾便是福。
☺ 五月里发水必成灾。
☺ 和气生财，相争生灾。

zè

甲骨文　金文　小篆　隶书

成语

昃食宵衣　日昃忘食　日中则昃

太阳是每个民族都崇尚的对象，它和人们的作息密切关联着。甲骨文的"昃"字就形象地再现了古人对于太阳出现在一天中某个时段的理解。这个字由两个部件构成，左下方为一个"日"，表示太阳，右上方有一个"大"，表示倾斜的人，实际上意指人站立的时候，经过太阳光的照射，从而投射到地面上的人影子。这个字表示太阳偏西的时候。金文的形体结构与甲骨文大致相同，由"大"和"日"构成，太阳的位置换到了人的右上方或右边。小篆的形体基于甲骨文和金文，保留了"人（大）"和"日"，但增加了"厂"部件，于是构成了形声字，"仄"表示读音，"日"表示意义。隶书与小篆部件是一致的，只是部件的位置进行了调整。

　　"昃"的本义从上面形体的分析很容易得出来，表示太阳偏西。《说文解字》的看法是："昃，日在西方时，侧也。从日，仄声。""昃"就是指的太阳在西方的时候。例如《易·离》就有记载说："日昃之离，何可久也。"是说太阳即将偏西而落下去，人也会老去，而不会长久地活着。《易·丰》中又说："日中则昃，月盈则食。"是说太阳过了正午就会偏西，月满紧跟着就是月亏。因此，"昃"在古人的心目中是作为时间的标志，即太阳过中午之后的时间段（一点到五点），这段时间又可分为下午一点到三点的"中昃"以及三点到五点的"下昃"。由太阳的偏西、人影的倾斜又引申泛指"倾斜"，例如清代方朝的诗句写道："仰观参星横，俯怯崖石昃。""崖石昃"即崖石倾斜的意思，但"昃"表"倾斜"的这个含义，后来由它的分化字"仄"来承担了。

zhāo

甲骨文

金文

小篆

隶书

甲骨文的"朝"字是一个会意字,由日、月、艸三个部件组成,日月在艸的中间,表示日月同时出现在草丛中,整个字表示早晨的意思。金文直接承袭左列甲骨文的第二个形体,但右边部件改成了"水",有解释认为反映了海水因受日月不同引力的作用,而周期性地涨落的现象,因此朝从水,是潮字的初文。小篆以金文为基础,又将金文右边的水误作为"人""舟"。隶书的"朝"字承袭小篆形体,但右边又写作"月",与甲骨文形体结构基本一致。

"朝"本义指早晨。《说文解字》也这样说解:"朝,旦也。从倝,舟声。"朝即旦、早晨的意思。古人对于一天时段的划分非常细致,殷墟甲骨刻辞记录了一天的各个时间段,并且各有专称。"朝"表示早上,是月亮还没完全消失,而太阳有光出现的时候。例如《诗·小雅·何草不黄》中说:"哀我征夫,朝夕不暇。"又如我们今天常说的"朝夕相处"。"朝"是一天的开始,于是又引申指天、日,例如《孟子·告子下》上说:"虽与之天下,不能一朝居也。""一朝"即一天、一日。

"朝"在古汉语中还做朝拜、朝见讲,作这个意义讲读为"cháo"。古代有臣见君的礼仪,一般在早上见皇帝、君王,因此命之为"朝""早朝",表示臣属朝见或商议政事。因此官府又叫朝廷,也有朝政的说法了,进一步引申指君王主持朝政的时期,于是就有了"朝代""宋朝""清朝"等说法。"朝"是一个动词,是下对上的行为礼节,最开始只用于臣君之间,后来泛化了,泛指下属对上级、晚辈对长辈。由于太阳升起的位置在东方,而且作为动词用的"朝"有面对被见者的意思,于是由它的动词意义虚化出了表示方向的介词用法,例如"朝北""朝南"等。

成 语
朝三暮四 朝令夕改 朝不保夕
有朝一日 热火朝天 改朝换代

名 句
☺君不见黄河之水天上来,奔流到海不复回。
　君不见高堂明镜悲白发,朝如青丝暮成雪。
　　　　　　　　　　　　　　　　(唐·李白)

谚 语
☺朝有破紫云,午后雷雨临。
☺在家千日好,出门半朝难。

zhǎo

甲骨文	金 文	小 篆	隶 书

这是一个独体象形字，甲骨文的"爪"像手爪的样子。金文的爪，爪尖朝上。小篆的形体基于甲骨文，笔画更加圆润流畅，仍然基本能看出字形的表意。

"爪"在我们今天的语言中一般是指鸟兽类的脚趾。许慎《说文解字》这样认为："亢也。覆手曰爪。象形。"又《说文解字》对"亢"的解释为"持也"，即手抓握的意思。因此我们不难看出，爪和手相关。从段玉裁《说文解字注》的说解当中我们还可以看到许慎所谓的"覆手"是和"仰手"相对而言的，段注说："仰手曰掌，覆手曰爪。"爪的本义应当是指鸟兽的脚趾、指甲，许慎的说解是爪的动词意义，已属引申义，但他揭示了"爪"为"抓"的初文这层关系。从爪的汉字大都与手的动作相关联。表示动作"抓"这个意义的字后来增加了"扌"旁，变成了"抓"字。"爪"在现代汉语中已经明确地用于指称动物的脚，但在个别词语中仍然保存着爪的比喻用法，用于人的身上。例如，我们常常可以听到"爪牙"的说法，这里的"爪"比喻为助手。又如"张牙舞爪"，本是形容动物凶猛的样子，后也形容人的凶相。在方言中也保留着"爪"的常规用法，例如，四川话中的"爪爪"通常是用来指称动物的脚趾，有"鸡爪爪"的说法。四川话还有"爪了"的说法，但这个用法已经和本义相去甚远，它所表示的意思是面对突如其来的事情所表现出来的惊慌失措，从认知的角度可以理解成因为事情来得比较突然，以至于手脚都不知道如何放置。"爪"另外还有一个读音为zhuǎ，意义同zhǎo，例如"爪子"。

zhèn

朕

甲骨文

金文

小篆

隶书

我们都熟悉，"朕"通常是中国古代皇帝的自称，但是这个意义却不是这个字的最初含义。甲骨文的"朕"像是由左边的一只船，和右边的一双持竿的手组成，表示用竹竿撑船。金文的形体结构和甲骨文的基本一致，左边像船，右边像双手持竿的样子。小篆在甲骨文、金文的基础上进行了修饰和改变，左边依旧表示船，即"舟"，右边上面的部件变成了"火"，下面仍然是一双"手"。但隶书却将"舟"写作"月"，右边的部件写作"关"。

《说文解字》中解释说："朕，我也。"这个解释是"朕"的本义借用意义。根据段玉裁的解说，"朕"实际上是指的舟缝，引申为缝隙，例如《周礼·考工记·函人》中所记录的："眡其朕，欲其直也。"是说察看皮革的缝隙，欲其平直不弯。由于"缝隙"是细微的，因此又引申表示"征兆、迹象"，例如《抱朴子·塞难》中说的："机兆之未朕，我能先觉之。"

作为第一人称代词使用的"朕"，只是一种同音借用现象。上古社会"朕"这个称呼并非皇帝专有，一般老百姓也可以用"朕"来指称自己，《尔雅·释诂》中就说："古者贵贱皆自称朕。"直到秦始皇称"始皇帝"开始，"朕"才变为了"皇帝、天子"的自称的专用代词，《史记·秦始皇本纪》中就明确记载有："臣等昧死上尊号，王为'泰皇'，命为'制'，令为'诏'，天子自称曰'朕'。"

zhī

| 甲骨文 | 金 文 | 小 篆 | 隶 书 |

成 语

不义之财　不时之需　成人之美

吹灰之力　安之若素　置之度外

歇后语

☺ 曹操杀蔡瑁——操之过急

☺ 玉皇大帝做媒——天作之合

☺ 一屁股坐在铡刀上——切肤之痛

谚 语

☺ 一年之计在于春，一生之计在于勤。

☺ 千里之行，始于足下。

☺ 天不生无用之人，地不长无名之草。

"之"的甲骨文像一只脚的脚趾向上，表示向前走路的样子，脚后跟的横线表示出发地。金文和甲骨文基本一致，脚趾的交叉笔画变短了。小篆在金文基础上进行了笔画的调整，使得脚趾头基本一样长。隶书将三个脚趾头连笔简化。

"之"的本义从字形分析可以看出表示到、去、前往的意思。例如《诗·鄘风·载驰》中说："百尔所思，不如我所之。"这里的"之"是前往的意思，诗句是说考虑百次不如前往一次。引申就有了"至、直到"的意思，例如《诗·鄘风·柏舟》中说："之死矢靡它。"意思是发誓至死无二心。而《说文解字》中认为："之，出也。象艸（草）过中，枝茎益大，有所之。一者，地也。""之"表示的意思是"长出"，像草过了初生阶段，枝茎越来越大。这是本义的引申用法了。

"前往、到达"之后就成为事实，于是就引申为"是""为"的意思，例如《公羊传·宣公十五年》中记载有："吾见子之君子也，是以告情于子也。"是说我看到你是个君子，所以才把情况告诉你的。

但"之"在古汉语中用得最多的情况是作为代词使用，因为"前往、到达"的目的地是这里或者那里，因此引申作为"这个/里/样/些""那个/里/样/些"。例如《老子》十三章记录有："得之若惊，失之若惊，是谓宠辱若惊。"其中的"之"作"这（那）个/样/些"讲。由指示代词延展到人称代词，例如《诗·周南·关雎》中的名句："窈窕淑女，寤寐求之。""之"就是"她"的意思。"之"在古汉语中功能很强大，还可以作助词、连词等，但在今天的普通话中，"之"字的使用却极为有限。

明刻《南柯记·之郡》

甲骨文的"止"是个象形字，是脚趾和脚后跟的形状，上面像脚趾，下面像脚后跟。金文的"止"和甲骨文相比是将三个脚趾分开了，脚后跟则没有显现出来。小篆在金文的基础上进一步规整化，到隶书则完全丧失了脚趾的象形。

"止"实际上是"趾"的初文，本义就是脚。我们今天表示脚趾的趾，是后起

字。许慎《说文解字》认为："止，下基也。象艸（草）木出有址，故以止为足。"许慎说解为基础，实际非本义，段玉裁在《说文解字注》中也解释道："止为人足之称，许书无趾字，止即趾也"。可见"止"的本义应当是足。《仪礼·士昏礼》记载："御衽于奥，媵衽良席在东，皆有枕，北止。"是说妇女嫁到夫家，女方的陪嫁者在室内的西南隅为妇铺卧席，男方的随从把夫的卧席铺在妇席的东边，都有枕头，都是头朝南而脚朝北。这里的"止"即指足。行走或站立都要用脚，而走出去后来用"之"表示，站在原位置仍用"止"表示，"止"即有"停止""中止""静止""到此为止"等说法，这是本义的延伸用法。《易·蒙》中说："山下有险，险而止。"也是这个用法。《玉篇》中还指出："止，住也。"即止可以表示居住的意思，这是本义的引申，《诗·商颂·玄鸟》中有记载："邦畿千里，维民所止。"就是居住的意思。这个意义再引申就有拘留的含义了。我们今天对"止"的认识最广泛的就是作为"停止""终止"讲。在发布消息的通告中，往往会有"截止日期"字样，这里的"止"就是终止于某一天的意思，是规定一定的期限。

"止"可以和"只"相通假，表示仅仅的意思，是一个副词的用法，例如，止此一家、不止一次，等等。

zhì

陟

"陟"是一个会意字，这个字的甲骨文左边表示山体，即后来的"阜"，右边表示上下并排的两只脚，但是脚趾都是朝上的，表示登高的含义。金文的"陟"和甲骨文形体相似，只是部件"阜""止"有所简略、线条化。左边所列的第二、第三个金文形体实际上既是对甲骨文形体的直接继承，又是对小篆形体的直接开启。隶书和楷书的"陟"字都已经失去了登高的形象性。

从《说文解字》的解释来看，"陟"即"登也"。因此它的本义应当是登山、登高、低处到高处的意思。例如《诗·周南·卷耳》所记录的："陟彼崔嵬，我马虺隤。"是说登那高处，马都腿脚发软了。其中的"陟"就是登的意思。由这个意思，又引申出提升、晋升的意思。我们最熟悉的一句话是"陟罚臧否，不宜异同"。这是诸葛亮《出师表》中的话，他的意思就是要对好坏进行筛选，好的要"陟"，即提拔，坏的要罚。又如《尚书·舜典》中所说的："三考，陟黜幽明。"这里的"陟"和"黜"是相对的概念，"陟"表示提升，"黜"表示罢免。

汉字中表示登高的字还有"登"，这个字被解释为"升也""上也"。在使用上，陟表示登，一般只对山而言，而登的对象则更加广泛，例如我们可以说"登堂入室""登车""登场"，等等。

zhì

甲骨文	小篆	隶书
	雉	雉

谜 语

☺ 射雉一矢亡。（打一字）
——佳

☺ 知难相逢叹别离。（打一字）
——雉

甲骨文"雉"字是一个会意字。左边是"矢"，表示箭，右边是"隹"，即禽类，整个字表示以箭射鸟。金文形体缺失。小篆与甲骨文相似，部件一致，左边为"矢"，右边为"隹"。隶书在小篆的基础上进行了笔画的规整，部件未变。

"雉"的原始意义表示一个射杀鸟类的动作，进而用以表示飞禽类的"雉"。从《说文解字》的说解来看："雉，有十四种：卢诸雉，乔雉，鸼雉，鷩雉，秩秩海雉，翟山雉，翰雉，卓雉，伊洛而南曰翚，江淮而南曰摇，南方曰㲴，东方曰甾，北方曰稀，西方曰蹲。从隹，矢声。"足见古人对这种鸟的熟悉程度，因此也不难理解先民选择飞禽中的这种鸟来表示"射杀鸟"这个含义。作为飞禽的一种，雉是和家鸡相对的概念，是野鸡或者山鸡的通称。这种鸟分雌雄，和孔雀一样，雄鸟才有长长的、美丽的尾羽，雌鸟尾羽短而呈灰褐色。它们可以短飞，从我们今天的家养的鸡也大致可以看出这一点。《诗·王风·兔爰》中说道："有兔爰爰，雉离于罗。"雉即野鸡。诗句是说：狡猾的兔子逍遥自得，野鸡却误落网中。《礼记·月令》又说："雁北乡，鹊始巢，雉雊鸡乳。"雉雊即野鸡鸣叫。雉这种禽类，在我们今天的生活中不像古代那么受重视了。雄雉的尾羽古代曾作装饰用，京剧中一些角色头戴的长羽曾经就是雉羽。在古代用雉尾装饰的衣服、车子叫翟。今天我们在动物园里能看到它们，而称其为野鸡，不称雉了，相传这是因为避讳刘邦的妻子吕雉而作的改称。《左传·隐公元年》说："都城过百雉，国之害也。"雉在这里是作为城墙面积的计算单位，杜预注说："方丈曰堵，三堵曰雉。一雉之墙，长三丈，高一丈。"也就是说一雉墙等于长三丈高一丈的尺寸。不同等级身份的人，其封地的城墙的大小是不同的。

zhōng

甲骨文

金文

小篆

隶书

"中"字是常用字,但在形体的溯源上,往往会停留在小篆上,倘若仅仅以小篆来解析,只能观其表面,就无法深入看到这个字的最初的取意。因此,我们需要回溯到甲骨文、金文形体。甲骨文、金文的形体结构揭示出,"中"字是一面旗帜的象形,这面旗帜有中间长长的旗杆,有中间长方形或椭圆形的旗面,还有左右飘扬的旗飘。因此,单纯从小篆或者隶书、楷书来解析,还不能准确把握住这个字最初所指的事物。

从文献资料的说解看,"中"即《说文解字》所解释的"内也",即与"外"相对,可以理解为某个范围的内部、里面。例如《韩非子·五蠹》中所记载的:"田中有株,兔走触株,折颈而死。"这里的"田中"就是田的内部的意思,即田里。而我们从"中"的甲骨文、金文来看,本义的解析可以是旗帜的中间位置,即某个事物的中间位置。由这个意义进一步引申表示事物的内部、里面。因此我们可以说"中间""中部""中央""中心",等等,这些都是等距离的点位置,而像"中原"这里的"中"则抽象化了。这样的抽象表达,还可以用来表示"中等""中学""中雨""中午""中期"等"层级"含义,或者表示某类事物的某个中间阶段。在我们的某些方言中,例如河南话中,还可以说"这事这样办中不中?"这里的"中"是本义的引申用法,表示合适、好、可以的意思。比如我们也可以说"中用",这里的"中"也是这个意思。在四川方言中,"中"还有一个特色含义,即表示捶打的意思,例如"这个娃儿太不听话了,中他一顿"。

成 语

中庸之道　中道而废　正中下怀
云中白鹤　中流砥柱　中原逐鹿

歇后语

☺ 半空中的气球——悬
☺ 棒槌里插针——粗中有细
☺ 冰糖煮黄连——苦中有甜

谚 语

☺ 时间好比河中水,只能流去不流回。
☺ 强中还有强中手。
☺ 莲花开在污泥中,人才出在贫寒家。

zhòng

甲骨文的"众"字是一个会意字，像三个人在太阳下劳作的样子。金文的形体结构来自甲骨文，但金文的上面部件由"日"误作为"目"，有人解释为统治者监视人们劳作的样子。小篆的形体基于金文，上面从目，下面从三个人并行，"三"在古代是一个泛指数字，表示多的意思。隶书的"众"字上面写作"目"，下面仍为三个人，中间的"人"倾斜。

成 语

寡不敌众 众矢之的 众说纷纭
乌合之众 众口铄金 哗众取宠

歇后语

 练兵场上的靶子——众矢之的
 十字路口贴告示——众所周知

名 句

 能用众力，则无敌于天下矣；
能用众智，则无畏于圣人矣。（三国·孙权）
 会当凌绝顶，一览众山小。（唐·杜甫）

谜 语

 三人齐心。（打一字）——众

众的本义从上面的字形分析不难得出，是人多的意思。根据《说文解字》的说解来看："众，多也。从伩、目。"众即多的意思。例如《论语·卫灵公》中说："众恶之，必察焉；众好之，必察焉。"是说大家都厌恶他，必须加以考察；大家都喜欢他，也必加以考察。而在殷墟刻辞中就出现了"众"以及"众人"的记录。据笔者的研究，刻辞中的"众"是一个泛指概念，指人这个群体；而"众人"是指具有某种特征的一类人，他们是具有一定自由的劳动者。从这个意义上又进一步引申，可以表示民众、大众，例如《论语·学而》中所说的："弟子入则孝，出则弟，谨而信，泛爱众，而亲仁。"这里的"众"就是民众的意思。

"众"在整个语言发展的长河中，始终有一个比较明显的特征，这个特征也是它字形带来的启示，那就是与"人"有关。它是一个表示数量多的概念，但是从它的使用情况来看，往往涉及人本身，这一点不同于其他表示数量多的概念的字词，例如"群众""众人""众生""公众""大众""听众""万众瞩目"，等等。

zhōu

| 甲骨文 | 金文 | 小篆 | 隶书 |

"州"的甲骨文是一个象形字，像河流中间有一小块陆地。金文的形体结构和甲骨文的基本一致，像河流中间有小块陆地，和甲骨文比较，少了标志水滴的几个小点。小篆的形体结构来自甲骨文和金文，它的古文字形和金文保持了一致，但小篆正体有所变化，正体部件取自金文中间的部件，并在左右各复制了一个。隶书简化了小篆的书写，变成了三点两竖一竖撇。

从《说文解字》的解释来看："州，水中可居曰州，周绕其旁，从重川。昔尧遭洪水，民居水中高土，或曰九州。《诗》曰：'在河之州。'一曰州，畴也。各畴其土而生之。"水中可以居住人的地方称之为"州"，即水中的高土，这是"州"的本义。《诗·周南·关雎》中写道："关关雎鸠，在河之州。"雎鸠在河水中间的陆地上，"河之州"明确指出了州所在的位置。今本《诗经》"州"已改为"洲"，以别于行政区划的州县之"州"。"州"是"洲"的初文。"州"是陆地，是可以居住人的地方，引申表示居住，因此可以表示地理上的分区，例如"九州"。古代所谓的"九州"（《尚书·禹贡》中记录的九州有冀、衮、青、徐、扬、荆、豫、梁、雍）大概就是按照大江大河来进行划分的，这种分化后来就演变成了行政区划。今天的一些地名还保留了古代行政区划的一些痕迹，例如苏州、杭州、扬州，等等。我们今天的少数民族聚集区也称之为"州"，也是来自"州"是一种行政区划单位这种情况，例如大理白族自治州、甘孜藏族自治州，等等。

成 语

撞府冲州　神州陆沉　南州冠冕

歇后语

☺ 刘备借荆州——有借无还

☺ 苏州的蛤蟆——难缠（南蟾）

谚 语

☺ 大意失荆州，骄傲失街亭。

☺ 只许州官放火，不许百姓点灯。

zhōu

甲骨文的"舟"字是一只竖置的船的象形，五笔便勾勒出了古人心目中的船的样子。字的左右表示船舷，上下表示船头和船尾，中间的空白处表示船身。金文的"舟"字与甲骨文形体相似，只是船身横置，这样更加清楚地显示出这是一只船。金文中也有形体类似甲骨文，船身竖置。小篆基于甲骨文、金文，笔画有所文饰，但船的

样子仍然清晰可见。隶书从小篆演变而来，将小篆船身中的短线变为了两点，中间一横加长，整个字形失去了象形性。

　　"舟"的本义即指船。《说文解字》说："舟，船也。古者，共鼓、货狄，刳木为舟，剡木为楫，以济不通。象形。"舟即是船，相传是上古时候共鼓和货狄两个人用木头创造的渡过水面的物件。在夏商时代，人们就开始将舟运用到实际生活中，而我们现在所常说的"船"的产生要稍晚些，大约在春秋战国时代。"舟"相对于"船"来说，体型更小，所以古诗词中有"一叶扁舟"的说法。《诗·邶风·二子乘舟》中说："二子乘舟，泛泛其景。"记录的就是小船。古汉语常有名词作动词用的现象，"舟"可以作为动词使用，表示乘船渡水的意思，例如《诗·邶风·谷风》中说："就其深矣，方之舟之。"舟之即以舟渡水的意思。

　　《方言》记录说："自关而西谓之船，自关而东谓之舟。"看来"舟""船"不仅有产生的先后，还有地域上的区别，关西称"船"，关东称"舟"。"船"在我们的概念中应该是结构相对复杂、体积相对较大的水上航运工具，而且船基本取代了"舟"成为水上工具的总称。"舟"已经成为文言词汇，比如我们所熟悉的"刻舟求剑"的典故。"舟"成为了造字的偏旁部件，汉字中凡是从"舟"偏旁的字，大都和船相关，例如"航""舰""舱""舢"，等等。

汉 字

zhōu

甲骨文 金文 小篆 隶书

"周"的甲骨文是一个象形字，像四方的田地里长着植物。金文的形体在"田"下面添加了一个"口"。小篆的形体来自对金文的改造，笔画长短有所变化。隶书、楷书形体基本一致。

从"周"的字形分析，我们大概可以推断，在殷商时期人们对于农事很重视，因此有了对这个事件的描摹。这个字的本义应该指密集、周密，大概由田里庄稼密集茂盛取意而来。《说文解字》对"周"的解说也是："密也。"例如《左传·昭公四年》中说："夫冰以风壮，而以风出。其藏之也周，其用之也遍。"整句话说冰因寒风而坚固，因春风而取出使用。它的收藏周密，它的使用普遍。这是讲的古代藏冰的情况。其中的"周"即密集的意思，用到人的身上可以引申指亲密、团结在一起，例如《论语·为政》中所说的："君子周而不比，小人比而不周。"是说君子在一起是团结、亲密，而小人在一起是勾结。由客观事物的密集可引申到指抽象事物的密集、完备、周到，于是就有了"思想周密""考虑周全"等说法。田中长满密集的植物，又引申指遍及、全部的意思，例如"刺猬周身都是刺"，"众所周知他是个好人"。"周身"即全身、遍布身体，"众所周知"即大家全部都知道。"周"因为表示田里长满密集的植物，"密集"就有"满"的含义，于是引申为"满""圆"，于是可以说"周期""周年""一周""周末""周岁"等表示时间概念的词，"期""年""一个星期""岁"等都是时间上的一个循环，即有满、圆的含义。另外，因为"周"是有一定的边界的，因此引申指所在范围的边界长度，于是就有了数学上所说的"周长""圆周"等。

成 语

周而复始　庄周梦蝶　众所周知
周公吐哺　周而不比　周急继乏

歇后语

☺ 周瑜打黄盖——一个愿打，一个愿挨
☺ 周扒皮学鸡叫——自找挨打
☺ 周瑜讨荆州——费力不讨好
☺ 二分钱开当铺——周转不开

zhǒu

甲骨文	金文	小篆	隶书

成 语

敝帚千金 敝帚自珍

歇后语

☺ 笤帚戴个帽——像个人样

☺ 招帚颠倒竖——没大没小

☺ 秀才拿笤帚——斯文扫地

谚 语

☺ 百根柳条能扎笤帚，五个
指头能握拳头。

☺ 不动笤帚地不光，不动锅
铲菜不香。

"帚"的甲骨文是一个象形字，上面表示扫帚穗，方向有朝左也有朝右的，下面表示手持的扫帚把，中间好像是捆扎扫把的物件。金文的形体结构基于甲骨文，基本没变。小篆的形体在金文的基础上发生了错变，上面部件变作了一只手的样子，下面部件表示笤帚。而经过隶书变化的"帚"则大失其原有的象形特征，错变的部件更多了，下面变为了"巾"字。

"帚"的本义是扫帚的意思，这一点毋庸置疑。从许慎《说文解字》的说解可以进一步确证："帚，粪也。从又持巾埽（扫）冂内。古者少康初作箕、帚、秫酒。少康，杜康也，葬长垣。""粪"的本义即打扫，许慎认为帚是打扫的意思，上古少康发明制作了扫帚等工具。《礼记·曲礼上》中说："凡为长者粪之礼，必加帚于箕上，以袂拘而退，其尘不及长者。"这里的帚与箕对举，表示扫帚的意思。为长者打扫需要手持帚和箕，并以袖子遮住迅速退出，以免灰尘沾惹到长者身上。扫帚是人们生活必备的用具。后来在"帚"的基础上又产生了一个从竹子头的形声字，即箒，竹字头表示形符，表示扫帚的制作材料。但这个字最终还是没有取代"帚"在汉字中的地位，我们今天仍然使用"帚"字。

在四川方言中，我们称拖布为"帚帕"或"帚布"，实际上就是对"帚"的本义的引申用法。而这个用法还被用作动词，表示拖一下、擦一下的意思，例如"帚一下地板"。星宿中的彗星拖着长长的尾巴，形状像扫帚，因此在河北方言中被称作"帚星"。

zhòu

甲骨文 金文 小篆 隶书

古人战场厮杀都要戴帽穿甲，以防护自身。甲骨文中的"胄"字是一个象形字，字的形体像古代的战士所戴的帽子，字体上方的黑点和中间部件像帽子上的装饰物，下方的部件像戴在头上的头盔。金文的形体基于甲骨文有所变化，帽子的形状更加逼真，装饰物和帽子主体部分非常清晰，并且在帽子下面有一个人眼形状，代表人的头，用以凸显头上的帽子。小篆形体构件发生了较大的变化，上部为"由"，下部为"冃"。隶书形体结构完全同小篆，只是笔画有所平整。

"胄"的本义是作战佩戴的头盔。从《说文解字》的说解来看："胄，兜鍪也。从冃，由声。"即说"胄"为头盔的意思。例如《诗·鲁颂·宫》中所记载的："公徒三万，贝胄朱 ，烝徒增增。"意思是：步兵有三万，以贝饰胄，以红线缀贝，阵容众盛。其中的"胄"就是头盔的意思，是以贝装饰的头盔。再如《左传·僖公三十三年》上记载有："左右免胄而下。"这里的"免胄"就是拿下头盔的意思，是一种尊重对方的礼貌行为，而这个行为在不同的国家都有所保留。古人作战都会装备齐全，披甲戴盔这是首要的，因此甲胄常常连用。甲胄开始的时候通常都是皮制的，一般选用的都是质地好的犀牛皮，后来随着生产力的发展，有了金属的甲胄。

胄，在许慎所处的汉代被称为兜鍪，是一种铁制的头盔，到后来又称为首铠，直至称盔，我们今天俗称头盔。在古代"胄"是头盔、护头帽的通称。我们今天军队战场所用的帽子叫"钢盔"，是全金属做的护头帽子。

值得一提的是，"胄"在古汉语中还用来指王室贵族的后代，因此有"胄子""胄裔"等说法。

成 语

簪缨世胄　豪门贵胄　天潢贵胄

zhū

| 甲骨文 | 金 文 | 小 篆 | 隶 书 |

成 语

纡朱怀金　朱颜鹤发　朱唇皓齿
看朱成碧　傅粉施朱　朱阁青楼

歇后语

☺ 抓把红土当朱砂——不识货
☺ 朱德的扁担——有名有姓
☺ 简直是朱喜子叫门——坑人到家了

谚 语

☺ 少小须勤学，文章可立身；满朝朱
紫贵，尽是读书人。
☺ 黄金难买朱颜住。

"朱"字的甲骨文是一个指事字，字的主体部件是"木"，在木的中间有一短横作指事，指示树干部位。金文形体和甲骨文基本相同，字体中间部位的黑点也是指事符号，指示树干。小篆的形体基于甲骨文、金文，笔画有所调整，结构对称化，中间的指事符号误作为长横。隶书又对笔画进行了平直处理，难以识别它的指事特征。

　　"朱"的本义是指一种树干为红色的树木，即赤心木，正如《说文解字》中所说解的那样："朱，赤心木，松柏属，从木，一在其中。""朱"是指的赤心树木，属于松柏一类。由这个意义就引申出古汉语中的常用意义，表示颜色的朱即红色。古人对于颜色的认识也很细致，不同的颜色有不同的命名，甚至包括中间色、过渡色都有各自不同的称谓。朱，是属于大色中的红色系列，是红色当中居处位置最中间的一种颜色，属于红色系列中的正红色，即俗称的大红。例如《礼记·月令》中所记载的："乘朱路，驾赤　　，载赤旗，衣朱衣。"其中的"朱"就是大红的意思。我们有俗话说"近朱者赤，近墨者黑"，这句话中的"朱""赤"对举，赤又是什么颜色呢？"赤"即火焰的颜色，即红色。因此这里的"朱"即红色的意思，而我们今天有"朱红"这样的说法，朱与红对举，朱即是红，红即是朱。古人还有"朱批""朱签""朱光""朱火""朱口"等说法，其中的"朱"都是红色的意思。

　　朱，从文字本身的字形分析来看，它还包含有树干的意义，《六书故》中就有："朱，干也。"但朱在古汉语中的常用意义是表示红色，因此另外造了一个木字旁的"株"字来表示树干这个意义，但后来"株"更多的时候指树根。

zhú

甲骨文 金文 小篆 隶书

一提到竹子，人们首先会联想到熊猫，熊猫被视为一种古生物，一种活化石，它们早在几百万年前就出现了，大熊猫又名"竹熊"，可见竹子的出现也相当久远。甲骨文的"竹"字是个象形字，像左右两个竹枝，竹枝的下方各有三片竹叶。金文的"竹"字，竹叶符号由甲骨文的下方移到了竹竿形状的上方，形似两支并排的竹子，下面还多出两个小横，有人解释这两横为竹子整齐并排的样子，有人解释为泥土。小篆的形体只沿袭了金文的主要部件，即两个竹枝并排的形体。隶书以及楷书都进行了笔画的规整，但大致还能看出竹子的形体。

"竹"的本义顾名思义，即竹子。这是一种多年生的常绿植物。从许慎《说文解字》的解释来看："竹，冬生艸（草）也。象形。下垂者，箁箬也。""竹"是一种能熬过严冬的植物。许慎认为"竹"的小篆体两边下垂的部分表示笋壳。《诗·卫风·淇奥》中写道："瞻彼淇奥，绿竹猗猗。"这里的"竹"就是竹子，"绿竹猗猗"即指绿竹美丽的样子。竹子在中国古代社会曾经发挥过很多作用，人们利用竹子进行生产生活。例如最为人熟悉的"竹简"，就是一种书写的工具。在纸被发明之前，竹简是重要的书写工具之一，从春秋战国时期一直到汉代都是人们乐于使用的书写工具。成语"罄竹难书"中的"竹"即竹子、竹简。又如竹筏，以竹子做的筏子，可以在水上漂行，至今仍在一些地方使用；竹笛，俗称"笛子"，是一种管弦乐器（古代"八音"之一，"八音"即金、石、丝、竹、匏、土、革、木）；还有竹篮、竹帘、竹椅，等等。竹子的外形高挑飘逸，内空外直，类同人的谦逊的品性，常常为古人颂扬，因此竹子常常同"君子"相提并论，于是就有了"梅兰竹菊"（四君子）、"竹林七贤"等说法。

成语

哀丝豪竹	茂林修竹	青梅竹马
罄竹难书	势如破竹	丝竹管弦
胸有成竹	竹篮打水	竹马之好

歇后语

☺ 竹篮打水——一场空
☺ 竹子做笛——受不完的气
☺ 小竹棍敲鼓——有节奏
☺ 竹子的子孙——越发越多

zhú

甲骨文	金 文	小 篆	隶 书

逐

成 语

挨门逐户　追亡逐北　趁浪逐波

逐鹿中原　争名逐利　舍本逐末

歇后语

☺ 大江里漂浮萍——随波逐流

☺ 落水的桃花——随波逐流

谚 语

☺ 登梯需要逐级登。

名 句

☺ 欲将轻骑逐，大雪满弓刀。（唐·卢纶）

"逐"是一个会意字，这个字的甲骨文上面像一只猪，下面像一只脚，会意追赶猪。在甲骨文中，表示"逐"这个含义的形体还有其他一些，上面也有其他的一些被追猎的动物形体，例如鹿、兔等等，这说明甲骨文的部件还没有定型，同样的语义可以用不同的部件表示。金文的形体上部是"豕"即猪，下部是"彳"和"止"。"彳"《说文解字》说解为"小步也"，这里是表示行为动作，止表示追逐的意思。小篆在金文的基础上进行了整合规范，将金文的下部归并为"辵"，而"豕"放在了右边。隶书和楷书的形体将"辵"写成了我们今天通行的"辶"旁。

"逐"的本义我们通过上面的形体分析可以比较明确了，是追逐的意思。《说文解字》的解释是："逐，追也。"这就是本义的说解。殷商时代，商王擅长田猎，逐猎野兽在卜辞中有记载。追逐的猎物除了鹿之外，还有豕、兕、兔等。卜辞记载的内容除了贞问逐猎有无灾祸，还记刻有王逐猎的事情。到了后来，表示追逐这个含义的字，最终选择了从豕这个字，即"逐"。其他的甲骨文字体所表示的具体含义，只是在合成词中有所保留，例如"逐鹿"，这个词广为流传，甚至有"逐鹿中原"这一类的说法。而《史记·淮阴侯列传》中有这样的记载："秦失其鹿，天下公逐之。"这里的"逐"实际是对本义的引申，表示竞争、争夺的意思。而我们平时常用的"驱逐""放逐"也是本义的引申。逐本身是追赶，追赶就必定要紧跟其后，因此我们就有了"逐字逐句""逐日逐月""逐一"等表示先后次第的说法。

zhuī

甲骨文

金文

小篆

隶书

甲骨文的隹字是一只鸟的象形,有鸟头和羽翅。金文的构形和甲骨文相似,只是变得更繁复。小篆在此基础上进行了规整,但还保留着鸟的形象。隶书的隹丧失了鸟的象形性。

隹,是一种鸟,这一点许慎在《说文解字》中已经给予了说明:"鸟之短尾总名也。象形。"但许慎认为隹是一种短尾鸟,而从隹的鸟有的却不是短尾,例如"雉"。在殷商时代,隹是田猎的对象之一,卜辞中不乏见到猎获隹的情况。在古文中它是助词"唯、惟、维"的初文,例如《墨子·明鬼下》:"矧佳人面,胡敢异心。""佳"即"惟"。"矧佳"是语助词,"何况"的意思。全句说:何况人类,谁敢有二心?

汉字中从隹的字都与鸟有关联,例如"雕""雊""雀""雞"等等。隹在古汉语中后来借用作助词"唯""惟""维",因此就很少见到称鸟为隹的。个别地方的方言还有所保留,例如山东胶州,称小鸟为隹隹。古代的隹我们现在一般称作鸟。隹和鸟的甲骨文相比,鸟更像我们常见的鸟的形象。

汉字的"获"字的甲骨文就是一只手抓住一只隹,表示猎获,而"集"是隹在木上。

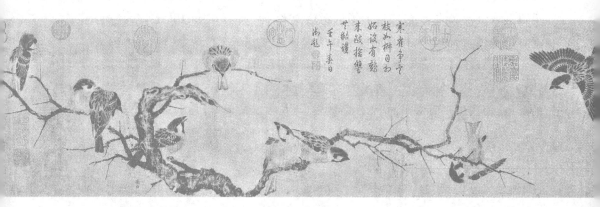

zhuó

金　文	小　篆	隶　书

成　语

卓尔不群　卓荦不羁　卓有成效

远见卓识　坚苦卓绝

歇后语

☺ 董卓戏貂蝉——死在花下

☺ 董卓进京——来者不善

谜　语

☺ 桌子断去两条腿。（打一字）

——卓

☺ 先生妙笔能生花。（打一人名）

——卓文君

　　上列"卓"字的第一个金文形体的上面表示一个人，字的下面据相关的研究认为是一个"易"字，表示太阳，解释为人站立在太阳升起的高处，有高远的意思。小篆的形体结构基于金文，字体变得更加繁复，但小篆的古文形体，即上列小篆的第二个形体与金文形体很相近。隶书的"卓"字又变得简单了。

　　据《说文解字》的说解来看："卓，高也。早匕为（卓），匕卪为卬，皆同义。"卓的本义是"高、高远"的意思。例如《论衡·定贤》中说："鸿卓之义，发于颠沛之朝。"其中的"鸿卓"指宏大高远，全句是说宏大高远的思想往往在动荡的时代产生。而高大、高远的事物往往给人特立、独特甚至有直立、竖立的感觉，因此引申出"直立"的意思，例如王禹偁《对雪》中写的："城上卓旌旗。""卓旌旗"即直立、竖立着旌旗。

　　此外，"桌"字开始也写为"卓"。上古只有几案而没有桌子，桌子的产生大约是宋代的事情了。"桌"实际上是一种比几、案更高的家具，相比之下"桌子"就有卓立、直立、高的感觉，于是开始就以"卓"为"桌"字，后来才加了"木"旁写为"棹"字，后又产生"桌"字，《正字通·木部》中解释说："棹，椅棹。"即桌子的意思。

zǐ

子

甲骨文

金文

小篆

隶书

　　"子"的甲骨文是一个象形字,这个字是一个婴孩的形状,字的上部表示小孩的头部,字的下部表示小孩的身体,中间一横表示小孩的手。小篆完整地保留了甲骨文和金文的形体结构,而且更加形象,但表示小孩的头部的部件在隶书的形体中发生了错变,使得这个字的形象性特征丧失了。

　　"子"的本义就是小孩、婴孩。许慎《说文解字》说:"子,十一月,阳气动,万物滋,人以为称,象形。"许慎的解释是从干支纪月的角度讲,认为作人讲的"子"为假借用法,这种解释显然有失妥当。在古文中我们可以看到很多例子,"子"表示婴孩的意思。例如《诗·小雅·斯干》记载:"乃生男子,载寝之床……乃生女子,载寝之地。"这里的"男子""女子"的"子"就可以理解为小孩、婴孩的意思,即男婴、女婴。"子"在古文中的使用,可以见到用来专门指称男孩,即儿子,或专门指称女孩,即女儿。例如《左传·哀公九年》写道:"微子启,帝乙之元子也。"其中"元子"的"子"专指男性,即儿子。因此"子"后来又专门用来指太子,即皇位的继承者。子孙后代也可以用"子"来表示。"子"作为男子的一种美称、通称,也是广为所见的,例如"孔子""孟子""老子""庄子""韩非子",等等。古代有"公、侯、伯、子、男"五等爵位,其中的第四等就是"子"。与"人"相关的偏旁部首中,实际也包括了"子",这是"子"的含义泛化指"人"的一个体现,因此从"子"的汉字大都与人,甚至孩子有关。

　　我们有的方言中有"鸡子""鱼子"的说法,这都是"子"的本义的引申,表示动物的卵;甚至一些种子类植物的果实我们也会加上"子",例如"莲子""松子",等等。

成　语

爱民如子　子虚乌有　孝子贤孙
正人君子　望子成龙　才子佳人

歇后语

 挨了打的鸭子——乱窜
 矮子排队——倒数第一

谚　语

☺ 一母生九子,九子各不同。
☺ 不入虎穴,焉得虎子。
☺ 爱兵如子,用兵如山。

zǒu

| 甲骨文 | 金文 | 小篆 | 隶书 |

成 语

走投无路　铤而走险　飞檐走壁

不胫而走　飞书走檄　行尸走肉

歇后语

☺走了和尚有庙在——尽管放心

☺驴子推磨——走的老道儿

☺曹操败走华容道——走对了路子

谚 语

☺走尽羊肠小道，必然遇上阳关大道。

☺江湖走得老，六月带棉袄。

☺路直有人走，人直有人交。

古汉语中的"走"和我们今天所说的"走"是不同的，古文的"走"不是走，而是跑，这在文字上也反映出来了。甲骨文的"走"字是一个象形字，这个字是一个人大幅度地甩动着手臂、迈开大步的样子，人只有在跑动的时候才会手脚幅度变大，因此这个字表示跑。金文的形体在甲骨文的基础上又增加了表示行走的符号"止"。小篆的形体与金文一致，构件未变，上面部件从大，下面部件从止。隶书基于小篆，将字形上部的"大"字错写为"土"。这个变化的痕迹可以通过长沙马王堆汉墓帛书《老子》中所书写的" "字看出来，"大"字的"X"形，中间的交点处后来逐渐被分开并且最后形成两条平行横线，于是就构造出了"走"上面部件为"土"的写法。

"走"本义是跑的意思，《说文解字》解说道："走，趋也。从夭、止。夭止者，屈也。"古人认为"徐行曰步，疾行曰趋，疾趋曰走"，可见"走"是跑的意思。例如《韩非子·五蠹》中说："田中有株，兔走，触株折颈而死。"其中的"兔走"就是兔子奔跑的意思。再看看《孟子·梁惠王上》中所记录的有关人逃跑的情况："填然鼓之，兵刃既接，弃甲曳兵而走。"其中的"走"是指作战者逃跑。"走"用来表示我们今天意义上的行走、步行是稍晚之后的事情了。我们今天说"飞禽走兽""走马观花"，其中的"走"实际上是古汉语走作为"跑"这个含义的遗留。而"走"的一些引申意义在我们今天的语言中仍比较常见。例如我们所说的"走漏风声"，"走"作泄露讲；为了避讳，常常说某人的逝世为"走了"；而"这支枪走火了"，是指这支枪阀门被无意扳动了，离开了原来的关闭状态，等等。

明刻《牡丹亭·婚走》

zú

甲骨文　金文　小篆　隶书

"足"的甲骨文是一个象形字，左列第一个形体是"足"的初文，更像人的脚，即"疋"字。"足、疋"在古文中本来是同一个字，到《说文解字》将它们分别收录成为两个字。甲骨卜辞中后来多写作上面所列的第二个甲骨文形体，由上下两个部件构成，下部是脚趾的象形，上面部件有研究者认为是膝盖的象形。这个字后来与甲骨文的"正"字形体相同。金文的形体基于甲骨文，上部写作圆形，下部写作"止"即趾的初文，即"脚趾"。小篆承袭金文形体，笔画趋向曲折。隶书进一步平整化，丧失了象形意味。

"足"的本义就是脚。根据许慎《说文解字》的说解来看："足，人之足也。在下，从止、口。"许慎解释足为人的脚，在身体的下面。古人所谓的"足"不完全同于我们今天意义上的"足"，我们今天所谓的"足"多指脚掌部分，而古人所谓的"足"是对人体下肢的总称，如同我们今天所谓的腿和脚的合称。古人对于足的各个部分的称谓都有专名，比如大腿称股，小腿称胫。《尚书·说命上》说："若跣弗视地，厥足用伤。"这里是用的本义，全句说好比赤脚不看路，脚就会受伤。但凡同足有相似性的事物都可以用"足"来称呼，例如"鼎足""三足鼎立"等。

在古汉语中"足"常被借作充足、充实讲，例如《诗·小雅·天保》中所说的："降尔遐福，维日不足。"是说降临给你长久的幸福，犹嫌时日不充足。而我们所说的"知足者常乐""不足挂齿"等，这其中的"足"也是引申的用法，前者是满足的意思，后者是值得的意思。而作为称谓之词的"足下"，在古汉语中是一种敬辞，是下对上或者平辈之间的自称之词。

zú

甲骨文 金文 小篆 隶书

"族"的甲骨文是一个会意字,由上下两个部件构成,上方表示一面飘扬的旗帜,旗帜下面竖立着一支"矢",会意聚集。甲骨文中也有旗帜之下并列两支矢的形体。金文的形体结构和甲骨文基本一致,也是一面旗帜和一支矢的样子。小篆的形体只是将甲骨文、金文字体的部件进行了规整,变成了" "和"矢"。隶书基于小篆形体构造进行了笔画的平直改造。

"族"的本义应该指聚集,《说文解字》的解说是:"族,矢锋也。束之族族也。"是指箭头聚集在一起的意思。作为"聚集"这个本义讲,古文多有体现。例如《庄子·在宥》说:"云气不待族而雨,草木不待黄而落。""族"即聚集,云气不会等到聚集在一起了才变成雨落下来。很多人在一起,也会有"族"的感觉,因此就有了"种族""民族"的说法,如果这些人又因为某种纽带(例如血缘关系、亲属关系等)聚集在一起,就有了"家族""宗族""氏族"的说法。古时候还有"株连九族"的说法。这种聚集在一起的人或者事物给人繁多的感觉,因此由本义引申出"众多"的意思,例如《韩非子·喻老》中记载的:"有形之类,大必起于小;行久之物,族必起于少。"其中的"族"相对于"少"而言,是众多的意思。

既然是聚集在一起的人,就会形成不同的聚集体,彼此之间会存在一定的差别,于是"族"就有了"类别"的含义了,也就是一类人,比如我们今天所说的"工薪族""啃老族""打工族",等等。

成 语

毁宗夷族　名门望族　聚族而居

歇后语

☺ 维吾尔族的朵帕——顶好

☺ 维吾尔族的姑娘——辫子多

☺ 维吾尔族姑娘的辫子

——一抓就是一把

zǔ

甲骨文	金文	小篆	隶书

成 语

光宗耀祖　不祧之祖　呵佛骂祖
开山祖师　数典忘祖　显祖扬宗

歇后语

☺ 骂人挖祖坟——欺人太甚
☺ 彭祖遇寿星——各有千秋
☺ 祖传的被单——破烂不堪

谚 语

☺ 千补万补，洗净见先祖。
☺ 扫巡四面光，洗净见祖公。
☺ 久居异地必思祖，人到花甲恋故乡。

祖先的"祖"在甲骨文中写成"且"，没有"示"旁，这个字像古代祭祀时放置祭品的器具。金文的字形本来和甲骨文差不多，后来增加了部件，如上列金文的第二个形体左边为示，右边为且，甚至有更为繁复的形体结构，例如上列金文的第三个形体。到小篆的时候，在上列金文第二个形体的基础上进行了字形的规整，成为了一个形声字，示为形符，且为声符。隶书也沿袭了小篆的形体结构。

"祖"从示旁，表示与祭祀礼仪有关系，这个字本义应该是祭祀礼器。许慎的《说文解字》解释说："祖，始庙也。从示，且声。"是说这个字表示的是始祖庙、宗庙，这是本义的引申。祖庙是祭祀祖先神灵的地方，由此就有了"祖先"这样的说法，而"祖辈""祖父""祖母"等表示父亲的上一辈，正如《尔雅·释亲》中所解释的一样："祖，王父也。"祖先是早于我们的，含有初始的、最早的含义在里面，因此又可以引申出"开始""初"等含义，于是就有了"鼻祖""祖师爷"等说法，即创始人。也有研究认为，甲骨文中的这个"且"字，实际表示的是男性生殖器。它反映的是原始社会时期的一种生殖崇拜，因为当时的人们都祈望氏族繁衍，人丁兴旺。一般我们说"祖先""祖上""祖宗"等，都是指的父系源头，而非母系源头，原因也在于此。

在西南官话中，例如四川话、重庆话里，对于曾祖父母的称呼常常采取叠加的方式构成，无论男女都可以称呼其为"祖祖"。